中国现有姓氏速查手册

宋振芳 著

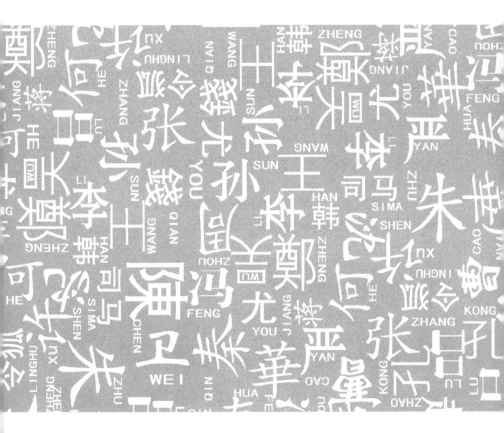

华艺出版社
HUA YI PUBLISHING HOUSE

图书在版编目（CIP）数据

中国现有姓氏速查手册 / 宋振芳 著 -- 北京：华艺出版社，2021.4

ISBN 978-7-80252-636-5

Ⅰ.①中… Ⅱ.①宋… Ⅲ.①姓氏—中国—手册 Ⅳ.① K810.2-62

中国版本图书馆 CIP 数据核字 (2021) 第 067939 号

中国现有姓氏速查手册

著　　者	宋振芳
责任编辑	郑再帅　殷　芳
封面设计	徐道会

出版发行 华艺出版社

社　　址	北京市海淀区北四环中路 229 号海泰大厦 10 层 (100083)
邮　　箱	huayip@vip.sina.com
电　　话	（010）82885151
印　　刷	北京润田金辉印刷有限公司
开　　本	880mm × 1230mm　1/32
字　　数	344 千字
印　　张	12.125
版　　次	2021 年 4 月第 1 版
印　　次	2021 年 4 月第 1 次印刷
书　　号	ISBN 978-7-80252-636-5
定　　价	68.00 元

总　目

凡　例

1. 本书共收录中国当今现有姓氏 6382 个，包括单姓 5202 个，复姓 1180 个。三字以上姓氏已经消失（少数民族的译音多字姓除外），不在收录之内。

2. 因国家工程需要、扶贫等而异地迁移等因素，姓氏分布有极少部分变化，本书不再追踪。

3. 姓氏条目排列以姓氏的汉语拼音音节为序，音节相同者以声调为序，同音节音调者按照笔画顺序进行排列。

4. 姓氏条目列有【源出】——姓氏的起源，【分布】——姓氏的地理分布，【人物】——该姓氏的代表人物。

自　序

　　每个人都有姓名，姓名被写出来之后，是以方块汉字为载体加以表达，即形、声、义三位一体相结合。经过数千年的演变，就形成了中国独有的姓氏文化。

　　华夏民族历经数千年的发展，人口不断增加，朝代递嬗，战争、迁徙、各民族大融合等原因，姓氏由少变多，并发生了很大变化。在漫长的历史长河中，姓氏经过进一步的分化、发展、演变，最终成了我们今天使用的姓氏。

　　姓氏，源于人类的传说时代。后来有了文字，人们才把它们记录下来。三代之商周以后，由于人口的增加和社会的发展，华夏姓氏渐多，于是出现了专门研究姓氏的学者，此后便有"姓氏学"的产生。最早的姓氏学术著作为周代末期赵国人所编的《世本》，该书收录了秦朝统一以前的18姓875氏。因当时大量的甲骨文、金文（铜器铭文）埋于地下尚未发现，故当时的姓氏应远不止这些。经过现代专家们对甲骨文、金文的历史考古发掘研究，已搜集到的姓近70个，氏也增加了不少。

　　姓氏学，史称世谱学、谱系学、氏姓之学或姓氏之学等，是专门研究姓氏、名字的起源、意义及历史发展及地理分布等的一门学科。在人类文明史上，姓名一直是个人作为社会成员的一个重要的识别符号，故姓氏学又可认为是符号学的一个分支。姓氏学是与历史考古学、语言文字学、社会学、民俗学、人类文化史、人口普查统计学等领域密切相关的一门边缘学科。

　　姓氏涉及的知识极其广泛。十余年来，笔者浏览了一些古今关于姓氏的书籍，对姓氏的含义有了一些了解。姓氏是中华文明中一个极为独特的文化现象。读姓氏书，既可以认姓识字，又可以增长历史知识。姓氏反映了中华民族各时代的政治、经历、文化、宗教、生活、战争灾难、民族大融合、迁徙、避难等等，是历史的一个缩影。有的姓氏背后还隐藏着一段段悲欢离合的故事。

　　同时，姓氏与其他事物一样，也在不断消长变化。因笔者搜集掌握的资料有限，有些姓氏或有遗漏。在此，向持姓者深表歉意。笔者非专业人士，不足处在所难免，冀望业内方家不吝赐教。

著　者

2020 年 5 月 13 日

前　言

一、关于姓和氏

东汉许慎在其《说文解字》中说：“姓，人所生也。古之圣母，感天而生子，故称天子。从女从生，生亦声。《春秋传》曰：‘天子因声以赐姓。’”（见《说文解字·女部》）即，姓就是女人生孩子。在远古，我们神明圣洁的老祖母们，由于受上天的感应而生育子女，所以生下来的子女叫“天子”。由女和生会意，生也表示姓字的发音。《春秋传》说：天子们凭着他们出生的由来而给他们姓。

就社会形态而言，在相当遥远的太古社会，是最古的群体社会，是人类尚未开化的社会。人类处在近亲婚配的乱婚时代，并延续了数百万年（见中国社会科学院语言研究所编《现代汉语词典》，商务印书馆1994年版）。这正是旧石器时代早期。

后来发展到原始社会，它是人类社会历史上最早阶段的社会组织，延续了数十万年，包括母系氏族公社和父系氏族公社两个阶段。原始社会生产力极低，生产资料公有，人们共同劳动、共同消费、没有阶级、没有剥削。我国原始社会在六十万年前（即旧石器时代晚期）就已形成，直到最后解体，被奴隶制社会（夏朝）所取代（见《现代汉语词典》；章人英、夏乃儒主编《简明国学常识辞典》，上海辞书出版社2014年版）。

氏族，是原始社会的主要组织姓氏（见[美]路易斯·亨利·摩尔根著《古代社会》）。在当时广袤的大地上，不可能只有一个氏族存在。因此，在原始社会便有伏羲氏"制嫁娶，定姓氏"。姓，发生于母系氏族社会，由同一个老祖母传下来，原本表示妇女世代相传的血统关系，由女性方面决定。姓字本身，正是母系氏族社会的印迹。

姓的作用是"明血缘""别婚姻"，同姓不可婚，以免"近亲繁殖"，氏族内"其生不蕃"（见北宋·刘恕《通鉴外纪》）。

姓的本质是一个氏族的徽号、标识（或称为图腾）（见鲁谆、高强著《炎黄文化读本》，人民出版社2014年版）。有人认为，图腾并不等于姓。此言无据，因为《甲骨卜辞》中有明显的图腾姓，如：杞，意为枸杞树；楚，意为牡荆，可做杖；庞（龐），意为高屋；……（见盛冬玲《西周铜器铭文中的人名及其对断代的意义》，《文史》第十七辑，1983年）。

氏，音 shì，又音 zhī，即"支"。当一个氏族人口发展到一定规模以后，为了便于管理及生存的需要，便分出一支或几支。它也是原始社会由血统关系联系起来的人的集体，内部实行禁婚，集体占有生产资料，集体生产，集体消费。由若干血缘相近的氏族结合而成的集体便形成部落（相当于后来的村庄）（见《现代汉语词典》）。为了解决人口发展问题，即施行不同姓氏族（或部落）间的"群婚制"，这在原始社会已是一大进步。所生子女归女方所有（见《炎黄文化读本》）。到了父系氏族社会，才实行了"对偶婚"。

在原始社会，氏既是个人的称号，带有尊敬的意思，又是氏族的名号，指这些英雄所率领的整个氏族；同时，也代表一个历史时代的主要特征。远古时代的大英雄们，如盘古氏、女娲氏、有巢氏、燧人氏、伏羲氏、神农氏等，都来自先民，又为先民造福，故受到后世百姓的尊崇与敬仰。他们是人而不是神，在百姓的心目中，他们都是伟大的发明创造者、功德无量的圣人、远古时代的英雄。那时没有文字，这些英雄的事迹都是世代口耳相传，故无文字的翔实记载，有关事迹难以考证。至今考古发掘的，也仅供参考（见《炎黄文化读本》）。

进入奴隶制社会，夏、商、周三代的氏与原始社会的氏不同，发生了天翻地覆的变化。夏、商对氏的强调尚不明显，而周代"氏"的作用是非常之大的。鲁襄公二十四年，鲁大夫叔孙豹回答范宣子问什么是死而不朽时说，"太上有立德，其次有立功，其次有立言，虽久不废，此之谓不朽"；又说，若夫保姓受氏，以守宗祊，世不绝祀，无国无之。禄之大者，不可谓不朽。意思是说，有三立之一者才算不朽；至于保住"姓"，又受以氏者，就可以此来守护宗庙，世代祭祀不断，没有哪个国家不是这样的。只是禄位的显赫，不能称为不朽（见《左传·鲁襄公二十四年》）。

在周朝，能享受"赐姓""命氏"的，都是有身份、地位和占有一定土地财产和劳动力的贵族阶级，即公侯伯子男等。氏成了贵族阶级特有的标志与尊号，人人都以有氏为荣，故保住了氏也就保住了贵族阶级的荣誉地位。氏代表着宗族，一旦宗族灭亡，氏也就跟着灭绝，宗庙就断了香火。

在周朝，氏的作用就是如此之大。所以南宋郑樵说："坠命亡氏，踣其国家。"说明亡氏与夺爵失国一样。

二、周朝及以前"姓"粗考

我国姓氏的现存最早文字记录，来自殷墟甲骨卜辞之中。已知商代甲骨文中有"帚嫀""帚周""帚妹""帚媛""帚好""帚楚""帚杞""帚妌""帚庞"……。这个"帚"即"妇"字，其后的嫀、周、妹等都是女方的族名，也就是姓。

现考古学资料表明，西周铜器铭文所见的姓，可以明确考定的不到三十个，即：姬、姜、姞、姒、嬴、媿、娲、妊、妭、妫、妃、好、姚、妓、妶、嬛……，而氏则在三百个以上。但需知的是，金文不重复单字近三千个，已考释出的约两千个（见盛冬玲《西周铜器铭文中的人名及其对断代的意义》，《文史》第17辑，1983年；顾建平《汉字图解字典》，东方出版中心2008年版）。

战国末年，赵国人编的姓氏书《世本》收录了秦朝统一以前的18姓875氏，这一数字大约是当时姓氏数量的综合（见王大良主编《中国的百家姓》，百花文艺出版社2004年版）。

明清之际的学者顾炎武从史书《春秋》考证了周朝本于五帝的姓，只有22个：妫、姒、好、姞、姬、己、任、风、嬴、祁、芈、曹、妘、董、姜、偃、归、曼、熊、隗、添、允（见顾炎武《日知录·卷二十三》）。清末梁启超另举出：姚、弋、庸、荀、嬉、嬛、伊、酉等姓（见梁启超《论中国文化史》）。

今人李牧华说：据《日知录》载，周朝本于五帝的姓只有22个，再加上五帝以外的姓，也不会超过50个（见李牧华注解《百家姓》，甘肃人民出版社1991年版）。

《国语·郑语·史伯为桓公论兴废》载，史伯谓祝融之后有八姓：己、董、彭、秃、妘、曹、斟、芈。又《国语·晋语四·重耳婚媾怀嬴》载，黄帝二十五子，得姓者十四人，为十二姓：姬、酉、祁、己、滕、箴、任、荀、僖、姞、儇、依。据《左传》载，西周也只有二十姓：姬、姜、子、姒、芈、嬴、己、偃、姞、祁、隗、风、曹、厘、任、姚、妘、董、归、允。

据《山海经·大荒东经第十四》可查得帝系姓有：销（白民国，帝俊之裔）、嬴（维嬴土国，母系氏族古姓）、姜（黑齿国，帝俊之裔）、勾（因民国）。据《山海经·大荒南经第十五》有：姚（三身国，帝俊之后）、於（盈民国）、阿（不死国）、盼（载民国，帝舜之裔）、桑（蜮民国）、幾（焦侥国）、鼬（鼬姓国）。据《山海经·大荒西经》有：姬（西周国，帝俊之裔）。《山海经·大荒北经》有：烈（胡不舆国）、毛（大人国）、姜（北齐国）、依（毛民国）、任（儋耳国）、任（无肠国）、盼（无继民国）、毛（苗民国，颛顼之裔）。据《山海经第十八·海内经》有：乞（氏姜部族，炎帝后裔）。

（以上见袁珂校译《山海经》，上海古籍出版社出版1985年版）

20世纪20年代初，自认为是蚩尤后裔的合肥阚氏在重修谱牒时，请孙中山先生作序，序中说："合肥阚氏，古蚩尤之后裔也。蚩尤姓阚，为中国第一革命家，……。蚩尤子孙，有以蚩为氏、尤为氏者，有仍以阚为氏者。历代多好义尚武之士……。"（见宋霖《蚩尤：从"乱""逆"到"中

国第一革命家"——孙中山《合肥阚氏重修谱牒序》的发现与研究》）

阚（蚩尤姓）、蚩（蚩尤后裔）、尤（蚩尤后裔）

下面从柏杨著《中国帝王皇后亲王公主世系录》的附录一（《春秋时代重要封国》）、附录二（《春秋时代次要封国》）摘录的姓：

姬（周朝同姓封国共49氏）、姜（周朝异姓封国共60氏）、妫（始祖舜、姓姚）、蔡（先姓姬，后姓蔡）、曹（先姓姬，后姓曹）、卫（先姓姬，后姓卫）、允（小戎国）、偃（六国）、曼（邓国）、妘（夷国）、嬴（江国）、风（任国）、姒（杞国）、祁（杜国）、彭（豕韦）、子（邶国）、隗（弦国）、妊（邾国）、熊（罗国）、归（胡国）、己（莒国）、晏（贰国）、姞（项国）、漆（郳满国）、祈（麇国）

（注：同姓有多国，仅举一国为代表。）

夏、商、周三代尤其是周朝的氏，是有等级的。周代的宗法封建制分为公、侯、伯、子、男五等爵位，与之相应的则为国、邑、关、乡、亭五等之封。周代最高统治者称王，夏称后，商称王。

以国名命氏的都是周代同姓或异姓的各诸侯国国君及后裔。

以采邑名为氏的是各诸侯国国君封赐所属的卿、大夫作为世禄的田邑。采邑，也名采地或封地，卿、大夫就以所封的田邑名为氏。

封于关的，则以关名为氏。这"关"何意呢？（一）指门、城门。《周礼》载："及暮，呼启关，陈车。"说明是负责城门启闭的官员，属于伯爵级。（二）负责管理城门外附近地区的官员，伯爵级。（三）负责关口、要塞的官员，伯爵级。《孟子》载："古之关也，将以御暴。"以"关"为氏，一般都附于以邑为氏。

以乡为氏。即负责乡的官员，为子爵。周制，一万两千五百家为一乡。

以亭为氏。即负责亭的官员，为男爵。汉承秦制，秦参周制，这一点应无多大问题。汉制，一百户为一里，十里为一亭，一亭即一千户。亭有亭长，为男爵。乡、亭一般为附庸小国，也都附于以邑为十（见王泉根《华夏姓名面面观》，广西人民出版社 1988 年版；商务印书馆辞书研究中心编《古今汉语字典》，商务印书馆 2007 年版）。

汉语拼音音节索引

huang	102		L	ming	182	pen	199
hui	103	la	143	miu	182	peng	200
hun	105	lai	145	mo	182	pi	200
huo	105	lan	145	mou	184	pian	201
		lang	146	mu	185	piao	202
	J	lao	147			pin	202
ji	106	le	147		N	ping	202
jia	112	lei	149			po	203
jian	114	leng	150	na	186	pou	204
jiang	118	li	150	nai	187	pu	204
jiao	119	lian	154	nan	188		
jie	121	liang	155	nang	189		Q
jin	124	liao	156	nao	189	qi	206
jing	126	lie	157	ne	190	qia	210
jiong	128	lin	157	nei	190	qian	210
jiu	128	ling	158	nen	190	qiang	212
ju	130	liu	160	neng	190	qiao	213
juan	132	long	161	ni	190	qie	214
jue	133	lou	162	nian	191	qin	215
jun	134	lu	163	niang	192	qing	216
		lü	166	niao	192	qiong	217
	K	luan	167	nie	192	qiu	217
ka	135	lüe	167	nin	193	qu	218
kai	135	lun	167	ning	193	quan	220
kan	135	luo	168	niu	193	que	221
kang	136			nong	194	qun	222
kao	136		M	nou	194		
ke	136	ma	170	nu	194		R
ken	138	mai	171	nuo	194	ran	222
keng	138	man	172	nü	195	rang	222
kong	138	mang	173			rao	223
kou	139	mao	173		O	re	223
ku	139	mei	175	o	195	ren	224
kua	140	men	176	ou	195	reng	225
kuai	140	meng	176			ri	225
kuan	140	mi	178		P	rong	225
kuang	140	mian	179	pa	196	rou	226
kui	141	miao	180	pai	197	ru	226
kun	142	mie	181	pan	197	ruan	227
kuo	142	min	181	pang	198	rui	227
				pao	198	run	228
				pei	199		

A

A

啊 ā 【源出】①见《新编千家姓》。②见《云南省革命烈士英名录》。【分布】云南维西有此姓。【人物】啊龙朴（1941）

阿杯 ā bēi 【源出】彝族姓，见《中华古今姓氏大辞典》。【分布】四川峨边有此姓。

阿比 ā bǐ 【源出】彝族姓，见《中华古今姓氏大辞典》。【分布】四川峨边有此姓。

阿毕（阿畢）ā bì 【源出】四川凉山彝族家支。见《四川贵州彝族社会历史调查》。即阿比氏，属曲比家支，也称博尼氏。【分布】四川马边有此姓。

阿补（阿補）ā bǔ 【源出】四川凉山彝族家支。见《四川贵州彝族社会历史调查》。属什勒斯伍家支。【分布】四川布拖、峨边有此姓。

阿不 ā bù 【源出】彝族姓，见《中华古今姓氏大辞典》。【分布】四川峨边有此姓。

阿扯 ā chě 【源出】彝族姓，见《中华古今姓氏大辞典》。【分布】四川马边有此姓。

阿成 ā chéng 【源出】彝族姓，见《中华古今姓氏大辞典》。【分布】四川峨边有此姓。

阿抵 ā dǐ 【源出】彝族姓，属旺张家支，见《彝族姓氏》。【分布】云南宁蒗有此姓。

阿俄 ā é 【源出】四川凉山彝族家支。见《四川贵州彝族社会历史调查》。属什勒阿俄家支。【分布】四川德昌、峨边有此姓。

阿尔（阿爾）ā ěr 【源出】①彝族姓。四川凉山白彝家支。见《四川贵州彝族社会历史调查》。属基默俄伍家支。②满族姓。【分布】四川美姑、云南丽江、河北围场等地有。

阿更 ā gēng 【源出】四川凉山彝族家支。见《四川贵州彝族社会历史调查》。属毛省家支。【分布】云南宁蒗、四川峨边有此姓。

阿侯 ā hóu 【源出】四川彝族黑彝家支，见《四川贵州彝族社会历史调查》。【分布】四川美姑、越西、昭觉、甘洛等地有此姓。

阿候 ā hòu 【源出】彝族姓。属彭伙家支，见《彝族姓氏》。【分布】四川美姑、甘洛、峨边等地均有此姓。

1

阿加 ā jiā 【源出】藏族姓。以房名为姓，见《四川省阿坝州藏族社会历史调查》。【分布】四川阿坝州、南平、平武等地有。

阿克 ā kè 【源出】四川凉山白彝家支。见《四川贵州彝族社会历史调查》。属毛省家支。【分布】四川马边、峨边有此姓。

阿库（阿庫）ā kù 【源出】四川凉山彝族黑彝家支，见《四川贵州彝族社会历史调查》。【分布】云南宁蒗、四川凉山有此姓。

阿黎 ā lí 【源出】四川昭觉彝族黑彝家支。金阳彝族土司，见《四川贵州彝族社会历史调查》。什耶、狄俄曲安等家支有。【分布】四川昭觉、金阳等地有。

阿卢（阿盧）ā lú 【源出】①彝族姓。其先为白彝，居云南昭通，后迁四川雷波。②四川彝族黑彝家支。汉姓为卢。【分布】四川雷波、越西、峨边等地有。

阿鲁（阿魯）ā lǔ 【源出】①金时女真人姓。②清满洲八旗姓。③四川凉山白彝家支。④佤族姓。【分布】云南西盟、中甸、宁蒗，四川峨边等地有。

阿陆（阿陸）ā lù 【源出】四川凉山彝族黑彝家支，见《四川贵州彝族

社会历史调查》。【分布】四川美姑、木里、越西、甘洛等地均有此姓。

阿洛 ā luò 【源出】四川凉山白彝家支，见《四川贵州彝族社会历史调查》。【分布】四川马边、峨边有此姓。

阿咪 ā mī 【源出】四川凉山彝族家支。见《四川贵州彝族社会历史调查》。【分布】四川峨边有此姓。

阿牟 ā móu 【源出】四川凉山彝族家支。见《四川贵州彝族社会历史调查》。属毛省家支。【分布】云南宁蒗、四川峨边有此姓。

阿某 ā mǒu 【源出】四川彝族黑彝家支，见《四川贵州彝族社会历史调查》。【分布】四川昭觉有此姓。

阿木 ā mù 【源出】彝族姓，见《中华古今姓氏大辞典》。【分布】四川越西、峨边有此姓。

阿娜 ā nà 【源出】彝族姓，见《彝族姓氏》。【分布】云南昆明、巍山等地有。

阿尼 ā ní 【源出】四川彝族黑彝家支。见《四川贵州彝族社会历史调查》。【分布】四川会东、金阳等地有。

阿牛 ā niú 【源出】四川凉山彝族家支。见《四川贵州彝族社会历史调查》。【分布】四川德昌有此姓。

阿纽（阿紐）ā niǔ 【源出】彝族姓。

俫米·拉伙阿郁等家支中均有。见《彝族姓氏》。【分布】云南宁蒗、四川德昌有此姓。

阿诺（阿諾）ā nuò 【源出】四川凉山彝族家支。见《四川贵州彝族社会历史调查》。属沙呷家支。【分布】四川甘洛有此姓。

阿培 ā péi 【源出】四川凉山彝族家支。见《四川贵州彝族社会历史调查》。【分布】四川峨边有此姓。

阿沛 ā pèi 【源出】藏族姓。以庄园名为姓，贵族。【分布】西藏工布地区有此姓。【人物】阿沛·阿旺晋美（现代）

阿匹 ā pǐ 【源出】四川凉山彝族家支。见《四川贵州彝族社会历史调查》。【分布】四川峨边有此姓。

阿舍 ā shě 【源出】彝族姓，见《中华古今姓氏大辞典》。【分布】四川峨边有此姓。

阿石 ā shí 【源出】彝族姓，见《中华古今姓氏大辞典》。【分布】四川峨边有此姓。

阿硕（阿碩）ā shuò 【源出】四川凉山彝族黑彝家支、白彝家支。见《四川贵州彝族社会历史调查》。海莱、阿磁韩木等家支均有。【分布】四川昭觉有此姓。

阿思 ā sī 【源出】彝族姓。见《四川贵州彝族社会历史调查》。【分布】四川普格、峨边等地有。

阿旺 ā wàng 源出不详。【分布】台湾台北有此姓。

阿威 ā wēi 【源出】彝族姓，见《四川贵州彝族社会历史调查》。【分布】四川越西、峨边等地有。

阿西 ā xī 源出不详。见《山西人口姓氏大全》。【分布】山西忻州有此姓。

阿喜 ā xǐ 【源出】四川凉山彝族家支。见《四川贵州彝族社会历史调查》。【分布】四川马边有此姓。

阿衣 ā yī 【源出】四川彝族黑彝家支，见《四川贵州彝族社会历史调查》。什列、丁惹等家支均有。【分布】四川会东有此姓。

阿由 ā yóu 【源出】彝族姓，见《中华古今姓氏大辞典》。【分布】四川马边、峨边有此姓。

阿于 ā yú 【源出】彝族姓，见《中华古今姓氏大辞典》。【分布】四川峨边有此姓。

阿乍 ā zhà 【源出】彝族姓。属武拉家支，见《彝族姓氏》。阿拼家支。【分布】云南禄劝有此姓。

阿折 ā zhé 【源出】彝族姓。以氏族

3

名为姓。与明朝贵州水西（今贵州大方）宣慰司土司同氏族。【分布】四川雷波有此姓。

阿者 ā zhě 【源出】彝族姓，四川凉山彝族家支。见《中华古今姓氏大辞典》。【分布】四川峨边有此姓。

阿志 ā zhì 【源出】彝族姓，见《中华古今姓氏大辞典》。【分布】四川峨边有此姓。

阿仲 ā zhòng 【源出】彝族姓，见《中华古今姓氏大辞典》。【分布】四川峨边有此姓。

阿卓 ā zhuó 【源出】①四川彝族黑彝家支，见《四川贵州彝族社会历史调查》。②古侯旺尼、阿鲁等家支有此姓。【分布】四川雷波、云南昭通等地有。

阿兹 ā zī 【源出】四川彝族黑彝家支，见《四川贵州彝族社会历史调查》。【分布】四川美姑有此姓。

AI

哎 āi 源出不详。汉、傣、白族均有此姓。【分布】浙江嵊州，云南孟连、泸水等地有此姓。

哀 āi 【源出】自西周春秋以来，以哀为谥，又以谥为氏。如鲁哀公、晋哀侯等之后。明朝时，有改哀氏为衷氏者。【分布】分布广。贵州安顺多此姓。

埃 āi 源出不详。【分布】山西太原、湖南、台湾、浙江衢州等地有此姓。

埃拉 āi lā 【源出】哈尼族姓。系出氏族名。见《哈尼族社会历史调查》。汉姓为黄。【分布】云南金平有此姓。

埃塔 āi tǎ 【源出】普米族姓，分自穷扛尼氏，见《中国人的姓名》。【分布】云南宁蒗有此姓。

唉 āi 源出不详。见严杨帆《新编千家姓》。分布不详。

挨 āi 源出不详。【分布】广东中山有此姓。

捱 ái 源出不详。见《湖南家谱解读》。

岩 ǎi 【源出】系出云南傣族。也读作 ān，系方言。【分布】云南孟连有此姓。另见 yán

蔼（藹）ǎi 【源出】①见《姓苑》。②鲜卑人姓，见《魏书》。【分布】分布广。山西、辽宁、天津、河南、上海、浙江、福建等地均有。【人物】蔼焕（南北朝）

霭（靄）ǎi 【源出】汉族姓。后有改姓安者，今居四川。【分布】台北、天津等地有此姓。【人物】霭郁（明）

艾 ài 【源出】①夏少康之臣汝艾之后，

以名为氏。②春秋齐大夫艾孔之后，以邑为氏。③北魏孝文帝鲜卑族所改。④留居中国之犹太人有此姓。【分布】湖南、江西、陕西、河北、黑龙江、河南、湖北七省有此姓。【人物】艾铨（汉）、艾元徵（清）

爱 ài 【源出】①唐朝回鹘国相，赐以爱氏。②清朝满族有爱氏。③台湾土著姓。【分布】分布较广，湖北、辽宁多此姓。

爱新（愛新）ài xīn 【源出】满族姓。由爱新觉罗氏所改。【分布】北京有此姓。

隘 ài 源出不详。见《湖南家谱解读》。【分布】湖南有此姓。

嫒 ài 源出不详。见《姓氏典故》。【分布】北京有此姓。

瑷 ài 源出不详。见《姓苑》《古今姓氏书辩证》。【分布】湖南有此姓。

AN

厂 ān 源出不详。见《中华古今姓氏大辞典》。

安 ān 【源出】①古帝皋陶封于安，因以为姓。②汉时西域安息王子留居中国，居洛阳，以国为氏。③唐时回鹘、五代吐谷浑均有安姓。【分布】分布广，冀、皖、鲁、辽、晋、陕、黑、甘等地均有。

安韩（安韓）ān hán 【源出】白彝之姓，祖籍云南昭通，见《四川贵州彝族社会历史调查》。汉姓为韩。【分布】四川雷波有此姓。

安骆（安駱）ān luò 【源出】彝族姓。属尔恩阿尔安恩家支，见《彝族姓氏》。【分布】四川普格有此姓。

安尼 ān ní 【源出】彝族姓，见《德昌县姓氏》（四川）。【分布】四川德昌有此姓。

安批 ān pī 【源出】藏族姓。安批，藏族房名，以此为姓。见《中华古今姓氏大辞典》。【分布】四川道孚有此姓。

严（嚴）ān 【源出】云南孟连傣族姓汉化，读音系云南方言。【分布】云南孟连有此姓。

另见 yán

侒 ān 源出不详。【分布】河南周口有此姓。

峖 ān 源出不详。【分布】河南汝阳有此姓。

庵 ān 【源出】同菴姓。【分布】山西运城、湖南东安、海南白沙、台北等地有此姓。

谙（諳）ān 见陈澄之《中日姓氏汇编》。分布不详。

鞍 ān 源出不详。【分布】山西洪洞、河北临西等地有此姓。

瞽 án 【源出】唐朝时陈州（今河南淮阳）有此姓。见《姓氏考略》。【分布】河南周口有此姓。

俺 ǎn 【源出】出自天竺（古印度）。北宋开封犹太人后裔有此姓。今回族姓。【分布】开封、陕西子长、湖南汉寿、贵州习水等地有。【人物】俺诚（宋）

岸 àn 【源出】①汉时西羌人姓。②古人东岸之后，以名为氏。【分布】浙江普陀、广西巴马、四川云阳、江苏滨海等地有此姓。【人物】岸尾（东汉）

按 àn 见《姓苑》。【分布】山西忻州、代县、贵州荔波、山东曲阜等地有。【人物】按摊（元）

案 àn 见《玺印姓氏徵》。【分布】山西长治、晋城等地有。

暗 àn 见《姓苑》。【分布】广东三水、湖南桂阳等地有。

闇 àn 源出不详。【分布】台湾屏东有此姓。

ANG

肮 （骯）āng 源出不详。希姓。【分布】山西太原有此姓。

卬 áng 【源出】①出自姬姓，春秋时周大夫卬权之后。②出自子姓，春秋时宋国公子卬之后。【分布】河北鹿泉，黑龙江牡丹江，江西贵溪等地。【人物】卬疏（汉）

昂 áng 源出不详，但党项、蒙古、彝、哈尼各族均有此姓。

昂折 áng zhé 【源出】彝族姓。阿折氏之异译，见《彝族氏族部落史》。【分布】台北有此姓。

枊 àng 源出不详。【分布】河北蔚县有此姓。

AO

凹 āo 源出不详。云南彝族、傣族等有此姓。【分布】云南巍山、盈江、晋宁等地有此姓。

敖 áo 【源出】①传古帝颛顼之师大敖之后。②系出芈姓，春秋时楚公族中被废弑者曰敖，其后以敖为氏。③少数民族中多此姓。【分布】川、黔、渝、粤、鄂五省多此姓。【人物】敖颖士（宋）

敖汉 （敖漢）áo hàn 【源出】①蒙古族姓。元宪宗蒙哥，人称乌干王，由其组成部落和敖汉部，兀干一词演化而来。②清满洲人姓。汉姓为白。【分布】内蒙古奈曼旗、阜新等地有。

敖提 áo tí 【源出】彝族姓。见《中华古今姓氏大辞典》。【分布】四川峨边有此姓。

熬 áo 见《新编千家姓》。【分布】山西临汾、黑龙江呼玛、河北丰宁、河南周口等地。

鳌（鰲）áo 【源出】或以地名为氏。【分布】陕西镇安有此姓。

媪 ǎo 源出不详。【分布】山东淄博、湖南等省地均有。

浇（澆）ào 【源出】夏朝诸侯国，出自寒浞之子浇之后。【分布】太原有此姓。

　　另见 jiāo

傲 ào 【源出】①清满洲、蒙古人姓。②蒙古族姓。【分布】山西大同、河北万全、河南信阳、安徽淮南等地均有。

奥 ào 【源出】①出自匈奴奥鞬王。②为奥屯氏、奥鲁氏所改。【分布】陕西、陕西、内蒙古多此姓。【人物】奥屯茂（元）

澳 ào 【源出】台湾土著姓。【分布】台东、贵州安顺、浙江嵊泗、上海等地均有。

懊 ào 源出不详。【分布】广东中山有此姓。

B

BA

八 bā 【源出】①汉时西域人姓。车师国后部大臣八滑归汉为亲汉侯，其后姓八。②明时川打冲河右所土千户姓八。【分布】晋、滇、粤、豫四省多此姓。【人物】八通（明）

八且 bā qiě 【源出】彝族姓。见《凉山彝族奴隶制社会形态》。【分布】四川昭觉、喜德等地有。

巴 bā 【源出】①系出风姓，传伏羲之后居巴，以地为氏。②出自姬姓。春秋时巴子国为楚灭，子孙以国为氏。③系出嬴姓。汉时巴郡南郡蛮姓。【分布】分布广。豫、内蒙古、辽、赣四省区多此姓。【人物】巴肃（汉）

巴达（巴達）bā dá 【源出】佤族姓。见《佤族社会历史调查》。汉姓为王。【分布】云南沧源、双江、孟连等地有此姓。

巴格 bā gé 源出不详。【分布】河北武邑有此姓。

巴根 bā gēn 【源出】佤族姓。见《佤族社会历史调查》。汉姓为张。【分布】云南西盟有此姓。

巴九 bā jiǔ 【源出】彝族姓。【分布】

四川德昌有此姓。

巴拉 bā lā 【源出】清满洲人姓。【分布】山西潞城有此姓。

巴林 bā lín 【源出】元时蒙古人姓。巴林系部名，当以部名为氏。汉姓为詹、白。【分布】内蒙古奈曼旗有此姓。【人物】巴林甘都（清）

巴莫 bā mò 【源出】彝族姓。【分布】四川越西有此姓。

巴坡 bā pō 【源出】独龙族姓。见《中国人姓名》。【分布】云南贡山有此姓。

巴普 bā pǔ 【源出】彝族姓。属古侯兹子家支，见《彝族姓氏》。【分布】云南玉溪、四川凉山等地有。

巴亲（巴親）bā qīn 【源出】彝族姓。属果基家支。见《彝族姓氏》。【分布】四川昭觉、喜德等地有。

巴桑 bā sāng 【源出】藏族姓。巴桑是蒙古族人名字组成的常用部分，今人依汉人姓名构成习俗，遂成巴桑为姓。【分布】四川理塘有此姓。

扒 bā 【源出】傈僳族姓。【分布】北京、山西清徐、云南泸水等地均有。

叭 bā 【源出】①原本郀姓，因事改叭姓。②傣族汉化姓。③同八姓。【分布】湖南、云南西双版纳等地。

芭 bā 【源出】西夏党项人姓，云南彝族姓。【分布】陕西柞水、富平，云南通海，山西陵川等地。【人物】芭良（宋）

吧 bā 源出不详。【分布】湖南、河北望都等省地有此姓。

岜 bā 源出不详。【分布】河北望都、广东中山等地。

厊 bā 源出不详。【分布】台湾花莲有此姓。

疤 bā 源出不详。【分布】湖南有此姓。

捌 bā 【源出】①羌人姓，羌人以己为捌。②同八姓。【分布】云南红河、泸水、江川、双柏，广西钟山等地。【人物】捌忠（明）

笆 bā 源出不详。【分布】湖南有此姓。

峇 bā 源出不详。【分布】广西平乐有此姓。

拔 bá 【源出】①春秋时地名，以为氏。②晋武帝时，归化之匈奴姓。【分布】安徽淮南、湖南湘潭、云南通海、台湾台中、江苏姜堰等地有。

把 bǎ 【源出】①金朝女真人姓，以地名为氏。②庆州党项部把利氏改把氏。【分布】酒泉、兰州、宜兴、太原、台北、天津等地均有。【人物】把撒合（金）

靶 bǎ 源出不详。【分布】湖南、河北定兴等省地。

爸 bà 源出不详。【分布】湖南有此姓。

耙 bà 源出不详。【分布】河南济源有此姓。

霸 bà 【源出】彭祖之裔豕韦小国之后有霸氏。【分布】冀、晋、黑、皖、滇、沪等省地。【人物】霸栩（见《益州耆旧传》）

坝（壩）bà 【源出】彝族姓。【分布】北京，云南通海、晋宁等地有此姓。

BAI

白 bái 【源出】①传炎帝之臣白阜之后。②传自古帝白胥氏之后。③商、周时嬴姓白国，春秋时为楚所灭，子孙以国为氏。【分布】豫、晋、冀、陕、川五省多此姓。【人物】白整（北魏）
　　另见 bó

白丽（白麗）bái lì 【源出】独龙族姓，世居独龙山地区，原为家族名，因以为姓。见《我国少数民族的人名》。【分布】云南贡山有此姓。

白玛（白瑪）bái mǎ 【源出】藏族姓。今人以汉族姓名组成习俗，遂成藏族姓。【分布】四川理塘有此姓。

白仁 bái rén 【源出】元时蒙古族人姓，即巴阿邻氏之异译。以部落为姓。见《我国少数民族的人名》。【分布】云南贡山有此姓，汉姓为白。内蒙古乌兰察布察哈尔地区有此姓。

白岳 bái yuè 【源出】系白、岳二姓

合成，见《中华姓氏大辞典》。【分布】西安有此姓。

百 bǎi 【源出】①古有百儵、黄帝之后，本为姞姓，其后以百为氏。②百里之后为百氏。③高丽八姓之一为百氏。【分布】冀、豫、晋三省多此姓。【人物】百玫（汉）

百里 bǎi lǐ 【源出】春秋晋献公灭虞国，执其大夫井伯奚。使媵（陪嫁奴仆）伯姬于秦，秦以奚为大夫，食采于百里，因号百里（故城在今甘肃灵台西）。奚之子视，以百里为氏。【分布】山西平陆、湖北石首等地有。

佰 bǎi 【源出】与"百"同源，因分族，遂为两姓。【分布】广西、江西、昆山、淄博、天津、宁夏、吉林、浙江、河北等省市均有。

柏 bǎi 【源出】①古帝柏皇氏之后有柏氏。②系自己姓，后有柏氏。③春秋时，柏子国为楚成王所灭，子孙以国名氏。【分布】皖、苏、湘、川、滇、鲁六省多此姓。【人物】柏始昌（汉）
　　另见 bó

栢 bǎi 【源出】满、蒙、汉等民族均有此姓。【分布】甘、赣、浙、冀、苏、湘、京、台等省市均有。

摆（擺）bǎi 【源出】摆夷，为僰人（白

9

族先民)之一族,或以族名为氏。【分布】鄂、新、甘、陕、宁、冀、豫、川、滇九省区均有。【人物】摆吉太(明)

摆依(擺依)bǎi yī 【源出】彝族姓。属阿硕家支。见《彝族姓氏》。又称奥果摆依。【分布】云南华坪有此姓。

拜 bài 【源出】见《姓苑》。回、锡伯、东乡族汉化姓。【分布】分布广,甘肃多此姓。【人物】拜瑚(宋)

稗 bài 源出不详。【分布】山西代县有此姓。

BAN

班 bān 【源出】系白芈姓,楚若敖之后。秦灭楚,斗班裔孙迁晋代之间,因为班氏。【分布】分布较广。桂、皖、冀、鲁四省区多此姓。【人物】班超(汉)

般 bān 【源出】春秋时鲁庄公之子公子般之后。【分布】分布很广。陕、冀、皖、粤、粤、桂、吉、苏、浙、黔十省区均有。

斑 bān 【源出】春秋时楚令尹斗谷于菟之后。【分布】分布很广。京、晋、冀、鄂、湘、辽、琼、皖等省地均有。【人物】斑子兴(明)

板 bǎn 【源出】汉初巴人姓。【分布】云南、酒泉、定州、江苏、陕西等省市有此姓。【人物】板楯(汉)

闆 bǎn 源出不详。【分布】北京、台北、湖南怀化等有此姓。

办(辦)bàn 【源出】见《新编千家姓》。傈僳族姓。【分布】晋、湘、鄂、滇、鲁、豫六省均有。

半 bàn 源出不详。【分布】分布很广。太原、定州、天津、四川、浙江、云南、湖南等省市均有。

另见 pàn

伴 bàn 源出不详。【分布】分布广。丹东、海南、山西、浙江、河北、河南、江苏等省市均有。【人物】伴撒(元)

拌 bàn 源出不详。【分布】山东胶州有此姓。

绊(絆)bàn 源出不详。【分布】山西阳泉有此姓。

BANG

邦 bāng 【源出】①孔子弟子邦选,其后有邦氏。②北魏代北姓飶邦氏后改为邦氏。分布较广。【分布】山东多此姓。【人物】邦严(明)

帮(幫)bāng 源出不详。【分布】冀、鲁、甘、赣、浙、鄂、津等省市均有。

梆 bāng 源出不详。【分布】湖南、江苏滨海、广东三水等省地均有。

浜 bāng 源出不详。【分布】福建清流有此姓。

榜 bǎng 见《新编千家姓》。【分布】北京、太原、茂名，河北清河、尚义等地。

膀 bǎng 源出不详。【分布】山西临汾、翼城等地。

蚌 bàng 【源出】傣族姓。【分布】云南龙川、盈江等地均有。

棒 bàng 见《玉篇》。【分布】河北定州有此姓。

磅 bàng 源出不详。【分布】广东三水有此姓。

BAO

包 bāo 【源出】①传为古帝庖牺氏(伏羲)之后。②春秋时楚大夫申包胥(芈姓)之后。③汉时为避王莽之乱，鲍氏有改姓包者。【分布】分布较广。苏、浙、桂、甘、辽五省区多此姓。【人物】包拯(宋)

苞 bāo 【源出】①春秋时楚国公族苞丘氏之后有苞氏。②苞，即龙须羊。以此为图腾之族姓。③古时包与苞通。【分布】余姚、无锡、嫩江、山东、陕西、湖南等省市均有。

胞 bāo 源出不详。【分布】江苏姜堰、浙江金华等地有此姓。

褒 bāo 【源出】①系出姒姓。夏之褒国，至周灭亡，子孙以国名氏。②北魏时改高车姓达勃氏为褒氏。

【分布】陕西勉县、江苏滨海等地有此姓。【人物】褒希俨(宋)

雹 báo 源出不详。【分布】大同、北京、淄博、高雄等地有。

饱 (飽) bǎo 见《万姓统谱》。【分布】天津武清、台北等地均有。【人物】饱安盈(宋)

宝 (寶) bǎo 见《姓苑》。【分布】分布较广。辽、滇两省多此姓。【人物】宝忠(汉)

宝音 (寶音) bǎo yīn 【源出】蒙古族姓。见《山西人口姓氏大全》。【分布】太原有此姓。

保 bǎo 【源出】①《周礼》有保章氏(官名)，其后以官名为氏。②春秋时楚国公族之后有保氏。③少数民族多有保姓。【分布】云南省多此姓。

保青 bǎo qīng 【源出】蒙古族姓。见《赤峰市志》(内蒙古)。【分布】内蒙古翁牛特旗有此姓。

葆 bǎo 【源出】出自保氏，见《姓氏考略》。【分布】酒泉、天津、江苏启东等地。【人物】葆光先(明)

堡 bǎo 见《新编千家姓》。【分布】江西宁都有此姓。

褓 bǎo 源出不详。【分布】宁夏平罗有此姓。

抱 bào 【源出】汉末杞康为安定太守，

11

董卓为暴，惧诛，因改姓为抱氏。【分布】江西贵溪、浙江永嘉等地有。【人物】抱嶷（北魏）

豹 bào 【源出】传为古帝高辛氏八才手之一叔豹之后。【分布】琼、豫、晋、冀、台、鄂六省多此姓。【人物】豹皮公（三国·魏）

报（報）bào 见《中华姓府》。【分布】台湾花莲、江苏滨海、河南等地有此姓。【人物】报恩奴（元）

鲍（鮑）bào 【源出】①庖牺氏（伏羲）之后有鲍氏。②出姒姓，夏禹裔孙敬权（即杞公子）食采于鲍，因以为氏。③北魏改俟力伐氏为鲍氏。【分布】浙、鲁、青、苏、鄂、皖六省多此姓。【人物】鲍弼（明）

暴 bào 【源出】商周古国。周卿士暴辛公之后，见《元和姓纂》。暴，周大夫采邑，其后以邑为氏，见《姓觿》。【分布】晋、豫、冀三省多此姓。【人物】暴胜之（汉）

爆 bào 源出不详。【分布】山西屯留有此姓。

BEI

杯 bēi 见《姓苑》。【分布】苏、川、浙、闽、沪、鲁、粤七省市多此姓。【人物】杯承宠（宋）

卑 bēi 【源出】①春秋时郑大夫卑谌之后。②传汉时卑耳国人之后。③鲜卑人有以族名之卑为氏者。【分布】上海、浙江、太原、台湾、北京、南通、无锡等省市多此姓。【人物】卑躬（东汉）、卑铭（明）

桮 bēi 见《古今姓氏书辩证》。【分布】北京大兴、山东、台湾三省市多此姓。【人物】桮育（汉）

悲 bēi 【源出】春秋时鲁哀公之臣孺悲之后，子孙以名为氏。【分布】山西、北京、上海、台湾、周口、茂名等省市有此姓。

碑 bēi 源出不详。【分布】浙江上虞有此姓。

北 běi 【源出】①有北，古之侯国，黄帝迁蚩尤之党于此，其后以国名氏。②北魏时高丽姓。③带"北"字之复姓后改为北氏。【分布】包头、承德、北京等省市均有。

北野 běi yě 【源出】以所居为氏，如东野之类。见《姓苑》。分布不详。

贝（貝）bèi 【源出】①春秋时晋大夫采邑，因氏。②春秋时蔡邑，以邑名氏。③古贤人贝独坐之后。④周召康公庶支子孙为贝氏。【分布】粤、浙、桂、苏、京五省区市多此姓。【人物】贝瑗（汉）

邶 bèi 【源出】系出子姓，为殷时畿内国名，以国名氏，见《诗传》。又：宋微子之后，见《路史》。分布不详。

另见 bì

孛 bèi 【源出】梁武帝萧衍次子萧综
降北魏武帝令综之子萧直改姓孛
氏。分布不详。

另见 bó

邶 bèi 【源出】据考证,邶为商周古国。
系共工氏后裔,亡于西周初年,邶
人以国名氏。【分布】安徽临泉、河
南新乡、江西弋阳等地有此姓。

另见 bì

备（備）bèi 【源出】春秋时宋国封
人（官名）备之后。【分布】北京有
此姓。

背 bèi 【源出】①春秋时宋公支庶食
采于鄁,以国名为氏,后去邑为背
氏。②南朝梁武帝之侄降北魏后
又归,帝改其姓萧为背氏。【分布】
淮南、周口、云南、陕西四省市多
此姓。

钡（鋇）bèi 源出不详。【分布】湖南、
扬州二省市多此姓。

倍 bèi 【源出】古帝少昊之长子,名
倍伐。帝欲传位于高阳,先降处其
长子倍伐于缗渊（今山东金乡东
北）,其后有倍氏。【分布】大连、
酒泉、太原、大同、天津等地有此姓。

被 bèi 【源出】春秋时郑大夫被瞻之
后。【分布】云南泸水有此姓。【人物】

被条（汉）

辈（輩）bèi 源出不详。大家族姓。
【分布】分布广。酒泉、太原、淮南、
奉化、北京、上海等地均有。

蓓 bèi 源出不详。【分布】河南济源
有此姓。

蓓 bèi 源出不详。【分布】福建蒲城
有此姓。

BEN

奔 bēn 【源出】神农娶奔水氏之女,
后有奔氏。【分布】天津武清、上海、
宜兴、乌海等地均有。【人物】奔衍（宋）

贲（賁）bēn 【源出】①春秋鲁庄公
御者县贲父之后。②汉时西戎贲浑
族之后。③虎贲（古官名）,王之
卫士,其后以官名为氏。【分布】分
布广。桂、吉、苏三省区多此姓。
【人物】贲赫见（汉）

另见 bí、bì、féi

赍（賁）bēn 【源出】为贲氏之分族。
【分布】江西永修有此姓。

另见 shì

犇 bēn 源出不详。【分布】河南林州
市、重庆綦江等地均有。

锛（錛）bēn 源出不详。【分布】云
南保山有此姓。

本 běn 见《姓苑》。【分布】分布广。
川、湘、甘、青、豫、黔、晋、浙、

皖、台、冀、沪十二省市多此姓。

【人物】本高（明）

本牙 běn yá 【源出】普米族姓。见《普米族》。汉姓有熊、曹二姓。【分布】四川木里，云南宁蒗、永胜等地有此姓。

BENG

伻 bēng 源出不详，见《新编千家姓》。分布不详。

崩 bēng 源出不详，见《新编千家姓》。分布不详。

甭 béng 源出不详，见《新编千家姓》。【分布】今北方有，具体不详。

泵 bèng 源出不详，见《新编千家姓》。【分布】山西祁县、曲沃，四川渠县等地有此姓。

蚌 bèng 【源出】或以地名为氏。分布不详。

BI

偪 bī 【源出】黄帝庶子姞姓之裔封于偪，后灭于晋，子孙因氏。分布不详。

逼 bī 【源出】姞姓之后，晋襄公之母逼氏，即偪姓。【分布】浙江上虞、长兴，江苏洪泽等地均有此姓。

赉（賁）bī 源出不详。【分布】黑龙江嫩江、广西平乐等地。

另见 bēn、bì、féi

鼻 bí 【源出】舜弟象封于有庳，其后有象氏、庳氏、畀氏、鼻氏。【分布】台北有此姓。

匕 bǐ 源出不详。【分布】浙江奉化、安徽砀山等地均有。

比 bǐ 【源出】①殷时，纣王之叔比干之后。比，国名，比干之封地。②汉时西羌人姓。【分布】新疆布尔津、云南昭通、台湾彰化、上海等地有。

【人物】比铜钳（汉）

比补（比補）bǐ bǔ 【源出】四川凉山彝族黑彝家支。见《四川贵州彝族社会历史调查》。【分布】四川昭觉、喜德等地有此姓。

比地 bǐ dì 【源出】拉祜族姓。汉姓为马。【分布】云南金平有此姓。

比丁 bǐ dīng 【源出】彝族姓，属阿尔家支。见《彝族姓氏》。【分布】云南丽江有此姓。

比知 bǐ zhī 【源出】彝族姓。【分布】四川峨边有此姓。

妣 bǐ 源出不详。见《姓谱》。【分布】台湾基隆有此姓。

彼 bǐ 源出不详。【分布】北京、湖南等省地有此姓。

罢（罷）bǐ 源出不详。见《集韵》。【分布】台湾花莲、吉林扶余等地有。

笔（筆）bǐ 源出不详。见《姓苑》。【分布】分布广。黔、川、台、晋、冀、豫、湘、吉、沪等省市均有。

俾 bǐ 见《新编千家姓》。【分布】广东茂名有此姓。

币（幣）bì 源出不详。【分布】江苏武进、山西孝义、湖南等省市有。

必 bì【源出】①燧人氏四佐之一必育之后。②古时"必""毕"二字相同。③邲氏改为必氏。【分布】长治、株洲、江苏滨海等地均有。【人物】必赞（宋）

必向 bì xiàng【源出】苗族姓。见《苗族简史》。【分布】贵州黄平有此姓。

毕（畢）bì【源出】①周文王之第十五子毕公高封于毕，其后以毕为氏。②北朝西城毕国胡人，以国名氏。③北魏孝文帝改出连氏为毕氏。【分布】豫、鲁、黑、辽、滇、皖六省多此姓。【人物】毕众敬（北魏）

闭（閉）bì【源出】壮族姓。竹子象征男根，生命之源，壮语言闭，为远古图腾。彝族也有此姓。【分布】分布广。广西多此姓。【人物】闭复亭（元）

邲 bì【源出】为古"弼"字。弼姓之分族。【分布】黑龙江嫩江有此姓。
另见 bèi

佛 bì【源出】春秋时鲁中牟大夫茀肸（也作佛肸）之后。分布不详。【人物】佛正（明）
另见 fú

庇 bì【源出】春秋时楚公族之后有庇氏。【分布】湖南怀化有此姓。

茀 bì【源出】春秋时晋大夫郤至之车右茀翰胡之后有茀氏。【分布】山东济阳有此姓。

泌 bì 源出不详。见《姓苑》《新编千家姓》。【分布】山西昔阳、浙江长兴等地有此姓。

赍（賁）bì 见《姓觿》。分布不详。【人物】赍亨（元）
另见 bēn、bí、féi

祕 bì 源出不详。分布不详。
另见 mì

费（費）bì【源出】春秋时鲁桓公之子季友之后，以封邑名称为姓。《梁相费汎碑》载："鲁桓公子季友为大夫，有功封费，因氏焉。"分布不详。【人物】费汎（汉）
另见 fèi

秘 bì【源出】①西羌人姓。②与祕同源，但河北故城、平山、灵寿一带秘姓，自古至今音 bei，也音 mì。【分布】分布广。冀、皖两省多此姓。【人物】秘轸（宋）、秘丕笈（清）

祕 bì【源出】汉有祕祝（官名），以官名氏。【分布】西安灞桥有此姓。【人

15

敝 bì 见《姓苑》。【分布】湖南、河南新密等省地有此姓。

婢 bì 源出不详。【分布】湖南有此姓。

湢 bì 源出不详。【分布】山东曲阜有此姓。

弻 bì 见《姓苑》。【分布】山西榆次、辽宁昌图、台北等地均有。

蓖 bì 源出不详。【分布】湖南、广东三水等省地有此姓。

辟 bì 【源出】周武王之弟康叔之后。【分布】分布较广。大同、渭南、汤阴、河北宁晋等地均有。【人物】辟子方（汉）

辟办 （辟辦）bì bàn 源出不详。见《山西人口姓氏大全》。【分布】大同有此姓。

辟间 （辟闾）bì lǘ 【源出】①春秋卫文公曾孙居楚丘，营辟间里（在今河南滑县东北），后世因为辟间氏。②辟间，剑名，工铸者以为氏。分布不详。【人物】辟间彬（晋）

碧 bì 【源出】见《姓苑》，碧阳君之后。【分布】晋、内蒙古、冀、滇、皖、苏、赣、台、湘九省区均有。【人物】碧潭（明）

蔽 bì 【源出】商周古国，春秋初灭于郑，国人以国名氏。【分布】太原、浙江余姚等地均有。

薜 bì 见《姓觿》。【分布】分布广，但人数不多。【人物】薜国瑞（元）

篦 bì 源出不详。【分布】河南周口有此姓。

璧 bì 【源出】春秋时齐大夫璧（官名）之后。【分布】山西阳泉、四川渠县等地均有。

濞 bì 源出不详。【分布】湖南有此姓。

臂 bì 源出不详。【分布】湖南益阳、江苏滨海等地有。

BIAN

边 （邊）biān 【源出】①商朝有诸侯国边国（位于今天的河南商丘一带），边国国君有伯爵的封号，所以又称为边伯，其后以边为氏。②出自子姓。据《通志氏族略》记载：周朝时，宋平公之子御戎，字子边，其后世子孙便以边为姓，成为边姓一支。【分布】皖、冀、辽、浙、晋、豫、内蒙古等七省区多此姓。【人物】边风（东汉）

萹 biān 源出不详，见《新编千家姓》。分布不详。

编 （編）biān 【源出】①系扁姓所改。②南郡有编县（今湖北南漳境），或以地名氏。【分布】湖北黄梅，河南周口、商城均有。【人物】编䜣（东汉）

煸 biān 源出不详。【分布】湖南有此姓。

鞭 biān 源出不详,见《新编千家姓》。【分布】运城、洪洞、周口等地均有。

扁 biǎn 【源出】传为黄帝时名医扁鹊之后。【分布】甘、陕、晋、鄂、滇、浙、苏、豫、冀八省均有。

卞 biàn 【源出】①传黄帝裔孙吾融之子明封于卞,其后以国名氏。②周文王之六子曹叔振铎庶子封于卞,其子孙以为氏。【分布】苏、黑、鲁、豫、皖五省多此姓。

弁 biàn 【源出】源于官名,出自西周时期官吏弁师,后以官职为氏。【分布】分布较广。北京、上海、台北、泉州多地有此姓。

苄 biàn 源出不详,见《姓谱》。【分布】山西灵石有此姓。

汳 biàn 【源出】古水名。故道自今开封东北流至商丘北,其岸边人或以水名为氏。【分布】江西新余有此姓。

汴 biàn 【源出】水名,即今河南荥阳西南索河,其岸边人或以水名为氏。【分布】江西、河南、湖南、河北四省多此姓。

变 (變) biàn 见《姓苑》。【分布】今分布很广。晋、豫、浙、皖、苏、

冀六省多此姓。

徧 biàn 源出不详。【分布】湖南有此姓。

遍 biàn 见《新编千家姓》。【分布】山西古交有此姓。

辨 biàn 【源出】以地为氏。见辩姓。分布不详。

辩 (辯) biàn 【源出】下辩亦作下辨,在武都(今甘肃成县西),或以地名为氏。【分布】浙江上虞有此姓。

BIAO

杓 biāo 【源出】北斗星之斗柄为杓,以星辰为姓。【分布】山西五寨,甘肃古浪、积石山等地有。

彪 biāo 【源出】①周武王之弟康叔之后。②春秋时齐公族有彪氏。【分布】分布很广。陕、湘、吉、晋、冀、内蒙古、鄂、黔、桂、台十省区多此姓。【人物】彪堂(明)

镖 (鏢) biāo 源出不详。【分布】山西太原、山东龙口等地均有。

飚 (飈) biāo 见《新编千家姓》。分布不详。

謰 biāo 源出不详。【分布】山东新泰、台湾新竹、上海三地多此姓。

表 biāo 【源出】汉时酒泉郡有表氏县,或以地名为氏。【分布】分布广。广东、河南两省多此姓。【人物】表贡(明)

BIE

鼈 biē 【源出】古国名（今贵州遵义西），后以国名氏。古蜀国之相鼈灵之后。清时山东寿光尚有此姓，今不详。

别 bié 【源出】①楚人有别氏。②汉别成子之后。③湖北郧川别氏，其先以大别山获姓。【分布】分布广，豫、鄂两省多此姓。

别干 bié gān 【源出】彝族姓，其先为黑彝。见《四川广西云南彝族社会历史调查》。【分布】四川雷波有此姓。

BIN

邠 bīn 【源出】周太王居邠（故地为今陕西彬县），支孙氏焉。【分布】四川大竹有此姓。

宾（賓）bīn 【源出】①周桓王之后有宾氏。②晋靖侯之孙栾宾之后。③春秋时齐大夫有宾氏。【分布】湘、桂、粤三省区多此姓。

彬 bīn 见《姓苑》。【分布】京、川、湘、鄂、滇、粤、浙七省地多此姓。

斌 bīn 源出不详，汉、白等民族均有此姓。【分布】太原、北京、鄂尔多斯多此姓。

滨（濱）bīn 见《姓苑》。【分布】太原、洛阳、郑州、老河口、萍乡、台北等地有。

缤（繽）bīn 源出不详。【分布】湖南怀化、江苏洪泽等地有此姓。

BING

冰 bīng 【源出】冰的异体字，即冰氏，但与冰源出不同。【分布】江苏盐城有此姓。

冰 bīng 【源出】为凌氏所改，见《姓氏考略》。【分布】晋、冀、鲁、豫、辽、黔、京七省市多此姓。【人物】冰如鉴（明）

并 bīng 【源出】①系自嬴姓。战国赵侯支庶食采于并邑（今太原），后因氏。②商时子姓国，并氏出自武丁，并国之后或有并氏。【分布】太原、陕西、云南、海南四省市多此姓。

兵 bīng 【源出】①源于姬姓，出自西周时期军制教治兵，属于以官职称谓为氏。②台湾土著姓。【分布】冀、甘、台、晋、豫、皖、桂、湘八省区均有。

丙 bǐng 【源出】①传神农之臣丙封之后。②汉时李陵鏖战匈奴粮绝而降，三国时其裔孙自匈奴归魏见于丙殿，赐姓丙。【分布】河北雄县、北京怀柔等地均有此姓。【人物】丙吉（汉）

丙当（丙當）bǐng dāng 【源出】云

南独龙族姓。为家族名。出自哇当家族，因氏。见《独龙族社会历史调查》。【分布】云南贡山有此姓。

邴 bǐng 【源出】①春秋时晋大夫邴豫采邑，因氏。②春秋时齐大夫食采于邴，因氏。【分布】山东、河南两省多此姓。【人物】邴汉（汉）

芮 bǐng 【源出】草名，或以此为姓。【分布】台湾多市有此姓。

秉 bǐng 【源出】①春秋时楚公族有秉氏。②古时邴、秉相通。【分布】北京、侯马、周口等地均有。【人物】秉宽（汉）

柄 bǐng 【源出】泰山下邑名，居此者因以为氏。春秋时晋大夫直柄之后，以名为氏。今或已消失。

炳 bǐng 源出不详，见《新编千家姓》。【分布】鲁、京、吉、苏、闽、粤、冀七省市多此姓。

並 bìng 【源出】即并氏，系竝姓分族。分布不详。

BO

拨（撥） bō 源出不详。【分布】云南晋宁、江苏滨海等地有。

波 bō 【源出】①汉时月支王之姓。②巴人姓。③西夏党项人姓。④西汉王莽时波水将军（官名）之后。【分布】晋、苏、鄂、台、滇、川、浙七省多此姓。【人物】波才（东汉）

玻 bō 源出不详。见《新编千家姓》。【分布】无锡有此姓。

盋 bō 源出不详。【分布】北京有此姓。

剥 bō 源出不详。【分布】今南方仍有此姓。分布不详。

菠 bō 源出不详。【分布】太原、大同、北京、周口、湖南五省市多此姓。

啵 bō 源出不详。【分布】湖南有此姓。

鉢 bō 【源出】同钵姓，见《新编千家姓》。分布不详。

播 bō 【源出】①播鞉，乐师，因氏。②唐置播州，以地名为姓。【分布】江苏泰兴有此姓。

白 bó 源出不详。【分布】武昌有此姓。
　　另见 bái

孛 bó 【源出】系宋朝时孛疙瘩，元时孛鲁欢之后，因氏。【分布】甘、宁、台、晋、豫五省区多此姓。【人物】孛敏（明）
　　另见 bèi

孛吉 bó jí 【源出】蒙古族姓。见《巴林右旗志》（内蒙古）。【分布】内蒙古巴林右旗有此姓。

伯 bó 【源出】①传为古代嬴姓之祖伯益之后。②商末孤竹国君长子伯夷之后。【分布】渝、鲁、吉三省市多此姓。

伯颜 (伯顏) bó yàn 源出不详。见《南昌县的姓氏》（江西）。【分布】南昌有此姓。

驳 (駁) bó 【源出】驳马氏后改为驳氏。【分布】湖南有此姓。【人物】驳少伯（汉）

泊 bó 【源出】夏王支庶封于泊，其后以封地名氏。

柏 bó 【源出】古帝柏皇氏之后。分布较广。
另见 bǎi

勃 bó 【源出】①春秋时宋右师（官名）勃之后。②西域罽宾国王勃富雄，后代姓勃。【分布】甘肃通渭、安徽望江、贵州盘州市、河南内乡均有。【人物】勃论（唐）

栢 bó 【源出】或与"柏"同源。【分布】黑龙江嫩江有此姓。【人物】栢英（汉）

钹 (鈸) bó 见《新编千家姓》。【分布】湖南有此姓。

亳 bó 【源出】①出子姓。亳，商汤时都城，支庶以为氏。②亳，古国名，或以国名为氏。【分布】周口、山东肥城、茂名、河北安国等地均有。

湵 bó 源出不详。【分布】海南琼海有此姓。

博 bó 【源出】古地博州（今山东聊城东北），以地名氏。【分布】分布极广。西安、太原、长治、北京、上海、周口、淮南等均有。【人物】博彦约（明）

博尼 bó ní 【源出】四川黑彝家支及四川凉山白彝家支均有。【分布】四川美姑有此姓。

博史 bó shǐ 【源出】四川凉山白彝家支。【分布】四川盐边、云南大姚等地有。

渤 bó 见《新编千家姓》。【分布】北京有此姓。

搏 bó 源出不详。【分布】太原、江西宁都、广西崇左、江苏洪泽等地有。

僰 bó 【源出】古侯国（故治在今四川宜宾），以地名为氏。【分布】云南云龙有此姓。

箔 bó 源出不详。【分布】周口、北京、无锡等地均有。

薄 bó 【源出】①炎帝之裔有薄国，以国名氏。②出子姓。宋大夫食采于薄城，子孙因以为氏。③周时卫国贤人薄疑之后。【分布】鲁、辽、冀、晋四省多此姓。【人物】薄昭（汉）

薄努 bó nǔ 【源出】佤族姓，即薄怒氏。【分布】云南西盟有此姓。

薄怒 bó nù 【源出】佤族姓。世居中课寨。也称薄努氏。【分布】云南西盟有此姓。

檗 bó 源出不详。【分布】湖南有此姓。

BU

卜 bǔ 【源出】①出自姒姓。夏太康之弟封于莘，后有卜氏。②氏于事者，巫卜陶匠是也。【分布】分布广。桂、苏、内蒙古三省区多此姓。

卜鼎 bǔ dǐng 【源出】彝族姓。丁惹、川莫奥尔等家支均有此姓。见《彝族姓氏》。【分布】云南宁蒗有此姓。

卜余 bǔ yú 【源出】彝族姓。属狄俄肯姆家支，见《彝族姓氏》。【分布】四川昭觉，云南宁蒗、永胜等地均有此姓。

补 bǔ 源出不详。补为補之异体字和简化字，但在台湾二者不同姓。【分布】台北有此姓。

补的（補的）bǔ dì 【源出】彝族黑彝家支。【分布】四川西昌有此姓。

补固（補固）bǔ gù 【源出】彝族黑彝家支。【分布】四川汉源有此姓。

补黑（補黑）bǔ héi 【源出】彝族黑彝家支。【分布】四川美姑有此姓。

补省（補省）bǔ shěng 【源出】彝族黑彝家支，也称勿雷氏。【分布】四川甘洛有此姓。

补约（補约）bǔ yuē 【源出】彝族黑彝家支。【分布】四川盐边有此姓。

捕 bǔ 见《姓觿》。【分布】湖南、江苏滨海二省地均有。【人物】捕巡（汉）

哺 bǔ 源出不详。【分布】湖南，江苏滨海、无锡，山西河曲四省地多此姓。

補 bǔ 【源出】①古有補国，炎帝伐補侯是也，后因氏。②出自神农时補燧之后，以国名为氏。補国于春秋初为郑国所灭。【分布】渝、湘两省市多此姓。【人物】補郎（汉）

布 bù 【源出】①战国时赵卿姑布子卿，其后有布氏。②汉时西羌人姓。【分布】粤、豫、冀、闽四省多此姓。【人物】布兴（东汉）

布各 bù gè 【源出】蒙古族姓。自部落名。见《蒙郭勒津姓氏及村名考》。汉姓为暴。【分布】辽宁阜新有此姓。

布窘 bù jiǒng 【源出】佤族姓。【分布】云南西盟有此姓。

布拉 bù lā 【源出】①四川峨边彝族姓。②云南沧源佤族姓，分自赛叟氏。大赛叟称布拉，小赛叟称绵用。③西盟佤族姓。【分布】四川峨边，云南西盟、沧源等地有。

布李 bù lǐ 【源出】佤族姓，即布立氏，见《佤族社会历史调查》。也称果恩布李（布立）氏。【分布】云南西盟有此姓。

布立 bù lì 【源出】①西夏党项人姓，见《西夏文物研究》。②佤族姓，见《佤族社会历史与文化》。汉姓为陈、李。【分布】云南西盟有此姓。

布尼 bù ní 【源出】①清满洲八旗姓。②普米族姓。为穷（熊）扛尼姓分支，世居云南宁蒗。【分布】河北承德有此姓。

布农（布農）bù nóng 【源出】佤族姓，世居云南西盟永广寨，以地名为姓。汉姓有陈、王、杨。【分布】云南西盟有此姓。

布瑞 bù ruì 【源出】①蒙古族姓，见《赤峰市志》。②珞巴族姓，以部落名为姓，也称苏龙。【分布】内蒙古阿鲁科尔沁旗、西藏等地有。

布洗 bù xǐ 【源出】佤族姓。汉姓为陈、李。【分布】云南西盟有此姓。

布兹 bù zī 【源出】四川彝族黑彝家支。【分布】四川雷波、美姑等地有。

步 bù 【源出】①春秋时晋大夫步阳食采于布，因氏。②北魏时改代北步鹿根氏为步氏。【分布】分布广。鲁、苏两省多此姓。【人物】步骘（三国·吴）

佈 bù 见《中国姓氏集》。【分布】大同、天津静海、内蒙古、海南、广东五省区市均有。

珍 bù 源出不详。【分布】甘肃舟曲有此姓。

怖 bù 源出不详。【分布】江苏洪泽有此姓。

部 bù 【源出】南匈奴姓。见《姓苑》。【分布】分布较广。湖北、湖南、福建、河北、汕头、周口、曲阜、太原、上海九省市多此姓。

簿 bù 【源出】古主簿，官名，以为氏。【分布】分布很广。西安、天津、上海等地均有。

簿艾 bù ài 【源出】佤族姓，见《佤族社会历史调查》。也称涅簿艾氏。【分布】云南西盟有此姓。

簿克 bù kè 【源出】佤族姓，见《佤族社会历史调查》。也称涅簿克氏。【分布】云南西盟有此姓。

CA

擦 cā 见《新编千家姓》。源出不详。分布不详。

CAI

呆 cāi 源出不详。【分布】湖南新化有此姓。

猜 cāi 源出不详。见《新编千家姓》。

【分布】湖南津市，江苏滨海、兴化等地有。

才 cái 【源出】古帝颛顼之后有才氏。【分布】分布广。黑、辽、内蒙古、冀四省区多此姓。【人物】才宽（明）

材 cái 见《万姓统谱》。【分布】分布广。太原、大同、基隆、北京、五大连池等地均有。【人物】材致（宋）

财（財）cái 源出不详，见《姓苑》。【分布】分布广。豫、晋、皖、粤、台、冀、吉、内蒙古、滇、浙十省区多此姓。

裁 cái 源出不详，见《姓苑》。【分布】大同、河南林县、广东中山等地均有。【人物】裁三才（明）

采 cǎi 【源出】①系黄帝之子夷鼓始封于采，其后有采氏。②北魏献帝次弟侯氏，后改为采氏。【分布】山西、内蒙古二省区多此姓。【人物】采皓（汉）

彩 cǎi 见《姓苑》《新编千家姓》。【分布】分布广。豫、冀、甘、晋、皖、浙、内蒙古、新、苏、粤十省区均有。

菜 cài 【源出】①或取义蔬菜为姓。②或衍自蔡姓（因清以前姓氏书中均无此姓）。【分布】川、豫、吉三省多此姓。

蔡 cài 【源出】①周文王之子蔡叔度叛乱被灭，周成王时，改封蔡叔度之子蔡仲于蔡，后因姓。②金时女真人乌林答氏，汉姓改为蔡。【分布】粤、台、闽、苏、浙、川、鄂七省多此姓。【人物】蔡伦（汉）

蔡王 cài wáng 【源出】源出不详。或系蔡、王二姓合成。【分布】台湾高雄有此姓。

CAN

参（參）cān 见《太平图话姓氏综》。【分布】陕西韩城有此姓。
另见 sān、shēn

残（殘）cán 见《新编千家姓》。【分布】江西石城有此姓。

蚕（蠶）cán 见《新编千家姓》。【分布】山西长平，湖南孟阳、新化均有此姓。

惭（慚）cán 见《新编千家姓》。【分布】北京有此姓。

惨（慘）cǎn 源出不详。【分布】湖南有此姓。

灿（燦）càn 【源出】源出不详。或为粲、璨二氏所改，见《新编千家姓》。【分布】台湾宜兰、湖南、浙江永嘉三省均有。

孱 càn 源出不详。【分布】辽宁昌图有此姓。

粲 càn 见《姓苑》。【分布】河南灵宝、江苏滨海等地多此姓。

CANG

仓（倉）cāng 【源出】①传为黄帝史官仓颉之后。②《周礼》有仓人（官名），子孙以官名为姓。【分布】江苏多此姓。【人物】仓慈（三国·魏）

苍（蒼）cāng 【源出】黄帝苍林、颛顼后裔苍舒，苍姓本于此。【分布】分布较广。黑、吉、辽、滇、苏五省多此姓。

沧（滄）cāng 见《新编千家姓》。【分布】北京、陕西韩城、河北定兴等地均有。

舱（艙）cāng 源出不详。【分布】湖南有此姓。

藏 cáng 见《姓苑》。【分布】分布较广。黑、苏、吉、豫、青、冀、陕、鲁、皖九省多此姓。

另见 zàng

CAO

操 cāo 见《姓苑》。【分布】分布较广。皖、鄂两省多此姓。【人物】操斗祥（宋）

曺 cáo 【源出】敦煌、吐鲁番出土文书中有此姓。【分布】台湾台北、云林等地均有此姓。

曹 cáo 【源出】①古帝颛顼曾孙吴回之孙安被封在曹国，其后因以为氏。②周武王封其弟叔振铎于曹，春秋灭于宋，后因以为氏。【分布】豫、冀、川、苏、皖、鲁、鄂、湘八省多此姓。【人物】曹操（三国·魏）

曺 cáo 【源出】曹之俗体，今台湾与曹姓为二姓。回族也有此姓。【分布】台、浙、豫、宁四省区有此姓。

曹 cáo 源出不详。希姓。【分布】陕西城固有此姓。

漕 cáo 【源出】春秋时卫大夫采邑于漕，后以邑名为氏。【分布】江苏高淳、湖南二省市均有。【人物】漕中叔（汉）

懆 cáo 源出不详。希姓。【分布】湖南有此姓。

槽 cáo 见《新编千家姓》。【分布】湖南、茂名二省地均有。

草 cǎo 【源出】周官草人（官名）之后，以官名氏。【分布】云南晋宁、大同、北京、台北、周口等地均有。【人物】草王桥（汉）

CE

册 cè 【源出】盘瓠之后有册氏，见《唐书》。盘瓠为古帝高辛氏之犬，因功，妻帝少女，生儿育女，居西南。见干宝《搜神记》。【分布】湖南怀化有此姓。

厕（厠）cè 源出不详。【分布】广东中山有此姓。

测（測）cè 源出不详。【分布】湖南有此姓。

测孜（測孜）cè zī 【源出】彝族黑彝家支。【分布】四川美姑有此姓。

策 cè 【源出】古有策疆，见《姓氏考略》。策氏当为其后。【分布】京、豫、冀、琼、苏、粤六省市均有。【人物】策敏（明）

筞（筴）cè 【源出】为策姓分族，见《氏姓考》。【分布】河北黄骅有此姓。

CEN

岑 cén 【源出】周武王封其堂侄渠于岑亭，为岑子国，子孙以国名为氏。【分布】桂、粤、皖、豫四省区多此姓。【人物】岑彭（东汉）

CENG

噌 cēng 源出不详。【分布】湖南有此姓。

层（層）céng 见《新编千家姓》。【分布】北京、河北、周口、太原、余姚五省市均有。

CHA

叉 chā 见《新编千家姓》。【分布】山西太原、晋城和湖南三省地均有。

杈 chā 源出不详。见《新编千家姓》。【分布】北京、贵州三都、湖南三省地均有。【人物】杈盛（明）

查 chā 【源出】满、汉、蒙、回等民族均有此姓。【分布】宁夏有此姓。

另见 zhā

插 chā 源出不详。【分布】湖北枣阳、随州等地均有。

茶 chá 【源出】①唐陆羽著《茶经》，卖茶者奉为茶神，其后有茶氏。②云南契丹人后裔也有茶氏。③宋时三佛齐国有茶氏。【分布】云南多此姓。【人物】茶昱（明）

另见 tú

察 chá 见《姓苑》。【分布】浙、赣、闽、台、甘、晋、豫、京八省市均有。【人物】察战（三国·吴）

察普 chá pǔ 【源出】彝族姓，以草为原始图腾的氏族名，因氏。见《中国人的姓名》。【分布】云南武定有此姓。

檫 chá 源出不详。【分布】湖南有此姓。

岔 chà 源出不详。【分布】湖南有此姓。

刹 chà 【源出】传为古帝鬼騩氏之后。【分布】武汉、成都、江西新余等地均有。

CHAI

拆 chāi 源出不详。【分布】武汉、北京、陕西三省市均有。

钗（釵）chāi 源出不详。【分布】浙江泰顺有此姓。

差 chāi 【源出】①夏禹之后有差氏。②春秋时，齐、楚有差车之官，其后以官名为氏。【分布】长治、深圳、绍兴、江苏、贵州五省市有。

柴 chái 【源出】据《通志》载："柴氏，姜姓。齐文公子高之后。高氏傒，以王父字为氏。十世孙高柴，仲尼弟子。柴孙举，又以王父字为柴氏。"【分布】晋、冀、豫、甘、浙、鄂、赣七省多此姓。【人物】柴武（汉）

CHAN

搀（攙）chān 源出不详。【分布】湖南湘潭、江苏滨海等地有。

纤 chán 【源出】即缠姓之俗写，但不认为二者同姓。【分布】河北肃宁多此姓。

单（單）chán 【源出】单于氏所改。【分布】湖北洪湖有此姓。

另见 dān、shàn、tán

单于（單于）chán yú 【源出】①源于东戎，系自挛鞮氏。汉时匈奴左贤王去卑降汉，以单于为姓。②南北朝时后周有此姓，必其先曾为单于，子孙以为氏。其后有改姓单者。【分布】上海、泉州，山东历城、益都等地有。

廛 chán 源出不详。【分布】浙江金华有此姓。

婵（嬋）chán 见《新编千家姓》。【分布】大同、无锡、茂名等地均有。

禅（禪）chán 见《姓苑》。【分布】无锡、酒泉、成都、上海、茂名等多地有。【人物】禅国荣（清）

缠（纏）chán 见《姓苑》。【分布】承德、大同、北京、天津等地均有。【人物】缠子（汉）

蝉（蟬）chán 【源出】①见《新编千家姓》。②台湾土著姓。【分布】山东鱼台、湖南新邵、台湾桃园等地均有。

廛 chán 【源出】或为缠姓所改。【分布】晋、湘两省多此姓。

纏 chán 【源出】为缠的俗体，见《广韵》，但另衍为一姓。【分布】河北安新有此姓。

澶 chán 源出不详。【分布】湖南有此姓。

镡（鐔）chán 见《正字通》。【分布】南北均有。【人物】镡承（三国·蜀）

另见 tán、xún

蟾 chán 见《中国姓氏集》。【分布】台北有此姓。

产（產）chǎn 【源出】①春秋时郑公孙侨，字子产，其后以字为氏。②春秋时秦大夫改产之后。【分布】武汉、北京、淮南、太原、上海、台中等地均有。【人物】产麟（明）

偅 chǎn 【源出】春秋时鲁地，以地名为氏。【分布】山西阳泉有此姓。

诶（諂）chǎn 源出不详。【分布】河北藁城有此姓。

铲（鏟）chǎn 源出不详。【分布】河南信阳有此姓。

阐（闡）chǎn 【源出】古鲁地（今山东宁阳西北），或以地名氏。【分布】晋、冀、豫、川、苏、闽、粤七省均有。

剷 chǎn 源出不详。【分布】武汉有此姓。

忏（懺）chàn 源出不详。【分布】酒泉、河北灵寿等地均有。

CHANG

伥（倀）chāng 见《新编千家姓》。【分布】湖北黄梅有此姓。

昌 chāng 【源出】①传黄帝之子昌意之后。②传黄帝之臣昌寓之后。【分布】分布广。皖、湘、豫三省多此姓。【人物】昌文之（南朝·梁）

昌马（昌馬）chāng mǎ 源出不详。【分布】湖北公安有此姓。

菖 chāng 见《新编千家姓》。【分布】山西永济、河南周口、安徽淮南、贵州、福建、内蒙古七省区均有。

阊（闆）chāng 源出不详。【分布】浙江上虞有此姓。

淐 chāng 【源出】水名，以水为氏。【分布】河南义马有此姓。

长（長）cháng 【源出】①传黄帝之子挥之后有长氏。②出子姓，殷人之后有长氏。③春秋时卫大夫长牂之后。【分布】分布广。甘肃多此姓。【人物】长略（明）

苌（萇）cháng 【源出】①周敬王大夫苌弘食采于苌，其后以邑名氏。②蜀之夷侯有苌氏。【分布】陕、豫两省多此姓。【人物】苌孕秀（清）

肠（腸）cháng 源出不详。【分布】广东中山有此姓。

袚 cháng 源出不详。【分布】台湾花莲有此姓。

尝（嘗）cháng 【源出】出自妫姓，孟尝君田文为齐相，封于薛，其后以尝为氏。【分布】滇、晋、台、浙、陕、苏六省均有。

常 cháng 【源出】①黄帝之臣常仪，常先，其后均有常氏。②周武王之弟康叔封食采于常，其后因以为氏。【分布】豫、新、冀、晋、皖六省区多此姓。【人物】常惠（汉）

偿（償）cháng 【源出】春秋时吴中八族之一为偿氏。【分布】云南邱北有此姓。【人物】偿庆（晋）

塲 cháng 源出不详。【分布】台湾新竹有此姓。

厂（廠）chǎng 源出不详。【分布】晋、冀、鲁、豫、苏、陕、川七省均有。

场（場）chǎng 源出不详。【分布】周口、武汉、中山、茂名、天津等地均有。

昶 chǎng 【源出】西周古国。春秋时为楚文王所灭，子孙以国名氏。【分布】河北、北京、高雄等地均有。

敞 chǎng 【源出】匈奴人姓。汉武帝元狩四年，敞屠洛降，封湘成侯。【分布】山西原平、河北围场、江西新余等地均有。

畅（暢）chàng 【源出】出自姜姓，齐后有暢氏。【分布】河南多此姓。【人物】畅曾（汉）

倡 chàng 见《新编千家姓》。【分布】上海、淮南、吉安、云南、江苏五省地均有。

唱 chàng 见《姓苑》。【分布】太原、成都、台南、沈阳、南昌、天津、上海等地均有。

CHAO

抄 chāo 见《万姓统谱》。【分布】信阳、湘潭、北京、台北、嵊州等地均有。【人物】抄思（明）

钞（鈔）chāo 【源出】见《姓苑》。辽、金人之姓，见《姓氏考略》。【分布】河南、陕西两省多此姓。

訬 chāo 源出不详。【分布】江西上犹有此姓。

超 chāo 见《元和姓纂》。【分布】苏、琼、滇三省多此姓。【人物】超喜（汉）

晁 cháo 【源出】①出自姬姓。周景王之子朝之后。本为朝氏，后改晁。②春秋时卫大夫史朝之孙苟子以王父字为氏。【分布】苏、皖、豫、川四省多此姓。

巢 cháo 【源出】①古帝有巢氏之后。②巢国夏禹之后，春秋灭于吴，以国名氏。③春秋楚大夫牛臣之后。【分布】苏、赣、湘三省多此姓。

朝 cháo 【源出】①周初宋微子之后有朝氏。②周初蔡仲之后有朝氏。【分布】内蒙古、豫、青三省区多此姓。【人物】朝景焕（隋）

潮 cháo 见《新编千家姓》。【分布】安徽、河南、江苏、上海、台北五省市多此姓。

炒 chǎo 源出不详。【分布】广东三水有此姓。

CHE

车（車）chē 【源出】①据《世本》所载，相传黄帝之臣车区占星气，据传乃车姓之始。②春秋时秦子车氏之后。③汉族及少数民族均有车姓。【分布】鲁、川、甘、辽、陕、吉、粤七省

均有。【人物】车顺（汉）

另见 jū

伡（俥）chē 源出不详。【分布】山东新泰有此姓。

莗 chē 源出不详。【分布】太原有此姓。

彻（徹）chè 见《正字通》。【分布】山西洪洞、五台等地均有。【人物】彻里（元）

撤 chè 见《中国姓氏集》。【分布】晋、新、甘、鲁、浙、台六省区均有此姓。

澈 chè 见《新编千家姓》。今仍有，分布不详。

CHEN

郴 chēn 【源出】秦末，楚怀王之孙熊心被项羽立为义帝，都郴，因以为氏。有浣，春秋时楚大夫食采于郴，因氏。【分布】湖南、河南偃师二省地有此姓。【人物】郴宝（晋）

臣 chén 【源出】①商太戊时有臣扈，为臣姓之始。②古朝鲜半岛马韩国有臣智(官名)，后人以官为氏。【分布】浙、甘、陕、晋、冀、鲁六省多此姓。【人物】臣综（汉）

尘（塵）chén 见《单县志》。【分布】西安、无锡、曲阜等地有。【人物】尘洪（明）

辰 chén 【源出】①伏羲之裔巴子封于辰，以国名氏。②周文王之孙辰之后。③商时有郰国，灭于周，其后以国名氏。【分布】上海、玉门、湖南城步、河北鹿泉等地均有。【人物】辰子奇（隋）

沈 chén 【源出】传为古帝高辛氏之子实沈之后。今已消失。

另见 shěn

沉 chén 【源出】"沉""沈"原为一字，但后分为二姓。源出也异。沉是鲜族姓。【分布】晋、陕、冀、鲁、浙、吉六省多此姓。

忱 chén 见《新编千家姓》。【分布】北京、武汉、成都、茂名、承德、台湾六省地均有。

陈（陳）chén 【源出】①春秋时，陈厉公子完之后。②晋时匈奴后部人姓。③鲜卑人姓。【分布】粤、川、闽、苏、浙、豫、湘七省多此姓。

陈蔡（陳蔡）chén cài 【源出】应系陈、蔡两单姓合成。【分布】台湾新竹有此姓。

陈方（陳方）chén fāng 【源出】明时定远人（属凤阳）陈方亮，官镇国将军，本姓陈，育于方翁，太祖朱元璋赐姓陈方，以继两家之亲。属于恩赐义姓。【分布】无锡有此姓。

陈金（陳金）chén jīn 【源出】①清满洲人姓。②陈、金两姓合成。【分布】浙江湖州有此姓。

陈林（陳林）chén lín 【源出】当系陈、林两单姓合成。见《潮汕文化选》。【分布】广东顺德、潮州，台湾高雄等地有。

陈刘（陳劉）chén liú 【源出】应系陈、刘两单姓合成。【分布】台湾花莲有此姓。

陈吕（陳吕）chén lǚ 【源出】当系陈、吕两单姓合成。【分布】台湾有此姓。

陈王（陳王）chén wáng 【源出】应系陈、王两单姓合成。【分布】台湾、香港等地有。

陈萧（陳蕭）chén xiāo 【源出】应系陈、萧两单姓合成。祖籍福建连江。【分布】台湾有此姓。

宸 chén 见《新编千家姓》。分布不详。

晨 chén 见《新编千家姓》。【分布】太原、长治、无锡、成都等省市有。

谌（諶）chén 【源出】春秋时郑大夫裨谌之后，以名为氏。今也读 shěn、shèn，均系方言而变。【分布】湘、赣、渝、陕四省市多此姓。【人物】谌仲（汉）

蕏 chén 源出不详。【分布】河北景县有此姓。

衬（襯）chèn 源出不详。【分布】湖南有此姓。

趁 chèn 源出不详。【分布】顺德、中山、偃师、江苏海门有。

CHENG

净（淨）chēng 源出不详。【分布】湖南有此姓。

另见 jìng

称（稱）chēng 【源出】出自姬姓，春秋时鲁公族之后。【分布】晋、鲁、浙、湘、川、陕、粤、冀、豫、苏十省均有。【人物】称忠（汉）

憆 chēng 源出不详。【分布】山西阳泉有此姓。

撑 chēng 源出不详。【分布】太原、乌海、湖南、辽宁、江苏等省地均有。

丞 chéng 【源出】同承姓，以地名为氏。

成 chéng 【源出】①周文王第七子郕权武封于郕（今河南范县），后灭于楚。子孙以国名氏，后又去邑改成。②古南方各族有成氏。【分布】湘、鄂、苏、晋、粤、冀、陕七省多此姓。【人物】成毅（清）

成功 chéng gōng 【源出】相传大禹治水大功告成，其少子遂以为氏。汉时复姓。【分布】江苏海门有此姓。【人物】成功恢（汉）

成吉 chéng jí 源出不详。见《山西人口姓氏大全》。【分布】太原有此姓。

丞 chéng 【源出】丞为官称，因官而氏。【分布】江苏武进、北京等地均有。

呈 chéng 见《万姓统谱》。【分布】广东四会、湖北建始多此姓。【人物】呈麟（清）

诚（誠）chéng 源出不详。见《中华姓府》。【分布】太原、大同、北京、成都、上海、天津、茂名、台北等地均有。

承 chéng 【源出】春秋时卫大夫承成之后，见《世本》。【分布】江苏、北京、河南三省地多此姓。【人物】承宫（汉）

城 chéng 【源出】①春秋时卫大夫食采城鉏，因氏。②春秋时宋平公之子城之后。③氏于事者，城、郭、园、池是也。【分布】太原、曲阜、汕头等多地有。

埕 chéng 源出不详。【分布】台南有此姓。

乘 chéng 【源出】①伏羲子咸鸟，孙乘厘，其后有乘氏。②古有乘氏国（今山东巨野境），后因以为氏。【分布】南北均有分布。

铖（鋮）chéng 源出不详。【分布】江苏滨海有此姓。

程 chéng 【源出】①出自风姓，重黎之后，商封之于程，其后以邑为氏。

②程，古国，嬉姓（一说己姓），周初国灭，其后以国名为氏。【分布】皖、豫、鄂、新、川、鲁六省区多此姓。【人物】程大位（明）

程勐 chéng mèng 【源出】佤族姓，见《佤族社会历史与文化》。【分布】云南西盟有此姓。

筬 chéng 源出不详。【分布】山西有此姓。

惩（懲）chéng 源出不详。【分布】海南白沙、山西繁峙、河北定州等地有。

絾 chéng 源出不详。【分布】甘肃古浪有此姓。

塍 chéng 源出不详。【分布】太原、湖南益阳有此姓。

澄 chéng 【源出】春秋时，宋有澄子，其后或有澄氏。见《吕氏春秋》。【分布】淮南、上杭、台北、上海等地有。

橙 chéng 源出不详。【分布】大同、广东顺德有此姓。

秤 chèng 源出不详。【分布】陕西乾县、浙江象山、上海等地有。

CHI

吃 chī 【源出】西夏氏党项人有吃咩族，军主吃埋，后以吃为姓。【分布】云南建水有此姓。

31

蚩 chī 【源出】黄帝时诸侯蚩尤之后，以国名为氏。【分布】河北丰宁、江苏武进、四川盐边等地均有。

嗤 chī 源出不详。【分布】湖南有此姓。

痴 chī 见《新编千家姓》。【分布】湖南、四川二省多此姓。

池 chí 【源出】①池，古侯国，以国名为氏。②以居处名为氏，如城、郭、园等。③春秋时，秦司马公子池之后，以名为氏。【分布】黑、滇、浙、粤、闽、苏、冀七省多此姓。【人物】池浴德（明）

弛 chí 见《康熙字典》。今仍有此姓。分布不详。

驰（馳）chí 【源出】源出不详。驰，水名，在四川梓潼五妇山为源。或以水为氏。【分布】曲阜、浙江上虞等地均有。【人物】驰九垓（明）

迟（遲）chí 【源出】①殷贤人迟任之后。见《姓源》。②北魏时改尉迟氏为迟氏。见《魏书》。【分布】鲁、辽、黑、内蒙古四省区多此姓。【人物】迟超（晋）

迟辟（遲辟）chí bì 源出不详。见《山西人口姓氏大全》。【分布】大同有此姓。

茌 chí 【源出】战国时齐大夫食采于茌（今山东茌平境），一说即茌（今山东长清境），后以邑名为氏。【分布】

天津、无锡、茂名、曲阜等地均有。

持 chí 见《姓苑》。【分布】淮南、海南、琼中等地均有。

荎 chí 【源出】春秋时齐大夫食采于荎（今山东长清境），因以为氏，见《姓苑》。【分布】西安、高雄等地均有。

迡 chí 【源出】或为迟姓之讹写。【分布】台北有此姓。

莉 chí 见《姓苑》。【分布】安徽寿县有此姓。

　　另见 lí

匙 chí 见《万姓统谱》。【分布】分布较广。太原、阳泉、淮南、上海、台湾桃园等地均有。【人物】匙广（明）

尺 chǐ 【源出】或以度量器具名为氏。今傈僳族有此姓。【分布】上海、大同、高雄等省市均有。

齿（齒）chǐ 【源出】①见《姓苑》。②百济国有黑齿氏，改为齿氏。【分布】浙江长兴有此姓。

侈 chǐ 源出不详。【分布】江苏滨海有此姓。

耻 chǐ 源出不详。【分布】山西、河北、江苏、四川、湘潭、台北六省市多此姓。

恥 chǐ 【源出】为"耻"之别为一姓。因"耻""恥"二姓不共认。【分布】

台湾彰化、台中、南投等地均有。

豉 chǐ 源出不详。【分布】广东南澳有此姓。

歠 chǐ 源出不详。【分布】台湾云林有此姓。

叱 chì 【源出】系代北复姓叱干氏所改。【分布】陕西蒲城多此姓。玉门、西安等地均有。

叱干 chì gān 【源出】①原为鲜卑族之一部，当以部落名为氏。②北魏献帝定其姓为叱干氏，居武川。③唐时高车人姓。【分布】陕西彬县、宝鸡、旬邑等地有。【人物】叱干遂(唐)

叱茅 chì máo 源出不详。见《姓苑》。【分布】清时山东诸城有此姓。今分布不详。

斥 chì 【源出】①古有斥候，以职为姓。②汉置斥章县（今河北曲周境），以地名为氏。【分布】河南信阳、陕西子长、江苏滨海等地均有。
另见 zhè

赤 chì 【源出】①赤奋，炎帝时诸侯，其后有赤氏。②传黄帝时有赤将子舆，赤姓始此。③传古代南方之帝赤飚怒之后。【分布】晋、冀、鲁三省多此姓。【人物】赤从周（明）

赤惹 chì rě 【源出】彝族姓。【分布】四川峨边有此姓。

饬（飭）chì 源出不详。【分布】湖南有此姓。

勑 chì 【源出】南北朝时高车勑勒国之后。见《姓氏考略》。【分布】山西汾阳有此姓。

敕 chì 见《姓苑》。【分布】桂、闽、豫、陕、湘、赣、沪七省区均有。

CHONG

冲 chōng 见《风俗通》。【分布】上海、淮南、无锡、玉门、奉化等地均有。【人物】冲敬（明）

充 chōng 【源出】①古有充国（在四川阆中），其后有充氏。②周官有充人，其后以官名氏。③春秋时齐大夫充闾之后。【分布】北京、上海、太原、周口、宜兴、茂名等地均有。【人物】充郎（汉）

充莽 chōng mǎng 【源出】佤族姓。汉姓为杨。【分布】云南西盟有此姓。

忡 chōng 源出不详。【分布】河北邱县有此姓。

茺 chōng 【源出】土家族姓。【分布】湖北利川有此姓。

舂 chōng 源出不详。【分布】河北蔚县有此姓。

衝 chōng 源出不详。【分布】陕西洋县、山东新泰、江西安义等地均有。

憧 chōng 源出不详。【分布】新疆布尔津、江西安福、湖南三省地多此姓。

种 chóng 【源出】周宣王时卿士仲山甫之后，避仇改为种。【分布】豫、鄂、皖、鲁、冀、陕六省多此姓。【人物】种暠（汉）

重 chóng 【源出】少昊时重（即勾芒）为南正，司天之事，黎为北正，司地之事，以官名为氏。也读 zhòng。【分布】北京、天津、太原、曲阜、武汉、台北等地均有此姓。【人物】重谦（明）

崇 chóng 【源出】商末有崇侯虎，为崇国之主，周文王灭之，子孙以国名为氏。【分布】分布广。皖、冀、苏三省多此姓。【人物】崇大年（宋）

崇藏 chóng zàng 【源出】景颇族姓。属于浪速支系。【分布】云南梁河有此姓。

蟲 chóng 【源出】①春秋时，宋取邾国蟲邑，其大夫以邑名为氏。②西周初，徐偃王之后有重氏。【分布】云南江川、江苏滨海、河南宁陵等地有。【人物】蟲达（汉）

宠（寵）chǒng 见《姓苑》。【分布】内蒙古、河北两省区多此姓。【人物】宠义（三国·蜀）

CHOU

抽 chōu 源出不详。【分布】周口、淮南等地有此姓。

仇 chóu 【源出】系出雠姓。【分布】分布很广。甘、冀、豫、鲁、湘、川六省多此姓。

另见 qiú

绸（綢）chóu 源出不详。【分布】广东吴川、台湾新竹等地有。

畴（疇）chóu 【源出】①商时锡畴侯国之后。②春秋时越王之后有稠氏。【分布】湖南有此姓。

酬 chóu 见《新编千家姓》。【分布】台湾、江苏滨海有此姓。

稠 chóu 【源出】汉时匈奴大当户（官名）有稠姓，见《汉书》。【分布】北京、大同、江苏滨海等地有。【人物】稠雕（汉）

愁 chóu 源出不详。【分布】晋、冀、湘、黔、苏、粤六省多此姓。

丑 chǒu 【源出】周时有丑父，齐大夫，系出姜姓，以名为氏。【分布】分布广。甘、黑、湘三省多此姓。【人物】丑千（南朝·齐）

俦 chǒu 【源出】汉时姓，见《广韵》。【分布】宋时衡州有此姓，今不详。

另见 yú、yù

翛 chǒu 【源出】汉时司徒掾翛连，本姓俞（chǒu），见《汉书》。或

为讹写，汉时人姓。【分布】黑、冀、辽、津、内蒙古、粤、湘七省区市均有。【人物】俞纵（晋）

瞅 chǒu 源出不详。【分布】湖北老河口、江苏洪泽等地有。

醜 chǒu 【源出】①当以谥为氏，见《姓氏考略》。②或以丑门氏改。【分布】湖南长沙有此姓。【人物】醜长（东汉）

臭 chòu 见《新编千家姓》。【分布】湖南、河北定兴二省市有此姓。

CHU

出 chū 【源出】①鲜卑人姓。②匈奴居华人姓。③元蒙古人降明木华黎之后。【分布】台北、厦门、泉州、太原等地均有。【人物】出科联（清）

初 chū 源出不详。见《姓苑》。【分布】黑、辽、吉、鲁四省多此姓。【人物】初暐（宋）

樗 chū 【源出】①出自嬴姓，春秋时秦樗里子之后。②木名。落叶乔木，即臭椿。或以木名为氏。如桐、松等氏。【分布】福建龙岩有此姓。【人物】樗本直（明）

刍（芻）chú 【源出】①古有刍积之官（管饲料），以职为氏。②殷墟出土甲骨文《卜辞》中之氏族名。【分布】北京有此姓。

厨 chú 【源出】①厨，春秋时宋邑（今商丘境），因氏。②晋，魏锜食采于吕，又食采于厨，故称厨武子，后人以为氏。【分布】山西蒲城、河南偃师、浙江安吉等地均有。

锄（鋤）chú 【源出】见《集韵》。或以地名、器名为氏。【分布】浙江桐乡有此姓。

滁 chú 源出不详。【分布】江苏姜堰有此姓。

鉏 chú 【源出】①春秋时鲁季悼子庶兄公弥，字公鉏，后有公鉏氏，后改为鉏氏。②齐之鉏丘氏后又改为鉏氏。【分布】浙江嘉兴、安徽蒙城等地有。

另见 xú

雏（雛）chú 见《新编千家姓》。【分布】太原、西安、承德、台北、高雄等地均有。

潴 chú 源出不详。【分布】江苏宜兴藏林镇有此姓。

处（處）chǔ 【源出】出自嬴姓，舜帝时伯益之后有处氏。【分布】上海、周口、大同、汕头、萧山等地均有。【人物】处穆（晋）

杵 chǔ 【源出】《爱书》有杵姓，或出自杵白氏。【分布】武汉有此姓。

除 chǔ 【源出】生于除月（即十二月），

因以为氏。【分布】湖南、江苏两省多此姓。

础（礎）chǔ 源出不详。【分布】湖南有此姓。

楮 chǔ 【源出】见《万姓统谱》。以树名为姓。【分布】西安、周口、泉州、高雄、台中等地均有。【人物】楮节（明）

储（儲）chǔ 【源出】①古有储国，见《寰宇记》，应在今江西赣县，以国名氏。②战国时齐大夫储子之后，以字氏。【分布】皖、苏两省多此姓。【人物】储大伯（东汉）

褚 chǔ 【源出】见《康熙字典·辨似》。今土家族姓。分布不详。

楚 chǔ 【源出】①周平王庶子林开之裔，鲁大夫林楚之后，以名为氏。②殷墟出去甲骨文《卜辞》中氏族名。【分布】豫、冀、川、苏、湘五省多此姓。

褚 chǔ 【源出】①周有褚地（今洛阳南褚氏亭）居者以为氏。②春秋时宋共公之子段，食采于褚，子孙因以为氏。【分布】浙、辽、鲁、苏、豫、冀、鄂七省多此姓。【人物】褚遂良（唐）
　另见 zhǔ

亍 chù 【源出】源出不详。春秋时河东（今山西永济）有亍氏，今仍存。【分布】湖南、浙江玉环二省市均有此姓。

助 chù 见《集韵》。【分布】湖南靖州、江苏滨海、内蒙古东胜等地有。

高 chù 源出不详。【分布】清时山东高密有此姓，见《池北偶谈》。今存否不详。

怵 chù 源出不详。【分布】湖南有此姓。

触（觸）chù 【源出】商纣王时，左师曹触龙之后。【分布】北京有此姓。

闑 chù 源出不详。【分布】山西侯马、襄汾等地有此姓。

憷 chù 源出不详。【分布】湖南有此姓。

矗 chù 见《姓谱》。分布不详。

CHUAI

揣 chuǎi 【源出】奚（古族名）五族著姓有揣氏，见《金史》。至唐朝后，融合于契丹。【分布】北京、天津、上海、大同、侯马、承德等地均有。【人物】揣本（明）

啜 chuài 【源出】宋时兴州刺史折惟昌所部啜讹之后。见《姓氏考略》，为党项姓。【分布】辽宁、内蒙古两省区多此姓。【人物】啜佶（宋）

CHUAN

川 chuān 【源出】古有三川氏，川氏宜此所改。见《姓氏考略》。【分布】上海、大同、运城、周口、花莲等地均有。

穿 chuān 【源出】春秋时楚公族有穿氏。见《路史》。今分布不详。

传 (傳) chuán 见《姓苑》。【分布】浙、黔、渝三省市多此姓。

船 chuán 【源出】见《集韵》。为船司空（官名）之后。【分布】上海、湖南、山西绛县、云南保山等地均有。

遄孙 (遄孫) chuán sūn 源出不详。【分布】江苏滨海有此姓。

椽 chuán 见《中国姓氏集》。【分布】河北正定有此姓。

歂 chuán 【源出】①古帝舜后有歂氏。见《路史》。②春秋鲁大夫歂孙之后。③春秋时郑大夫马四歂之后。今分布不详。

舛 chuǎn 源出不详。见《姓氏典故》。【分布】山西有此姓。

舜 chuǎn 源出不详。【分布】上海有此姓。

喘 chuǎn 【源出】歂姓分支。【分布】北京、武汉、湖南三省地均有。

串 chuàn 【源出】西戎国串夷（即犬戎），以国名为氏。【分布】太原、宜宾、粤、冀、辽、陕六省市均有。

钏 chuàn 见《万姓统谱》。【分布】滇、台、浙、湘四省均有。【人物】钏国贤（元）

CHUANG

囱 chuāng 源出不详。【分布】天津、湖南、江苏滨海三省地有。

疮 (瘡) chuāng 【源出】或因专医疮而氏，或因生疮而氏。【分布】湖南有此姓。

窗 chuāng 源出不详。见《新编千家姓》。【分布】长治、江苏武进、湖南怀化等地均有。

床 chuáng 【源出】为牀异体字，或以牀姓分支。以用具为姓。见《姓考》。【分布】运城、河南济源、西安、海南白沙等地均有。

牀 chuáng 【源出】或以用具为姓。【分布】河南济源有此姓。

閔 chuǎng 【源出】有说即闯姓。【分布】武汉有此姓。

闯 (闖) chuǎng 【源出】闯大夫之后，见《国语》。【分布】分布很广。辽、京、晋、鲁、沪、川、闽、吉、豫九省市均有。

创 (創) chuàng 【源出】清满洲人姓，清时再黑龙江呼兰地区。【分布】山西永济、上海、茂名等地均有。

CHUI

吹 chuī 【源出】①源出不详，见《姓苑》。②辽时部落明，至金大定年间始定为氏。【分布】太原、河南扶沟、河北定州等地有。

炊 chuī 源出不详，有说即吹氏。【分布】北京、运城、郑州、成都、西安等地均有。

垂 chuí 【源出】垂，春秋时卫邑，以地名氏。见《姓苑》。【分布】湖南有此姓。

陲 chuí 源出不详。【分布】广东汕头有此姓。

捶 chuí 源出不详。【分布】湖南有此姓。

椎 chuí 源出不详。【分布】大同、台湾桃园等地有。

锤（錘）chuí 【源出】禹封舜之少子于西戎，至秦厉公时，有裔孙研之后有研氏、兀氏、湅氏、锤氏、罕羌氏等。【分布】北京、天津、昆山、无锡、临汾等地有。

CHUN

春 chūn 【源出】①战国时楚相黄歇，号春申君，其后有春氏。②战国时齐宣王之臣春子，其后有春氏。【分布】鄂、闽、冀三省有此姓。【人物】春生物（明）

春雷 chūn léi 【源出】景颇族姓，属载佤支系，世居云南盈江邦瓦寨。汉姓为类。【分布】云南盈江有此姓。

椿 chūn 源出不详。【分布】京、湘、台三省市多此姓。

蝽 chūn 源出不详。【分布】湖南有此姓。

纯（純）chún 【源出】①纯狐氏，字娟娥，羿之妻，后有纯氏。②唐时西羌族有纯氏。【分布】上海、天津、淮南、台北等多地有。

淳 chún 【源出】①炎帝之裔，周武王封淳于公，后灭于杞，因氏。其后有去于为淳氏者。②源于姒姓，出自远古帝王大禹后代淳维，属于以先祖名字为氏。【分布】湘、鄂、渝三省市多此姓。

淳于 chún yú 【源出】周武王封炎帝之裔为淳于公，号淳于。淳于故城在今山东安丘东北，为夏时斟灌国。春秋时灭于杞，淳于公入曹，子孙遂以国为氏。【分布】上海、天津、台北、汨罗、淄博等地有。【人物】淳于赐（汉）

鹑（鶉）chún 源出不详。【分布】湖南有此姓。

CHUO

戳 chuō 见《新编千家姓》。【分布】山西芮城、河南偃师、江苏泰兴等地均有。

绰（綽）chuò 见《中国姓氏集》。【分布】山西运城有此姓。

辍（輟）chuò 源出不详。【分布】台湾高雄有此姓。

CI

词（詞）cí 源出不详。【分布】河北东光有此姓。

茨 cí 【源出】草名，因以为氏。【分布】马关、四川达州、河北鹿泉、山西浑源等地均有。【人物】茨充（汉）

桐 cí 源出不详。【分布】武汉有此姓。

祠 cí 源出不详。【分布】顺德、茂名、甘肃舟曲、河北围场等地均有。

瓷 cí 见《周口姓氏考》。【分布】周口、云南、金平等地均有。

辞（辭）cí 见《姓苑》。【分布】分布广。太原、酒泉、湘潭、武昌、上海、海口、高雄等地均有。

慈 cí 【源出】①高阳氏时八恺之一苍舒，谥慈，后世以谥为氏。②唐置慈州，因以为氏。【分布】陕、黑、甘三省多此姓。【人物】慈仁（汉）

慈仁 cí rén 源出不详。见《台湾区姓氏堂号考》。【分布】台北有此姓。

磁 cí 源出不详。【分布】云南邱北、河北安新等地有。

鹚（鷀）cí 源出不详。【分布】湖南、广东三水等地有此姓。

此 cǐ 源出不详。【分布】晋、冀、鲁、

豫、滇、闽六省多此姓。

次 cì 【源出】①春秋时楚公族之后有次氏。②匈奴人姓。其次公降汉后封膝侯，其后姓次。【分布】北京、上海、大同、太原等多地均有。

次巴 cì bā 源出不详。【分布】天津东丽有此姓。

刺 cì 【源出】汉时，燕刺王（即汉武帝之子，燕王刘旦，因争帝位失败自杀，谥刺。为恶谥）之后有刺氏。【分布】山西多此姓。

伙 cì 【源出】即次姓，见《姓苑》，但姓为何书此，不详。

莿 cì 源出不详。【分布】江苏武进有此姓。

赐（賜）cì 【源出】①春秋时齐大夫简子赐之后。②出姬姓，鲁公族之后。③孔子弟子端木赐之后，以字为氏。【分布】广西荔浦、河南偃师、湖南娄底等地均有。

CONG

从（從）cōng 【源出】也作"枞"，当分自枞氏。分布不详。

另见 cóng

匆 cōng 见《新编千家姓》。【分布】江西奉新有此姓。

苁（蓯）cōng 源出不详。【分布】辽宁阜新、湖南二省地有此姓。

枞（樅）cōng 【源出】①枞阳（故地在皖桐城境)其先以此地名为氏。②周平王封少子精英为枞侯，后有枞氏。【分布】台湾南投、花莲等地均有。【人物】枞公（汉）

另见 zōng

忽 cōng 源出不详。【分布】陕西蒲城有此姓。

葱 cōng 源出不详。【分布】陕西勉县有此姓。

聪（聰）cōng 见《新编千家姓》。【分布】韩城、长汀、台北、茂名等地均有。

从（從）cóng 【源出】汉将军从公之后，见《古今图书集成·氏族典》。【分布】吉、津、鲁、苏、豫、皖六省市多此姓。【人物】从龙（明）

另见 cōng

丛（叢）cóng 【源出】①唐尧帝时有丛枝，其后有丛氏。②汉时匈奴休屠王太子金日磾之后，迁居于丛家岘（今山东威海文登），遂以丛为氏。【分布】鲁、辽、黑三省多此姓。

淙 cóng 源出不详。【分布】湖南有此姓。

琮 cóng 【源出】宗氏因事加玉为琮。见《姓氏考略》。分布不详。

樷 cóng 源出不详。【分布】台湾有此姓。

COU

凑 còu 见《姓氏词典》。【分布】浙江兰溪、上海松江、湖南三省地均有。

腠 còu 源出不详。【分布】河南荥阳有此姓。

CU

粗 cū 见《新编千家姓》。【分布】分布不详，但南北均有。

徂 cú 【源出】古国名，见《诗·大雅》。故地在今甘肃。当以国名为氏。【分布】运城、湖南、山东东平三省地有。

殂 cú 源出不详。【分布】湖南有此姓。

促 cù 见《新编千家姓》。【分布】河南洛宁、山西原平、湖南益阳等地有。

媨 cù 【源出】春秋狄之一部——白狄之姓。分布不详。

醋 cù 源出不详。【分布】上海、成都、台湾、陕西扶风等地均有。

CUAN

窜（竄）cuàn 源出不详。【分布】武汉有此姓。

篡 cuàn 见《中国姓氏汇编》《新编千家姓》。【分布】河南栾川、洛宁，山西浑源，成都等地均有。

爨 cuàn 【源出】①战国时魏有爨襄，

其后为爨氏。②春秋时楚令尹子文之后，原班氏，西汉末其后食采于爨邑，以为氏。今为白族姓。

CUI

崔 cuī 【源出】①周初，齐太公之孙季子让国于叔乙，但食采于崔（今章丘境），其后以邑名氏。②唐朝时新罗国人姓。【分布】晋、冀、鲁、辽、豫、黑六省多此姓。【人物】崔骃（东汉）

催 cuī 见《玉篇》。【分布】分布较广。川、黑二省多此姓。

摧 cuī 源出不详。【分布】南北均有。

嶉 cuī 源出不详。【分布】河北安平有此姓。

隹 cuì 【源出】"崔"氏之讹写。
另见 hè

萃 cuì 源出不详。【分布】台湾云林、湖北公安、安徽望江等地有。【人物】萃良翰（明）

毳 cuì 见《姓苑》《广韵》。【分布】浙江上虞有此姓。

翠 cuì 【源出】出自芈姓，楚公族景翠之后，因避难以祖名为氏。见《元和姓纂》。【分布】河南多此姓。【人物】翠荷香（元）

CUN

邨 cūn 【源出】为"村"之异体字，当为村姓之分族。【分布】上海川沙、浙江衢州等地均有。

村 cūn 源出不详。见《新编千家姓》。【分布】分布很广。上海、金华、周口、中山、成都、澎湖等地均有。

存 cún 见《姓苑》。【分布】分布很广。北京、天津、上海、玉门、酒泉、佛山等地均有。【人物】存光孙（宋）

忖 cǔn 见《姓苑》。【分布】江苏洪泽有此姓。

寸 cùn 源出不详。【分布】分布很广。腾冲、瑞丽、运城、桃园、上海等地均有。【人物】寸居敬（明）

吋 cùn 【源出】古时无"吋"字，应为"寸"姓所改。原因不详。【分布】河北景县有此姓。

CUO

嵯 cuó 【源出】同"蹉"姓。见《姓氏考略》。史上彭濮大酋之姓（见《唐书·段文昌传》）。【分布】怀化、江苏滨海等地均有。

瘥 cuó 源出不详，见《姓氏典故》。【分布】广东有此姓。

措 cuò 见《新编千家姓》。【分布】北京、青海天峻等地有。

措吉 cuò jí 【源出】四川藏族姓。措吉，藏语意为湖边出生。为藏族常用人名，今仿汉族，以名为姓。【分布】四川道孚有此姓。

错（錯）cuò 【源出】①周文王之子滕叔绣食采于错邑，后灭于宋，子孙以邑名氏。②春秋时宋大夫西乡错之后，见《世本》。【分布】温州、山西孝义、湖南益阳等地有。【人物】错君（宋）

D

DA

搭 dā 见《万姓统谱》。【分布】浙江、甘肃，江苏洪泽、滨海四省市均有。【人物】搭思（明）

达（達）dá 【源出】古帝颛顼时八才子之一叔达之后有达氏。【分布】分布广。滇、甘、陕、冀四省多此姓。【人物】达云（明）

达龚（達龔）dá gōng 【源出】彝族姓。即达鸠氏。【分布】云南中甸有此姓。

达鸠（達鳩）dá jiū 【源出】彝族姓。后经演化，又称达龚氏。【分布】云南中甸有此姓。

达兰（達蘭）dá lán 【源出】蒙古族姓，见《赤峰市志》。汉姓为梁。【分布】内蒙古巴林左旗有此姓。

达勒（達勒）dá lè 【源出】蒙古族姓。见《蒙古秘史》。【分布】内蒙古奈曼旗有此姓。

达禄（達禄）dá lù 【源出】见《山西人口姓氏大全》。或出自元蒙古人姓答禄氏。【分布】山西右玉有此姓。

达瓦（達瓦）dá wǎ 源出不详。【分布】天津东丽、台湾桃园等地有。

达者（達者）dá zhě 【源出】彝族姓。【分布】四川峨边有此姓。

怛 dá 源出不详。【分布】湖南有此姓。

荅 dá 【源出】①见《姓苑》。②元武帝时，臣塔海之后有答氏、荅氏。【分布】京、鲁、陕、甘四省地均有。

笪 dá 【源出】本字有 dá、tà、dǎn，实为同一姓，因方言而别。宋时建州（今福建建瓯）多 dá 音。清时江苏句容多 tà 音。分布较广。【分布】江苏多此姓。【人物】笪重光（清）

答 dá 【源出】古时（西汉前）有答子、冶陶、官陶邑大夫，其后有答氏。【分布】太原、西安、北京、乌海、淮南、台北等地均有。【人物】答思表（清）

打 dǎ 【源出】①源出不详，见《姓苑》。南北朝以前就有该姓。②宋时，丹眉流国伎臣有打吉、打腊，其后或留华。【分布】甘肃张家川、宁夏西吉、广东遂溪、河南周口等地有。【人物】打腊（宋）

大 dà 【源出】传为古帝大庭氏之后。黄帝之臣大填、大山稽，皆为大姓

之祖。【分布】北京、上海、淮南、台北四市多此姓。【人物】大有（明）

另见 tài

大野 dà yě 【源出】①代北鲜卑族姓。②北魏赐龙骧将军谢懿为大野氏。【分布】北京有此姓。【人物】大野拔（北魏）

DAI

呆 dāi 见《中国姓氏集》。【分布】上海、天津、扬州、昆山、乐山、高雄、汨罗、上杭等地有。

獃 dāi 见《新编千家姓》。【分布】山西汾阳有此姓。

歹 dǎi 【源出】云南夷人姓。见《姓氏考略》。【分布】上海、新郑、贵州丹寨、云南双柏等地均有。

傣 dǎi 【源出】傣、彝等民族姓。【分布】云南景谷有此姓。

代 dài 【源出】周时代国（今河北蔚县境），战国时为赵襄子所灭，子孙以国名为氏。代，今又为戴姓俗写。分布广。【人物】代武（汉）

代绍 （代紹）dài shào 源出不详。【分布】云南宜良有此姓。

岱 dài 见《新编千家姓》。【分布】琼、晋、闽三省多此姓。

侪 dài 源出不详。【分布】江西新余、湖南新化等地有。

带 （帶）dài 【源出】①春秋时周襄王之弟太叔带之后。②春秋时鲁叔仲带之后。【分布】分布广，人口不多。具体不详。

柋 dài 【源出】或以养蚕工具为姓。【分布】山西绛县有此姓。

贷 （貸）dài 【源出】贷子国（殷时），子孙以国名氏。见《姓源》。【分布】晋、冀、湘等省地均有。

待 dài 见《姓苑》。【分布】上海、天津、无锡、淮南多地有。

怠 dài 源出不详。【分布】湖南有此姓。

袋 dài 见《新编千家姓》。【分布】吉林扶余、山西闻喜、江苏滨海等地均有。

逮 dài 【源出】出自芈姓，春秋时楚公族之后。

戴 dài 见《新编千家姓》。【分布】北京、上海、西安、萍乡、宜宾、周口等地均有。

DAN

丹 dān 【源出】帝尧封其子朱于丹（今河南丹水境），舜继位，讨伐丹国，丹国遂亡。子孙以国名为氏。【分布】晋、冀、豫三省多此姓。【人物】丹衷（明）

冄 dān 具体不详。

另见 nán、rǎn

但 dān 见《通志·氏族略》。【分布】湖南、上海松江等地均有。【人物】但钦（汉）

单（單）dān 【源出】①东周定王时，其族裔单襄公之后有单氏。②北魏时可单、阿单、渴单等氏均改为单氏。【分布】晋、冀、湘、赣、黔等省均有。

另见 chán、shàn、tán

眈 dān 源出不详。【分布】江苏武进有此姓。

耽 dān 【源出】源出同聃。见《姓苑》《姓解》。

郸（鄲）dān 【源出】古郸国（今河南鹿邑境内）。汉时周应封郸侯，即其国，后因氏。见《国名纪》《汉书·功臣表》。

聃 dān 【源出】①周文王之第十子季载封于聃，其国后灭于郑，子孙以国名氏。②殷武丁季父蔓侯之后有聃氏。分布不详。

啖 dān 【源出】晋末十六国时氐族后秦人姓。【分布】陕西韩城有此姓。【人物】啖助（唐）

儋 dān 【源出】①黄帝之子任姓之裔封于儋，因氏。②古儋耳国人之姓。【分布】广东揭阳、海南琼中等地有。【人物】儋萌（三国·吴）

丼 dǎn 【源出】系蕃姓。为古扶风（今陕西）郡望。后此姓或改，已不详。丼为古井字，姜子牙之后有丼柏。清时川有此姓，音 jǐng。今不详。

担 dǎn 【源出】同笪，见《集韵》。【分布】上海、南阳、定州、山东荣成等地均有。

胆（膽）dǎn 【源出】春秋时卫地中牟（今河南鹤壁境内）有士曰胆胥己请见之，见《吕氏春秋》。【分布】北京、上海、山西平陆、曲沃等地均有。

亶 dǎn 【源出】出自姬姓，古公亶父之后，改亶姓。【分布】山西太原、山东文登等地均有此姓。【人物】亶诵（东汉）

旦 dàn 【源出】①周公姬旦之后。②齐桓公之后，因避仇改亘氏、旦氏。③宋朝时为避钦宗赵桓之名讳，改桓氏为亘氏、旦氏。【人物】旦只儿（明）

但 dàn 【源出】源出旦姓，见《姓氏考略》。【分布】分布广。黔、赣、皖、渝四省市多此姓。【人物】但元行（明）

苴 dàn 源出不详。【分布】无锡有此姓。

萏 dàn 源出不详。【分布】北京有此姓。

淡 dàn 【源出】①原为但姓，音讹为淡，见《姓氏考略》。②明时同州刘姓改为淡氏。【分布】陕、桂、青三省区多此姓。【人物】淡从（唐）

惮（憚）dàn 见《新编千家姓》。分布不详。

蛋 dàn 源出不详。【分布】成都有此姓。

澹 dàn 【源出】唐会昌年中，进士啖鳞为避武宗李炎之名讳改为澹姓。分布不详。

另见 tán

DANG

当（當）dāng 【源出】羌戎之姓。东晋末苻秦之宁戎有当姓。见《邓艾祠碑》。【分布】酒泉、运城、大同、台北、新乡、中山等地均有。

噹 dāng 源出不详。【分布】山西绛县有此姓。

党 dǎng 【源出】①春秋时晋大夫党氏之后。②羌族姓，源出西汉当煎族。③匈奴赫连部族有党氏。④鲜卑拓跋部族有党氏。【分布】陕、甘、豫、黑四省多此姓。【人物】党进（宋）

谠（讜）dǎng 源出不详。【分布】湖南有此姓。

黨 dǎng 【源出】周文王支庶之后，有黨氏。【分布】台湾多县有此姓。

宕 dàng 【源出】①夏禹之后有宕氏。见《姓氏考略》。②姜姓（西周）之后有宕氏，见《姓源》。【分布】江苏武进有此姓。

荡（蕩）dàng 【源出】①商代御姓国（今河南汤阴境），后灭于秦宁公，子孙以国名氏。②出子姓。春秋宋桓公之子荡之后。【分布】天津、上海、太原、酒泉、扬州等地均有。

档（檔）dàng 源出不详。【分布】湘、闽二省均有。

菪 dàng 源出不详。【分布】福建有此姓。

赏 dàng 【源出】西羌姓。晋末后秦姚弋仲之部将赏耐虎之后，见《姓苑》。【分布】陕西蒲城、内蒙古呼和浩特等地均有。【人物】赏金毗（唐）

DAO

刀 dāo 【源出】①战国时齐处士刁勃之后。古时刁系刀为俗写。②明时赐傣族姓。【分布】滇、内蒙古、川三省区多此姓。【人物】刀坎（明）

忉 dāo 源出不详。【分布】湖南有此姓。

导（導）dǎo 见《姓苑》。【分布】湘、豫、宁、川、浙、粤等地均有。【人物】导尤（北魏）

岛（島）dǎo 【源出】因避居岛屿而

为氏。见《姓氏考略》。【分布】太原、呼和浩特、包头、周口、南投等地均有。【人物】岛璞（明）

捣（搗）dǎo 源出不详。【分布】湖南有此姓。

祷（禱）dǎo 源出不详。【分布】山东新泰、河北东光、山西阳泉等地有。

到 dào 【源出】春秋时楚令尹屈到之后，以名为氏。【分布】山东新泰、青海天峻等地均有。【人物】到彦之（南宋）

受 dào 【源出】见《姓苑》。后魏时河南省有受氏。望出河内。

　　另见 shou

倒 dào 源出不详。【分布】湖南有此姓。

悼 dào 【源出】出姬姓。春秋时鲁公族之后。战国时鲁悼公之后，以谥为氏。【分布】台湾有此姓。

道 dào 【源出】道过（今河南确山境）为姬姓。春秋末亡于楚，子孙以国名氏。见《通志·氏族略》。【分布】鄂、苏、豫三省多此姓。【人物】道同（明）

道奇 dào qí 源出不详。【分布】山西阳泉有此姓。

稻 dào 【源出】①周官有稻人，管种植，其后以官名氏。②出嬴姓，秦

伯稻之后。【分布】临安、湖南、江苏滨海等地有此姓。

衜 dào 【源出】衜为道之古字，但非道姓。【分布】云南马关有此姓。

DE

得 dé 【源出】汉时有得来，见《三国志》。得氏或始于此。【分布】宜兴、北京、塔城、天津宁河等地均有。

惪 dé 源出不详。【分布】北京丰台有此姓。

德 dé 【源出】见《姓苑》。以谥为氏。汉时，西域有德若国，后人或以国名为氏。多数少数民族有此姓。【分布】河北、天津多此姓。【人物】德服（元）

德昌 dé chāng 【源出】彝族黑彝家支。【分布】四川西昌有此姓。

德普 dé pǔ 【源出】彝族姓，以氏族名为姓。汉姓为李。【分布】云南武定有此姓。

DENG

灯（燈）dēng 见《姓苑》。【分布】武汉、山西、河南、安徽、浙江、江苏等省市有。

登 dēng 【源出】①古有登侯，其后有登氏。汤之臣登恒有其后。见《姓考》。②殷武丁封其叔为邓侯，其后有去邑为登氏者。见《姓源》。【分布】

太原、曲阜、武昌、周口、高雄等地有。【人物】登献可（宋）

等 děng 源出不详。【分布】河南潢川、湖南麻阳、江西兴国等地均有。

邓（鄧）dèng 【源出】①商王武丁封其叔父于河北（黄河以北）为邓侯，其后因以为氏。②古有邓国（今襄阳市境），春秋时为楚所灭，其后以邓为氏。【分布】粤、川、湘、鄂、桂、赣、渝等均有此姓。【人物】邓肃（宋）

邓力（鄧力）dèng lì 【源出】佤族姓。世居班洪寨。汉姓为刀。【分布】云南沧源、耿马、孟连等地有。

隥 dèng 见《新编千家姓》。【分布】台湾彰化有此姓。

凳 dèng 源出不详。【分布】湖南、周口等地有此姓。

䝮 dèng 源出不详。【分布】广东怀集梁村镇有此姓。

DI

氐 dī 【源出】源自氐羌，传为炎帝之后。见《姓氏考略》《万姓统谱》。【分布】北京、天津等地有。

低 dī 【源出】见《姓考》。今彝族尼比氏之汉姓。【分布】太原、运城、北京等省市均有。

堤 dī 【源出】即隄氏。见《通志·氏族略》。【分布】临汾、洪洞、河北定州、

宁夏中卫等地均有。

碑（磾）dī 【源出】汉时匈奴休屠王之子降汉，汉武带赐姓金，取名金日碑（jīn mì dī）。后以碑为姓。【分布】今北方有，具体分布不详。

滴 dī 源出不详。【分布】湖南、江苏无锡、滨海、宁夏中卫等地均有。

狄 dí 【源出】①传炎帝裔孙参卢之后有狄氏。②周成王封其弟孝伯于狄城（今山西吉县），其后子孙以邑名氏。③北魏时库狄氏改狄氏。【分布】晋、冀、豫、甘、川、苏等省多此姓。【人物】狄仁杰（唐）

迪 dí 【源出】源出不详。或系金时迪古氏所改。【分布】太原、西安、北京、淮南等地有。【人物】迪漆（明）

的 dí 【源出】夷姓（对少数民族歧视之称呼）。见《希姓录》。【分布】塔城、临汾、云南泸水等地均有。

籴 dí 【源出】或系耀字俗写。【分布】台北、彰化有此姓。

荻 dí 【源出】源于姬姓，出自秦、汉时期卫满朝鲜国相韩阴之封地荻苴，属于以封邑名称为氏。【分布】北京、上海、钟祥、江苏武进等地均有。

敌（敵）dí 源出不详。【分布】山西汾西，河南周口、宝丰等地有。

涤（滌）dí 源出不详。【分布】京、内蒙古、甘、黔、湘、川等省区地均有。

笛 dí 【源出】以乐器名为氏。见《姓苑》。【分布】兰州、江苏武进、湖北郧西、福建邵武等地。

覿（覿）dí 源出不详。【分布】湖南有此姓。

嫡 dí 源出不详。【分布】湖南、江苏滨海等地均有。

翟 dí 【源出】①有黄帝后裔的祁姓改翟。②有周成王后裔之姬姓改翟。③有丁零人赤狄之后的隗姓改翟。
另见 zhái

翟仓（翟倉）dí cāng 【源出】蒙古族姓。见《赤峰市志》。汉姓为翟。【分布】内蒙古巴林右旗有此姓。

耀 dí 【源出】古帝舜封黄帝裔孙于翟，后有耀氏。见《姓觿》。【分布】安徽贵池、四川达州、台北、台南等地均有。

邸 dǐ 【源出】①汉时西域大月氏贵霜翎侯邸就郤之后，后以先祖名字汉化改姓为氏。②史籍《姓苑》中有记载：邸为县名，邸氏当以县名为氏。【分布】晋、冀、辽、黑等省多此姓。【人物】邸柱（汉）

诋（詆）dǐ 源出不详。【分布】天津有此姓。

陟 dǐ 源出不详。【分布】河北阳原有此姓。

坻 dǐ 源出不详。【分布】河北三河有此姓。

抵 dǐ 【源出】或系蚳氏所改。【分布】上海、西安、阳泉等地均有。

底 dǐ 【源出】汉时鲁侯奚涓无子，封母底为侯（见《汉书·功臣表》）。此为底姓之始（见《姓苑》）。【分布】河北、河南、山西三省多此姓。【人物】底蕴（明）

砥 dǐ 源出不详。见《姓苑》。【分布】河北昌黎有此姓。

地 dì 【源出】①传为黄帝臣地典之后。见《姓源》。②北魏时夷姓。【分布】上海、大同、阳泉、塔城等地均有。【人物】地早（北魏）

地的 dì dì 【源出】彝族黑彝家支。【分布】四川越西有此姓。

弟 dì 【源出】①传上古医师弟父之后。②汉武帝时太常新畤侯赵弟之后。③汉时羌人姓。【分布】太原、运城、台北、西安、曲阜、淄博等地均有。【人物】弟邦杰（宋）

帝 dì 源出不详。【分布】太原、侯马、周口、定州等地均有。

递（遞）dì 【源出】汉时南中朱提郡

七大姓中有递姓。见《华阳国志》。【分布】太原、大同、洪泽等地均有。

娣 dì 源出不详。【分布】胶州、侯马、蒲城等地均有。

第 dì 【源出】出自妫姓。刘邦徙齐诸田居，于京北房陵，以次第为氏。后或改为单姓。【分布】北京、上海、西安、玉门、酒泉、淮南、侯马、台湾等省市有。

第五 dì wǔ 【源出】系自妫姓。汉武帝徙齐诸田于园陵，以次第为氏，有第五氏。陕西旬邑多此姓。【分布】上海、台北等地有。【人物】第五规（明）

第伍 dì wǔ 【源出】即第五氏。今另为氏。【分布】玉门有此姓。

商 dì 源出不详。【分布】北京、台南、屏东、高雄、四川等省市有。

蒂 dì 【源出】最早见于《后汉书》。【分布】临汾、侯马、洪洞、台湾云林等地均有。【人物】蒂恽（汉）

棣 dì 【源出】出自姬姓。春秋郑大夫食采于棣（今山东惠民），子孙以邑名氏。【分布】西安、江苏丹徒等地有。【人物】棣立（汉）

缔（締）dì 源出不详。【分布】江苏滨海有此姓。

邌 dì 【源出】应与"篪"这种乐器有关。【分布】浙江金华有此姓。

DIAN

滇 diān 【源出】①出自芈姓，春秋时楚庄公之裔庄蹻国于滇（今云南）。汉武帝时，滇王降，其后以滇氏。②西羌姓。晋末后秦姚苌之裔。【分布】北京、周口、常州、井冈山、台北等均有。

颠（顛）diān 【源出】①周文王贤臣太颠之后，以名为氏。②春秋时晋大夫颠颉之后。【分布】南北皆有，具体不详。

典 diǎn 【源出】①古帝太昊（即伏羲氏）取代少典氏，其后袭封者，以为氏。②古思典籍者之子孙，以为氏。【分布】大同、淮南、台北、焦作、上海等地均有。【人物】典英（明）

点 diǎn 【源出】《中国姓氏辞典》收载。其注称："最近在苏州出现一个新的点氏，名叫点佳浩。爷爷姓蒋，奶奶姓宋，外公姓卞，外婆姓沈。点佳浩父母皆为独生子女。小点出世后，全家商定孩子姓'点'。点字下面四点代表祖辈四姓；上面的'占'字表示属四家共有。"此"点"氏当与"點"（点）氏不同。【分布】苏州有此姓。

碘 diǎn 源出不详。【分布】山西绛县有此姓。

點 diǎn 见《姓苑》。【分布】山西翼城、山东新泰、淮南等地均有。

电（電）diàn 【源出】源出不详。见《新编千家姓》。【分布】上海、成都、台北、海南白沙、河北怀安等地均有。

佃 diàn 【源出】传为甸氏所改。【分布】沪、粤、鄂、浙、苏、闽、台北等省市均有。

甸 diàn 【源出】古有甸人、甸师、甸祝，为掌田之官，或以官名氏。【分布】四川、昆山、云南宜良等地均有。

店 diàn 源出不详。见《新编千家姓》。【分布】淮南、周口、福建、浙江等省市有。

垫（墊）diàn 见《新编千家姓》。具体分布不详。

钿（鈿）diàn 源出不详。【分布】武汉、酒泉、浙江象山、江苏泰兴等地均有。

淀 diàn 【源出】浅水之湖泊称淀，居者因以为氏。【分布】湖南益阳、云南东川等地均有。

奠 diàn 【源出】①川北川西有奠酒堡，或以地名为氏，或因祭奠而氏。②由郑姓所改，发生于明末湖南。【分布】湘潭、台北、天津等地均有。

殿 diàn 【源出】清·张澍云：赵宋有殿姓，本殷氏，以其字形相似改之。【分布】北京、临汾、阳泉、曲阜、

淮南、茂名、西安等地有。

DIAO

刁 diāo 【源出】①出姬姓，周朝时期的诸侯国雕国，以国名为氏。据史籍《姓苑》记载："刁，弘农郡（河南、陕西、三门峡往西河流一带），系出姬姓。文王同姓有雕国，后更为刁氏。"②春秋时齐桓公宠臣竖刁的后裔，以先祖名字为氏。③战国时齐国处士刁勃之后。【分布】湘、黔、冀、鲁、粤、苏、黑、皖等省多此姓。【人物】刁逵（晋）

剅 diāo 源出不详。【分布】山东新泰有此姓。

凋 diāo 【源出】夏禹之后有凋氏。见《路史》。【分布】湖南岳阳有此姓。

【人物】凋成（十六国·后赵）

雕 diāo 【源出】①考公周佳人（主治骨角）之后。②雕，姬姓国名，后以国名氏。③汉时匈奴、罕开均有雕姓。【分布】北京、上海、大同、无锡、基隆等地有。【人物】雕延年（汉）

吊 diào 源出不详。【分布】山西阳泉有此姓。

掉 diào 源出不详。具体分布不详。

DIE

谍（諜）dié 源出不详。【分布】湖南、陕西洋县等地有此姓。

喋 dié 源出不详。【分布】四川安县、重庆綦江等地均有。

牒 dié 【源出】北魏孝文帝时改牒云氏为牒氏。【分布】陕西渭南、西安等地有此姓。【人物】牒舍乐（北齐）

叠（疊）dié 见《新编千家姓》。分布不详。

碟 dié 源出不详。【分布】陕西旬邑、江苏洪泽等地均有。

DING

丁 dīng 【源出】①《太公金匮》载："武王伐纣，丁侯不朝。丁氏始此。"②出姜姓。齐太公（姜尚）之子丁公伋，支孙以丁为氏。【分布】苏、皖、鄂、湘、浙、辽、豫、黔等省多此姓。【人物】丁复（汉）

仃 dīng 源出不详。【分布】山西晋城有此姓。

町 dīng 源出不详。【分布】湖南津市、江苏洪泽等地有。

町 dīng 源出不详。【分布】湖南有此姓。

钉（釘）dīng 源出不详。【分布】江苏滨海有此姓。

耵 dīng 源出不详。【分布】广东有此姓。

顶（頂）dǐng 【源出】见《新编千家姓》。或鼎姓所改，或项姓讹写。【分布】北京、天津、上海、台中等地均有。

顶仁（頂仁）dǐng rén 【源出】景颇族姓，分自木忍姓。【分布】云南莲山有此姓。

鼎 dǐng 【源出】见《姓苑》。春秋时楚国人有鼎革，当为此姓之始。【分布】上海、台北、榆次等地均有。【人物】鼎澧（宋）

定 dìng 【源出】①周公之子伯龄之后有定氏。②鲁定公（春秋末）之后，以谥为氏。【分布】武昌、台北、大同、太原、北京、西安等地均有。【人物】定定（明）

啶 dìng 源出不详。【分布】湖南有此姓。

椗 dìng 源出不详。【分布】上海、兰州等地多此姓。

DIU

丢 diū 源出不详。【分布】湖南、江苏洪泽、河北尚义等地具有。

DONG

东（東）dōng 【源出】①传伏羲之裔东蒙氏之后。②传舜帝七友之一东不訾之后。③东方氏之后有东氏。④商时已有东氏，见《卜辞》。【分布】津、苏、闽、冀四省市多此姓。【人物】东富（汉）

东方（東方）dōng fāng 【源出】①传为伏羲之后，子孙因氏。伏羲出于震，八卦震主东方，因氏焉。见《风俗通》。②或出于女娲。【分布】上海、台北、宜兴、太原等地有。【人物】东方朔（汉）

东郭（東郭）dōng guō 【源出】春秋时齐公族大夫居东郭、南郭、西郭、北郭者，以居地为氏。【分布】无锡、湖南益阳等地有。【人物】东郭延年（东汉）

东门（東門）dōng mén 【源出】①春秋时鲁庄公之子公子遂，字襄仲，居鲁东门，号东门襄仲，因以为氏。②春秋时齐公族有东门氏。【分布】河南光山有此姓。【人物】东门云（汉）

东野（東野）dōng yě 【源出】春秋时鲁公伯禽之第三子鱼，即鲁季平子，食采于东野（今山东费县），遂以为氏。【分布】曲阜、淄博、吉林、浙江定海等地有。【人物】东野春（宋）

冬 dōng 【源出】①传古掌冬官者之后，以官名氏。②同"佟"，鲜卑族姓。【分布】滇、冀两省多此姓。

侏（倲）dōng 【源出】见《玉篇》《篇海·直音》。原为东氏，因事加人部为氏。【分布】天津武清、广西永福等地有。

冬 dōng 源出不详。【分布】山东新泰有此姓。

苳 dōng 【源出】见《姓苑》。或系董氏不规范俗写。【分布】北京、天津、杭州等地均有。

佟 dōng 源出不详。【分布】江西新余有此姓。

董 dǒng 【源出】①帝舜赐予颛顼后裔飂之子的姓氏。②史籍《左传·昭公十五年》中记载："辛有，周人也。其二子适晋为大史，籍黡与之共董督晋典，因为董氏。"【分布】豫、冀、鲁、辽、滇、黑、浙等省多此姓。【人物】董卓（东汉）

壥 dǒng 源出不详。【分布】台湾台中有此姓。

蕫 dǒng 【源出】见《六书正讹》，东汉后期改作董。蕫姓仍保留下来。【分布】山东临沭、台中、基隆等地有。【人物】蕫凤（汉）

懂 dǒng 源出不详。见《云南省革命烈士英名录》。【分布】桂、滇、辽三省多此姓。

动（動）dòng 【源出】①见《姓苑》。②据《姓氏寻源》注云："汉西南夷有白狼、动粘诸种，明帝时慕义贡献，或留中国者，以号为氏。"【分布】湖南、浙江永嘉等地有此姓。

冻（凍）dòng【源出】古羌人一部之冻羌之后，以部落名为氏。【分布】淮南、无锡、焦作、大同、长治等地均有。【人物】冻阿木（元）

侗 dòng【源出】①侗族姓，以族名姓。②或为洞姓所改。③或为同姓分族。【分布】吉、滇、闽、晋、桂、粤、甘、湘、浙等省区均有。

　　另见 tóng

栋（棟）dòng【源出】见《姓苑》。一说为西南夷栋蚕之后。【分布】无锡、绍兴、台北、长治等地有。

洞 dòng　见《元和姓纂》。【分布】江苏高邮、云南龙川、长治、太原等地均有。【人物】洞临（北魏）

涷 dòng【源出】或系东氏因事所改。【分布】台北有此姓。

DOU

兜 dōu　见《姓苑》。【分布】山西曲沃有此姓。

兜拱 dōu gǒng【源出】侗族姓，分自吴姓，世居三龙乡罗寨。汉姓为龚。【分布】贵州黎平有此姓。

兜淌 dōu tǎng【源出】侗族姓，分自吴姓，世居三龙乡罗寨。汉姓为汤。【分布】贵州黎平有此姓。

兜仰 dōu yǎng【源出】侗族姓，分自吴姓，世居三龙乡罗寨。汉姓为何。【分布】贵州黎平有此姓。

㐷 dōu　源出不详。即兜姓。【分布】今新加坡华人有此姓。

斗 dǒu　见《正字通》《姓氏考略》。【分布】太原、长治、北京、焦作等地均有。【人物】斗盖（宋）

抖 dǒu　源出不详。【分布】湖南有此姓。

斜（斜）dǒu　见《姓苑》。【分布】太原、运城、临安、台北等地有。

陡 dǒu　源出不详。见《新编千家姓》。【分布】甘肃临潭、山西临汾等地有。

豆 dòu【源出】①郖氏后改为豆氏，见《正字通》。②春秋氏楚国有豆氏。见《路史》。③汉时豆如意，其后有豆氏。④北魏赤小豆氏所改。【分布】鄂、豫、甘、冀等省多此姓。【人物】豆求周（北魏）

荳 dòu　源出不详。【分布】江苏武进有此姓。

渎（瀆）dòu【源出】见《续通志·氏族略》。为窦姓所改。【分布】今分布不详。

窦（竇）dòu【源出】①出姒姓。夏王朝帝君太康之妃子后缗的避难之地，后以居邑名为氏。②古地以窦名者多，以地名为氏。③西夏党项

53

人姓。【分布】苏、豫、冀、甘、鲁、陕、滇、晋八省多此姓。【人物】窦武（东汉）

窦水 (竇水) dòu shuǐ 源出不详。【分布】山西运城有此姓。

鬪 dòu 【源出】①《姓氏考略》注云：黄帝臣有鬪苞，授规，当为鬪氏之始。②出芈姓。楚王若敖之子伯比，别为鬪。

DU

都 dū 【源出】①古国玄都氏之后有都氏。②春秋时郑大夫公孙阏，字子都。其后以字为氏。③匈奴人姓。④西夏党项人姓。【分布】辽、吉、皖、陕四省多此姓。【人物】都稽（汉）

都恩 dū ēn 【源出】彝族姓，属拉普都恩家支。【分布】四川西昌有此姓。

阇 (闍) dū 【源出】台湾土著人姓。【分布】台湾屏东有此姓。

督 dū 【源出】①出子姓。春秋时宋戴公之孙华督之后，以字为氏。②春秋时晋栾盈之臣督戎之后。③战国燕地督亢，或以地名氏。【分布】晋、川、冀、苏、赣、台北等省地均有。【人物】督琼（汉）

毒 dú 【源出】唐朝宰相窦怀贞与太平公主谋反，既败，投水死，追戮其尸，改姓毒氏，见《唐书》。【分布】江苏武进，台湾台中、台南、高雄、南投等地均有。

独 (獨) dú 【源出】①北蕃右贤王刘去卑之后。②羌人姓。西秦时有南羌独如，见《晋书》。【分布】晋、陕、吉、京四省市多此姓。【人物】独立（明）

独孤 (獨孤) dú gū 【源出】其先本姓刘，出自汉光武子沛献王辅之后，裔孙渡辽将军进伯败没于匈奴，因之独山下，生尸利单于，为谷蠡王，号独孤部。六世孙罗辰，从北魏孝文帝徙洛阳，为河南人，初以部为氏，见《唐书·宰相世系表》。【人物】独孤信（北周）

独狐 (獨狐) dú hú 【源出】疑为"独孤"之误，盖"孤""狐"形近而讹。【分布】江西贵溪有此姓。

独吉 (獨吉) dú jí 【源出】金时女真人姓。分布不详。【人物】独吉思忠（金）

独普 (獨普) dú pǔ 【源出】彝族姓，以氏族名为姓。汉姓为申。【分布】云南武定有此姓。

读 (讀) dú 见《姓苑》。【分布】大同、侯马、河北、湖南、重庆等省市均有。

渎 (瀆) dú 【源出】①渎，水名，或以为氏。②渎山，即岷山，蜀之汶山，或以山名为氏。【分布】太原、武汉等地均有。【人物】渎弘之（汉）

犊（犢）dú 见《万姓统谱》。具体分布不详。

笃（篤）dǔ 见《姓苑》。【分布】安徽贵池、湖南、台湾、山东诸城等地均有。【人物】笃自诚（明）

堵 dǔ 【源出】出姬姓。春秋时张大福泄伯食采于堵（今河南方城境），其后以邑名氏。【分布】滇、苏、浙三省多此姓。

赌 dǔ 源出不详。【分布】浙江象山、台湾台东等地均有。

覩 dǔ 见《姓苑》。【分布】湖南双峰有此姓。【人物】覩令狐（金）

杜 dù 【源出】①黄帝时杜康造酒，为帝臣。当系杜姓之始。②北魏时鲜卑族改的汉姓。【分布】冀、豫、辽、鄂、鲁、川、桂七省区多此姓。【人物】杜周（汉）
另见 tú

杜纪（杜紀）dù jì 源出不详。【分布】江苏宜兴有此姓。

杜金 dù jīn 【源出】①达斡尔族姓，以地名为姓。②系杜、金两单姓合成。【分布】香港有此姓。

肚 dù 源出不详。【分布】河北尚义、唐县，太原等地均有。

妒 dù 源出不详。【分布】广东德庆有此姓。

度 dù 【源出】①楚国芈姓之后有度氏，见《度尚碑》。②古掌度之官，因以命氏。【分布】粤、鄂、晋三省多此姓。【人物】度尚（东汉）

度旺 dù wàng 【源出】布朗族芒人姓。世居云南金平三区普角乡，系氏族名，汉姓为陈。

渡 dù 源出不详，见《新编千家姓》。【分布】北京、武汉、湖南、江苏、茂名等省市有。

镀（鍍）dù 源出不详。【分布】江苏滨海、西安等地均有。

DUAN

耑 duān 【源出】端之古字。或系端姓改。【分布】山西五台、绛县，河北望都县、顺平县等地有。

端 duān 【源出】①古有端国，春秋时灭于晋，晋大夫食采于端，因氏。②战国时，韩、赵、魏三家分晋后，封晋君于端氏，子孙因氏。【分布】豫、滇、苏三省多此姓。【人物】端真（元）

端木 duān mù 【源出】春秋时孔子弟子端木赐之后。【分布】宁夏、河南二省区多此姓。

段 duàn 【源出】①出姬姓。春秋时郑武公少子共叔段，其孙以其字为氏。②战国时魏人段干木之子隐如，入关后，去干为段氏。【分布】川、滇、豫、晋、鄂、冀、湘、赣八省多此姓。

段干 duàn gān 【源出】系自李姓，皋陶之裔。战国时老子之子宗为魏将，初封于段（故城在今山西芮城东北），后封于干，合二邑名而为氏。后有改为段氏者。【分布】浙江奉化有此姓。

段阳（段陽）duàn yáng 源出不详。见《新编千家姓》。分布不详。

断（斷）duàn 【源出】黄帝庶子姞姓之裔封于断，后以国名氏。见《世本》。【分布】北京、太原、大同、无锡、周口等地均有。

缎（緞）duàn 源出不详。【分布】高雄、滨海、湖南等省市均有。

锻（鍛）duàn 源出不详。【分布】太原、茂名等地均有。

DUI

堆 duī 源出不详。汉、傈僳等民族均有此姓。【分布】北京、河南灵宝、塔城、河北邱县等地均有。

队（隊）duì 源出不详。【分布】塔城、台中等地均有。

对（對）duì 见《姓苑》。【分布】江苏武进、新疆塔城、临安、余姚等地均有。【人物】对庆长（明）

碓 duì 源出不详。见《新编千家姓》。具体分布不详。

DUN

吨（噸）dūn 源出不详。见《新编千家姓》。【分布】山西永济、湖南华容、岳阳等地均有。

敦 dūn 【源出】①出自姞姓。黄帝裔孙封于敦，后灭于郑，子孙以为氏。②春秋初，秦文公时人史敦之后。【分布】河北省多此姓。【人物】敦铎（明）

墩 dūn 【源出】或系敦氏所改。见《新编千家姓》。【分布】宁夏平罗、江苏泗洪、河北定州、北京等地均有此姓。

蹲 dūn 源出不详。【分布】湖南津市有此姓。

不 dǔn 【源出】或以器物为氏。见《中国的百家姓》。分布不详。

屯 dùn 【源出】传为黄帝之裔少昊氏良佐浑沌氏之后。子孙去水以屯为氏。见《风俗通》。【分布】上海嘉定、奉化、宜兴等地有此姓。【人物】屯莫如（汉）

　　另见 tún、zhūn

囤 dùn 见《姓苑》。【分布】山西原平、临淄、北京等地有此姓。

沌 dùn 【源出】浑沌氏之后有沌氏。见《路史》。【分布】安徽有此姓。

钝（鈍）dùn 源出不详。【分布】福建有此姓。

盾 dùn 见《姓谱》。【分布】山西临猗、河北定州、周口等地均有。

顿（頓）dùn 【源出】春秋时姬姓国，楚灭之，子孙以国名氏。【分布】鄂、豫、甘、川、冀五省多此姓。【人物】顿肃（汉）

潡 dùn 见《姓氏典故》。【分布】武汉、福建霞浦等地有此姓。

DUO

多 duō 【源出】①商有多父鼎，多姓始此。②越王之裔，汉无锡侯驺多军之子卯，以父名为氏。【分布】京、辽、甘三省市多此姓。【人物】多象谦（清）

咄 duō 【源出】同"吐"，当系汉晋时北方蠕蠕族姓。【分布】湖南有此姓。

夺（奪）duó 【源出】出自"敓"氏。傈僳族姓。【分布】云南泸水有此姓。

铎（鐸）duó 【源出】①齐太公（姜尚）之后。②春秋时晋大夫铎遏寇之后。③古司铎（乐器）氏之后，以官名为氏。【分布】北京、天津、台北均有此姓。

掇 duó 见《姓苑》。【分布】河北香河、山西太原等地有此姓。

朵 duǒ 【源出】汉姓源出不详，最古出自《姓苑》。或系元人朵儿赤、朵耳麻之后。明时赐夷人姓改较晚。【分布】甘、青、滇三省多此姓。【人物】

朵汝翼（明）

朵法 duǒ fǎ 源出不详。【分布】河南武陟有此姓。

沲 duò 源出不详。【分布】湖南有此姓。

剁 duò 【源出】明时王骥平西南麓川，赐夷人怕、刀、剁三姓。见《希姓录》，后改姓朵。

柮 duò 见《山西省革命烈士英名录》。【分布】山西临汾有此姓。

隋 duò 【源出】出自姬姓。春秋时随国（故址在今湖北省随县南），也称隋，姬姓侯爵国，后为楚所灭，子孙以国名为氏。【分布】安徽有此姓。

堕 duò 源出不详。见《新编千家姓》。【分布】广东茂名有此姓。

惰 duò 源出不详。【分布】山东沂水、台湾嘉义等地均有。

E

E

阿 ē 【源出】①商时伊尹为阿衡（官名，保护教养之官），支孙以官名为氏。见《风俗通》。②北魏时，孝文帝命有改阿氏者。【分布】豫、鄂、滇、陕、内蒙古五省区多此姓。【人物】阿其麟（明）

阿拉 ē lā 【源出】①清满洲八旗姓阿喇氏也译作阿拉氏。②彝族姓。阿也读 ā。【分布】昆明西山有此姓。

阿朗 ē lǎng 【源出】①清满洲镶黄旗中有此姓。②佤族姓。【分布】云南西盟、永德、镇康等地有。

阿史 ē shǐ 【源出】①唐时有此姓，唐墓志载：阿史舵之妻薛突利施匐阿施，见《1949—1989四十年出土墓志目录》。②彝族姓。四川凉山白彝家支，属尔仆阿史家支。阿也读 ā。【分布】云南宁蒗有此姓。

阿苏 (阿蘇) ē sū 【源出】①金时女真人姓，即阿速氏。②清满洲八旗姓。系出女真。③四川雷波黑彝家支，其先为白彝。阿苏读 ā，但满语因 ē。【分布】四川美姑、雷波等地有。

讹 (訛) é 【源出】①蛮姓。唐时巂州(今西昌)六姓蛮，其三为讹蛮，见《唐书·南蛮传》。②夷姓。金人姓。③西夏党项人姓。【分布】云南保山有此姓。

佮 é 【源出】见《姓苑》。一说为合氏，后改佮。【分布】河南信阳有此姓。

俄 é 【源出】四川凉山彝族家支有俄姓。【分布】上海、太原、运城、淮南等地均有。

俄尔 (俄爾) é ěr 【源出】①彝族黑彝家支、白彝家支。白彝也称补叶氏。②纳西族姓，以家族名为姓。纳西族汉姓有郭、阿、旺等。【分布】四川西昌有此姓。

俄觉 (俄覺) é jué 【源出】彝族姓。四川凉山白彝家支即硕果氏。【分布】四川峨边有此姓。

俄来 (俄來) é lái 【源出】彝族姓。【分布】四川峨边有此姓。

俄母 é mǔ 【源出】彝族姓。见《德昌县姓氏》(四川)。汉姓有赫、赵、孟、王、罗等。【分布】四川德昌有此姓。

俄木 é mù 【源出】彝族姓。【分布】四川峨边有此姓。

俄牟 é mù 【源出】彝族姓。【分布】四川峨边有此姓。

俄尼 é ní 【源出】彝族姓。【分布】四川峨边、马边等地有。

俄你 é nǐ 【源出】彝族姓。属蒋觉家支。【分布】四川昭觉、云南兰坪等地有。

俄琪 é qí 【源出】彝族姓。【分布】四川峨边、马边有此姓。

俄延 é yán 【源出】彝族姓。见《中华古今姓氏大辞典》。【分布】四川峨边有此姓。

莪 é 见《中日姓氏汇编》。【分布】湖南有此姓。

哦 é 源出不详。【分布】湖南有此姓。

峨 é 【源出】见《新编千家姓》。傈僳族有此姓。【分布】云南双柏、泸水等地均有。

娥 é 【源出】①女娲之臣娥陵氏，制乐器都良管，见《帝系谱》，娥氏当为其后。②古夸娥氏之后。③舜帝妃皇娥，其后有娥氏。【分布】太原、上海、无锡、曲阜等地均有。【人物】娥乔（明）

硪 é 源出不详。【分布】河北易县有此姓。

鹅（鵝）é 【源出】鲜卑族姓。见《古今图书集成·氏族典》。【分布】广东南澳有此姓。

额（額）é 【源出】西夏人姓。【分布】北京、上海、无锡、周口等地均有此姓。【人物】额博罗（西夏）

额登（額登）é dēng 【源出】蒙古族姓，见《赤峰市志》（内蒙古）。【分布】内蒙古翁牛特旗有此姓。

额卢（額盧）é lú 【源出】彝族黑彝家支。【分布】四川雷波有此姓。

额特（額特）é tè 【源出】佤族姓，也称涅额特氏。【分布】云南西盟有此姓。

厄 è 满汉均有此姓。【分布】河北景县、浙江江山、佛山等地均有。

恶（惡）è 见《清稗类钞·姓名类》。具体分布不详。

鄂 è 【源出】①鄂国（今河南南阳境）为黄帝姞姓之裔。纣王杀鄂侯，子孙以国名氏。②宋岳飞之四子岳震、五子岳霆避难湖北黄梅，改姓鄂。【分布】辽、桂、豫三省区多此姓。【人物】鄂千秋（汉）

谔（諤）è 【源出】①即鄂氏，汉安平侯千秋，亦作谔千秋。②西夏有谔氏。【分布】湖南有此姓。

洱 è 源出不详。【分布】江苏泗洪有此姓。

鹗（鶚）è 源出不详。【分布】天津东丽有此姓。

锷（鍔）è 源出不详。【分布】湖南有此姓。

颚（顎）è 源出不详。【分布】河北怀安有此姓。

噩 è 【源出】古有噩国，即鄂国，商末鄂侯为其后。【分布】河北围场有此姓。

鳄（鱷）è 源出不详。【分布】湖南麻阳有此姓。

EN

恩 ēn 【源出】①古帝舜后有恩氏，见《姓氏考略》。②源于妫姓，出自春秋时期陈国大夫成恩。③出嬴姓，秦始祖伯益之裔恩成之后。【分布】北京、天津、山西三省市多此姓。【人物】恩光（明）

恩扎 ēn zhá 【源出】彝族姓。四川彝族黑彝家支。【分布】四川美姑、雷波、峨边、马边等地有。

蒽 ēn 源出不详。【分布】陕西勉县有此姓。

ER

儿（兒）ér 【源出】北魏贺儿氏后改儿氏。【分布】山西太原、临汾有此姓。
　　另见 ní

弍 ér 【源出】系贰姓分族，见《中华姓氏大辞典》。【分布】台北有此姓。

而 ér 见《新编千家姓》。为少数民族姓。【分布】云南香格里拉、湖南娄底、新疆阿克苏等地有。

尔（爾）ěr 【源出】尔朱氏之后，以地（尔朱川）名为氏，去朱为尔氏。【分布】天津、上海、香港、北京、台北等多地有。【人物】尔名（元）

尔恩（爾恩）ěr ēn 【源出】四川彝族黑彝家支，属巴哈喝指家支。【分布】四川昭觉、布拖、普格等地有。

尔基（爾基）ěr jī 【源出】彝族姓。属莎冈家支，又称马海尔基氏。【分布】云南丽江、宁蒗等地有。

尔他（爾他）ěr tā 【源出】彝族黑彝家支。【分布】四川甘洛有此姓。

尔卧（爾卧）ěr wò 【源出】彝族姓，属蒋拉家支。【分布】云南永胜有此姓。

耳 ěr 【源出】①春秋时楚老子姓李名耳，其后以名为氏。见《姓氏考略》。②战国时魏国大夫如耳之后，见《姓苑》。【分布】北京、大同、长治、洪洞等省市均有。【人物】耳元明（明）

迩（邇）ěr 源出不详。见《新编千家姓》。具体分布不详。

洱 ěr 【源出】白族姓。见《新编千家姓》。【分布】云南洱海有此姓。

澝 ér 源出不详。【分布】湖南有此姓。

珥 ěr 【源出】殷墟出土的甲骨文中所建氏族名。【分布】唐山、福建邵武等地有此姓。

駬 ěr 源出不详。【分布】河北香河多此姓。

二 èr 【源出】为贰姓分族，见《太平图话姓氏综》。【分布】云南泸水、广东遂溪、江苏滨海等地有。

贰（貳）èr 【源出】①《姓氏考略》注云："《山海经》贰负之臣曰危，

杀窳窆。贰姓始此。望出河东。"
②古有贰国。或以国为氏。【分布】
高雄、茂名等地均有此姓。【人物】
贰尘（北魏）

F

FA

发（發）fā 【源出】①《史记·封禅书》
有游水发根其人，游水，县名；发
姓根名。此为发姓之始。②东乡族
姓。【分布】甘肃临夏、太原、湖南
汉寿多省市均有。【人物】发绍（明）

伐 fá 【源出】其先祖必有战伐之功，
因以为氏。《卜辞》中古有伐氏族。
【分布】上海、淮南、甘肃古浪、云
南晋宁等地均有。

罚（罰）fá 【源出】傈僳族姓。见《新
编千家姓》。【分布】无锡、云南、
泸水等地有此姓。

垡 fá 源出不详。【分布】江苏泰兴
有此姓。

阀（閥）fá 源出不详。【分布】湘潭、
周口、江苏丹徒等地有。

筏 fá 源出不详。【分布】武汉有此姓。

法 fǎ 【源出】①出妫姓田氏，战国
时齐襄王法章之后。秦灭田齐，子
孙不敢称田氏，以法为氏。见《风

俗通》。②汉时五溪蛮有法氏。见
《冯绲碑》。【分布】鲁、甘、皖、
苏四省多此姓。【人物】法雄（东汉）

FAN

帆 fān 源出不详。【分布】江苏洪泽、
滨海等地均有。

蕃 fān 见《姓氏考略》。【分布】天津、
酒泉、辽宁朝阳等地均有。

另见 pí

藩 fān 【源出】出自姬姓。周文王第
十五子毕公高之后。见《路史》。
【分布】分布广，云南多此姓。【人物】
藩俊（明）

翻 fān 见《姓苑》。【分布】广西巴马、
临汾、甘肃通渭、浙江巷南等地均
有。

凢 fán 【源出】凡的异体字。汉、壮
等民族均有此姓。【分布】江西萍乡、
广西都安等地均有。

凡 fán 【源出】周公第二子凡伯之国
凡国（今河南辉县境），春秋时灭
于卫。子孙以国名氏。甲骨文中有
凡氏族。【分布】甘肃静宁多此姓，
他地极少。

氾 fán 【源出】①周大夫食采于氾（今
河南荥阳境），因以为氏。②本姓凡，
遭秦乱避地氾水（今河南中牟境），
改姓氾。【分布】河南息县有此姓。【人

61

物]氾胜之（汉）

矾（礬）fán 源出不详。【分布】河北涿鹿、湖南津市等地均有。

烦（煩）fán 源出不详。见《中国姓氏汇编》。【分布】成都、江苏滨海等地有。

樊 fán 【源出】①出子姓，周成王分周公子伯禽以商氏七族，一曰樊。②周代嬴姓国（今河南信阳境），后灭于楚。子孙以国名氏。【分布】晋、冀、豫、陕、皖、苏、鄂七省多此姓。

樊海 fán hǎi 源出不详。【分布】山西潞城有此姓。

璠 fán 源出不详。见《新编千家姓》。【分布】酒泉有此姓。

燔 fán 源出不详。见《姓氏字典》。【分布】广州有此姓。

繁 fán 【源出】上古殷商有七族，其中有繁氏，后代以此为氏。
　　另见 pó

反 fǎn 【源出】汳水，即河南汴水。居此者以为氏。后改为反氏。【分布】临汾、湖南等省地均有。【人物】反浃（汉）

返 fǎn 源出不详。见《姓苑》。【分布】江苏滨海有此姓。

犯 fàn 源出不详。见《姓氏典故》。【分布】北京、湖南、河北定兴等省

市均有。

汎 fàn 【源出】周公第二子凡伯之汎后，因避秦乱改汎氏。明朝时尚有此姓，后演为他姓，如氾。具体分布不详。【人物】汎克恭（明）

饭（飯）fàn 见《姓苑》。【分布】山西长治、洪洞，湖南益阳、华容等地均有。

泛 fàn 源出不详。【分布】河南息县有此姓。

范 fàn 【源出】①帝尧之后晋上卿士会食邑于范（今河南范县境），子孙以范为氏。②匈奴姓。【分布】豫、皖、鲁、冀、苏五省多此姓。【人物】范代（汉）

范姜 fàn jiāng 【源出】系范、姜两单姓合成，祖籍福建宁化、广东陆丰等地。【分布】台湾桃园多此姓。

贩（販）fàn 【源出】販，古国名，因以为氏。见《六书故》。【分布】湖南、山东胶州等省地有此姓。

訊 fàn 源出不详。【分布】河北平泉有此姓。

梵 fàn 见《万姓统谱》。【分布】大同、周口、四川合江等地均有。【人物】梵禹俞（宋）

範 fàn 【源出】晋大夫范氏之后有範氏，别为一族。见《姓觿》。【分布】

湖北监利有此姓。【人物】範昱（宋）

FANG

方 fāng 【源出】①神农之裔，榆罔之子雷，封于方山（今河南中北部），后人以封邑为氏。②黄帝妃已姓方雷民（族名）之后有方氏。【分布】湘、鄂、闽、粤、浙、皖、豫、辽八省多此姓。【人物】方腊（宋）

方邹（方鄒）fāng zōu 【源出】系方、邹两姓合成，见《台湾人口姓氏分布》。【分布】台湾屏东有此姓。

邡 fāng 源出不详。见罗振玉《玺印姓氏徵》。【分布】扬州、陕西勉县、广东新会等地均有。

坊 fāng 【源出】①出自妫姓，春秋时陈厉公之子陈敬仲之后有坊氏。②坊，唐朝州名（今陕西富县），或以州名为氏。【分布】曲阜、洪洞、周口等地均有此姓。【人物】坊蒙（明）

芳 fāng 【源出】周宣王姬静（姬靖）执政时期大夫方叔之后。后为避祸改为芳。【分布】滇、豫、冀三省多此姓。【人物】芳垂敷（汉）

枋 fāng 源出不详。【分布】台湾、北京、西安等省市均有。

防 fáng 【源出】①出祁姓。传尧帝之子丹朱之后。②出子姓。春秋时宋公族之后。③出姬姓。春秋时鲁孝公之子驱食采于防，因以为氏。【分布】大同、嫩江、周口等地均有。【人物】防广（汉）

妨 fáng 源出不详。【分布】湖南津市有此姓。

房 fáng 【源出】①舜帝封尧帝子丹朱为房邑（今河南遂平）侯，子孙以邑名氏。②北魏孝文帝元宏时改高车贵族姓屋，后引为房氏。【分布】冀、鲁、豫、苏、粤、陕、皖多此姓。【人物】房玄龄（唐）

仿 fǎng 见《姓氏辞典》。【分布】上海、天津武清、山东东平、甘肃永昌等地均有。

访（訪）fǎng 见《万姓统谱》。【分布】北京、山西古交、海南琼中等地均有。

彷 fǎng 源出不详。【分布】湖南有此姓。

纺（紡）fǎng 源出不详。【分布】山西保德有此姓。

放 fàng 【源出】帝尧之臣放弃之后。【分布】上海、周口、侯马等地有此姓。

FEI

飞（飛）fēi 【源出】颛顼帝臣朱襄氏之裔飞龙氏之后。【分布】上海、天津、大同、洪洞、台北、无锡等地均有。

妃 fēi 【源出】西周古姓。【分布】北京、太原、昆山、台中等地均有。

非 fēi 【源出】传为舜帝之臣伯益之裔，秦国始祖非子之后。【分布】天津、太原、长治、玉门、台湾新竹等地均有。

菲 fēi 见《玉棠字汇》《姓苑》。【分布】江苏滨海、云南保山等地有。

啡 fēi 源出不详。【分布】湖南、无锡等地均有。

蜚 fēi 【源出】见《康熙字典》。或为纣王之臣蜚廉之后。【分布】浙江象山有此姓。

肥 féi 【源出】①春秋时，肥国灭于晋，肥子奔燕，子孙遂以国名为氏。②其先有封于肥乡（今河南肥乡）者，以地名氏。【分布】北京、山西太谷、江苏武进多地有。

贲 （賁）féi 【源出】据史籍《风俗通》记载，该支贲氏出自苗氏源于秦国的王族后裔贲父。【分布】北京、湖北钟祥、老河口等地有。

　　另见 bēn、bí、bì

匪 fěi 【源出】系裴姓所改，原因不详。见《集韵》。【分布】河南周口、偃师等地有。

诽 （誹）fěi 源出不详。【分布】湖南有此姓。

斐 fěi 【源出】出自嬴姓。春秋时秦

鍼（颛顼帝裔孙）奔晋，封于裴中为裴君，后有裴氏、斐氏、解氏等。见《氏族源流》。【分布】江苏、山西两省多此姓。【人物】斐旻（明）

秖 fěi 源出不详。【分布】甘肃有此姓。

翡 fěi 源出不详。【分布】甘、赣、粤、湘等省有。

蒂 fèi 见《集韵》《姓苑》。【分布】扬州有此姓。

肺 fèi 源出不详。【分布】江西修水有此姓。

废 （廢）fèi 源出不详。【分布】湖南益阳、江苏滨海、广东从化等地有。

沸 fèi 源出不详。【分布】江苏滨海有此姓。

费 （費）fèi 【源出】①出自嬴姓。颛顼之裔伯益，字大费，其次子若木之后。②出姬姓。春秋时鲁桓公之子季友为大夫有功封费，以邑名氏。【分布】冀、苏、湘、浙、皖、沪六省市多此姓。

费水 （費水）fèi shuǐ 源出不详。【分布】浙江湖州有此姓。

FEN

分 fēn 见《姓苑》。【分布】海口、无锡、四川合江等地均有。

芬 fēn 见《姓苑》。【分布】酒泉、周口、佛山等地均有。

吩 fēn 源出不详。见《新编注音千家姓》。【分布】湖南有此姓。

纷（紛）fēn 源出不详。【分布】山西汾阳、长治、介休、霍县、周口等地均有。

氛 fēn 源出不详。【分布】湖南有此姓。

坟（墳）fén 见《新编千家姓》。【分布】陕西韩城、海南琼海、湖南等地有。

粉 fén 源出不详。见《新编千家姓》。具体分布不详。

棼 fén 【源出】出自芈姓。楚之国姓，见《万姓统谱》。棼冒氏所改，见《姓氏考略》。【分布】江苏洪泽有此姓。

焚 fén 源出不详。【分布】大同、周口、湘潭等地有。

樊 fén 源出不详。【分布】江西宁都有此姓。

粉 fěn 源出不详。见《新编千家姓》。【分布】运城、云南东川、陕西高陵等地有。

份 fèn 【源出】傈僳族姓。【分布】云南泸水、江苏滨海等地均有。

奋（奮）fèn 【源出】①高辛氏才子八元伯奋之后。②《姓氏考略》注引《路史》云："楚公族有奋氏。"则此当系出芈姓。望出楚郡。春秋时楚有司马·奋扬。【分布】山西临县、

河南宝丰、浙江余姚等地有。

偾（僨）fèn 源出不详。见《姓氏典故》。【分布】武汉有此姓。

粪（糞）fèn 见《新编千家姓》。【分布】湖南、浙江嵊州等地均有。

愤（憤）fèn 【源出】愤氏，毗陵儒家女，见《青锁后集》。见《新编千家姓》。具体分布不详。

FENG

丰（豐）fēng 【源出】①出自姬姓。酆，古国名。周文王之子酆侯之后，去邑为豐氏。②出自春秋时期郑国公族后裔公子丰，后以先祖名字为氏。【分布】晋、鲁、豫、湘、苏、浙、皖七省多此姓。

丰召（豐召）fēng zhào 源出不详。见《新乡县志》（河南）。【分布】河南新乡有此姓。

风（風）fēng 【源出】伏羲氏风姓，春秋时任、宿、须句、颛臾等国皆风姓之裔。以姓为氏。【分布】鄂、湘两省多此姓。

伵 fēng 【源出】①古帝伏羲氏之后，见《何氏纂文》。②伵，地名，因以为氏。见《广韵》。【分布】江苏洪泽有此姓。

枫（楓）fēng 【源出】①汉族枫姓，源出不详。②台湾土著夏赛族人姓。

【分布】大同、洪洞、武汉、台北、周口等地均有。

封 fēng 【源出】系伯姜姓。炎帝裔孙封钜为黄帝之师，胙土命氏，至夏时为封父国（今河南封丘），列为诸侯。周时失国，子孙以国名氏。【分布】陕、渝、鲁、苏、桂、冀、湘、粤等地多此姓。【人物】封观（汉）

疯（瘋）fēng 源出不详。【分布】湖南有此姓。

峰 fēng 【源出】即峯氏（隋朝时峯州，在今越南境，以地名氏），今汉、傈僳族均有此姓。【分布】上海、天津、淄博、淮南、武汉等地均有。

俸 fēng 【源出】即奉氏，后改俸氏。历史原因不详。见《姓氏寻源》。【分布】柳州、南宁、桂林、中山、太原、成都等地均有。

烽 fēng 见《姓苑》。【分布】湖南、无锡等省市有此姓。

尠 fēng 源出不详。【分布】江苏滨海有此姓。

锋（鋒）fēng 源出不详。汉、傈僳族均有此姓。【分布】临汾、洪洞、上海、云南泸水等地均有。

蜂 fēng 【源出】即蠭氏。见《玉篇》。商代诸侯逢伯陵之后有逢氏、蜂氏。见《路史》。【分布】广东惠阳、浙

江嵊州、山东嘉祥等地有。

酆 fēng 【源出】为酆俗写，即酆氏。【分布】台湾、无锡、甘肃崇信等地均有。

鄷 fēng 【源出】源同丰氏。【分布】鲁、湘、苏三省多此姓。

灃 fēng 源出不详。【分布】江苏滨海、陕西勉县、运城等地均有。

冯（馮）féng 【源出】①出自归姓，为春秋时郑大夫冯简子之后。②出自姬姓。周文王第十五子毕公高之后。③匈奴姓。【分布】冀、鲁、豫、苏、粤、川六省多此姓。

冯红（馮紅）féng hóng 源出不详。【分布】山西阳泉有此姓。

缝（縫）féng 源出不详。【分布】太原、中山、湖南桂阳等地均有。

奉 fèng 【源出】汉初齐人娄敬，号奉春君，其后以号为氏。见《姓氏考略》。【分布】湘、川两省多此姓。【人物】奉挥（汉）

凤（鳳）fèng 【源出】颛顼帝以鸟名官，有凤鸟氏。后以官名氏。另有云：高辛氏凤鸟氏为历正，以官名氏。《卜辞》中有此氏族名。【分布】沪、赣、桂、鄂四省区市多此姓。【人物】凤纲（汉）

FOU

不 fōu 【源出】古读 biāo。见《通志·氏

族略》。【分布】上海、玉门、茂名等地均有。

缶 fǒu 【源出】古姓，《卜辞》中所见之氏族名。【分布】太原、大同、北京、湘潭等地均有。

FU

夫 fū 【源出】①春秋时期吴王夫差之后有夫姓。②东汉时南匈奴人有夫姓。【分布】北京、太原、河北黄骅等地均有。

夫扒 fū bā 【源出】傈僳族姓，以氏族名为姓。夫扒，傈僳族语义为蛇，以蛇为图腾的傈僳族氏族名。【分布】云南怒江有此姓。

夫查 fū chá 【源出】蒙古族姓。出自锡伯族。见《蒙郭勒津姓氏及村名考》。系富察氏异译，汉姓为傅。【分布】阜新有此姓。

弗 fū 【源出】①《姓氏考略》注，据《史记》云："禹后有弗氏。"②据《史记·索隐》云："《世本》'费'作'弗'。是弗费本一姓。"③代北鲜卑族有弗氏。【分布】津、川、皖、苏四省市多此姓。

伏 fū 见罗振玉《玺印姓氏徵》。【分布】山西绛县、昆山、嘉定、奉化等地有此姓。

芙 fū 源出不详。【分布】上海、广

西巴马、汨罗、江苏滨海等地均有。

肤（膚）fū 源出不详。【分布】湖南有此姓。

趺 fū 源出不详。【分布】陕西高陵有此姓。

鄜 fū 【源出】鄜，地名，西汉时原冯翊郡，以地名为氏。【分布】广东、兴宁、陕西紫阳等地均有。

孵 fū 源出不详。【分布】湖南有此姓。

敷 fū 见《万姓统谱》。【分布】武汉、茂名等地均有。【人物】敷季雅（明）

伏 fú 【源出】①古帝伏羲之后。②氏族有伏氏。③匈奴姓有伏氏。④北魏俟伏斤氏所改。【分布】滇、苏、川、湘、甘五省多此姓。

伏羲 fú xī 【源出】燧人氏之后，伏羲治理天下，建都宛丘（在今河南淮阳一带）。以古帝伏羲氏之名号为氏。分布不详。

凫（鳬）fú 见《通志·氏族略》。【分布】江苏滨海有此姓。

扶 fú 【源出】①蜀之扶氏，源出汉时廷尉扶嘉之后，为汉高祖赐姓。②巴郡朐忍大姓扶氏，出自少数民族。【分布】分布广。湖南多此姓。

佛 fú 【源出】或出佛图氏。【分布】分布广，但人数少，具体不详。

另见 bì

67

孚 fú 源出不详。《通志·氏族略》。【分布】山西隰县、台北、扬州、周口等地有。

拂 fú 源出不详。见《中国姓氏大全》。分布不详。

苻 fú 【源出】出自春秋时期郑国崔苻之地，属于以地名为氏。【分布】甘肃临夏、辽宁黑山、台湾彰化、扬州等地均有。

咈 fú 源出不详。见《新编千家姓》。具体分布不详。

服 fú 【源出】①传伏羲之后有服氏。出风姓。②出姬姓，周内史叔服之后，以字为氏。【分布】河北任县有此姓。

宓 fú 【源出】《郑通志·氏族略》亦收载。其注云："即伏羲氏之后也，伏亦作宓。"当系出风姓。

另见 mì

赴 fú 源出不详。见《新编千家姓》。【分布】周口、太原、大同、无锡、茂名等地均有。

茯 fú 源出不详。见《姓氏典故》。【分布】北京、浙江长兴有此姓。

罘 fú 见《万姓统谱》。【分布】山西怀仁、湖南等地有。

氟 fú 源出不详。【分布】湖南有此姓。

俘 fú 源出不详。【分布】湖南益阳、玉门等地均有。

俛 fú 【源出】《姓氏英贤传》有子俛子，齐人，著书五篇，论兵法，与穰苴同。按此，即为俛氏。【分布】甘肃古浪有此姓。

郛 fú 见《韵语阳秋》。【分布】福建长乐、山西宁武、湘等地均有。

洑 fú 【源出】即濮姓。见《新编千家姓》。【分布】北京、上海、昆山、常州、大同等地均有。

洑阳 (洑陽) fú yáng 【源出】疑即濮阳氏之讹。【分布】江苏高淳有此姓。

浮 fú 【源出】①共工之臣浮游，浮氏始此。②出子姓。成汤之裔有浮氏。③出自任姓。商时莱朱（即汤左相仲虺）之后。【分布】西安、天津、台北、太原、长治等地均有。【人物】浮和（唐）

浮于 fú yú 源出不详。见《台湾区姓氏堂号考》。【分布】台北有此姓。

符 fú 【源出】出自姬姓。战国时鲁顷公子孙雅，仕秦为符玺令，子孙以官名为氏。【分布】琼、粤、湘三省多此姓。

袱 fú 源出不详。【分布】江西金溪、湖南等地均有。

辐 （輻） fú 源出不详。【分布】湖南有此姓。

榑 fú 见《新编千家姓》。具体分布不详。

父 fǔ 【源出】①商周时已有父已、父丁、父舟、父举等人，其后有父氏。②春秋齐有管仲称仲父，其后为氏。【分布】河北大名、郑州、浙江新昌等地均有。

抚（撫）fǔ 见《姓苑》。【分布】台北、西安、茂名等地有。

甫 fǔ 【源出】①古郙国之后，去邑为甫氏。②炎帝之后伯夷为尧帝太岳，其后封为甫侯，后国灭，子孙以国名氏。【分布】滇、吉、甘、琼四省多此姓。

另见 wǔ

呒（嘸）fǔ 源出不详。【分布】山西柳林有此姓。

斧 fǔ 见《姓谱》。【分布】江苏滨海有此姓。

府 fǔ 【源出】周时有内府、外府之官（《周礼》天官之属，内府掌管皇室仓库，外府掌管国内财货之出纳），世其官者以为氏。【分布】无锡、台北、德州、井冈山等地均有。【人物】府悝（汉）

乕 fǔ 源出不详。【分布】台北有此姓。

俌 fǔ 源出不详。【分布】奉化、台中、河北围场等地有。

辅（輔）fǔ 【源出】①舜帝之后。见《姓氏考略》。②出自姬姓。春秋时晋大夫辅跞之后。见《元和姓纂》。③古地名（今陕西朝邑境）。【分布】湖州、昆山、无锡、上海、重庆等地有。

腑 fǔ 源出不详。【分布】江苏洪泽有此姓。

黼 fǔ 见《姓氏词典》。【分布】天津东丽、山西新绛、郑州、周口等地均有。

付 fù 【源出】春秋时郑人史付之后。【分布】分布很广，各省市均有。【人物】付吉（明）

付夏 fù xià 源出不详。见《山西人口姓氏大全》。【分布】山西榆次有此姓。

负（負）fù 【源出】出自妫姓。舜帝迁国于负（今河南登封境），其后以国名氏。【分布】西安、大同、侯马、信阳、马关等地均有。

妇（婦）fù 见《新编千家姓》。【分布】云南泸水有此姓。

附 fù 【源出】出自芈姓。春秋时楚附祖之后。【分布】成都、湖南娄底、嘉兴多地有。【人物】附德意（唐）

阜 fù 【源出】古帝大庭氏（即神农）居曲阜，后有阜氏。见《万姓统谱》。

【分布】北京、太原、上海、台南、中山等地有。

副 fù 【源出】①舜帝之后有副氏，见《广韵》。②《姓氏考略》注引《路史》云："副氏，周桓公之后。"则此当系出姬姓。【分布】上海、武汉、太原等地均有。

傅 fù 【源出】①古有傅国（今山东枣庄境），舜帝后裔，以国名氏。②夏封尧帝之后大由于傅邑（古傅国），因氏。【分布】湖南、湖北、四川、河北、山东、河南、浙江、江西、安徽九省多此姓。

傅其 fù qí 源出不详。见《万姓统谱》。【分布】北京有此姓。【人物】傅其义（汉）

復 fù 【源出】①出嬴姓。古复国在沔阳郡（今湖北沔阳境），春秋时灭于楚，子孙因以为氏。②匈奴姓。【分布】湖南多此姓。

富 fù 【源出】①周大夫富辰之后，出姬姓。②春秋时鲁大夫富父终生男之后，改富父氏为富氏。【分布】辽、浙、皖、豫四省多此姓。【人物】富宗（汉）

福 fù 【源出】①《国语》：春秋时齐大夫福子丹，此当为福姓之始。②唐朝百济国有福氏。【分布】苏、黔两省多此姓。【人物】福信（唐）

縛（縛）fù 见《中华姓府》。【分布】北京、山西阳泉、陕西高陵等地有。

覆 fù 源出不详。【分布】台湾高雄、甘肃皋兰等地均有。

GA

旮 gā 源出不详。【分布】山西临汾、湖北老河口、河南偃师等地均有。

呷 gā 【源出】四川凉山彝族家支姓。【分布】包头有此姓。

嘎 gā 【源出】四川凉山彝族家支。见《四川贵州彝族社会历史调查》。【分布】宁夏彭阳、辽宁黑山、天津汉沽等地均有。

嘎布 gā bù 源出不详。【分布】山东文登有此姓。

嘎玛（嘎瑪）gā mǎ 【源出】藏族姓，按汉人姓名，习惯取名字前二字为姓。即呷玛氏之异译，藏语意为星斗，原为藏人名字。【分布】四川理塘有此姓。

嘎寡 gā guǎ 【源出】苗族姓。嘎为词头，寡为姓，姓置于名字后。也作仡瓜氏、戛修氏。汉姓为石。【分布】贵州松桃有此姓。

噶 gá 源出不详。【分布】台北、周

口等地均有。【人物】噶群（清）

尕 gǎ 【源出】回族、保安族姓。【分布】酒泉、玉门、乌鲁木齐等地均有。

GAI

侅 gāi 源出不详。见《新编千家姓》。【分布】太原有此姓。

该（該）gāi 【源出】《姓氏考略》注云："出少昊子该之后。该为金正，即蓐收。"此以祖辈名字为氏。【分布】河北故城有此姓。

陔 gāi 源出不详。【分布】中山市有此姓。

垓 gāi 源出不详。【分布】湖北监利有此姓。

改 gǎi 【源出】春秋时改过之后。《世本》云："改，子姓国。"以国名为氏。【分布】上海、淮南、台北等地均有。【人物】改产（秦）

丏 gài 【源出】周武王封夏禹之裔东楼公于杞，以奉夏后氏之祀，其后有丏氏，见《路史》。【分布】长治、河北定州、浙江永嘉等地均有。

鄂 gài 源出不详。【分布】信阳、山东诸城等地均有。

盖（蓋）gài 【源出】①见《姓苑》《氏族博考》。②氏族有盖氏。【分布】山西绛县、云南等地均有。

另见 gě

盖勒（蓋勒）gài lè 【源出】蒙古族姓。为蔑儿乞惕氏之分支，以部落名为姓。【分布】内蒙古翁牛特旗有此姓。

盖英（蓋英）gài yīng 【源出】佤族姓，即盖英莫木氏。汉姓为魏。【分布】云南西盟有此姓。

概 gài 【源出】《姓氏考略》注"槩"引《路史》云："吴王弟夫槩之后。亦作'概'。"此以名为氏，系出姬姓。【分布】茂名、湖南怀化等地均有。

戤 gài 源出不详。【分布】湖南有此姓。

GAN

干 gān 【源出】①干，夏时古国，春秋时为楚所灭，其后以国名为氏。②春秋时宋大夫干犨之后。③战国时吴有干遂之地，以地名氏。【分布】沪、浙、赣、皖四省市多此姓。【人物】干宝（晋）

干哈 gān hǎ 【源出】彝族姓。【分布】四川峨边有此姓。

甘 gān 【源出】①夏时姜姓诸侯国，为夏启所灭，子孙以国名为氏。②商武丁臣甘盘之后。【分布】湘、桂、川、粤、鄂、豫、黔、赣等地多此姓。

甘迪 gān dí 源出不详。【分布】台湾桃园有此姓。

甘多 gān duō 【源出】彝族姓。【分布】四川昭觉有此姓。

甘洛 gān luò 【源出】彝族姓。【分布】四川峨边有此姓。

甘惹 gān rě 【源出】彝族姓。【分布】四川峨边有此姓。

杆 gān 【源出】西汉文帝时西域小月氏姓。【分布】山东胶州、湖南津市等地均有。

肝 gān 【源出】以人体部位名称为氏。见《姓氏考略》。【分布】湖南、广西、江苏滨海、洪泽等地有此姓。

柑 gān 源出不详。【分布】武汉、台湾基隆、南投、湖南娄底等地均有此姓。

竿 gān 见《姓氏考略》。【分布】武汉、湖南等地有。

乾 gān 【源出】出于竺乾。见《姓氏考略》。【分布】山东平邑、浙江余姚等地均有。【人物】乾思健（明）

另见 qián

笴 gān 源出不详。【分布】广东万宁有此姓。

赶（趕）gǎn 源出不详。具体分布不详。

敢 gǎn 见《渔洋说部精华》。【分布】上海川沙、广西巴马等地均有。

感 gǎn 见《清稗类钞·姓名类》。【分布】北京、上海松江、湖南等地有。

橄 gǎn 见《少韵》《集韵》。【分布】山西临汾、侯马，山东东平等地均有此姓。

旰 gàn 见《姓氏急就篇》。【分布】北京有此姓。

绀（紺）gàn 源出不详。【分布】湖南有此姓。

淦 gàn 【源出】见《万姓统谱》。淦之俗写，或系淦之省点而改，有别于淦氏，犹如庞庬、涂涂、凌凌等姓。【分布】台湾台中有此姓。

淦 gàn 【源出】源于地名，出自江西赣江支流淦水，属于以居邑名称名为氏。【分布】岳阳、侯马、浙江苍南等地均有。

幹 gàn 见《姓苑》。【分布】四川汉源、中江、彭州市、台湾桃园等地均有。

GANG

冈（岡）gāng 【源出】①高丽人姓。见《钦定八旗通志》。②满族姓。【分布】北京、大同、台北、上海、玉门等地均有。

江 gāng 【源出】疑为江姓因事所改。见《中华姓府》。【分布】北京、大同、四川、辽宁、内蒙古等省市均有。

扛 gāng 源出不详。【分布】无锡有此姓。

刚（剛）gāng 【源出】见《姓苑》。战国时齐邑刚寿（今山东东平境），当以地名为氏。见《姓氏考略》。【分布】冀、皖、辽、吉、苏等省多此姓。

阬 gāng 【源出】阬，地名（今河南林汝境）。居于此者，遂以地名氏。见《姓氏考略》。【分布】浙江松阳有此姓。

杠 gāng 源出不详。【分布】上海、长治、江苏滨海、浙江长兴等地均有。

岗（崗）gāng 见《新编千家姓》。【分布】北京通州、太原、长治、大同、天津等地均有。

岗根（崗根）gāng gēn 【源出】蒙古族姓。以地名为氏。【分布】内蒙古巴林右旗有此姓。

纲（綱）gāng 见《新编千家姓》。【分布】上海、偃师等地均有。【人物】纲兵朱（宋）

缸 gāng 见《新编千家姓》。【分布】浙江上虞、河北定兴、江苏兴化等地均有。

罡 gāng 源出不详。【分布】焦作、洪洞、辽宁灯塔、江苏新沂等地均有。

港 gǎng 源出不详。【分布】包头、长治、周口、天津、台湾花莲等地

均有此姓。

GAO

咎 gāo 【源出】《姓氏考略》注云："咎繇之后。亦作'皋'。"
另见 jiù

皋 gāo 【源出】①出偃姓，皋陶（舜帝刑官）之后。②春秋时越大夫皋如之后。见《姓氏考略》。【分布】无锡、济南、台北、上海嘉定等地均有。

高 gāo 【源出】①《姓氏考略》注云："《世本》黄帝臣高元作宫室。当为高姓在之始。"②出姜姓。齐太公之后食采于高（故城在今山东禹城西南），子孙以邑为氏。【分布】冀、鲁、豫、苏、皖、黑六省多此姓。

高娃 gāo wá 源出不详。【分布】河北大厂有此姓。

高珍 gāo zhēn 源出不详。【分布】无锡有此姓。

羔 gāo 见《姓苑》。具体分布不详。

偌 gāo 非汉族姓。【分布】甘肃皋兰木塔巷有此姓。

搞 gāo 源出不详。见《姓氏典故》。【分布】山西怀仁、江苏洪泽、内蒙古等地有。

睾 gāo 【源出】睾子五岁而赞禹言，见《烈女传》。或云，睾子即皋陶，见《姓觿》。【分布】西安、广西容

县等地有此姓。

膏 gāo 源出不详。【分布】西安、湖南津市、江苏滨海等地有。

篙 gāo 源出不详。【分布】武汉、天津、津南等地均有。

糕 gāo 【源出】出自姜姓。春秋时齐侯之后，见《姓考》。【分布】吉林白城、台湾台中、山东诸城等地均有。

杲 gǎo 见《姓苑》。【分布】北京、天津武清、上海嘉定、台北、太原等地有。【人物】杲元启（元）

皋 gǎo 【源出】疑系皋姓之讹，或杲、皋因事所改。【分布】台湾宜兰、台北等有此姓。

稿 gǎo 见《新编千家姓》。【分布】北京、太原、周口等地有。

藁 gǎo 见《新编千家姓》。【分布】长治、贵州盘州市等地有。

告 gào 【源出】春秋时周文王之子郜侯之后有郜氏，后去邑为告氏。见《姓苑》。【分布】北京、上海、扬州、无锡等地有。

郜 gào 【源出】出姬姓。周文王之子封于郜（今山东武城境）为郜侯。子孙以国名氏。【分布】山西、河北、河南、江苏、辽宁、湖北、内蒙古等省区多此姓。

诰（誥）gào 源出不详。【分布】甘肃古浪、湖南等地有。

浩 gào 【源出】原郜氏，后避难改为浩氏。今具体不详。

GE

戈 gē 【源出】《姓氏考略》注引《姓谱》云："禹之后，分封於戈，以国为姓。"此当系出姒姓。【分布】冀、苏、渝、川、鄂五省市均有。【人物】戈彦（宋）

戈恩 gē ēn 【源出】佤族姓。戈恩，佤语意为刀子，因以为姓。汉姓为刀。【分布】云南沧源、南腊有此姓。

戈色 gē sè 【源出】藏族姓。【分布】四川道孚有此姓。

疙 gē 源出不详。【分布】湖南津市、江苏滨海等地均有。

咯 gē 源出不详。【分布】茂名有此姓。

哥 gē 【源出】出自哥舒氏。见《姓氏考略》。【分布】山东胶州有此姓。

胳 gē 源出不详。【分布】太原，江苏洪泽、滨海等地均有。

鸽（鴿）gē 见《中国姓氏集》。【分布】湖南，江苏昆山、丹徒等地有。

搁（擱）gē 见《新编千家姓》。分布不详。

割 gē 见《中国姓氏集》。【分布】福建平和、江苏滨海等地均有。

歌 gē 见《姓苑》。【分布】河南潢川、云南宜良等地均有。

革 gé 【源出】①西夏党项人姓。②满、蒙、羌等民族均有此姓。【分布】滇、冀两省多此姓。【人物】革朱（汉）

阁（閣）gé 【源出】①《周礼》有阍人守王宫者，所以止扇圉扉，谓之阁，后因为氏。②南诏王阁罗凤之后，必有以为氏者。【分布】鲁、豫、湘三省多此姓。

格 gé 【源出】出自少昊金天氏之裔允格之后，以字为氏。【分布】晋、冀两省多此姓。【人物】格班（汉）

格尔（格爾）gé ěr 【源出】四川凉山白彝家支。【分布】四川峨边有此姓。

格赖（格賴）gé lài 源出不详。【分布】台北有此姓。

格咯 gé lō 【源出】佤族姓，也称涅格咯氏。【分布】云南西盟有此姓。

格桑 gé sāng 【源出】藏族姓。原为人名，以汉族姓名习惯，取首二字为姓。【分布】四川理县、西藏日喀则、台北等地有。

格依 gé yī 【源出】彝族姓。黑彝家支。【分布】四川会理有此姓。

鬲 gé 【源出】①出自偃姓，古有鬲国，皋陶之后，以国名为氏。②殷时贤人胶鬲之后。见《姓苑》。【分布】

西安、长治、北京怀柔、陕西山阳等地均有。

另见 lì

颌（頜）gé 【源出】系自姚姓。周时遂国，舜之后，其地在今山东宁阳西北与肥城接界处之遂乡，春秋时灭于齐。遂有四族：因氏、颌氏、工娄氏、遂氏。【分布】云南保山有此姓。

隔 gé 源出不详。【分布】西安、河南武陟等地均有。

嗝 gé 源出不详。【分布】湖南有此姓。

閤 gé 【源出】源同"阁"。见《中华姓氏大辞典》。【分布】北京、武汉、台湾高雄等地均有。

膈 gé 源出不详。【分布】台湾台南有此姓。

盖（蓋）gě 【源出】①唐时敦煌人姓。"盖"为"蓋"之俗写，见《康熙字典》。②《古今姓氏书辨证》云："齐大夫食采于盖（今山东沂水境），以邑为氏。"③晋末高句丽人姓。【分布】高雄有此姓。黑、吉、鲁、陕四省多此姓。【人物】盖延（汉）

另见 gài

葢 gě 【源出】即"盖"氏。今人已别为二姓。【分布】台湾高雄、山西曲沃、河北枣强等地均有。

葛 gě 【源出】①古帝葛天氏之后。②出自嬴姓。夏时诸侯，黄帝支庶封于葛（今河南宁陵境），战国时灭于魏，其后以国名氏。【分布】江苏、安徽、河南、河北、浙江、山东六省多此姓。

个（個）gè 源出不详。【分布】江苏金湖、山西绛县、云南通海等地均有。【人物】个松生（宋）

各 gè 源出不详。汉、满等民族均有此姓。【分布】冀、豫两省多此姓。

郃 gè 见《中国姓氏汇编》。具体分布不详。

铬（鉻）gè 源出不详。【分布】重庆綦江、河北定州等地均有。

GEI

给（給）gěi 【源出】傈僳族姓。【分布】云南泸水有此姓。

另见 jǐ

GEN

根 gēn 【源出】出自曹姓。春秋时鲁宣公灭根牟国（今山东沂水境），后有根氏。见《风俗通》。【分布】大同、长治、淮南、台湾桃园等地均有。

跟 gēn 源出不详。【分布】北京、湖南、江苏泗洪、洪泽、滨海等地均有。

哏 gén 源出不详。【分布】上海嘉定、茂名、云南盈江等地均有。

哏孔 gén kǒng 【源出】景颇族姓。【分布】云南盈江有此姓。

亘 gèn 【源出】春秋时齐桓公之后。见《姓考》。【分布】北京、运城、湖南桂阳等地均有。

另见 xuān

艮 gèn 源出不详。【分布】上海嘉定、茂名、云南盈江等地均有。

茛 gèn 源出不详。【分布】湖南有此姓。

GENG

更 gēng 【源出】①春秋时鲁季平子伐莒取郠（故城在今山东沂水），后去邑为更氏，见《姓谱》。②古时乡官有五更，其后以官为氏。【分布】承德、侯马、淮南、洪洞等地均有此姓。

庚 gēng 【源出】①商王祖庚之后有庚氏。②出于曹姓。春秋时邾娄公之后。【分布】豫、鲁、粤三省多此姓。【人物】庚季良（汉）

耕 gēng 见《新编千家姓》。【分布】北京、天津、上海、台东等地均有。

赓（賡）gēng 【源出】满族姓。【分布】北京、沈阳、西安、周口、上海金山等地均有。

埂 gěng 源出不详。【分布】湖南有此姓。

耿 gěng 【源出】①商时祖乙迁邢（即耿，故城在今河南温县东），盘庚又自耿迁亳，留居耿者以邑为氏。②系自姬姓。春秋耿国（一名耿乡城，故城在今山西河津东南），后灭于晋，以封赵夙。耿国子孙奔楚为大夫，以国为氏。【分布】晋、冀、鲁、豫、苏、皖、黑七省均有。【人物】耿夔（东汉）

耿惹 gěng rě 【源出】彝族姓。见《彝族姓氏》。【分布】云南宁蒗有此姓。

茰 gěng 源出不详。【分布】江西、江苏武进等地均有。

梗 gěng 【源出】或为梗阳氏所改，见《姓氏考略》。春秋时晋大夫食采于梗阳（今山西清徐）。【分布】淮南、河北献县等地有。

GONG

工 gōng 【源出】春秋时，鲁、宋、齐、楚均有工正官（掌作车服），其子孙以官名氏。【分布】上海、重庆、武汉、太原、周口等地均有。【人物】工祖孙（宋）

工布 gōng bù 【源出】藏族姓。源自历史上吐蕃将领昆布之后，工布为昆布之变音。见《藏族有没有姓》。【分布】四川马尔康有此姓。

弓 gōng 【源出】①黄帝之子挥，造弧（木弓）矢，受封于张，后有弓氏、张氏。②春秋时鲁大夫叔弓之后，以王父字为氏，见《风俗通》。【分布】山西、河北两省多此姓。

公 gōng 【源出】①周之始祖后稷，后稷之曾孙公刘之支庶有公氏。②春秋时鲁昭公之子公衍、公为之后。公为爵，昭公失国，故公衍、公为之子孙以爵为氏。【分布】山东多此姓。【人物】公鼐（明）

公保 gōng bǎo 源出不详。【分布】甘肃夏河有此姓。

公坚（公堅）gōng jiān 【源出】春秋时鲁僖公子共叔坚之后。见《姓觿》。即公肩氏。分布不详。

公肩 gōng jiān 【源出】春秋时鲁国公族有此姓。【分布】北京有此姓。

公良 gōng liáng 【源出】春秋陈国公子良之后。【分布】台北、湖北石首等地有。

公孟 gōng mèng 【源出】系自姬姓。春秋时卫襄公之子公子絷，字公孟，其孙彄以王父字为氏。【分布】北京有此姓。

公孙（公孫）gōng sūn 【源出】①相传神农同母之弟勗，嗣少典（黄帝之父）国君，世为诸侯，后以公孙为氏，盖轩辕帝（即黄帝）初姓公孙，后改姬姓，见《路史》。②春秋时诸侯之孙皆为公孙，后亦有以为氏者。【分布】各省均有。【人物】公孙戎奴（西汉）

公西 gōng xī 【源出】春秋鲁季孙氏之支系有公西氏。【分布】无锡有此姓。

公析 gōng xī 【源出】①春秋时鲁公族有此姓。②春秋时卫公子黑背(一作黑臀)，字公析，其孙成子朱鉏以其字为氏。分布不详。

公羊 gōng yáng 【源出】春秋时鲁国公孙羊孺之后，以公羊为氏。分布不详。

公冶 gōng yě 【源出】春秋时鲁国季氏之族子季冶，字公冶，为季氏属大夫。鲁襄二十九年，自楚还，公赐之冕服，子孙以为光荣，遂以其字为氏。【分布】天津东丽、太原、大同等地有。

公治 gōng zhì 【源出】有说系公冶氏之讹。【分布】山西浑源、河南灵宝等地有。

功 gōng 【源出】①周时有功仲之盘，是为功姓之始。②相传夏禹之裔成功氏之后。③春秋时晋大夫司功景子之后，改司功氏为功氏。【分布】山西离石、河北景县、山东新泰等地均有。

共 gōng 【源出】①《姓氏考略》注云："出（自）黄帝臣共鼓。"帝命其始作舟楫，当为共姓之始。②《元和姓纂》云："共工氏之后。"【分布】上海、淮南、台北、汕头、洪洞等地均有。

另见 gòng

共推 gōng tuī 【源出】景颇族姓，出自木忍姓，为陇直陇拉姓之分支。【分布】云南莲山有此姓。

攻 gōng 见《姓苑》。【分布】淮南、无锡、偃师等地均有。【人物】攻生单（汉）

供 gōng 【源出】北魏时关中有供姓。【分布】京、津、浙、闽等省市均有。【人物】供仲序（明）

宫 gōng 【源出】①出姬姓。古有宫国，春秋时灭于虞，子孙以国为氏。②虞大夫宫子奇之后。③周官掌宫门者，以世官为氏。【分布】辽、吉、鲁、冀、青五省多此姓。【人物】宫志恽（唐）

恭 gōng 【源出】①春秋时晋献公之太子申生，遭骊姬之难，谥曰恭，其后以谥为氏。②南北朝时梁国敬姓因避梁敬帝之讳，而改为恭氏。【分布】玉门、淮南、台南、泉州、上海、松江等地均有。【人物】恭昭（明）

躬 gōng 【源出】见《姓苑》。汉有躬吾君，躬姓当为其后。【分布】湖南新化有此姓。

龚（龔）gōng 【源出】①夏商以前有恭国（故城在今重庆市巴南区），以国为氏。籀书作龚，后有龚氏。②共工氏之后有共、龚二氏，见《元和姓纂》。【分布】湘、赣、苏、川、豫、赣、黔七省多此姓。【人物】龚自珍（清）

槏 gōng 源出不详。【分布】上海宝山有此姓。

巩（鞏）gǒng 【源出】①春秋时周卿士巩简伯食采于巩（故城在今河南巩义市），后以邑为氏。②东汉时羌族已有巩氏。【分布】内蒙古、鲁、甘、黑、冀、晋、豫七省多此姓。

巩沙（鞏沙）gǒng shā 【源出】景颇族姓，出自木忍姓。【分布】云南莲山有此姓。

汞 gǒng 源出不详。汉族姓氏。《山西人口姓氏大全》收载。【分布】北京、榆次、鄂尔多斯等地均有。

拱 gǒng 【源出】周时有拱日之彝，见《宣和博古图》。此为拱姓之始。【分布】上海、淄博、桂林、台北、泉州等地均有。【人物】拱廷臣（明）

共 gòng 《中国古今姓氏辞典》、《中国姓氏大全》俱予收载并注此音。或音gōng，为现行姓氏。

另见 gōng

贡（貢）gòng 【源出】春秋时卫人端木赐，字子贡，其后以王父字为氏。【分布】苏、内蒙古、冀三省区多此姓。【人物】贡禹（汉）

贡敖（貢敖）gòng áo 【源出】佤族姓，也作果恩饶氏。汉姓为陈。【分布】云南西盟有此姓。

贡呷（貢呷）gòng gǎ 【源出】藏族姓。原为藏族人名，意为雪山。【分布】四川理塘有此姓。

贡乔（貢喬）gòng qiáo 源出不详。【分布】台北有此姓。

贡然（貢然）gòng rán 【源出】佤族姓。汉姓为唐。【分布】云南西盟有此姓。

赣（贛）gòng 【源出】春秋时孔子的弟子端木赐，字子贡，亦称子赣。以字为氏。【分布】河北南宫有此姓。【人物】赣遂（汉）

GOU

勾 gōu 【源出】①出自少昊氏，重为勾芒木正，世不失职，以官为氏。②三国时巴蜀西羌人多勾姓。【分布】黔、渝、冀三省市多此姓。【人物】勾延庆（汉）

句 gōu 【源出】①出自少昊氏，叔子重为句芒木正，世不失职，以官为氏。②春秋时郑文公迁于句绎（故

城在今山东邹县境），后以邑为氏。【分布】冀、晋、滇三省多此姓。【人物】句中正（宋）

另见 gòu、jù

句斌 gōu bīn 源出不详。【分布】山西大同有此姓。

苟 gōu 【源出】①本姓勾，宋绍兴年间避高宗赵构之名讳，改姓苟。②即苟姓。分布较广，但人数少。具体分布不详。

沟（溝）gōu 源出不详。见《新编千家姓》。【分布】北京、天津、长治、太原等地均有。

拘 gōu 【源出】黄帝之子二十五人，得姓者十二，其一为拘，见《潜夫论》。一说，即苟氏。【分布】周口、山西古交等地均有。

钩（鉤）gōu 【源出】本勾氏，宋避高宗讳加金为钩，见《挥麈录》。【分布】淮南有此姓。【人物】钩光祖（宋）

缑（緱）gōu 【源出】①出姬姓。周灵王太子王子晋之子宗敬之后，见《姓源》。或云，周卿士食采于缑（故城在今河南偃师南），子孙改姓为缑。②北魏时改代北复姓渴侯氏为缑氏。【分布】陕、晋、冀、内蒙古四省区多此姓。【人物】缑谦（明）

苟 gǒu 【源出】①黄帝之子，得姓者十四人，其一为苟。②相传舜之后

有苟氏。③春秋时楚大夫之食邑，以邑为氏。④春秋时晋大夫苟氏之后避难改族而称苟氏。【分布】川、黔、甘、鄂、陕、渝等省市多此姓。【人物】苟晞（晋）

苟角 gǒu jiǎo 【源出】哈尼族姓，以氏族名为姓。汉姓为张。【分布】云南金平有此姓。

狗 gǒu 见《正字通》。【分布】周口、长治、云南泸水等地均有。

枸 gǒu 源出不详。【分布】山西泽川、应县、甘肃古浪等地均有。

笱 gǒu 【源出】笱乃捕鱼之竹笼，以工具为氏。【分布】辽宁昌图有此姓。

句 gòu 【源出】①东都士大夫言，其先仕蜀为句邑大夫，因为命氏。②宕渠句氏出自賨族。【分布】四川多此姓。

另见 gōu、jù

构（構）gòu 见《新编千家姓》。【分布】上海、四川渠县、天津武清等地有。

诟（詬）gòu 见《姓苑》。【分布】湖南有此姓。

垢 gòu 见《新编千家姓》。【分布】武汉、天津市蓟州区等地有。

够 gòu 源出不详。今仡佬族姓。【分布】太原、成都、北京、台湾花莲等地有。

夠 gòu 源出不详。【分布】台湾桃园有此姓。

撀 gòu 源出不详。【分布】河南长垣有此姓。

媾 gòu 源出不详。见《新编千家姓》。具体分布不详。

GU

估 gū 源出不详。【分布】绍兴、陕西韩城、四川安县等地均有。

沽 gū 源出不详。【分布】江苏滨海有此姓。

孤 gū 【源出】春秋时郑公族有孤氏。【分布】太原、洪洞、临汾、汕头等地有此姓。【人物】孤落支（隋）

姑 gū 【源出】①春秋时越大夫姑浮，系姑姓之始。②春秋时越地有姑蔑，亦称姑末，以地名氏。【分布】山西襄垣、云南马关等地均有。

茹 gū 源出不详。具体分布不详。另见 rú

菇 gū 见《新编千家姓》。【分布】上海、重庆、绍兴等地有此姓。

轱（軲） gū 【源出】①轱，车也。或以业为氏。②《山海经》有依轱之山，或其人以所居为姓。【分布】江苏滨海有此姓。

菰 gū 【源出】浙江吴兴（即今湖州）的别称为菰，战国时楚春申君在吴兴南二十五里处置菰城，或后人以地为氏。【分布】台湾台南有此姓。

辜 gū 【源出】或系辜姓所改。【分布】汉源、自贡、高雄等地有。

辜 gū 【源出】①见《姓苑》。或其先因被辜自悔，以辜为氏，如救氏、赦氏、谴氏之类。②据传南宋辛弃疾故后，子孙遭迫，第二子避入江西贵溪，遂在辛上加古为辜氏，今江西多辜氏，或为其后裔。【分布】江西、四川、广东三省多此姓。

辜高 gū gāo 【源出】系辜、高两姓合成，始于明末。【分布】河南方城两郎庙乡有此姓。

古 gǔ 【源出】①古，商时侯国名。商末灭于厉人，子孙以国名氏。②周太王亶父避狄人之难，去国于岐山（今陕西岐山西北）之下，自号古公，其后因公号为氏。【分布】川、粤、台、赣等省多此姓。【人物】古霸（汉）

古侯 gǔ hóu 【源出】彝族姓。古侯，彝族古老部落名，因姓。【分布】四川德昌有此姓。

古赖（古賴） gǔ lài 【源出】系古、赖两姓合成。【分布】台北、基隆等地有。

古扎 gǔ zhā 【源出】藏族姓，原为房名，因氏。【分布】四川道孚有此姓。

谷 gǔ 【源出】①系自嬴姓。谷伯绥之裔，以国为氏。②系自姬姓。周公族之后。【分布】豫、冀、湘、苏、辽、黑、吉、皖八省多此姓。【人物】谷永（汉）

另见 yù

谷梁（穀梁）gǔ liáng 【源出】①谷梁，春秋时鲁大夫采邑，因氏。②梁宜作粱，当以谷种为氏，见《姓氏寻源》。【分布】山西运城、壶关，湖南益阳等地有。

股 gǔ 【源出】西域人姓。【分布】太原、江苏、泗洪等地均有。【人物】股紫陁（汉）

骨 gǔ 【源出】①《卜辞》中已有骨氏族。②汉时匈奴骨都侯之后。【分布】周口、顺德、吉林扶余等地。【人物】骨仪（隋）

罟 gǔ 源出不详。【分布】湖南有此姓。

羖 gǔ 源出不详。见《正定县志》。【分布】河北正定、湖南株洲等地都有。

羔 gǔ 见《姓苑》。同"羍"。

鼓 gǔ 【源出】①出自祁姓。春秋时鼓国（故城在今河北晋州市），为晋国大夫荀吴所灭，子孙以国为氏。②《周礼》有掌鼓吹之官，后以官为氏。【分布】北京、天津、上海、

包头、太原、大同等地均有。

穀 gǔ 【源出】①出自嬴姓。春秋时穀国（在今湖北谷城境），灭于楚。其后以国名为氏。夏商时已有穀国，见《卜辞》。②出姬姓。周公族之后。【分布】分布广，但人数少。具体不详。【人物】穀忠（汉）

伫 gǔ 【源出】①黑龙江嫩江音 gù，似"顾"俗写。②广东吴川音 hù，以"扈"之变。【分布】河南信阳多此姓。

固 gù 【源出】或源于秃姓。商时有舟人国，传为彭祖之后，灭于周，其后有固氏。【分布】河南、重庆两地多此姓。

故 gù 【源出】汉时分布于贝加尔湖（北海）以南之丁零族人至南北朝时与它族融合称敕勒，其有故姓。【分布】冀、闽、滇多此姓。【人物】故宿（宋）

顾（顧）gù 【源出】①出于己姓。顾伯，夏商时侯国，汤伐韦顾，子孙散亡，以国名氏。②源自姒姓。勾践七代孙之子，汉时封为顾余侯，亦称顾氏。【分布】沪、苏、浙三省市多此姓。【人物】顾雍（三国·吴）

顾戴（顧戴）gù dài 【源出】应系顾、戴二单姓合成，见《台湾区姓氏堂号考》。【分布】台湾高雄有此姓。

顾松（顧鬆）gù sōng 源出不详。

见《佛山市人口志》（广东）。【分布】广东佛山有此姓。

顾所（顧所）gù suǒ 【源出】彝族姓。见《中华古今姓氏大辞典》。【分布】四川峨边有此姓。

顾渣（顧渣）gù zhā 【源出】彝族姓，属阿伙家支。【分布】四川美姑有此姓。

崮 gù 源出不详。【分布】福建上杭有此姓。

雇 gù 【源出】雇，鸟名。九雇，农桑候鸟。少昊氏以鸟名官，故以此为氏。【分布】川、皖两省多此姓。

僱 gù 【源出】或系顾姓所改。今满、汉、蒙多民族有此姓。【分布】天津、湖南靖州等地有。

GUA

瓜 guā 【源出】春秋时瓜州（在今甘肃安西境），或以地名为氏。【分布】河北灵寿、辽宁朝阳、云南泸水等地均有。

瓜扒 guā bā 【源出】为刮饶时氏之异译。云南怒江傈僳族姓。以荞为氏族图腾的氏族，因姓。【分布】云南怒江自治州有此姓。

刮 guā 源出不详。汉、傈僳族均有此姓。【分布】湖北公安、石首、云南江川、泸水等地均有。

剐（劊）guǎ 源出不详。【分布】江苏滨海有此姓。

卦 guà 源出不详。【分布】天津、湖北公安，台湾台中、宜兰等地均有。

诖（詿）guà 源出不详。见《湖南家谱解读》。【分布】湖南有此姓。

挂 guà 【源出】傈僳族姓。【分布】天津、茂名、云南泸水等地均有。

掛 guà 【源出】傈僳族姓。见《中华古今姓氏大辞典》。【分布】云南泸水有此姓。

GUAI

拐 guǎi 见《新编千家姓》。【分布】湖南、江苏滨海、陕西延长等地均有。

怪 guài 【源出】①古有司怪，主卜，见《元命苞》，怪姓当出此。②炎帝之臣怪义之后。【分布】湖南有此姓。

GUAN

关（關）guān 【源出】①夏桀忠臣关龙逢之后，见《风俗通》。②关令尹喜之后。【分布】豫、粤、辽等省多此姓。【人物】关阳（汉）

关伴（關伴）guān bàn 【源出】佤族姓，世居永广寨，系以祖名为姓。【分布】云南西盟有此姓。

关加（關加）guān jiā 源出不详。【分布】山西右玉有此姓。

沦（淪）guān 【源出】黄帝时乐官泠沦氏，亦作伶伦氏，其后有沦、伶、泠、伦四氏，以别支系。【分布】河北南宫、山西太原等地均有。

另见 lún

官 guān 【源出】①周大夫刘定公夏为官师，后因氏。②古人以官命族，故有官氏。【分布】粤、桂、川、闽、滇、赣等省多此姓。【人物】官秉忠（明）

官散 guān sàn 【源出】佤族姓，世居云南西盟中课寨。也作管散氏。【分布】云南西盟有此姓。

冠 guān 【源出】相传古贤者贤冠子之后有冠氏。今存否不详。【人物】冠端（明）

另见 guàn

莞 guān 【源出】春秋时楚大夫莞苏之后。见《姓氏考略》。【分布】周口、天津武清、浙江余姚等地均有。

倌 guān 源出不详。【分布】山西宁武、山东平度等地均有。

棺 guān 源出不详。【分布】湖南有此姓。

馆（館）guǎn 源出不详。【分布】贵州赫章、浙江青田等地均有。

晉 guǎn 源出不详。或"管"之讹写。【分布】台湾屏东有此姓。

管 guǎn 【源出】①周文王第三子管叔鲜之国。其地今郑州管城是也，子孙以国为氏焉。②管仲之后。③鲁大夫食采于管，因氏。【分布】苏、皖、赣、浙、鄂、鲁等省多此姓。

管打 guǎn dǎ 【源出】佤族姓，即管那氏。见《佤族社会历史调查（二）》。【分布】云南西盟有此姓。

管斗 guǎn dǒu 【源出】佤族姓，世居龙坎寨。见《佤族社会历史调查（二）》。【分布】云南西盟有此姓。

管佳 guǎn jiā 【源出】锡伯族姓。汉姓为管。【分布】新疆察布查尔有此姓。

管库（管庫）guǎn kù 【源出】佤族姓，世居中课寨。见《佤族社会历史调查（二）》。【分布】云南西盟有此姓。

管那 guǎn nà 【源出】佤族姓，世居龙坎寨。见《佤族社会历史调查（二）》。也作管打氏。【分布】云南西盟有此姓。

管宋 guǎn sòng 【源出】佤族姓，世居中课寨。见《佤族社会历史调查（二）》。【分布】云南西盟有此姓。

毌 guàn 【源出】本毌丘复姓，后去丘为毌。【分布】山西平遥、翼城等地均有。

毌将（毌將）guàn jiāng 源出不详。见《新编千家姓》。分布不详。

观（觀）guàn 【源出】出姒姓。夏王启之庶子五人，食邑于观（故城在今山东曹县西），五观之后为诸侯，有罪，夏王灭之，子孙以国为氏。【人物】观恂（汉）

毕 guàn 【源出】见《湖南通志》。或为纣王之叔比干之后，也或为其先有类比干者之后【分布】湖北石首、台湾新竹等地有此姓。【人物】毕殷（明）

贯（貫）guàn 【源出】①古贯国，济阴蒙泽（故城在今山东曹县境），其后以国为氏。②周文王第十六子原伯之后有原伯氏。周大夫原伯贯之后，子孙以王父名为氏。【分布】北京、天津、太原、西安、淮南等地均有。【人物】贯高（汉）

冠 guàn 【源出】《姓氏考略》注云："冠氏，春秋晋邑，以地为氏。"【分布】冀、豫、苏、川、陕等省多此姓。

另见 guān

涫 guàn 源出不详。【分布】湖南有此姓。

灌 guàn 【源出】出姒姓。夏诸侯斟灌氏（故城在今山东寿光境）为浇所灭，子孙以国为氏。【分布】山西侯马、广东顺德、广西崇左等地均有。【人物】灌婴（汉）

罐 guàn 源出不详。【分布】江苏洪泽有此姓。

GUANG

光 guāng 【源出】①相传黄帝庶子，姞姓之后，封于光（故城在今山东掖县），因以为氏。②秦末时燕人田光之裔避地，遂以光为氏。【分布】皖、晋两省多此姓。【人物】光逸（晋）

光从（光從）guāng cóng 【源出】佤族姓。汉姓为魏。光从，佤语意为奴隶的后代。【分布】云南西盟有此姓。

光佳 guāng jiā 源出不详。见《山西人口姓氏大全》。【分布】太原有此姓。

光嫩 guāng nèn 【源出】佤族姓。汉姓为陈。光嫩，佤语意为别姓收养的孩子。【分布】云南西盟有此姓。

广（廣）guǎng 【源出】黄帝时人广成子之后有广氏。见《风俗通》。【分布】湘、鄂、皖三省多此姓。

逛 guàng 源出不详。【分布】广东惠阳、江苏滨海等地均有。

GUI

归（歸）guī 【源出】①舜臣后稷封归（故城在今河南商丘南），后以国为氏。②周时胡子国（故城在今安徽阜阳境），归姓，为楚所灭，后以氏为氏。【分布】沪、浙、冀等省

85

市多此姓。【人物】归崇敬（唐）

归海（歸海）guī hǎi　源出不详。见《中华姓府》。【分布】湖北石首有此姓。

圭 guī　【源出】传舜帝时有圭国（今甘肃天水境），戎人，以国名为氏。【分布】北京有此姓。【人物】圭泰（三国·魏）

龟 guī　【源出】出自西域天竺迦叶氏。唐贞观时迳原大将试太常卿迦叶济之后。【分布】台湾、周口，河北涿鹿、邱县等地均有。

妫（嬀）guī　【源出】①古帝舜生于沩汭，亦作妫汭，因氏。②周武王时有虞遏父者，为陶正，武王封其子满为陈侯，复姓妫，以奉虞帝之祀，是为胡公。

规（規）guī　见《姓苑》。【分布】中山、陕西蒲城、云南泸水等地均有。【人物】规恂（明）

闺（閨）guī　源出不详。【分布】河北晋州、阳原，海南白沙等地有。

洼 guī　【源出】汉时南阳、育阳有洼姓，当以水为氏。见《姓氏考略》。今分布不详。【人物】洼丹（汉）
　　另见 wā

珪 guī　源出不详。【分布】河南巩义市有此姓。

胿 guī　源出不详。【分布】福建邵武有此姓。

硅 guī　源出不详。【分布】湖南有此姓。

傀 guī　【源出】①古恒傀氏之后有恒氏、傀氏、恒傀氏。②古鬼方氏或鬼氏所改。【分布】北京、武汉等地有。

莙 guī　源出不详。【分布】台湾嘉义有此姓。

瑰 guī　见《姓谱》。【分布】山西侯马有此姓。

宄 guī　源出不详。【分布】山西山阴有此姓。

轨（軌）guī　见《姓苑》《清稗类钞·姓名类》。分布不详。【人物】轨革（北周）

庋 guī　源出不详。【分布】西安有此姓。

鬼 guǐ　【源出】①鬼，国名。相传黄帝臣容区（一作臾区）封于鬼国，以国为氏。②相传鬼方国（故城在今贵州境内）之后，以国为氏。【分布】曲阜有此姓。【人物】鬼章（宋）

癸 guǐ　【源出】①出姜姓。春秋时齐癸公之后，见《姓苑》。②癸比氏之后。【分布】茂名、吉林东丰、山西浮山等地均有。

晷 guǐ　【源出】或咎氏所改，或取日晷为氏。【分布】山西平陆、台湾等地有此姓。

呑 guì 【源出】周末有季桢者，为秦博士，被害，弟晊惧祸，即以其名之音命四子为姓。伯曰桂奕，居幽州守坟墓；仲曰呑突，迁济南朱虚。【分布】甘肃荣信有此姓。

炅 guì 【源出】①秦末季桢之第三子炅奖之后。②《汉太尉陈球碑》载：东汉末城阳炅横被诛，有四子，一子守坟墓姓炅，一子避难居徐州姓呑，一子居幽州姓桂，一子居华阳姓炔，四姓均音桂。【分布】钟祥、广东五莲、江苏武进等地均有。

刽 (劊) guì 源出不详。【分布】湖南、江苏洪泽、山东诸城等地均有。

贵 (貴) guì 【源出】①颛顼帝之裔陆终之后，见《风俗通》。②系自芈姓。春秋时楚公族有贵姓。【分布】湘、滇、豫、川、冀、浙等省多此姓。【人物】贵迁（汉）

娃 guì 【源出】见《姓苑》及《龙龛手鉴》。或取美好之义为氏。【分布】云南普宁有此姓。

　　另见 wá

桂 guì 【源出】①古桂国在今湖南桂阳，以国为氏，见《姓源》。②秦时博士季桢为鲁国公族季孙氏之后。秦始皇焚书坑儒，季桢被杀，弟晊惧祸，即命四子用其名为姓。【分布】湘、鄂、苏、渝、皖等省市多此姓。【人物】桂贞（秦）

眭 guì 见《集韵》。【分布】湖南有此姓。
　　另见 suī

蹶 guì 【源出】黄帝之裔，姞姓，周蹶父之后。见《姓考》。具体分布不详。

GUN

丨 gǔn 【源出】清时河南、河内（今河南武陟、沁阳一带）、广西钦州等地有此姓。见《太平图话姓氏综》。今分布不详。

衮 gǔn 源出不详。【分布】周口、湖南、汉寿等地有此姓。

袞 gǔn 【源出】同"衮"姓。【分布】福建明溪有此姓。

滚 gǔn 源出不详。【分布】贵州、武昌、河北涞源等地均有。

鲧 (鯀) gǔn 【源出】苗族姓。今湘西苗族龙姓支系有鲧等姓。【分布】湘西苗族有此姓。

棍 gùn 源出不详。【分布】上海嘉定、湖南等地有此姓。

GUO

过 (過) guō 【源出】出任姓。过，夏时诸侯浇之国也，亦曰有过氏。夏少康灭之，子孙以国为氏，见《风俗通》。【分布】江西、江苏两省多

87

此姓。【人物】过期（汉）

呙（咼）guō 【源出】①《万姓统谱》云："呙，南唐呙拯。宋呙辅，明呙校、呙崇、呙文光。"②疑为"过"姓之分族。【分布】天津、上海、南京、太原、酒泉等地均有。

另见 hé、wā

洭（潬）guō 【源出】见《集韵》。"洭"同"挝"，水名，在今河南上蔡境。或以水名为氏。具体分布不详。

郭 guō 【源出】①夏禹御臣郭哀为郭姓之始。②古有郭侯，即郭国，故城在今山东聊城东北，春秋时灭于齐，其后以国为氏。③氏于居者，城、郭、园、池是也，见《风俗通》。【分布】晋、冀、鲁、豫、粤、川等省多此姓。【人物】郭子仪（唐）

郭洪 guō hóng 【源出】系郭、洪二单姓合成。【分布】台湾有此姓。

郭公 guō gōng 【源出】周文王季弟虢叔受封于虢，或曰郭公，因以为氏。【分布】北京有此姓。

郭井 guō jǐng 【源出】朝鲜族姓。见《顺德县姓氏》（广东）。【分布】广东顺德有此姓。

涡（渦）guō 【源出】①出自芈姓。楚大夫食采于涡（故城在今安徽蒙城），子孙以邑为氏。②涡河，流经河南通许、安徽亳州、安徽北部怀远县入淮河。是涡以水为氏。【分布】成都、山西左云、江苏洪泽等地均有。【人物】涡尚（汉）

锅（鍋）guō 见《新编千家姓》。【分布】北京、天津、上海、大同、太原等地均有。

蝈（蟈）guō 见《新编千家姓》。分布不详。

鐹 guō 源出不详。【分布】江西贵溪有此姓。

国（國）guó 【源出】①夏禹之御者国哀，见《路史》。当为国姓之始。②系自姜姓。春秋时国氏为齐之卿族，且世为上卿，子孙沿其氏。【分布】鲁、冀、皖、吉四省多此姓。

帼（幗）guó 见《新编千家姓》。分布不详。

虢 guó 【源出】出姬姓。周成王叔父虢叔封于西虢（故城在今陕西宝鸡东），虢仲封于东虢（故城在今河南荥阳之虢亭），子孙以虢为氏。【分布】西安、长沙、长治、周口、淮南、岳阳等地均有。

果 guǒ 【源出】果氏源出周时巴子国（故城在今重庆市巴南区）之后。【分布】京、津、冀、鲁四省市多此姓。【人物】果琳（明）

果基 guǒ jī 【源出】①彝族姓。四川凉山黑彝家支。属惹你家支。②藏族姓。西藏日喀则原头人家族名。【分布】四川越西、冕宁、喜德等地均有此姓。

菓 guǒ 源出不详。【分布】山西芮城有此姓。

裹 guǒ 源出不详。见《姓氏典故》。【分布】黑龙江有此姓。

H

HA

哈 hǎ 【源出】夷姓。见《篇海类编》。【分布】京、冀、苏、甘等省区多此姓。【人物】哈元生（清）

哈比 hà bǐ 【源出】塔塔尔族姓。源自沙俄喀山汗国，以祖先名命部，再以部名为姓。【分布】新疆昌吉白杨河有此姓。

哈丹 hà dān 【源出】蒙古族姓，也作哈达塔特氏。【分布】内蒙古正蓝旗有此姓。

哈斗 hà dǒu 【源出】哈尼族姓。【分布】云南金平有此姓。

HAI

孩 hái 【源出】辽时回鹘人姓。见《古今图书集成·氏族典》。【分布】太原、山东嘉祥等地均有。【人物】孩里（辽）

海 hǎi 【源出】①黄帝庶子禺阳之玄孙世居南海（故城在今广东番禺）为海司，后因以为氏。②春秋时卫灵公臣海春之后，以海为氏。【分布】宁、甘、豫三省区多此姓。【人物】海瑞（明）

海干 hǎi gān 【源出】彝族姓。【分布】四川峨边有此姓。

海来 (海來) hǎi lái 【源出】彝族姓，又称海莱氏。【分布】四川峨边、山西阳高等地有。

海乃 hǎi nǎi 【源出】四川彝族黑彝家支、凉山白彝家支。【分布】四川昭觉、越西等地有。

海喜 hǎi xǐ 【源出】蒙古族姓。汉姓为汉。【分布】黑龙江嫩江有此姓。

海牙 hǎi yá 【源出】维吾尔族姓，见《姓氏词典》。【分布】河南渑池有此姓。

亥 hài 【源出】①夏禹之臣竖亥之后。②北魏时俟亥氏改为亥氏，见《魏书·官氏志》。【分布】北京、湖南东安、台湾台东等地均有。

亥扣 hài kòu 【源出】拉祜族黄苦聪人姓，以氏族名为姓。汉姓为李。【分布】云南金平有此姓。

害 hài 源出不详。汉、傈僳等民族均有此姓。【分布】湖南、山西平陆、云南邱北等地均有。

解 hài 【源出】源自地名。【分布】山西绛县有此姓。

另见 sài、xiè、jiě

HAN

憨 hān 【源出】见《通志·氏族略》。【分布】运城、上海宝山、天津西青等地均有。

邗 hán 【源出】①周武王子封于邗（故城在今江苏扬州东北），春秋时灭于吴，其后以国为氏，见《姓考》。②河南邗氏为北魏时代北秘邗氏所改，见《魏书·官氏志》。【分布】京、沪有此姓。【人物】邗端（明）

汗 hán 【源出】源出"可汗"一词。【分布】上海、常州、无锡、厦门等地均有。

邯 hán 【源出】①颛帝之后有邯氏，见《路史》。②古有邯国，以国为氏。③汉景帝中元三年，封邯郸为翕侯，见《汉书》。【分布】北京怀柔、上海、太原等地有。

含 hán 见《姓苑》。【分布】山西五台、侯马，周口、茂名等地均有。

含扎 hán zhá 【源出】蒙古族姓。汉姓为韩。【分布】辽宁阜新有此姓。

函 hán 【源出】①相传为太岳之裔，许文叔之后有函氏。②周官有攻皮之工，函人为甲者，或以世官为氏。

【分布】西安、山西阳泉等地均有。【人物】函熙（汉）

赶 hán 【源出】系"韩"之俗写。为何不用韩，历史原因不详。【分布】台北有此姓。

涵 hán 源出不详。见《新编千家姓》。【分布】河北涉县有此姓。

韩（韓）hán 【源出】①传黄帝之子有昌意，昌意之子有韩流，当为韩姓之始。②周武王之裔有韩氏。③南匈奴有韩氏。④西夏党项人有韩姓。【分布】晋、冀、鲁、豫、苏、辽、皖七省均有。【人物】韩愈（唐）

韩甘（韓甘）hán gān 【源出】彝族姓，又演化称普跌耶布氏。【分布】四川峨边、马边、甘洛等有。

韩根（韓根）hán gēn 【源出】蒙古族姓，以地名为姓。韩根，蒙语意为兴安岭，源自内蒙古兴安盟。【分布】内蒙古察哈尔地区有此姓。

寒 hán 【源出】①黄帝之臣寒哀作御，见《世本》。为寒姓之始。②周成王封武王之子于韩（今山西河津东北），是为韩侯，其后避难改为寒氏。【分布】辽、豫两省多此姓。【人物】寒朗（汉）

轩（軒）hǎn 见《集韵》《姓氏急就篇》。

另见 xuān

罕 hǎn 【源出】①春秋时郑穆公之公子喜,字子罕,其孙以王父字为氏。②魏晋时西羌人姓,源出罕羌,以部名为氏。【分布】沪、滇、台、汕头等省市均有。【人物】罕夷(晋)

喊 hǎn 源出不详。见《清稗类钞·姓名类》。【分布】周口、甘肃永登、云南畹町等地有。

汉 (漢) hàn 【源出】汉禅让为魏后,子孙有以汉为姓者。见《通志·氏族略》。【分布】滇、内蒙古、鄂三省区多此姓。【人物】汉伦(宋)

忓 hàn 见《集韵》。源出不详。【分布】江苏高淳有此姓。

旱 hàn 源出不详。见《新编千家姓》。【分布】山西霍州、茂名等地有。

捍 hàn 源出不详。【分布】郑州、山西绛县、江苏武进等地有。

悍 hàn 源出不详。【分布】河南济源有此姓。

菡 hàn 见《新编千家姓》。【分布】上海、山东沂水等地有。

閈 hàn 【源出】战国时,齐国公孙閈之后,以祖名为氏。见《姓考》。【分布】北京、西安、扬州、太原等地均有。

焊 hàn 源出不详。【分布】湖南、茂名等地均有。

幹 hàn 【源出】元有幹栾。见《甘肃

通志》。

另见 gàn

撖 hàn 见《姓苑》《广韵》。【分布】北京、兰州等地有此姓。【人物】撖君锡(明)

翰 hàn 【源出】春秋时曹大夫翰胡之后。见《姓考》《姓苑》。【分布】北京、无锡等地有。

憾 hàn 源出不详。【分布】河南宝丰有此姓。

HANG

夯 hāng 源出不详。【分布】周口、江苏滨海等地有。

杭 háng 【源出】春秋时越王之后有杭氏。古"抗""杭"原为一字,杭氏出于抗姓。【分布】苏、鄂、浙三省多此姓。【人物】杭琪(明)

杭锦 (杭錦) háng jǐn 【源出】蒙古族姓,系清满洲八旗姓杭津氏,居北京地区者称杭锦氏。汉姓为杭、康、韩。【分布】内蒙古巴林右旗中部有此姓。

航 háng 源出不详。见《新编千家姓》。【分布】天津、成都、太原、扬州、中山等地均有。

HAO

蒿 hāo 【源出】蒿,春秋时齐地(今山东泰安境),以地名为氏。见《姓

氏考略》。【分布】冀、鲁、豫、吉四省多此姓。【人物】蒿宾（明）

嚆 hāo 源出不详。【分布】湖南有此姓。

毫 háo 【源出】毫、豪同源。见《姓谱》。【分布】北京、周口、韩城、河北定州等地有。【人物】毫康（汉）

豪 háo 见《万姓统谱》。【分布】成都、运城、台北、周口等地均有。【人物】豪彦（宋）

好 hǎo 【源出】西周古姓。古音子(zǐ)。【分布】北京、天津、大同、台湾屏东等地均有。

郝 hǎo 【源出】出自郝骨氏，太昊之佐，裔孙有子期，殷帝乙时，封太原之郝乡（故城在今太原东北），因以为氏。【分布】晋、冀、鲁、豫、黑、陕、内蒙古、苏、辽九省区多此姓。【人物】郝贤（汉）

另见 hè、shì

郝佳 hǎo jiā 【源出】清满洲人姓。【分布】南京曾有，今分布不详。

号（號）hào 【源出】西羌姓，见《汉书》。【分布】河北正定、台北等地有。

姟 hào 源出不详。【分布】武汉有此姓。

妞 hào 【源出】高丽人姓。见《集韵》及《正字通》。

另见 niū

昊 hào 【源出】①相传为古帝昊英氏之后。②相传为古帝太昊氏（即太皞氏，亦作太皓，一说，即伏羲氏）之后。③相传为古帝少昊氏之后。【分布】台北、茂名、陕西高陵等地有此姓。【人物】昊十九（明）

荞 hào 源出不详。【分布】云南建水有此姓。

耗 hào 见《姓苑》。【分布】成都、贵州、纳雍等地有。

浩 hào 【源出】原部氏，后避难改为浩氏。【人物】浩商（汉）

另见 gào

皓 hào 【源出】春秋时越大夫皓进之后，见《姓氏寻源》。【分布】沈阳、周口等地有。

鄗 hào 【源出】鄗，邑名（在今河北柏乡境），春秋时晋邑，以邑名氏。【分布】武汉有此姓。

滈 hào 【源出】古有滈水（在今长安），或以水名氏。见《新编千家姓》。具体分布不详。

镐（鎬）hào 【源出】镐京，周武王西都，以地名氏。【分布】商丘、长治、广东惠阳等地均有。

颢（顥）hào 【源出】源出西方（指中国西北地区），见《姓苑》《姓谱》。与昊、皓两姓通。【分布】陕

西韩城有此姓。【人物】颉彬茂（宋）

HE

诃（訶）hē 源出不详。【分布】辽宁黑山、浙江等地有。

喝 hē 源出不详。【分布】湖南辰溪、江苏洪泽等地有。

嗬 hē 源出不详。【分布】湖南有此姓。

禾 hé 【源出】①周有禾父已鼎，周已有禾氏。②汉时田禾将军之后有禾氏。【分布】川、晋、豫三省多此姓。【人物】禾实（宋）

禾瓜 hé guā 【源出】湘西苗族姓，系苗族支系。汉姓有廖、石，称大石姓。【分布】湖南花垣、保靖、凤凰等地有。

禾枷 hé jiā 【源出】湘西苗族姓，系苗族支系。汉姓为杨。【分布】湖南吉首有此姓。

禾卡 hé kǎ 【源出】湘西苗族姓，系苗族支系。汉姓原为时，后又改为石，称小石姓。【分布】湖南吉首有此姓。

禾列 hé liè 【源出】湘西苗族姓，系苗族支系。汉姓为田。【分布】湖南花垣有此姓。

禾流 hé liú 【源出】湘西苗族姓，系苗族支系。汉姓为麻。【分布】湖南花垣、凤凰等地有。

禾弄 hé lòng 【源出】湘西苗族姓，系苗族支系。汉姓为吴。【分布】湖南吉首、凤凰等地有。

禾蔑 hé miè 【源出】湘西苗族姓，系苗族支系。汉姓为龙，也称大龙氏。【分布】湖南吉首、花垣、古丈等地有。

禾扁 hé piān 【源出】湘西苗族姓，系苗族支系。汉姓为隆、龙，也称小龙氏。【分布】湖南花垣、保靖、古丈等地有。

禾孝 hé xiào 【源出】湘西苗族姓，系苗族支系。汉姓为吴。【分布】湖南吉首、凤凰等地有。

合 hé 【源出】出子姓。春秋时宋国向戍为左师，食采于合（在今山东滕州市），谓之合左师，后以邑为氏。【分布】分布广，人口不多。【人物】合举（明）

合白 hé bái 【源出】藏族姓，合白原为房名，因姓。汉姓为杨。【分布】四川南平、平武等地有。

咼（喎）hé 见《姓氏考略》。

另见 guō、wā

何 hé 【源出】①商朝时已有何姓，以氏族名为氏。②唐时西域月支人有何氏。③五代时吐谷浑人有何氏。【分布】粤、桂、川、湘、黔、豫等省区多此姓。【人物】何进（汉）

何黄 hé huáng 【源出】系何、黄两姓合成，祖籍福建。【分布】台湾有此姓。

呵 hé 【源出】其先姓何，因避罪改呵。见《中华姓府》。【分布】四川阆中、山西襄汾等地有。

和 hé 【源出】①出自尧帝羲和氏（羲应是官名，掌天文、历法之官）之和仲、和权之后。②春秋时楚卞和之后，以名为氏。【分布】晋、冀、鲁、豫、滇五省多此姓。【人物】和洽（三国·魏）

郃 hé 【源出】①郃，春秋时宋邑（今山东滕州市），以地名为氏。②北魏时改大莫干氏为郃氏。【分布】太原、南京、上海嘉定、重庆城口等地有。

河 hé 【源出】河，夏时归姓国（在今河南荥阳、巩义境）河伯之后。【分布】闽、豫两省多此姓。【人物】河润（南朝·宋）

曷 hé 【源出】①汉晋时北方休官族有曷氏。②吐蕃大首领有曷氏。【分布】大同、湖南怀化、高雄等地均有。

阂（閡）hé 源出不详。【分布】湖南、福建明溪等地有。

盇 hé 【源出】①春秋时齐地，以地为氏。②为阖姓所改。【分布】台北、山西洪洞等地均有。【人物】盇著（宋）

荷 hé 【源出】①或系荷丘氏、荷訾氏所改。②加罗国、三韩种，国王姓何名知，见《南齐书》。【分布】闽、苏、粤、湘四省多此姓。

核 hé 源出不详。汉、傈僳族等民族有此姓。【分布】无锡、山西古交、云南泸水等地有。

菏 hé 源出不详。【分布】河北怀安、奉化、湖南等省市有。

盒 hé 源出不详。【分布】山东新泰、河北定州等地有。

阖（闔）hé 【源出】出自姬姓，吴王阖庐之后，见《姓苑》。【分布】河南宜阳、台湾桃园等地均有。【人物】阖瑾（明）

吓（嚇）hè 【源出】出自赫胥氏之后。即赫氏。见《风俗通》。【分布】云南泸水、福建邵武等地均有。

佫 hè 见《姓苑》。【分布】北京、天津武清、信阳等地均有。

郝 hè 【源出】①系赫连氏所改。②清满洲人姓赫舍里氏，汉姓有郝。【分布】新乡、辽宁昌图等地有此姓。

贺（賀）hè 【源出】①齐桓公支庶齐庆父之后皆以庆为氏，至东汉汝阴令庆仪，其曾孙侍中庆纯避安帝父之讳，改为贺氏。②代北贺兰氏、贺赖氏、贺敦氏等后均改为贺氏。

【分布】湘、内蒙古、川、陕、豫、晋六省多此姓。【人物】贺知章（唐）

贺若 （賀若）hè ruò 【源出】代北鲜卑拓跋部人。世居玄朔，即朔方故治在今内蒙古杭锦旗北，后随魏内迁，以部为氏，孝文帝改代人姓时，唯贺若氏不改。【分布】北京有此姓。

荤 hè 源出不详。【分布】台北有此姓。

隺 hè 【源出】或为鹤氏改。【分布】台湾高雄有此姓。

另见 cuì

赫 hè 【源出】古天子赫胥氏之后，有赫氏、赫胥氏。【分布】豫、陕、冀、辽、黑、甘、京等地多此姓。【人物】赫瀛（明）

赫别 hè bié 【源出】彝族姓，见吉木姓。【分布】四川峨边有此姓。

赫核 hè hé 【源出】彝族姓，见吉木姓。【分布】四川峨边有此姓。

赫连 （赫連）hè lián 【源出】①汉时匈奴右贤王去卑之后，刘渊之族，姓铁弗。铁弗勃勃称王于朔方。国号夏，改姓为赫连氏。赫连勃勃改姓诏书："朕之皇祖，自北迁幽朔，姓改姒氏，音殊中国，故从母氏为刘。子而从母之姓，非礼也。朕将以义易之。帝王者系为天子，是为徽赫实与天连，今改姓曰赫连

氏。系天之尊，不可令支庶同之。其非正统，皆以铁伐（即铁弗）为氏，庶联宗族子孙刚锐如铁，皆堪伐人。"②系由綦连氏所改。【分布】北京、天津蓟州区、上海嘉定、大同、台北等地有。【人物】赫连铎（唐）

赫氏 hè shì 源出不详。见《山西人口姓氏大全》。【分布】山西临猗有此姓。

褐 hè 【源出】①春秋时晋大夫毕万之后有褐氏。见《姓氏考略》。②春秋时晋大夫韩褐之后，以名为氏，见《姓考》。【分布】天津、台北、广州等地有。【人物】褐奎（明）

鹤 （鶴）hè 【源出】元时金人完颜鹤寿，异名鹤寿，其后以鹤为氏。见《万姓统谱》。【分布】上海、大同、淮南等地均有。

HEI

黑 hēi 【源出】①春秋时楚大夫黑肱之后。②春秋时宋微子之后有黑氏。【分布】冀、鲁、豫、宁、陕五省区多此姓。【人物】黑云鹤（明）

黑齿 （黑齒）hēi chǐ 【源出】①炎帝之裔封于黑齿，后因氏。②出自南诏，群蛮有黑齿、金齿、银齿三种，因氏。③唐时百济国西部人有此姓。【分布】无锡有此姓。

黑甘 hēi gān 【源出】彝族黑彝家支。【分布】四川峨边有此姓。

黑惹 hēi rě 【源出】四川凉山彝族家支。【分布】四川德昌有此姓。

HEN

很 hěn 源出不详。傈僳族姓。见《新编千家姓》。【分布】云南泸水有此姓。

狠 hěn 源出不详。【分布】山西襄垣有此姓。

恨 hèn 源出不详。【分布】江苏武进有此姓。

HENG

亨 hēng 【源出】周朝官制有亨人（官名，掌烹煮之事），后因以为氏。【分布】上海、山西侯马和曲沃等地有。【人物】亨祐（元）

哼莱（哼萊）hēng lái 【源出】彝族姓，属彭伙家支。【分布】四川金阳有此姓。

恒 héng 【源出】①春秋楚大夫恒思公之后有恒氏、常氏。②春秋时卫康叔支孙食采于恒（在今河北正定境），因氏，见《姓考》。【分布】鄂、豫二省多此姓。【人物】恒斐（汉）

恒滚（恒滾）héng gǔn 【源出】景颇族姓，属郎速支系，世居云南潞西三台山。汉姓为金。【分布】云南

潞西有此姓。

横 héng 【源出】①夏时有横革佐禹，见《荀子·成相篇》。横姓当始此。②横阳（在今河南商丘境），邑名。汉时韩王之子成初封为横阳君，其后为氏，见《风俗通》。【分布】山西榆次、福建平和等地有。【人物】横金（宋）

衡 héng 【源出】①伊尹为汤阿衡（税官），子孙以衡为氏。②鲁公子衡之后，以字为氏。③陈公族之后。【分布】甘、苏、豫三省多此姓。【人物】衡胡（汉）

衡诺（衡諾）héng nuò 【源出】佤族姓。【分布】云南西盟有此姓。

HONG

轰（轟）hōng 源出不详。【分布】山东有此姓。

烘 hōng 源出不详。【分布】湖南有此姓。

邛 hóng 此姓存否不详。
　　另见 qióng

弘 hóng 【源出】春秋时卫大夫弘演之后，见《风俗通》。【分布】北京、大同、台北、承德等地均有。

邯 hóng 见《万姓统谱》。【分布】河北武安等地有。

红（紅）hóng 【源出】①红，地名，

春秋时鲁地，或以邑名氏。②西周楚子熊渠封长子熊挚红为鄂王，其支此以其子为氏。【分布】四川多此姓。

【人物】红尚朱（明）

闳（閎）hóng 【源出】商时闳国（在今陕西）之后，周文王四友之一闳夭即其后。【分布】上海、湖南道真等地有。【人物】闳孺（汉）

宏 hóng 【源出】春秋时卫大夫宏（弘）演之后。见《世本辑补》。【分布】甘肃、广东二省多此姓。【人物】宏承（明）

宏豁 hóng huō 【源出】元时蒙古族姓，即晃豁坛氏异译。今蒙古族姓。见《赤峰市志》。【分布】内蒙古翁牛特旗有此姓。

纮（紘）hóng 源出不详。【分布】台北有此姓。

泓 hóng 见《中日姓氏汇编》。分布不详。

陕 hóng 源出不详。【分布】武汉有此姓。

虹 hóng 源出不详。见《新编千家姓》。【分布】京、沪等地均有。

竑 hóng 源出不详。【分布】浙江定海有此姓。

洪 hóng 【源出】①共工氏之后，本姓共，后改姓洪。②相传帝鸿（即轩辕氏）之后有洪氏。③洪，国名。

以国为氏。【分布】粤、台、浙、闽、皖、赣、苏、渝八省市多此姓。【人物】洪兴祖（宋）

洪林 hóng lín 【源出】应系洪、林两姓合成。【分布】台湾有此姓。

浤 hóng 源出不详。【分布】台北、湖南辰溪等地有此姓。

鸿（鴻）hóng 【源出】①黄帝，亦谓帝鸿氏，即大鸿氏，其后有鸿氏。见《元和姓纂》。②卫大夫鸿聊魋之后，见《姓源》。【分布】湖南省多此姓。

靬 hóng 源出不详。【分布】呼和浩特市有此姓。

黌（黌）hóng 源出不详。见《湖南家谱解读》。【分布】湖南、江苏滨海有此姓。

HOU

侯 hóu 【源出】相传仓帝史皇氏，名颉（即黄帝史官仓颉）姓侯冈，其后有仓氏、史氏、侯氏、侯冈氏、夷门氏、仓颉氏等。【分布】晋、冀、豫、辽、皖、湘、粤七省多此姓。【人物】侯景（南朝·梁）

侯树（侯樹）hóu shù 【源出】彝族姓，见吉木姓。【分布】四川峨边有此姓。

矦 hóu 源出不详。见《集韵》。【分布】山西临猗、湖南怀化等地均有。

戻 hóu 源出不详。见《凤凰县志》。【分布】湖南凤凰有此姓。

猴 hóu 源出不详。见《新编注音千家姓》。【分布】武昌、无锡、玉门、太原等地均有。

篌 hóu 源出不详。【分布】西安有此姓。

鍭 hóu 见《新编注音千家姓》。【分布】河南信阳有此姓。

吼 hǒu 源出不详。【分布】呼和浩特市、桂林、湖南等地有。

后 hòu 【源出】①传共工氏之子句龙为黄帝时后土（官名），子孙以后以为氏。②春秋时楚公族之后有后氏。【分布】川、滇两省多此姓。

郈 hòu 【源出】春秋时鲁孝公八世孙成叔为郈大夫，因以邑为氏。见《世本》。【分布】江西乐平，山西寿阳、五台，江苏金湖、新沂等地有。【人物】郈常（汉）

厚 hòu 【源出】①《卜辞》中已有厚氏族。②春秋时鲁孝公之子惠伯革之后厚瘠，食采于厚（在今江苏沭阳），以邑为氏。【分布】甘肃、辽宁两省多此姓。

後 hòu 【源出】①太皞（即伏羲）孙後照之后，见《姓氏考略》。②本姓侯，改姓後。【分布】太原、宣城、台北、高雄等地均有。

候 hòu 【源出】《周礼》载，候人系道路迎送宾客之官，为夏官之属，其后以官为氏。【分布】陕西、黑龙江两省多此姓。

HU

乎 hū 源出不详。【分布】陕西城固、台北等地均有。

呼 hū 【源出】①汉时汉中有卜师呼子先，见《列仙传》。呼氏当为其后。②西夏党项人姓。【分布】晋、豫、陕、内蒙古四省区多此姓。【人物】呼文瞻（明）

呼吉 hū jí 源出不详。见《山西人口姓氏大全》。【分布】太原有此姓。

呼延 hū yán 【源出】①匈奴呼衍氏，入中国后改为呼延氏。②鲜卑姓。晋时穆胡楚赐姓呼延氏。【分布】晋、陕、湘等地多此姓。【人物】呼延翼（晋）

忽 hū 【源出】周文王八士之一仲忽之后有忽氏，见《论语·微子》，当以名为氏。【分布】玉门、西安、太原、中山等地均有。【人物】忽忠（明）

轷 (軤) hū 见《元和姓纂》《姓觿》。【分布】北京、天津武清、湖南等地均有。

𫐐 hū 【源出】彝族姓。彝族勒戈氏。见《德昌县姓氏》。【分布】四川米易有此姓。

狐 hú 【源出】①帝尧之臣驩兜有佞臣狐功，见《墨子》，当时已有狐姓。②周平王之子王子狐之后，以名为氏。见《通志·氏族略》。【分布】太原、辽宁昌图、江苏滨海等地有。

弧 hú 【源出】春秋时楚有弧父，名续长，是为弧姓之始。见《姓氏考略》。【分布】北京、四川阆中、湖南等地有。

胡 hú 【源出】①姬姓胡国（今河南郾城一带）周平王时灭于郑，子孙以国名氏。②匈奴人姓。【分布】湘、鄂、川、滇、黔、皖、浙、赣八省多此姓。【人物】胡铨（宋）

胡东 (胡東) hú dōng 源出不详。见《山西人口姓氏大全》。【分布】山西祁县有此姓。

壶 (壺) hú 【源出】①春秋时晋大夫食采于壶邑（今山西长治境），因以为氏。②壶丘氏之后有壶氏，见《姓源》。【分布】西安、海南琼中等地均有。【人物】壶遂（汉）

斛 hú 【源出】①代北斛律氏、斛斯氏所改。见《姓氏考略》。②台湾土著姓，见《台湾省通志》。【分布】武汉、台湾、山西等地均有。【人物】斛子慎（北齐）

斛律 hú lù 【源出】①炎帝之裔参卢之后有斛律氏。②高车六姓之一有斛律氏，见《北朝胡姓考》。【分布】北京有此姓。【人物】斛律礼备（唐）

斛粟 hú sù 【源出】高车部人姓，疑即斛薛之异译。见《北朝胡姓考》。分布不详。

葫 hú 源出不详。【分布】太原、西安、呼和浩特市等地有。

湖 hú 【源出】居于湖北，因以为氏。【分布】辽、台、闽三省多此姓。【人物】湖沐（宋）

瑚 hú 见《中华姓府》。【分布】陕西镇安有此姓。

毊 hú 【源出】周文王之子毕公高之裔封于山西猗氏之令狐，因地为氏。【分布】上海、重庆、郑州等地均有。

毊 hú 【源出】敦煌、吐鲁番出土文书中姓氏，见《敦煌学译文集》。【分布】贵州、福泉有此姓。

鹕 (鶘) hú 源出不详。【分布】湖南有此姓。

蝴 hú 源出不详。【分布】西安、中山等地均有此姓。

糊 hú 源出不详。【分布】湖南有此姓。

虎 hǔ 【源出】①相传为高辛氏时八元之一伯虎之后。②甲骨文中已有虎氏族名，虎方，商时古国，以国名为氏。【分布】宁夏、四川等省区多此姓。【人物】虎旗（汉）

唬 hǔ 源出不详。【分布】湖南有此姓。

琥 hǔ 【源出】黄帝之后有琥氏，与"虎"同源。《姓解》作"虓"氏。【分布】太原、厦门等地有。

互 hù 见《古今姓氏书辩证》。【分布】台北、江苏、金湖等地有。【人物】互可思（唐）

互地 hù dì 【源出】四川会理彝族土司。【分布】四川会理有此姓。

互扎 hù zhā 【源出】彝族黑彝家支。【分布】四川喜德有此姓。

户 hù 【源出】出自己姓，夏时昆吾之后有扈氏，后去邑为户氏，见《路史》。【分布】闽、赣、豫、陕、冀五省多此姓。【人物】户尊（汉）

护 （護）hù 【源出】唐时西域护蜜国王姓，护真檀，见《新唐书》。【分布】上海、宁夏彭阳、台湾桃园等地均有。

沪 （滬）hù 源出不详。【分布】上海松江、信阳、庐山等地有。

戽 hù 源出不详。见《象山县志》。【分布】浙江象山、山西平遥、甘肃积石山等地有。

祜 hù 源出不详。【分布】上海，河南宝丰、义马、西平等地均有。

扈 hù 源出不详。【分布】辽宁桓仁有此姓。

扈 hù 【源出】①扈，夏时侯国。出自姒姓。商时改称崇扈，秦时改为鄠。国亡，子孙以国为氏。②北魏时扈地干氏后改为扈氏。【分布】冀、鲁、豫、吉四省多此姓。【人物】扈辄（汉）

鄠 hù 【源出】鄠国，夏时小国（在今陕西省西安市鄠邑区），以国为氏。户、扈、鄠三字古时相通，见姚察《训纂》。分布不详。

HUA

华 （華）huā 见《续文献通考》。华（huā）姓为华（huà）姓分族。【分布】华东多省有。
　　另见 huá、huà

花 huā 【源出】①系出"华"姓，见《姓考》《姓苑》。②金时女真人字术鲁氏汉姓为花。【分布】辽、豫、苏、桂、川、内蒙古六省区多此姓。【人物】花惊定（唐）

华 （華）huá 【源出】①见《古书常见误读字典》。②明清后少数民族汉译姓。【分布】黑龙江、云南泸水等地均有。
　　另见 huā、huà

滑 huá 【源出】①黄帝庶子箴姓之裔封于滑（在今河南睢县西北之滑亭），春秋时为秦所灭，子孙因以为氏。②滑国（在今偃师境）为

晋灭，子孙以滑为氏。【分布】晋、冀、豫三省多此姓。【人物】滑稽（南朝·宋）

化 huà 【源出】①相传黄帝臣化狐（一作货狐、化狄）之后。见《姓苑》《姓觿》。②清满洲人姓。【分布】豫、陕两省多此姓。【人物】化晖（明）

划（劃）huà 源出不详。【分布】天津、甘肃舟曲、河南焦作等地有。

华（華）huà 【源出】①夏仲康封观于西岳，曰华氏。②春秋时宋戴公之子正考父食采于华（在今河南新郑北），其后以邑为氏。【分布】苏、吉、陕、豫、浙、粤、赣七省多此姓。

另见 huā、huá

画（畫）huà 【源出】春秋时齐大夫食邑于画邑（在今山东临淄境），因以为氏。【分布】西安、周口、高雄等地有。【人物】画芬（明）

话（話）huà 源出不详。【分布】山东曲阜有此姓。

桦（樺）huà 源出不详。【分布】山西浑源有此姓。

崋 huà 【源出】同华氏。见《汉周景碑阴》。【分布】湖南耒阳有此姓。

鲑 huà 【源出】古有鲑、鮭二姓，单姓宜从鱼；复姓宜从角。今人多混。见张澍《姓氏五书注》。【分布】陕西韩城有此姓。

HUAI

怀（懷）huái 【源出】①古帝无怀氏之后，见《姓觿》。②高辛氏后有唐国，其遗民有怀氏。③楚怀王之后。【分布】黑、吉、浙、皖、鲁、冀六省多此姓。【人物】怀叙（三国·吴）

淮 huái 【源出】①周有师淮父，淮姓或出此。②安徽有淮水，或以水名氏。【分布】晋、陕两省多此姓。【人物】淮锡（明）

槐 huái 【源出】夏王帝槐之后，以名为氏，见《姓苑》。【分布】京、鄂、皖、冀四省多此姓。【人物】槐元忠（唐）

另见 huí

坏（壞）huài 见《新编千家姓》。【分布】湖南有此姓。

HUAN

欢（歡）huān 见《万姓统谱》。【分布】沈阳、成都、新疆塔城等地均有。

勸 huān 源出不详。【分布】台湾台中有此姓。

还（還）huán 【源出】①春秋时宋微子之裔，公子衍食采于萧（在今江苏萧县），萧大夫还无社之后有还氏，见《姓源》。②春秋时卫大夫还成之后，见《姓苑》。【分布】无锡、昆山、太原等地均有。

另见 xuán

还闵（還閔）huán mǐn　源出不详。见《宜兴县志》（江苏）。【分布】江苏宜兴有此姓。

郇　huán　见《古今姓氏书辩证》。【分布】安徽利辛有此姓。

另见 xún

洹　huán　【源出】洹，水名。在今山西高平境，居者或以为氏。见《姓谱》。【分布】太原、安徽等地有此姓。

桓　huán　【源出】①黄帝臣有桓常，审地利，桓氏宜出此。②春秋时齐桓公之后，以谥为氏。【分布】辽、苏、皖三省多此姓。【人物】桓温（晋）

缓（緩）huǎn　【源出】北魏时改和稽氏为缓氏。见《古今姓氏书辩证》。【分布】北京、陕西镇安等地有。

幻　huàn　见《中国姓氏集》《中华姓府》。【分布】湖南、台湾南投等地有。

奂　huàn　【源出】周文王庶子召公奭之裔召伯奂之后。见《姓氏考略》《姓苑》。【分布】北京、成都、无锡、大同等地有。

伛　huàn　【源出】同宦。见《集韵》。【分布】陕西有此姓。

宦　huàn　见《姓苑》。【分布】苏、川、鄂、渝四省市多此姓。

换　huàn　【源出】原姓宦，因事改姓，见《蒲城县姓氏》。【分布】北京、陕西蒲城、周口等地有。

唤　huàn　源出不详。见《百家姓》。【分布】湖北老河口、台湾屏东等地有。

浣　huàn　源出不详。见《湖南通志》。【分布】成都、台北、长沙、曲阜等地有。

患　huàn　见《姓苑》。【分布】湖南、汕头等地有。

焕　huàn　见《姓苑》。【分布】沈阳、中山等地有。

HUANG

肓　huāng　源出不详。【分布】武汉有此姓。

荒　huāng　【源出】古有旷国，见《国名纪》。系帝喾之子所封之国。后语讹为荒氏。见《姓觿》。【分布】太原、中山等地有。

慌　huāng　源出不详。【分布】江苏滨海有此姓。

皇　huáng　【源出】①传为古代三皇之后，因氏，见《风俗通》。②春秋时宋戴公之子充石，字皇父，其孙以字为氏。③春秋时郑公族亦有皇氏。【分布】内蒙古、江苏二省区有此姓。

皇甫　huáng fǔ　【源出】①周太师皇甫之后。②系自子姓。春秋时宋戴公之子充石，字皇父，为宋司徒，

其孙南雍郈以王父字为氏，为皇父氏。【分布】晋、豫两省多此姓。【人物】皇甫规（西汉）

黄 huáng 【源出】颛顼曾孙陆终之后，受封于黄（在今河南潢川），春秋时为楚所灭，子孙以国为氏。【分布】粤、桂、川、湘、闽、鄂、赣七省区多此姓。

黄安 huáng ān 源出不详。【分布】贵州福泉有此姓。

黄方 huáng fāng 【源出】系黄、方两单姓合成，见《潮汕文化选》。【分布】广东潮州有此姓。

黄龙（黃龍）huáng lóng 【源出】系出伏羲氏。源于远古原始氏族的图腾崇拜。【分布】河南偃师有此姓。

黄周 huáng zhōu 【源出】系黄、周两单姓合成，祖籍湖南。【分布】台湾有此姓。

凰 huáng 源出不详。【分布】湖南、甘肃通渭、无锡等地有。

隍 huáng 源出不详。【分布】湖南有此姓。

徨 huáng 源出不详。【分布】宁夏同心有此姓。

煌 huáng 见《新编千家姓》。【分布】山西孝义有此姓。

潢 huáng 源出不详。【分布】太原、江苏武进等地有此姓。

璜 huáng 见《姓谱》。【分布】湖南新化有此姓。

蝗 huáng 源出不详。【分布】湖南、中山等地有此姓。

磺 huáng 源出不详。【分布】湖南、中山、江苏滨海等地有此姓。

恍 huǎng 源出不详。【分布】江苏滨海有此姓。

晃 huǎng 【源出】东汉末，韦晃与耿纪、吉平谋诛曹操，不果被杀，其后以名为氏。见《姓氏考略》。【分布】北京、武汉、台北、太原等地均有。

HUI

灰 huī 见《新编千家姓》。【分布】甘肃舟曲、陕西韩城、广东茂名等地均有。

诙（詼）huī 源出不详。【分布】湖南有此姓。

挥（揮）huī 【源出】黄帝之子挥之后，以名为氏。见《姓考》。【分布】江苏洪泽、湖南怀化等地有。

咴 huī 源出不详。【分布】江苏滨海有此姓。

豗 huī 【源出】古有豗傀氏，其后有傀氏、豗氏，见《路史》。分布不详。

晖（暉）huī 见《直音》《姓苑》。

【分布】北京、无锡等地有此姓。

娷 huī 源出不详。【分布】太原有此姓。

辉（輝）huī 源出不详。今汉、壮等名族均有此姓。【分布】北京、天津、上海、唐山、曲阜等地均有。

辉特（輝特）huī tè 【源出】①金时女真人姓。②蒙古族姓，以部落名为姓。【分布】内蒙古阿拉善旗有此姓。

翬 huī 源出不详。或与辉同源。【分布】广西贵港、苍梧、贵县等地有。

徽 huī 见《姓苑》。【分布】淮南、承德，山西左云、应县等地均有。

囘 huí 为回异体字，但非一姓。见《姓名掌故》。【分布】贵州盘州市有此姓。

回 huí 【源出】①为祝融之子吴回之后，以王父字为氏。②传为尧时贤人方回之后。【分布】新疆、河北、天津、甘肃、贵州五省市多此姓。【人物】回谦（明）

茴 huí 源出不详。【分布】山东诸城有此姓。

徊 huí 源出不详。【分布】江苏洪泽有此姓。

槐 huí 【源出】春秋时晋大夫富父槐之后，以字为氏。见《姓解》。此姓已失。

另见 huái

悔 huǐ 见《新编千家姓》。【分布】云南邱北、承德等地有。

毁 huǐ 源出不详。【分布】北京、太原等地有。

卉 huì 源出不详。【分布】大同、台南等地有。

汇（匯）huì 见《新编千家姓》。【分布】山西侯马、榆次、淮南等地均有。

会（會）huì 【源出】①出自偃姓。皋陶之后有会氏。②出自妘姓。陆终之子会人之后。③春秋时郑伯之后有会氏。【分布】渝、鲁两省市多此姓。【人物】会栩（汉）

讳（諱）huì 见《新编千家姓》。【分布】陕西韩城、海南文昌、台北等地均有。

荟（薈）huì 见《姓谱》。【分布】河南荥阳、广东茂名等地有。

浍（澮）huì 源出不详。【分布】山西临汾、曲沃等地均有。

海（誨）huì 源出不详。【分布】山西平陆、台湾嘉义、河北黄骅等地有。

绘（繪）huì 见《新编千家姓》。【分布】周口、江苏滨海等地均有。

烩（燴）huì 源出不详。【分布】江苏洪泽有此姓。

彗 huì 源出不详。【分布】甘肃永登、湖南芷江等地有。

惠 huì 【源出】①颛顼帝之裔，陆终之第二子惠连之后。②周惠王支孙以谥为姓。【分布】陕、甘、辽、苏、黑、鲁、豫七省多此姓。

　另见 xì

慧 huì 【源出】或系信奉佛教者取智慧之意改姓。【分布】冀、豫、苏三省多此姓。

蕙 huì 源出不详。【分布】广东高州有此姓。

HUN

婚 hūn 源出不详。【分布】河南西平有此姓。

浑（渾）hún 【源出】①太昊（即伏羲）之良佐浑沌之后有浑氏、沌氏、屯氏。②春秋时郑穆公之子偃，其孙为游氏。游氏之孙罕为郑大夫，其子宽，又别为浑氏。【分布】北京、天津、上海、大同、运城等地有此姓。【人物】浑释之（唐）

魂 hún 见《姓谱》。【分布】福建平潭、河北临西等地有。

昏 hùn 【源出】见《姓苑》《集韵》。原为"昏"氏，为避唐太宗李世民之讳，改为昏。【分布】成都、湖南

有此姓。

混 hùn 【源出】①南北朝时徽国（在今广西扶绥境）人姓，见《梁书》。②出自混沌氏。【分布】北京、酒泉等地有。

HUO

活 huó 见《新编千家姓》。【分布】大同、中山、周口等地有。

火 huǒ 【源出】①出自古代掌火官，其后以火为氏。②三国时南蛮王火济，从诸葛亮征孟获有功，封罗甸王，其后以火为氏。【分布】黑龙江省多此姓。【人物】火济（三国·蜀）

伙 huǒ 源出不详，见《中华姓府》。【分布】太原、沈阳、上海、天津等地有。

钬（鈥）huǒ 源出不详。【分布】山西洪洞有此姓。

或 huò 【源出】或系柯氏所改。【分布】湖南攸县、江苏武进等地有。

货（貨）huò 【源出】①黄帝之臣货狐之后。一作化狐，化即古货字。②彝族有鼠氏族，其汉姓译为货。【分布】武汉、成都有此姓。

获（獲）huò 【源出】出于子姓，宋大夫孟获中华。见《风俗通》。【分布】新乡、成都、山西阳泉等地均有。

祸（禍）huò 【源出】有说为祸馀氏

所改。【分布】湖南冷水江有此姓。

惑 huò　源出不详。【分布】湖南有此姓。

霍 huò　【源出】①周文王第六子处，封霍伯，其地在河东霍邑（在今山西霍县），晋灭霍，子孙以国为氏。②唐贞观时武都郡蛮七姓之一为霍。【分布】山西、河北、山东、河南、陕西、广东六省多此姓。【人物】霍去病（西汉）

豁 huò　见《新编千家姓》。【分布】成都、天津、驻马店、奉化等地均有。

蠖 huò　源出不详。【分布】福建有此姓。

J

JI

几（幾）jī　【源出】①宋大夫仲几，字子然，其后以名为氏，见《风俗通》。②北魏改俟几氏为几氏。【分布】周口、大同、成都、武汉等地均有。

另见 jǐ

开 jī　【源出】①春秋时鲁有开氏，见《汉泰山都尉孔君碑》。②为开官氏所改。【分布】北京、上海、台北、山西文水等地有。【人物】开志沼（唐）

开官 jī guān　也读 qí guān。【源出】系自子姓，宋微子之后。一作开官，又作亓官，今人有开官、亓官二氏。【分布】台北有此姓。

击（擊）jī　源出不详。【分布】河南济源、湖北洪湖、湖南等地有。

饥（飢）jī　【源出】①商时饥国，亦称耆国。即商周时古黎国（今山西长治境）。周文王伐饥，子孙遂以国为氏。②汉时西羌沈氏、当煎种等大豪均有饥姓。【分布】湖南、江苏滨海等有此姓。【人物】饥恬（汉）

圾 jī　源出不详。【分布】湖南津市有此姓。

芨 jī　源出不详。【分布】太原、淮南、曲阜等地有。

机 jī　见《姓苑》。【分布】台湾有此姓。

鸡（雞）jī　【源出】①《周礼》春官之属有鸡人之官，掌供鸡牲，办其物，大祭祀夜呼旦以警起百官，或其后以为氏。②西夏时吐蕃族姓。【分布】大理、钦州、台北、上海、汨罗等地有此姓。【人物】鸡鸣时（明）

迹 jī　源出不详。见《湖南家谱解读》。【分布】湖南、甘肃会宁、江苏洪泽等地有。

积（積）jī　源出不详。【分布】淮南、台北、河北定州、山西曲沃等地有。

姬 jī　【源出】黄帝生于寿丘，居轩辕

之丘。因以为名，又以为号，原姓公孙，长居姬水，因改姓姬。【分布】晋、鲁、豫、吉、陕五省多此姓。【人物】姬嘉（汉）

基 jī 见《万姓统谱》。【分布】兰州、佛山、台北、太原等地有。【人物】基厚（明）

基默 jī mò 【源出】彝族姓。属尔仆基默家支。【分布】云南永仁有此姓。

梽 jī 源出不详。【分布】台湾花莲有此姓。

绩（績）jī 见《中华姓府》。【分布】北京、太原、运城、台湾等地有。

犄 jī 见《希姓录》《姓谱》。【分布】上海有此姓。

嵇 jī 【源出】本姓奚，其先会稽上虞人，以避怨徙至铚（在今安徽宿县），铚有嵇山，因命氏嵇。见《姓觿》。【分布】苏、皖、浙三省多此姓。【人物】嵇康（三国·魏）

缉（緝）jī 源出不详。【分布】山东胶州有此姓。

畸 jī 见《中国姓氏集》。【分布】天津北辰有此姓。

箕 jī 【源出】①炎帝时，诸侯夙沙氏叛，其臣箕文谏而被杀，见刘恕《通鉴外纪》。箕姓始于此。②夏舜裔箕伯之后。【分布】湖南、洪洞、浙江

兰溪等地有。【人物】箕闳（汉）

稽 jī 【源出】①黄帝臣太山稽之后。②越王居会稽，其后以为氏。③东汉时北匈奴有稽氏。【分布】山东、江西两省多此姓。【人物】稽黄（秦）

機 jī 见《姓苑》。有说同机氏。【分布】山西芮城、应县，天津武清，中山、台北等地有。

激 jī 【源出】①春秋时齐太史激之后。见《通志·氏族略》。②宜为激里且之后，见《姓氏考略》。【分布】北京、天津、石家庄、太原等地有。【人物】激章（汉）

及 jí 【源出】①系自箴姓，见《路史》。②春秋时晋大夫采邑，以邑为氏。【分布】冀、鲁两省多此姓。【人物】及宦（明）

伋 jí 【源出】①春秋时卫公族之后有伋氏。②齐太公之子丁公伋之后有伋氏。【分布】台湾台南、嘉义，安徽贵池等地有。

吉 jí 【源出】①传为古帝吉夷氏之后，见《路史》。②周卿士尹吉甫之后，以字为氏。③商时侯国（在今山西吉县），子孙以国为氏。【分布】山东、江苏、黑龙江等省多此姓。【人物】吉恪（汉）

吉巴 jí bā 【源出】彝族姓。见《德昌县姓氏》（四川）。汉姓为安。

【分布】四川德昌有此姓。

吉保 jí bǎo 【源出】彝族黑彝家支。【分布】四川宁南有此姓。

吉把 jí bǎ 【源出】彝族黑彝家支。【分布】四川会东有此姓。

吉别 jí bié 【源出】彝族姓。见《中华古今姓氏大辞典》。【分布】四川峨边有此姓。

吉部 jí bù 【源出】彝族姓。见《中华古今姓氏大辞典》。【分布】四川峨边有此姓。

吉倡 jí chāng 【源出】彝族黑彝家支。【分布】四川会东有此姓。

吉狄 jí dí 【源出】四川凉山彝族姓，属彭伙家支。【分布】四川会理、布拖、普格等地有。

吉都 jí dū 【源出】彝族黑彝家支。【分布】四川会东有此姓。

吉赫 jí hè 【源出】彝族姓，属什耶家支。【分布】云南宁蒗、丽江等地有。

吉侯 jí hóu 【源出】彝族姓，属金古家支。【分布】云南宁蒗、永胜等地有。

吉胡 jí hú 【源出】四川彝族姓。见《中华古今姓氏大辞典》。【分布】四川峨边、马边有此姓。

吉克 jí kè 【源出】四川彝族姓，见《德昌县姓氏》(四川)。【分布】四川峨边、马边、德昌等地有。

吉溜 jí liū 【源出】彝族姓。见《中华古今姓氏大辞典》。【分布】四川峨边有此姓。

吉鲁（吉魯）jí lǔ 【源出】①清满洲八旗姓。②彝族姓。【分布】四川峨边有此姓。

吉倮 jí luǒ 【源出】彝族姓。阿侯、阿藏家支均有。【分布】四川西昌、越西等地有。

吉吕 jí lǔ 【源出】彝族黑彝家支。【分布】四川雷波有此姓。

吉咪 jí mī 【源出】彝族姓。见《彝族姓氏》。【分布】云南洱源、宁蒗，四川德昌等地有。

吉面 jí miàn 【源出】彝族姓。见《中华古今姓氏大辞典》。【分布】四川峨边有此姓。

吉莫 jí mò 【源出】彝族黑彝家支。【分布】四川会东有此姓。

吉木 jí mù 【源出】彝族姓。见《中华古今姓氏大辞典》。【分布】四川峨边有此姓。

吉尼 jí ní 【源出】彝族姓。见《中华古今姓氏大辞典》。【分布】四川峨边有此姓。

吉纽（吉紐）jí niǔ 【源出】彝族黑彝家支。【分布】四川宁南有此姓。

吉彭 jí péng 【源出】彝族姓。见《中华古今姓氏大辞典》。【分布】四川峨边有此姓。

吉曲 jí qū 【源出】彝族姓。见《中华古今姓氏大辞典》。【分布】四川峨边有此姓。

吉日 jí rì 【源出】彝族姓。见《中华古今姓氏大辞典》。【分布】四川峨边有此姓。

吉石 jí shí 【源出】彝族姓。见《中华古今姓氏大辞典》。【分布】四川峨边有此姓。

吉时（吉時）jí shí 【源出】彝族姓。见《中华古今姓氏大辞典》。【分布】四川峨边有此姓。

吉首 jí shǒu 【源出】彝族姓。见《中华古今姓氏大辞典》。【分布】四川峨边有此姓。

吉苏（吉蘇）jí sū 【源出】①彝族姓。②藏族姓。20世纪西藏主要贵族家族名。【分布】四川峨边有此姓。

吉特 jí tè 【源出】彝族姓。见《中华古今姓氏大辞典》。【分布】四川峨边有此姓。

吉五 jí wǔ 【源出】彝族姓。见《德昌县姓氏》（四川）。汉姓为宋。【分布】四川德昌有此姓。

吉学（吉學）jí xué 【源出】苗族姓，

见《苗族简史》。汉姓为欧、贺。【分布】贵州松桃有此姓。

吉颐（吉頤）jí yí 【源出】四川彝族姓。见《中华古今姓氏大辞典》。【分布】四川峨边、马边有此姓。

吉彝 jí yí 【源出】四川彝族姓。见《中华古今姓氏大辞典》。【分布】四川峨边、马边有此姓。

岌 jí 源出不详。【分布】太原有此姓。

汲 jí 【源出】①春秋时卫宣公之太子伋之后。②春秋时陈公族之后有汲氏。③鲜卑人姓。【分布】吉、冀、辽三省多此姓。【人物】汲熙载（宋）

级（級）jí 源出不详。见《新编千家姓》。【分布】西安、太原、淮南等地均有。【人物】级绅（明）

极（極）jí 【源出】出于姬姓，周时小国（在今山东鱼台境），春秋时灭于鲁，其后以国名氏。【分布】武汉、成都有此姓。

即 jí 【源出】①春秋时齐大夫食采于即墨。②春秋时鲁后有即氏。③春秋时楚公族之后。【分布】北京、成都、台北、天津蓟州区等有此姓。【人物】即费（汉）

郆 jí 【源出】郆，地名，又山名，见《玉篇》，或因以为氏。【分布】天津东丽有此姓。

郆 jí 【源出】周封黄帝之后，姞姓之裔伯鯈于南燕，后有郆氏。

另见 zhì

佶 jí 【源出】①黄帝二十五子中有一为佶姓。佶、姞古时通用，见《姓觿》。②佶，商时诸侯国，后以国名为氏。见《风俗通》。【分布】江苏滨海有此姓。【人物】佶移（宋）

革 jí 【源出】《姓氏词典》引《韵会举要》收载并注此音。其注云："即棘姓。唐李白有诗赠革处士。"

另见 gé

笈 jí 见《中华古今姓氏大辞典》。【分布】湖北钟祥、山西临猗、河北任丘等地均有。

急 jí 【源出】南诏（唐贞元十年改国号为南诏）人姓。【分布】山西离石、福建云霄等地有。

姞 jí 【源出】黄帝裔孙伯鯈，周封之南燕，常与姬姓通婚。今存否，未知。【人物】姞临（宋）

疾 jí 【源出】北魏时有疾六眷，亦作就六眷，本段姓，其后以疾为氏。见《姓氏考略》。【分布】成都、江苏滨海、河北定兴等地有。【人物】疾敬（明）

脊 jí 源出不详。【分布】云南师宗有此姓。

厝 jí 【源出】厝，古县名（在今河北清河境），以地名为氏。见《通鉴》。【分布】江西新余有此姓。

棘 jí 【源出】①古有棘国，其后以国名氏。②春秋时卫大夫棘子成，其先食邑于棘（今山东肥城境），以邑为氏。【分布】兰州、河北辛集和南宫等地均有。

戢 jí 【源出】出自妫姓。庐，楚邑（在今湖北襄阳）。春秋时庐大夫戢黎之后。【分布】上海、武昌、淮南、酒泉等地有。【人物】戢如止（明）

集 jí 【源出】古有集国（在今四川南江），后以国为氏。【分布】上海、周口、甘肃永昌、浙江余姚等地有。【人物】集守节（宋）

楫 jí 【源出】楫，划船用具，以器名为氏。【分布】天津西青、东丽等地有此姓。

辑（輯）jí 源出不详。【分布】河北阳原、淮南、淄博等地均有。

嫉 jí 源出不详。【分布】河南洛阳有此姓。

暨 jí 【源出】三国时吴有尚书暨艳。暨艳之暨音姞。宋朝以后，改为他音。源出不详。【人物】暨陶（宋）

另见 jì

蕺 jí 源出不详。【分布】天津武清、

湖南湘阴等地有此姓。

藉 jí 【源出】春秋时晋大夫籍偃之后有藉氏。即籍氏。【分布】北京、天津、上海、无锡、成都等地有。

籍 jí 【源出】春秋时晋大夫荀林父之孙伯黡，为伯氏，司晋之典籍，其后以官为氏。【分布】晋、冀、辽三省多此姓。【人物】籍馨芳（明）

几 jǐ 源出不详。【分布】河北安平有此姓。

另见 jī

纪（紀）jǐ 【源出】炎帝之后，封为纪侯（在今山东寿光境），后为齐所灭，因以国为氏。【分布】京、皖、苏、鲁、粤、辽、豫七省市有此姓。【人物】纪信（汉）

济（濟）jǐ 【源出】①黄帝庶子箴姓之裔有济氏。见《路氏》。②以所居近济水，因以为氏。【分布】太原、大同、周口、淮南等地有。

给（給）jǐ 见《姓苑》。【分布】湖南怀化有此姓。

另见 gěi

掎 jǐ 见《潜夫论》《希姓录》。【分布】湖南有此姓。

戟 jǐ 见《中华姓府》。【分布】湖南津市、淮南、河北卢龙等地均有。

㦸 jǐ 源出不详。【分布】黑龙江嫩江有此姓。

麂 jǐ 源出不详。【分布】湖南有此姓。

彐 jǐ 源出不详。【分布】陕西高陵有此姓。

计（計）jì 【源出】①古有计国（在今山东胶州境），禹后所封，以国为氏。②周武王封少昊之后兹舆期于莒，初都计斤，其后以邑为氏。【分布】冀、豫、苏、皖、浙、陕、黑、沪八省市多此姓。【人物】计训（汉）

记（記）jì 【源出】汉有记室之官，以官名为氏。见《姓谱》。【分布】冀、豫、琼三省多此姓。

伎 jì 源出不详。【分布】酒泉、大庆、无锡等地均有。

技 jì 【源出】出自姬姓，周后有技氏，见《路史》。【分布】上海、成都、河北高碑店等地有。

忌 jì 【源出】周公忌父之后，以王父字为氏，见《风俗通》。【分布】河北承德、河南偃师等地有。

际（際）jì 源出不详。【分布】太原、河北乐亭、中山等地有。

季 jì 【源出】①高阳氏有才子八人，有季仲、季狸为季氏之先。②春秋时齐公族有季氏。③战国时魏公族有季氏。【分布】苏、浙、川、内蒙古四省区多此姓。【人物】季布（汉）

剂（劑）jì 【源出】齐臣剂貌辨之后，

111

见《急就篇》。【分布】北京、太原、淄博等地有。

莿（薺）jì 源出不详。见《新编千家姓》。【分布】贵州盘州、长治等地有。

既 jì 【源出】①古帝颛顼之玄孙彭祖之后有既氏。②古既国之后，子孙以国为氏。③春秋时吴王之弟夫槩之后，子孙因避仇改为既氏。【分布】成都、河南偃师等地有此姓。

郂 jì 源出不详。【分布】江苏高淳有此姓。

继（繼）jì 见《姓氏考略》。【分布】吉、冀两省多此姓。

悸 jì 源出不详。【分布】江苏滨海有此姓。

寄 jì 源出不详。见《新编千家姓》。【分布】北京，天津汉沽、武清，武汉、西安等地有。

寂 jì 源出不详。【分布】太原、台北等地有。

骑（騎）jì 【源出】春秋时有主骑之官，子孙因以为氏。【分布】太原、江苏滨海有此姓。

蓟（薊）jì 【源出】周武王封黄帝之后于蓟（在今北京大兴境），后因氏。【分布】太原、大同、长治、无锡、钟祥等地有。

霁（霽）jì 见《新编千家姓》。分布不详。

稘 jì 源出不详。【分布】台北有此姓。

暨 jì 【源出】①彭祖之裔封于暨（在今江阴境），以邑名氏。②暨为概姓所改，见《鼠璞》。【分布】北京、太原、成都、茂名、湘潭等地有。

鑇 jì 源出不详。【分布】湖南有此姓。

緈 jì 源出不详。【分布】河北丰宁有此姓。

稷 jì 【源出】①尧时弃为后稷，子孙以官为氏。②神农氏之后有稷氏。【分布】北京、太原、广西巴马等地有。

冀 jì 【源出】①尧帝裔孙在周时封于冀（在今山西稷山境），春秋时灭于晋，子孙以国为氏。②宋公族之后。【分布】晋、冀、鲁、豫四省多此姓。【人物】冀禹锡（金）

JIA

加 jiā 源出不详。见汉《孔庙碑阴》有蕃人加进。见《姓氏考略》。【分布】陕、晋两省多此姓。【人物】加傅（明）

加阿 jiā ā 【源出】藏族姓。加阿原为房名，因以为姓。汉姓为杨。【分布】四川南平、平武等地有。

加拉 jiā lā 【源出】四川彝族黑彝家支。【分布】四川美姑、越西等地有。

夹（夾）jiā 【源出】夹氏即郏氏、侠氏、荚氏。载《夹氏春秋传》十一卷。【分布】北京、上海、沈阳、大同、淮南等地有。

夹谷 (夾谷) jiā gǔ 【源出】①夹谷，春秋齐地，一称长谷，以地名为氏。②金时女真人姓。源出辽时加古部，后音讹为夹谷。汉姓有改仝、佟、童、王等。【分布】上海、沈阳等地有。

【人物】夹谷山寿（金）

伽 jiā 源出不详。见《中国姓氏集》。【分布】太原、台北、云南保山等地有。

茄 jiā 【源出】见《姓觿》。①传为黄帝之臣茄丰之后。②茄，春秋时小国，当以国为氏。【分布】武汉、成都、长治等地有。

另见 qié

佳 jiā 源出不详。【分布】北京、上海、高雄、扬州、周口等地均有。【人物】佳正（明）

迦 jiā 【源出】系叶迦氏之后。见《姓考》。

浹 (浹) jiā 源出不详。【分布】湖南有此姓。

家 jiā 【源出】①周幽王时太宰家伯或周大夫家父之后，以字为氏。②春秋时鲁公族子家驹之后。【分布】晋、冀、湘三省多此姓。【人物】家铉翁（宋）

袈 jiā 源出不详。【分布】山西古交、湖南等地有。

葭 jiā 【源出】蜀侯之弟葭萌封苴（今四川昭化境），遂有苴氏、葭氏。【分布】甘肃永昌、太原、奉化等地有。

【人物】葭众（汉）

嘉 jiā 【源出】春秋时晋大夫嘉父之后，以字为氏。【分布】上海、太原、成都、玉门、茂名等地有。【人物】嘉正（宋）

嘉乐 (嘉樂) jiā lè 源出不详。【分布】台北有此姓。

嘉玛 (嘉瑪) jiā mǎ 源出不详。【分布】台北有此姓。

刜 jiá 同"郏"。

郏 (郟) jiá 【源出】周成王定鼎于郏鄏（今河南洛阳），居者以为氏。【分布】豫、沪等地多此姓。

侠 (俠) jiá 【源出】汉有侠侯，其后以封为氏。

另见 xiá

荚 (莢) jiá 【源出】春秋时晋大夫荚成僖子之后。荚成系邑名，以邑为氏。【分布】北京、上海、台北、淮南、太原等地有。【人物】荚斌（明）

阌 jiá 源出不详。【分布】台北有此姓。

戛 jiá 源出不详。【分布】天津汉沽、宁河，贵州盘州等地有。

戛毕 (戛畢) jiá bì 【源出】苗族姓。见《苗族历史与文化》。汉姓为龙。

113

【分布】贵州松桃有此姓。

戛寡 jiá guǎ 【源出】苗族姓。见《苗族历史与文化》。汉姓为石。【分布】贵州松桃有此姓。

戛戛 jiá jiá 【源出】苗族姓。见《苗族历史与文化》。汉姓为杨。【分布】贵州松桃有此姓。

戛垮 jiá kuǎ 【源出】苗族姓。见《苗族历史与文化》。汉姓为麻。【分布】贵州松桃有此姓。

戛赖 (戛賴) jiá lài 【源出】苗族姓。见《苗族历史与文化》。【分布】贵州松桃有此姓。

戛修 jiá xiū 【源出】苗族姓。见《苗族历史与文化》。汉姓为吴。【分布】贵州松桃有此姓。

铗 (鋏) jiá 源出不详。【分布】贵州盘州有此姓。

價 jiá 见《新编千家姓》。【分布】酒泉、大同、淮南、无锡等地有。

甲 jiǎ 【源出】①传为商王太甲之后，见《风俗通》。②春秋时楚公族有甲氏。③春秋时晋公族有甲氏。【分布】甘肃省多此姓。【人物】甲聪（明）

贾 (賈) jiǎ 【源出】①周康王封唐叔虞之少子公明于贾（在今山西临汾境），为周附庸，谓之贾伯，后以为氏。②女真人姓。【分布】晋、冀、鲁、豫、甘五省多此姓。

贾史 (賈史) jiǎ shǐ 【源出】彝族姓。【分布】四川峨边、马边等地有。

钾 jiǎ 源出不详。【分布】四川仪陇有此姓。

假 jiǎ 见《姓苑》。【分布】上海、台北、周口、茂名、玉门、昆山等地有。【人物】假仓（汉）

嘏 jiǎ 源出不详。【分布】台湾台东有此姓。

檟 (檟) jiǎ 源出不详。【分布】河北鹿泉有此姓。

驾 (駕) jià 【源出】驾，春秋时楚附庸国（在今安徽无为），以国为氏，见《姓源》。【分布】沈阳、成都、高雄、酒泉等地有。

架 jià 源出不详。【分布】太原、云南双柏、河北宁晋等地有。

稼 jià 见《新编千家姓》。【分布】武汉、山西忻州、山东新泰等地有。

JIAN

开 jiān 【源出】罕羌、开羌，羌之别种，归降汉后，处于甘肃天水地区，汉置罕开县（在今甘肃天水境），因以为姓，见《汉书·赵充国传》注。【分布】台北有此姓。【人物】开度（宋）

尖 jiān 【源出】藏族姓。【分布】北京、成都、周口、淮南、汕头、茂名等地有。

奸 jiān 见《太平图话姓氏综》。【分布】湖南有此姓。【人物】奸阑（明）

坚（堅）jiān 【源出】见《姓苑》。当出自颛顼八才子之一庭坚（即皋陶，字庭坚）之后。【分布】茂名、玉门、酒泉、大同等地有。【人物】坚晟（明）

间（間）jiān 【源出】即閒姓，然今人常书作间。【分布】太原、台北、淮南、酒泉、上海、昆山等地有。

艰（艱）jiān 见《中华古今姓氏大辞典》。【分布】河北平泉有此姓。

兼 jiān 【源出】①春秋时卫公子兼之后，因以为氏，见《风俗通》。②战国时魏公子兼之后，见《姓考》。【分布】北京、沈阳、周口、无锡、大同等地有。【人物】兼尉工（宋）

菅 jiān 【源出】菅，春秋时宋地（在今山东金乡、城武境）。鲁大夫食采于菅，其后以邑为氏。【分布】晋、冀、鲁、豫、内蒙古五省区多此姓。【人物】菅谷岐（明）

笺（箋）jiān 源出不详。见《新编千家姓》。【分布】山东胶州有此姓。

軒 jiān 源出不详。【分布】台湾台中有此姓。

間 jiān 【源出】即蕳姓，草名，见《姓苑》。【分布】安徽淮南有此姓。【人物】間仲宇（明）

犍 jiān 源出不详。【分布】上海、四川达州等地有。

溅（濺）jiān 源出不详。【分布】江苏滨海有此姓。

缄（緘）jiān 见《新编千家姓》。【分布】河南信阳、山西平陆、江苏武进等地均有。

蒹 jiān 源出不详。【分布】太原有此姓。

煎 jiān 【源出】据庄鼎彝《两汉不列传人名韵编》载，煎巩，羌人。【分布】太原、安徽怀宁等地有。

蕳 jiān 【源出】蕳为蕑之异体字，今蕳、蕑为二不同之姓。【分布】山东文登、台北、基隆、河南灵宝等地有。

蕑 jiān 见《姓苑》。【分布】北京、河南灵宝等地均有。【人物】蕑昱（明）

鹣（鶼）jiān 源出不详。【分布】湖南有此姓。

镆（鏚）jiān 【源出】陆终之子彭祖，姓镆名铿。见《姓苑》。

拣（揀）jiǎn 源出不详。【分布】广东清远、湖南等地有此姓。

枧（梘）jiǎn 【源出】黄庭坚为晁补之父端友撰墓志铭云，公讳仲偃，库部员外郎枧文元之母弟也。见《中华姓府》。【分布】广东茂名有此姓。

115

茧（繭）jiǎn 【源出】《吕氏春秋》云：邯郸以寿陵困于万民，而卫取茧氏，是姓有茧氏，邑以人姓为名。【分布】玉门、山西霍州、云南通海等地有。

柬 jiǎn 见《姓苑》。【分布】上海、天津、淮南、塔城、宜兴等地有。

咸 jiǎn 【源出】商时贤相巫咸之后，以字为氏。又同减氏。【人物】咸宜（汉）
　　另见 xián

俭 jiǎn 见《姓苑》。【分布】锦州、周口、淮南、台北等地有。【人物】俭弥千（唐）

捡（撿）jiǎn 见《姓苑》。【分布】湖南有此姓。

检 jiǎn 【源出】当以检察得姓。见《姓氏考略》。【分布】北京、上海、周口、中山等地均有。【人物】检其（汉）

减 jiǎn 【源出】即减氏。见《中华姓氏大辞典》。

剪 jiǎn 见《姓苑》。【分布】北京、淮南、武昌、台北、高雄等地有。

睑（瞼）jiǎn 源出不详。【分布】江苏滨海有此姓。

减 jiǎn 【源出】①减氏之先为晋公族大夫，骊姬之难，晋废公族，因谓其人为减氏。②楚公族有减氏。【分布】北京、天津、上海、无锡、曲阜等地均有。

简（簡）jiǎn 【源出】①周大夫简师父之后。②鲁大夫简叔之后。③耿姓音讹为简氏。【分布】台、川、粤、闽、黔五省多此姓。【人物】简克己（宋）

简尔（簡爾）jiǎn ěr 【源出】彝族姓。【分布】四川峨边有此姓。

简干（簡干）jiǎn gān 【源出】彝族姓。【分布】四川峨边有此姓。

简卡（簡卡）jiǎn kǎ 【源出】彝族姓。【分布】四川峨边有此姓。

简马（簡馬）jiǎn mǎ 【源出】彝族姓。【分布】四川峨边有此姓。

简面（簡面）jiǎn miàn 【源出】彝族姓。【分布】四川峨边有此姓。

简拿（簡拿）jiǎn ná 【源出】彝族姓。【分布】四川峨边有此姓。

简艳（簡艷）jiǎn yàn 【源出】彝族姓。【分布】四川峨边有此姓。

简占（簡占）jiǎn zhān 【源出】彝族姓。【分布】四川峨边有此姓。

谫 jiǎn 源出不详。【分布】湖南有此姓。

碱 jiǎn 源出不详。【分布】山西阳泉、鄂尔多斯等地有。

翦 jiǎn 【源出】明太祖朱元璋赐姓常德指挥哈勒·八十为翦姓，佛教回鹘族。【分布】北京、上海、台北、常德、湘潭、株洲等地有。【人物】翦伯赞（华）

蹇 jiǎn 【源出】①太昊（即伏羲）臣蹇修之后有蹇氏、寋氏。见《路史》。②春秋时秦大夫蹇叔之后。【分布】湘、鄂、川、黔、渝五省市多此姓。

见（見）jiàn 见《姓苑》。【分布】北京、天津、上海、呼和浩特市、曲阜、酒泉等地有。【人物】见对（清）

件 jiàn 源出不详。【分布】云南南华、太原、周口等地有。

饯（餞）jiàn 见《朔方道志》《玺印姓氏徵》。【分布】大同、宜兴、天津静海等地有。

建 jiàn 【源出】①春秋时楚平王太子建之后。②秦汉时东越族有此姓。【分布】河南省多此姓。【人物】建成（汉）

荐（薦）jiàn 见《姓苑》。【分布】长治、河北东光、宁晋，山东诸城等地有。

剑（劍）jiàn 源出不详。【分布】冀、豫两省多此姓。

监（監）jiàn 【源出】①帝尧之子监明之后。②春秋时卫康叔为连属之监，其后氏焉。③楚公族之后。【分布】太原、台北、诸城、西安等地有。【人物】监居翁（秦）

健 jiàn 见《万姓统谱》《康熙字典》。【分布】北京、上海、广州、汕头等地有。【人物】健武（宋）

涧（澗）jiàn 源出不详。【分布】山西新绛、浙江奉化、广东四会等地均有。

渐（漸）jiàn 【源出】晋时乌丸（也称乌桓）人姓，见《晋书》。【分布】上海、成都、淮南、河北乐亭等地有。【人物】渐裳（乌丸）

谏（諫）jiàn 【源出】《周礼》地官之属有司谏，掌纠正万民，子孙以官为氏，见《风俗通》。【分布】江苏高淳、福建建宁、湖南等地有。【人物】谏忠（汉）

践（踐）jiàn 见《姓谱》《中国姓氏集》。【分布】山西山阴、湖北利川等地有。

腱 jiàn 【源出】即筋氏，见《希姓录》《太平图话姓氏综》。见筋姓。

寋 jiàn 【源出】①太昊（伏羲）之臣義修之后有寋氏。②唐侍臣寋道会，从僖宗西幸，僖宗谓曰，寋不利东北，因更氏为寋。【分布】台北、河北高阳等地有此姓。【人物】寋祇（汉）

鉴（鑒）jiàn 【源出】周王子带食采于甘（在今河南洛阳境），号甘昭公，其后有鉴氏。【分布】曲阜、西安、台北、上海金山等地有。

槛（檻）jiàn 源出不详。【分布】西安、湖南、江苏滨海等地有。

箭 jiàn 源出不详。【分布】上海、周口、吉林扶余等地有。

鑑 jiàn 见《万姓统谱》。【分布】陕西蒲城、台北、长治等地均有。【人物】鑑复明（明）

JIANG

江 jiāng 【源出】江，系颛顼帝元孙伯益之后所封之国，在河南正阳县江亭，后灭于楚，子孙以国为氏。【分布】桂、皖、赣、粤、闽、鄂、黔七省区多此姓。【人物】江永（清）

将（將）jiāng 【源出】周公之三子伯龄封于蒋（在今河南固始境），男爵，其后以国名为氏。【分布】冀、鲁、豫三省多此姓。【人物】将继周（元）

姜 jiāng 【源出】①炎帝神农氏，生于姜水，因以姜为姓。②氏族、蜀族，宋时羌人均有姜姓。【分布】鲁、豫、辽、内蒙古、黑、吉、苏七省区多此姓。【人物】姜诗（东汉）

姜加 jiāng jiā 【源出】出于清蒙古八旗姓章加氏。汉姓为张。【分布】青海互助有此姓。

姜林 jiāng lín 【源出】由姜、林两姓合成。【分布】无锡有此姓。

姜妹 jiāng mèi 源出不详。【分布】台湾彰化有此姓。

姜小 jiāng xiǎo 源出不详。【分布】无锡有此姓。

浆（漿）jiāng 源出不详。【分布】大同有此姓。

僵 jiāng 源出不详。【分布】株洲有此姓。

缰（繮）jiāng 源出不详。【分布】湖南有此姓。

疆 jiāng 【源出】战国时越王无疆之后，以名为氏。见《路史》。【分布】山西原平、离石，山东胶州等地有。【人物】疆释之（东汉）

讲（講）jiǎng 见《中国姓氏汇编》。【分布】武汉、运城、湖南等地有此姓。

奖（獎）jiǎng 【源出】西汉元帝时任黄门令的史游编的《姓氏急就篇》中收录。源出不详。【分布】周口、山西沁县、江苏武进等地有。

桨（槳）jiǎng 源出不详。【分布】淮南、中山等地有。

蒋（蔣）jiǎng 【源出】周公第三子伯龄封于蒋，曾三迁，后灭于楚，子孙因以为氏。【分布】川、湘、苏、桂、浙、黔、皖、渝八省市多此姓。【人物】蒋满（汉）

蒋巴（蔣巴）jiǎng bā 【源出】彝族姓。阿某斯都、阿尔、丁惹、洱顾等家支均有蒋巴姓。属阿某斯都家支的。【分布】四川布拖有此姓。

蒋布（蔣布）jiǎng bù 【源出】彝族姓。

属尔恩阿尔约尔家支。【分布】四川昭觉有此姓。

蒋栋 (蒋棟) jiǎng dòng 【源出】彝族姓。【分布】云南宁蒗有此姓。

蒋萨 (蒋薩) jiǎng sà 【源出】彝族姓。曲比、阿某斯都等家支均有蒋萨姓。【分布】云南宁蒗有此姓。

蒋维 (蒋維) jiǎng wéi 【源出】彝族姓。属哼莱家支。【分布】云南中甸有此姓。

蒋则 (蒋則) jiǎng zé 【源出】彝族姓。属曲比家支。【分布】四川木里、盐源，云南宁蒗、丽江等地有。

匠 jiàng 【源出】①《周礼》有匠人之官（掌工匠之大夫），以官名为氏。②以职名为氏，氏于事者、巫、卜、陶、匠是也，见《风俗通》。【分布】湖南浏阳、浙江上虞等地有。

降 jiàng 【源出】①相传为高阳氏时八才子之一庞降之后，以名为氏。②黎阳（故城在今河南浚县东）有降水，以水名为氏。【分布】晋、川两省多此姓。【人物】降铭（明）

降错 (降錯) jiàng cuò 【源出】藏族姓。大海之意。【分布】四川理塘有。

虹 jiàng 【源出】尧封禹于虹（在今安徽五河西），后因氏。分布不详。
另见 hóng

绛 (絳) jiàng 【源出】①春秋时晋穆公迁都于绛（今山西翼城境），后以邑为氏。②汉封周勃为绛侯（绛，故城在今山西曲沃境），其子孙以为氏。【分布】江苏海门、山西神池、陕西韩城等地有。

强 jiàng 【源出】远古黄帝有一个孙子，名字叫禹疆。在禹疆的后裔子孙中，有以"疆"为姓氏者，称疆氏。因古代"疆"与"强"二字相通，所以后来简笔改为强氏。
另见 qiáng、qiǎng

酱 (醬) jiàng 源出不详。【分布】台湾有此姓。

犟 jiàng 源出不详。【分布】陕西蒲城等地有此姓。

JIAO

芁 jiāo 【源出】或以菜蔬为姓。源出不详。【分布】周口、大同、浙江椒江等地有。

交 jiāo 【源出】①周有交父彝，周时已有交姓。为子央氏之后，出于子姓。②汉置交州，或以州名为氏。【分布】太原、大同、淮南、曲阜等地有。

浇 (澆) jiāo 见《万姓统谱》。【分布】太原有此姓。
另见 ào

娇 (嬌) jiāo 见《姓解》。【分布】太原、长治、台湾高雄等地均有。

119

姣 jiāo 【源出】即佼氏。见《姓氏考略》《字汇》。【分布】南昌、湖南华容、河南宝丰等地均有。

骄（驕）jiāo 见《玺印姓氏徵》。【分布】河北围场有此姓。

胶（膠）jiāo 【源出】①古有胶侯国，在沛之公丘（在今山东滕州市），其后以国为氏。②商末贤人胶鬲之后。【分布】淮南、台北、浙江余姚、河南内乡等地有。

椒 jiāo 【源出】①浇之臣椒，浇使求少康者，见《左传》。其后为氏。②春秋时楚大夫伍参之子伍举，食邑于椒，其后以邑为氏。【分布】陕西高陵有此姓。【人物】椒钦（汉）

蛟 jiāo 见《姓谱》。【分布】山西临汾有此姓。

焦 jiāo 【源出】①虞、虢、焦、滑皆姬姓国也，后为晋所灭，子孙以国为氏。②西夏党项人姓。【分布】晋、冀、豫、内蒙古、陕、赣、甘七省区多此姓。【人物】焦遂（唐）

焦加 jiāo jiā 源出不详。【分布】山西右玉有此姓。

湫 jiāo 【源出】①楚椒举之后。古时椒、湫字相通。②春秋时楚有湫邑（在今湖北钟祥北），或以邑为氏。【分布】浙江长兴有此姓。

僬 jiāo 源出不详。【分布】江苏滨海有此姓。

蕉 jiāo 【源出】广东有蕉岭县，或以地名为氏。又，或以芭蕉为氏，如橘氏之类。【分布】广东高要、广西荔浦、河北昌黎等地均有。

燋 jiāo 源出不详。【分布】太原有此姓。

礁 jiāo 见《新编千家姓》。【分布】太原有此姓。

佼 jiǎo 【源出】①周时绞国（在今湖北省十堰市郧阳区）之后有佼氏。②周大夫原伯佼之后。【分布】广州、洪洞等地有。

挢 jiǎo 源出不详。【分布】山西阳泉有此姓。

狡 jiǎo 源出不详。【分布】湖南有此姓。

饺（餃）jiǎo 源出不详。【分布】江苏滨海有此姓。

绞（絞）jiǎo 【源出】①春秋时绞国在随、唐之南，灭于楚，子孙以国为氏。②周文王之师绞时子斯之后。【分布】河北围场、云南鹤庆、台湾新竹有此姓。

铰（鉸）jiǎo 源出不详。见《中华古今姓氏大辞典》。【分布】江西奉新、浙江嘉兴等地有。

矫（矯）jiǎo 【源出】春秋时晋大夫矫父之后，见《风俗通》。【分布】黑、

吉、辽三省多此姓。【人物】矫顺（明）

另见 qiáo

皎 jiǎo 【源出】五代十国时南汉交州牙将皎公羡之后。见《姓氏考略》。【分布】北京、成都、承德等地有。【人物】皎公羡（五代）

敽 jiǎo 源出不详。见《中华字海》《古今汉语字典》。【分布】北京、成都、太原、大同等地有。

剿 jiǎo 源出不详。见《古今汉语字典》《中华字海》。【分布】上海嘉定、无锡、扬州等地有。

缴 jiǎo 源出不详。有说为缴字另写。【分布】河北河间缴台头村有此姓。

徼 jiǎo 见《续通志·氏族略》。

缴（繳）jiǎo 【源出】黄帝时缴父之后。【分布】北京怀柔、西安、太原、大同、天津静海等地有。【人物】缴顺（宋）

矯 jiǎo 源出不详。见《字汇补》。【分布】北京、成都、陕西韩城等地有。【人物】矯生光（明）

叫 jiào 源出不详。【分布】湖南攸县、茶陵，山东平度等地有。

轿（轎）jiào 【源出】回族姓，见《回族姓氏初探》。【分布】宁夏泾源、江苏滨海等地有。

较（較）jiào 【源出】与"校"同，见《中国姓氏集》。【分布】北京、洪洞、

河南宝丰、河北围场等地有。【人物】较孝（清）

教 jiào 【源出】出于子姓，春秋宋微子之后有教氏。【分布】太原、北京、淮南、台北、蓬莱等地有。

窖 jiào 源出不详。见《湖南家谱解读》。【分布】湖南、河北清苑等有此姓。

酵 jiào 源出不详。【分布】湖南有此姓。

JIE

皆 jiē 见《万姓统谱》。【分布】河北鹿泉有此姓。

接 jiē 【源出】①接氏即捷氏，《三辅决录》有接姓。②春秋时齐顷公之孙齐大夫之子渊捷之后有接氏。【分布】北京、天津、上海、太原、曲阜、淮南等地有。【人物】接武（明）

秸 jiē 源出不详。见《新编千家姓》。【分布】周口、淮南、浙江开化等地有。

阶 jiē 见《新编千家姓》。【分布】武汉、台北、淮南等地有。

揭 jiē 【源出】汉武帝时，定以南越揭阳令降，封安道侯。其后改为单姓揭。【分布】江西有此姓。【人物】揭镇（唐）

街 jiē 见《姓苑》。【分布】上海、昆明、昆山、台湾高雄等地有。

孑 jié 见《奇姓通》。【分布】河北涉县、怀安，周口、台南等地有。【人物】孑金（明）

节（節）jié 【源出】①《周礼》有掌节之官，地官之属，子孙以官为氏。②姜姓之后有节氏。【分布】江苏、河北两省多此姓。【人物】节孟高（明）

讦（訐）jié 源出不详。【分布】山西临汾、云南景谷、甘肃古浪等地有。

劫 jié 见《新编千家姓》。分布不详。

杰 jié 【源出】杰为傑之俗体，或系傑氏所改。【分布】太原、淮南、塔城、无锡等地有。

诘（詰）jié 见《新编注音千家姓》。【分布】山西五台、湖南等地有。

拮 jié 源出不详。【分布】广东仁化有此姓。

洁（潔）jié 【源出】暨氏所变，浙江余杭与闽中多暨姓，而音讹为洁氏。见《姓苑》。【分布】上海、温州、淄博、河北平泉等地有。

结（結）jié 【源出】①黄帝之子有结姓，结即姞也。见《姓氏考略》。②突厥有结氏。③西夏党项人姓。【分布】上海、中山等地有此姓。

结博（結博）jié bó 【源出】四川彝族黑彝家支。【分布】四川布拖、雷波等地有。

结补（結補）jié bǔ 【源出】彝族黑彝家支。【分布】四川金阳有此姓。

结根（結根）jié gēn 【源出】四川凉山彝族家支。【分布】甘肃，云南元谋，四川峨边、盐边等地有。

结觉（結覺）jié jué 【源出】彝族黑彝家支，四川凉山白彝家支。【分布】四川西昌有此姓。

结纽（結紐）jié niǔ 【源出】彝族黑彝家支。【分布】四川木里有此姓。

结助（結助）jié zhù 【源出】彝族黑彝家支。【分布】四川甘洛有此姓。

结兹（結兹）jié zī 【源出】四川彝族黑彝家支。【分布】四川汉源、越西等地有。

桔 jié 源出不详。【分布】湖北蒲圻、广东茂名、浙江长兴等地有。

桀 jié 【源出】①春秋时楚人桀溺之后。②汉时襄城侯桀龙，乃匈奴相国来降受封者。子孙以名为氏。【分布】江苏洪泽、辽宁桓仁等地有。

捷 jié 【源出】①黄帝臣有捷掇。疑乃捷姓之始。见《淮南子》。②莒国之后有捷氏。【分布】北京、成都、茂名等地有。【人物】捷虔（西秦）

颉（頡）jié 【源出】黄帝史官仓颉之后。【分布】甘肃省多此姓。

另见 xié

楑 jié 源出不详。【分布】台湾宜兰有此姓。

傑 jié 源出不详。【分布】上海、扬州、无锡、太原、台湾桃园等地有。

截 jié 源出不详。见《新编千家姓》。【分布】大同、成都、茂名、上海等地有。

碣 jié 【源出】河北昌黎境内有碣石山，居者或当以山名为姓。【分布】河北昌黎、山东新泰、浙江新昌等地均有。

竭 jié 【源出】当即揭氏所改，或传写之讹，子孙不知，遂以竭为姓耳，见张澍《姓氏五书法》。【分布】北京、沈阳、宜宾、淄博等地有。

姐 jiě 【源出】①汉时西羌有姐姓，当系夕姐氏之后。后来有读 jiě 音者。②百济有姐（jiě）氏。【分布】北京、成都、大同、玉门等地有。
　　另见 zǐ

解 jiě 见《姓觿》。【分布】鲁、宁、滇、桂等省区有。
　　另见 hài、sài、xiè

介 jiè 【源出】①夏时有介侯国（在今山西介休境），其后有介氏。②周时东夷有介国（在今山东胶州境），春秋时为鲁附庸，其后以国为氏。【分布】晋、豫、宁、川四省多此姓。【人物】介不易（明）

介靶 jiè bǎ 【源出】彝族姓。见《中华古今姓氏大辞典》。【分布】四川峨边有此姓。

介耻 jiè chǐ 【源出】白族姓，即盖豪氏，见《白族姓名初探》介耻，以鸡为原始图腾之氏族。【分布】云南碧池地区有。

介处（介處）jiè chǔ 【源出】彝族姓。见《中华古今姓氏大辞典》。【分布】四川峨边有此姓。

介达（介達）jiè dá 【源出】彝族姓。见《中华古今姓氏大辞典》。【分布】四川峨边有此姓。

介颠（介顛）jiè diān 【源出】彝族姓。见《中华古今姓氏大辞典》。【分布】四川峨边有此姓。

介朵 jiè duǒ 【源出】彝族姓。见《中华古今姓氏大辞典》。【分布】四川峨边有此姓。

介赫 jiè hè 【源出】彝族姓。见《中华古今姓氏大辞典》。【分布】四川峨边有此姓。

介古 jiè gǔ 【源出】彝族姓。见《中华古今姓氏大辞典》。【分布】四川峨边有此姓。

介介 jiè jiè 【源出】彝族姓。见《中华古今姓氏大辞典》。【分布】四川峨边有此姓。

介觉（介覺）jiè jué 【源出】彝族姓。见《中华古今姓氏大辞典》。【分布】四川峨边有此姓。

介拉 jiè lā 【源出】彝族姓。见《中华古今姓氏大辞典》。【分布】四川峨边有此姓。

介来（介來）jiè lái 【源出】彝族姓。见《中华古今姓氏大辞典》。【分布】四川峨边有此姓。

介洛 jiè luò 【源出】彝族姓。见《中华古今姓氏大辞典》。【分布】四川峨边有此姓。

介吕 jiè lǚ 【源出】彝族姓。见《中华古今姓氏大辞典》。【分布】四川峨边有此姓。

介纽（介紐）jiè niǔ 【源出】彝族姓，属阿谢家支。【分布】四川普格有此姓。

介帕 jiè pà 【源出】彝族姓。见《中华古今姓氏大辞典》。【分布】四川峨边有此姓。

介日 jiè rì 【源出】彝族姓。见《中华古今姓氏大辞典》。【分布】四川峨边有此姓。

介刷 jiè shuā 【源出】彝族姓。见《中华古今姓氏大辞典》。【分布】四川峨边有此姓。

介挖 jiè wā 【源出】彝族姓。见《中华古今姓氏大辞典》。【分布】四川峨边有此姓。

介瓦 jiè wǎ 【源出】彝族姓。见《中华古今姓氏大辞典》。【分布】四川峨边有此姓。

介寨 jiè zhài 【源出】彝族姓。见《中华古今姓氏大辞典》。【分布】四川峨边有此姓。

介卓 jiè zhuó 【源出】彝族姓。见《中华古今姓氏大辞典》。【分布】四川峨边有此姓。

价 jiè 见《姓谱》。分布不详。

戒 jiè 见《姓苑》。【分布】上海、太原、无锡、淮南等地有。

芥 jiè 见《玺印姓氏徵》。【分布】北京怀柔、重庆万州、大同等地有。

届 jiè 见《中华古今姓氏大辞典》。【分布】成都、鄂尔多斯、高雄等地有。

界 jiè 【源出】①西汉冀州宗城县（在今河北威县境）有古界城，见《汉书注》。以地为氏。②佤族姓。【分布】北京、上海、太原、新乡等地有。

借 jiè 源出不详。【分布】成都、江苏、武进有此姓。

JIN

巾 jīn 源出不详。【分布】湖南益阳、河南济源、云南泸水等地有。

斤 jīn 【源出】①传高辛氏之子亡斤

之后有斤氏。②北魏时代北去斤氏、奇斤氏、库六斤氏之后均有改姓斤者。【分布】长治、运城、河南义马、云南泸水等地有。【人物】斤其明（明）

今 jīn 见《姓苑》。【分布】北京、武汉、周口等地有。【人物】今颖伯（明）

金 jīn 【源出】①传古有金国，以国为氏。伏羲之臣金堤为其后也，见《姓考》。②传少昊继黄帝而立，号金天氏，其后有金氏，见《风俗通》。【分布】浙、豫、皖、苏、鄂、辽、沪等省多此姓。【人物】金日磾（汉）

金别 jīn bié 【源出】景颇族姓，属浪速支系，世居云南潞西。汉姓为鲍。【分布】云南泸西有此姓。

金补（金補）jīn bǔ 【源出】彝族姓，属卜余家支。后又称海耶金补氏。【分布】四川昭觉有此姓。

金恩 jīn ēn 【源出】彝族姓，属沈泰家支。【分布】四川美姑、凉山、云南宁蒗等地有。

金甫 jīn fǔ 【源出】彝族姓，属奥丁家支。【分布】四川普罗、云南宁蒗等地有。

金古 jīn gǔ 【源出】彝族姓，属卜余家支。【分布】四川昭觉、云南丽江等地有。

金狐 jīn hú 源出不详。【分布】太原有此姓。

金肯 jīn kěn 【源出】彝族姓，属阿尔家支。【分布】四川昭觉、云南宁蒗等地有。

金孟 jīn mèng 【源出】彝族姓，属金肯家支。【分布】云南宁蒗有此姓。

金姆 jīn mǔ 【源出】彝族姓。曲比、倮米等家支有。【分布】四川普格、布拖，云南宁蒗等地有。

金曲 jīn qǔ 【源出】四川彝族黑彝家支，属阿尔家支。【分布】四川美姑、雷波等地有。

金乌（金烏）jīn wū 【源出】彝族姓，属罗洪家支。【分布】云南宁蒗有此姓。

津 jīn 【源出】津，古地名（在今湖北枝江境），以地名为氏。见《姓谱》。【分布】北京、天津、上海、曲阜、周口等地有。

筋 jīn 见《姓苑》。【分布】江苏洪泽有此姓。

仅（僅）jǐn 源出不详。【分布】成都、河南栾川和郏县等地均有。

堇 jǐn 【源出】①堇，春秋时小国（在今浙江奉化境），或以国为氏。②春秋时鲁大夫堇父之后。【分布】山西安邑、河北安平等地有。

锦（錦）jǐn 【源出】出于锦官之后。见《姓氏考略》。【分布】北京、成

125

都、台北、太原、大同等地有。【人物】锦彩（明）

谨（謹）jǐn 见《姓苑》。【分布】北京、天津、武汉、太原、汤阴等地有。

瑾 jǐn 源出不详。【分布】台北有此姓。

尽（盡）jǐn 见《姓觿》《清稗类钞·姓名类》。【分布】山西朔州、河北乐亭、广东郁南等地有。

进（進）jìn 【源出】春秋时晋国有进氏。见《路史》。【人物】进俭（汉）

近 jìn 【源出】①春秋时宋微子之后有近氏，见《路史》《姓苑》。②党项人姓。【分布】北京、上海、成都、曲阜等地均有。【人物】近腻（宋）

劲（勁）jìn 源出不详。【分布】武汉有此姓。

荩（藎）jìn 源出不详。【分布】湖南有此姓。

晋 jìn 【源出】周武王之子叔虞封于唐，其子燮父嗣封改唐为晋，传二十三代于晋静公为魏、韩、赵三卿所灭，子孙遂以国为氏。【分布】晋、豫、川、滇四省多此姓。【人物】晋冯（东汉）

赆（贐）jìn 源出不详。【分布】江苏滨海有此姓。

浸 jìn 源出不详。【分布】茂名有此姓。

靳 jìn 【源出】①靳，春秋时楚地小国，后为楚大夫采邑，楚大夫靳尚之后，子孙以邑为氏。②源出匈奴屠各族、乌丸族。【分布】晋、冀、鲁、豫、陕、甘、内蒙古、新等省区多此姓。

禁 jìn 【源出】巫祝善禁术者以为氏。见《姓氏考略》《姓苑》。【分布】武汉、无锡等地有。

薪 jìn 源出不详。【分布】北京、淮南、台北等地有。

JING

茎（莖）jīng 源出不详。见《新编千家姓》。【分布】河北怀安有此姓。

京 jīng 【源出】①京，商时子姓国。武王伐纣，同灭索、京两国，子孙以国名氏。②春秋时郑武公子段封于京（在今河南荥阳境），号京城大叔，后因以为氏。【分布】晋、豫两省多此姓。【人物】京镗（宋）

泾（涇）jīng 【源出】泾，水名，流经陕西彬县、泾阳入黄河。故当以水名为氏。【分布】北京、海南琼海等地有。

经（經）jīng 【源出】①春秋时郑公子京叔之后有京氏，汉时京房子孙避仇改为经氏。②战国时魏经侯之后。【分布】浙、冀、沪、津、渝、苏、赣、皖八省市多此姓。【人物】经承辅（明）

荆 jīng 【源出】熊绎始封于荆（故地

在今湖北秭归），楚旧号荆，周成王时改号楚。后灭于秦。【分布】晋、冀、豫、内蒙古、黑、吉六省区多此姓。【人物】荆道乾（清）

菁 jīng 源出不详。【分布】成都、福建连江、海南琼中等地有。

旌 jīng 见《姓苑》。【分布】山东新泰、云南龙陵等地有。

晶 jīng 源出不详。【分布】北京、上海、太原、大同、茂名等地有。

兢 jīng 源出不详。【分布】周口有此姓。

精 jīng 【源出】系自姬姓。周平王长子名精，封于纵，其后有精纵氏、精氏，见《姓氏英贤传》。【分布】北京、山东平度、湖南等地有。【人物】精畅（汉）

井 jǐng 【源出】①炎帝之裔，姜姓之后。②春秋时虞国大夫食采于井，谓之井伯，其后以邑为氏。【分布】冀、鲁、黑、陕、辽五省多此姓。【人物】井丹（汉）

丼 jǐng 【源出】齐太公姜子牙之后有丼伯。清时四川有，今分布不详。
　　另见 dǎn

阱 jǐng 源出不详。【分布】山西侯马有此姓。

颈（頸）jǐng 源出不详。【分布】山

东荣成和文登，湖北公安等地有。

景 jǐng 【源出】①系自芈姓。春秋时楚公族之后，别为景氏。②系自姜姓。春秋时齐景公之后，以谥为氏。【分布】晋、甘、苏、川、陕、辽、黔、豫等省多此姓。【人物】景星杓（清）

景尔（景爾）jǐng ěr 【源出】彝族姓。见《中华古今姓氏大辞典》。【分布】四川峨边有此姓。

景候 jǐng hòu 【源出】彝族姓。见《中华古今姓氏大辞典》。【分布】四川峨边有此姓。

景牛 jǐng niú 【源出】彝族姓。见《中华古今姓氏大辞典》。【分布】四川峨边有此姓。

景由 jǐng yóu 【源出】彝族姓。见《中华古今姓氏大辞典》。【分布】四川峨边有此姓。

景子 jǐng zǐ 【源出】彝族姓。见《中华古今姓氏大辞典》。【分布】四川峨边有此姓。

儆 jǐng 源出不详。见《新编千家姓》。分布不详。

憼 jǐng 源出不详。见《新编千家姓》。分布不详。

警 jǐng 见《新编千家姓》。【分布】淮南、成都等地有。

径（徑）jìng 源出不详。见《中华

姓府》。【分布】周口、太原、台北桃园等地有。

净（淨）jìng 见《中华姓府》。【分布】河北昌黎、福建宁德、广东吴川等地有。

另见 chēng

俓 jìng 源出不详。【分布】山西有此姓。

净 jìng 见《中国姓氏集》。【分布】北京、上海、河北、广东吴川等地有此姓。

痉（痙）jìng 源出不详。【分布】江苏洪泽有此姓。

竞（競）jìng 【源出】竞，地名。春秋时楚大夫食邑，因氏。【分布】武汉、成都、无锡等地有。

竟 jìng 【源出】春秋时楚公族之后有竟氏。见《姓苑》。

靓（靚）jìng 源出不详。【分布】湖南、广州等地有。

敬 jìng 【源出】①黄帝之孙敬康之后。②陈厉公子完奔齐曰敬仲，子孙以谥为氏。③清高宗改翰林院编修苟华南姓敬。【分布】四川省多此姓。【人物】敬元礼（唐）

靖 jìng 【源出】①战国时齐威王少子田婴封于薛（在今山东滕州市南），号靖郭君，其后因以为氏。②单，

春秋时小国，周畿内国。单靖公之后以谥为氏。【分布】京、冀、鄂三省市多此姓。【人物】靖安民（金）

静 jìng 见《中华姓府》。【分布】冀、豫两省多此姓。

境 jìng 源出不详。【分布】陕西勉县有此姓。

镜（鏡）jìng 【源出】见《姓苑》。或以器名为氏，如杯氏、砚氏类。【分布】太原、淮南、汨罗、天津静海等地有。【人物】镜钦（汉）

JIONG

茳 jiōng 源出不详。见《中华古今姓氏大辞典》。【分布】广东徐闻、湖南辰溪、云南马关等地有。

冏 jiōng 源出不详。【分布】台北有此姓。

駉 jiōng 见《新编千家姓》。源出不详。分布不详。

冏 jiǒng 【源出】周穆王太仆伯冏之后，以名为氏。【分布】北京有此姓。

倔 jiǒng 源出不详。【分布】山东嘉祥有此姓。

炯 jiǒng 见《新编千家姓》。【分布】江西贵溪有此姓。

JIU

纠（糾）jiū 见《姓苑》《元和姓纂》。

【分布】塔城、周口、鄂尔多斯等地有此姓。

鸠（鳩）jiū 【源出】①系自子姓。宋微子之后有鸠氏。②西域天竺人姓。③鸠夷、鸠摩复姓之后改为鸠氏。④云南德宏地区傣族姓。【分布】广东三水有此姓。

究 jiū 【源出】佤族姓。【分布】云南西盟有此姓。

摎 jiū【源出】南越王赵婴齐在长安时，娶邯郸摎氏女，见《史记》。【分布】北京有此姓。【人物】摎广德（汉）

九 jiǔ 【源出】①上古神农之师九灵，为九姓之始。②商纣以西伯昌、九侯、鄂侯为三公，九侯即鬼侯，为纣所杀，其后有九氏。③春秋时秦人九方皋，善相马，其后以九为氏。【分布】淮南、周口、塔城等地有。

九方 jiǔ fāng 【源出】①居于九方者，以地名为氏。②夏商时有鬼方氏。古时九、鬼相通。商时鬼侯也称九侯，故九方氏应为鬼侯之后。【分布】浙江永嘉有此姓。

久 jiǔ 【源出】见《姓苑》。或系党项人久且氏所改。【分布】太原、周口、淮南、酒泉、包头等地有。【人物】久住（元）

氿 jiǔ 【源出】氿，湖名。东氿、西氿，均在江苏宜兴。应以水名为姓。【分布】河南济源、天津武清等地有此姓。

玖 jiǔ 见《姓苑》。【分布】太原、周口、淮南等地有此姓。

韭 jiǔ 源出不详。见《新编千家姓》。【分布】周口、山西离石、海南琼中等地有。

酒 jiǔ 【源出】①春秋时楚公族有酒姓。②周官有酒正（《周礼》天官之属，为酒官之长），因官命氏。③匈奴人姓。【分布】陕、晋、豫三省多此姓。【人物】酒好德（明）

旧（舊）jiù 见《姓苑》。【分布】北京、淮南、高雄、无锡等地有。【人物】旧疆（汉）

臼 jiù 【源出】①春秋时晋大夫臼季，即胥臣，字季子，食采于臼（在今山西解县境），故称臼季，其后以邑为氏。②春秋时宋国华貙家臣臼任之后。【分布】广东顺德、福建云霄等地有。

咎 jiù 【源出】①周汤司空咎单，其后有咎氏。②春秋时晋大夫食邑于咎，因氏。【分布】川、甘、晋、豫四省多此姓。

另见 gāo

救 jiù 【源出】因遭难而得救，因以为氏。如赦氏之类。见《姓氏考略》。【分布】湖南有此姓。【人物】救仁（汉）

就 jiù 【源出】①东汉时已有就氏，见《后汉书·律旧志》。②北魏孝文帝时改代北菟赖氏为就氏，见《魏书·官氏志》。【分布】山西临汾、侯马，云南泸水等地有。【人物】就耽（东汉）

鹫 jiù 源出不详。【分布】安徽有此姓。

JU

车（車）jū 【分布】山东东平、平邑，湖北老河口，江西永修等地有。

另见 chē

且 jū 【源出】①相传高阳氏之臣且鸠氏之后。②夏时车正（官名，车长）奚仲之后有且氏。【分布】北京、台北、四川大邑等地有。【人物】且洛生（唐）

另见 qiě

蒟 jū 源出不详。【分布】浙江衢州有此姓。

沮 jū 【源出】传黄帝时史官沮诵之后有沮氏，见《风俗通》。分布不详。【人物】沮授（东汉）

另见 jǔ、zū

居 jū 【源出】①古有郇国，其后去邑为居氏。②春秋时晋大夫先且居之后，以名为氏。③金时女真人姓。【分布】苏、沪、皖、浙四省市多此姓。【人物】居般（汉）

驹（駒）jū 【源出】①春秋时晋大夫

郤克，食采于驹（在今山西境），称驹伯，克子錡亦称驹伯，因以为氏。②匈奴有驹氏。【分布】武汉、大同、福建上杭均有此姓。【人物】驹几（汉）

俱 jū 【源出】宕昌羌族姓，晋末前秦、后秦等均有俱氏。【分布】重庆、西安、太原等地有。

掬 jū 源出不详。见《新编千家姓》。【分布】安徽阜阳、吉林扶余等地有。

涺 jū 源出不详。【分布】河北宁晋有此姓。

娵 jū 源出不详。【分布】河北有此姓。

琚 jū 【源出】琚乃琚玉，或以为氏。见《姓谱》。【分布】冀、豫、浙、赣、皖五省多此姓。

趄 jū 源出不详。【分布】河南林州有此姓。

跔 jū 源出不详。【分布】江苏新沂有此姓。

雎 jū 见《康熙字典》。【分布】上海有此姓。【人物】雎稼（明）

鋸 jū 源出不详。【分布】太原有此姓。

鞠 jū 【源出】①帝喾之子后稷，后稷之孙鞠陶，其支裔以字为氏。②楚公族之后有鞠氏。【分布】鲁、黑、辽、苏、吉五省多此姓。

另见 qū

鞠 jū 【源出】周之支派另有鞠氏、麹氏。【分布】湖南东安有此姓。【人物】鞠咏（宋）

藭 jū 【源出】藭，草名。或以草名为姓。或鞠姓分族。【分布】台北、高雄、河北隆化等地有。

局 jú 源出不详。【分布】北京、上海南江、天津塘沽、台北、周口等地有。

郹 jú 见《新编千家姓》。分布不详。

菊 jú 见《姓觿》。【分布】黑、吉、鲁、滇四省多此姓。

橘 jú 【源出】与桔氏不同。原为日本姓。唐贞元末，日本国遣使朝贡，其学子橘免势，愿留肆业，历二十余年，使者高阶真人来请免势等俱还。【分布】北京有此姓。

柜 jú 【源出】柜，古县名（在今山东胶南境），或以地名为氏。【分布】淮南有此姓。

咀 jú 见《姓苑》。【分布】江苏高淳、江西贵溪等地欧。

沮 jǔ 《中国古今姓氏辞典》《中国姓氏大全》俱收并注此音。

　　另见 jū、zū

莒 jǔ 【源出】周初诸侯国，己姓，旧者阶根(今山东胶州境)，后迁莒(今山东莒县)，子爵，春秋初灭于楚，子孙以国名氏。见《世本》。【分布】

北京、天津、上海、山东荣成和胶州等地有。【人物】莒诵（汉）

矩 jǔ 【源出】西周铜器铭文所见古姓氏，与榘通。分布不详。

举（舉）jǔ 【源出】①春秋时楚大夫椒举之后，以名为氏，见《姓解》。②楚举伯之后。见《急就篇》。【分布】上海、太原、承德等地有此姓。

挙 jǔ 【源出】春秋时楚大夫椒举之后，以名为氏。古同"举"。【分布】台湾屏东有此姓。

萬 jǔ 【源出】系自己姓，春秋时莒国之后。莒、萬古时相通。见《姓觿》。【分布】四川德昌有此姓。【人物】萬章（汉）

　　另见 yǔ

巨 jù 【源出】①炎帝之后。②黄帝之师封钜之后有巨氏。见《姓氏考略》。【分布】陕、甘、晋、冀四省多此姓。【人物】巨武（东汉）

句 jù 【源出】①《山海经·大荒东经》有困民之国，句姓。②句（gōu）姓所改。【分布】武昌、太原、天津武清等地有。

　　另见 gōu、gòu

刐 jù 【源出】地名，以地名氏。【分布】安徽涡阳、蒙城、利辛，太原等地有。

拒 jù 【源出】拒，国名。春秋时姜姓

131

戎国（故地在今洛阳境），后灭于晋，子孙以国名氏。分布不详。

苣 jù 见《新编千家姓》。分布不详。

邭 jù 【源出】邭，地名，见《说文》。或以地名氏。【分布】洪洞、宁夏平罗、陕西蒲城、江苏新沂等地有。

姖 jù 【源出】《山海经》有女姖之尸。姖姓或出此，见《姓氏寻源》。【分布】陕西有此姓。

具 jù 【源出】春秋时晋大夫具丙之后，见《风俗通》。【分布】北京、上海、西安、中山、茂名、高雄、大同等地有。

钜 （鉅）jù 【源出】炎帝之裔封钜之后有钜氏、巨氏。见《姓纂》。【分布】上海、成都等地有。

倨 jù 源出不详。【分布】西安有此姓。

剧 （劇）jù 【源出】春秋时齐大夫食采于剧（在今山东寿光境），因氏焉。见《元和姓纂》。【分布】冀、皖、黑三省多此姓。【人物】剧可久（宋）

据 （據）jù 【源出】系自子姓，宋微子之后有据氏。见《潜夫论》。【分布】北京、武汉、高雄等地有。【人物】据成（明）

距 jù 源出不详。【分布】山西阳泉有此姓。

遽 jù 源出不详。【分布】宜兴有此姓。

锯 （鋸）jù 源出不详。【分布】上海、天津武清、淮南、茂名等地有。

聚 jù 见《希姓录》《新编千家姓》。【分布】武汉、台北、淮南、玉门等地有。

踞 jù 源出不详。【分布】西安、太原、长治等地有。

遽 jù 源出不详。见《康熙字典》。【分布】山西、浙江、天津、台中等地有。

濂 jù 源出不详。【分布】台中、南投等地有。

JUAN

捐 juān 源出不详。【分布】太原有此姓。

涓 juān 【源出】古有涓国，涓子为黄帝臣，后有涓氏。【分布】北京、宜兴、山西运城、河北尚义等地有。【人物】涓勋（汉）

娟 juān 源出不详。见《新编千家姓》。

鹃 （鵑）juān 源出不详。【分布】江西贵溪有此姓。

卷 juàn 【源出】①春秋时卫公族中有卷氏。②本圈氏，因避仇去囗为卷氏，见《风俗通》。【分布】北京、陕西蒲城、广西苍梧等地有。【人物】卷基（汉）

　　另见 quán

隽 juàn 见《直音》。【分布】淄博、辽宁清原、海南琼海等地有。【人物】隽不疑（汉）

郇 juàn 【源出】春秋时周敬王之子封于郇（故城在今山东郇城北），为郇氏。【分布】山西原平、陕西韩城等地有。

圈 juàn 【源出】①系自芈姓。楚鬻熊之后。②圈公之后。圈公为秦博士，避地南山，汉祖聘之不就，惠太子即位，以圈公为司徒。【分布】绍兴、河北定兴等地有。

眷 juàn 【源出】①周武王弟卫康叔之后有眷氏。②北魏孝文帝时改代北茂眷氏为眷氏。【分布】山西阳高、河南宝丰等地有。

雋 juàn 【源出】湖南沅陵东北有下雋，当以邑为氏。见《古今姓氏辩证》。【分布】上海、天津、无锡、太原等地有此姓。

鐫 juàn 见《姓觿》。也作傕氏、鑴氏。

JUE

决 jué 【源出】①见《姓苑》。②出自貜姓。【分布】太原、周口、中山、茂名等地有。

诀 （訣） jué 源出不详。【分布】江苏滨海有此姓。

角 jué 【源出】①齐太公之后有角氏。②春秋时齐顷公子角之后。③春秋时卫国元君角之后。【分布】北京、天津、太原、大同、唐山、淮南、无锡等地有。

珏 jué 源出不详。见《新编千家姓》。分布不详。

觉 （覺） jué 【源出】①见《姓苑》。②佤族姓。【分布】北京、上海、大同、淮南、厦门、无锡等地有。

觉罗 （覺羅） jué luó 【源出】①清满洲人姓。赐姓。②锡伯族姓。汉姓为赵、焦。【分布】沈阳、新疆巩留等地有。

觉洛 （覺洛） jué luò 【源出】彝族姓。属邱莫家支。后演化，又称普跌觉洛氏。【分布】四川甘洛有此姓。

绝 （絕） jué 源出不详。【分布】山西交城、浙江象山等地有。

倔 jué 见《新编千家姓》。【分布】安徽怀宁、山西曲沃等地有。

掘 jué 【源出】吐谷浑人姓。【分布】广西灌阳有此姓。【人物】掘逵（北魏）

猚 jué 【源出】出自貜姓。【分布】北京、周口、山东鱼台等地有。

厥 jué 【源出】古有厥侯（厥国故城在今河南项城），其后以国为氏，见《姓考》。【分布】上海、周口、

茂名、高雄等地有。【人物】厥惟明(明)

谲（譎）jué　源出不详。【分布】江苏滨海有此姓。

虢　jué　【源出】虢为神话中海神名，见《山海经》。或以神名为姓。【分布】兰州、广州、周口、长治等地有。

爵　jué　【源出】汉官有主爵都尉（主封爵位之事官），子孙遂以为姓。亦见《姓苑》。【分布】北京、成都、茂名等地有。

矍　jué　【源出】矍相氏之后。见《姓氏考略》。【分布】陕西韩城、山西大宁等地均有。【人物】矍璋（唐）

嚼　jué　源出不详。【分布】江苏洪泽有此姓。

JUN

军（軍）jūn　【源出】①周时郑武公之子共叔段之后有军氏。②春秋时晋大夫下军氏之后有军氏。③汉时霍去病为冠军侯，其后有军氏。【分布】北京、天津、大同、淮南等地有。【人物】军延赏（宋）

均　jūn　【源出】均，州名（在今湖北均县），以州名为氏。【分布】北京、武汉、淮南、奉化等地有。

另见 yùn

君　jūn　【源出】①传为帝尧之师君畴之后。②汉时西域莎车国有君姓。

【分布】冀、黑、苏、陕四省多此姓。【人物】君助（明）

钧（鈞）jūn　【源出】系自芈姓。春秋时楚大夫无钧之后，见《风俗通》。【分布】北京、曲阜、河南浚县等地有。【人物】钧昌期（宋）

筠　jūn　【源出】见《姓谱》，古筠州在今江西高安、上高、新昌一带，以地名为氏。【分布】山西应县有此姓。

俊　jùn　见《姓苑》。【分布】北京、上海、淮南、桃园等地有。

郡　jùn　见《万姓统谱》。【分布】上海、天津、太原、大同、淮南等地均有。

陖　jùn　【源出】陖，亭名，故地在冯翊，是陖以地为姓。见《姓氏考略》。分布不详。

捃　jùn　源出不详。【分布】湖南有此姓。

峻　jùn　见《新编千家姓》。【分布】北京有此姓。

浚　jùn　【源出】浚，春秋时卫邑，故城在今河南濮阳南，或以邑为氏。【分布】北京、上海、重庆、武汉等地有。

骏（駿）jùn　见《新编千家姓》。【分布】上海、江苏滨海等地有。

珺　jùn　见《姓谱》。【分布】山西临猗和太原、浙江嘉兴等地有。

菌　jùn　见《姓苑》。【分布】河南信阳与潢川、山东龙口等地有。

竣 jùn 源出不详。【分布】太原、湖南双峰、江西宁都等地有。

KA

喀 kā 【源出】①或系清满洲人姓所改。②今羌族亦有此姓。【分布】塔城、山东诸城等地有。

喀柳 kā liǔ 【源出】苗族姓。喀柳，地名，以地名为氏。汉姓为陇。【分布】贵州黄平有此姓。

卡 kǎ 【源出】见《新编千家姓》。东乡、藏、汉等民族均有此姓。【分布】冀、豫两省多此姓。

KAI

开 （開）kāi 【源出】①春秋时卫公子开方之后。②吴王仲虞之裔有开氏。【分布】河南、安徽两省多此姓。
【人物】开济（明）

开基 （開基）kāi jī 【源出】普米族姓，分自穷扛尼姓。【分布】云南宁蒗有此姓。

揩 kāi 源出不详。【分布】河北清苑有此姓。

鉂 kāi 源出不详。【分布】吉林市有此姓。

凯 （凱）kǎi 见《姓苑》。【分布】北京平谷、上海、塔城、台北、大同、无锡等地有。

恺 （愷）kǎi 【源出】湘西苗族姓，龙姓中分支。见《苗族简史》。【分布】湖南有此姓。

KAN

刊 kān 源出不详。见《姓苑》。【分布】酒泉、塔城、湖南怀化等地有。

勘 kān 源出不详。见《中华姓府》《新编千家姓》。【分布】北京大兴有此姓。

堪 kān 【源出】相传为高辛氏时八元之一仲堪之后。【分布】西安、萍乡、高雄等地有。

戡 kān 源出不详。【分布】湖南有此姓。

坎 kǎn 【源出】春秋时宋国附庸国有坎氏（故城在今河南巩义市东），系宋微子之后，以邑为氏。【分布】无锡、台湾屏东、甘肃会宁等地有。
【人物】坎辉（明）

侃 kǎn 见《姓谱》。【分布】天津武清、承德、湘潭、无锡等地有。

砍 kǎn 源出不详。汉、傈僳族姓。【分布】武汉、大同、吉林扶余等地有。

看 kàn 见《姓苑》。【分布】辽宁盘山、湖南等地有。

135

衎 kàn 【源出】①春秋时卫公子衎（即卫献公）之后。②春秋时宋国乐甫衎之后。【分布】云南瑞丽有此姓。

阚（闞）kàn 【源出】黄帝支系姞姓之裔封于阚（在今山东阳谷、河南范县境内），后因以为氏。【分布】苏、黑、冀、鲁四省多此姓。【人物】阚泽（三国·吴）

KANG

康 kāng 【源出】①周武王弟卫康叔之子王孙牟，谥康伯，子孙遂以为氏。②周定王之母弟刘康公，亦称王季子，其后以康为氏。【分布】川、陕、皖、甘、晋、冀、豫七省多此姓。【人物】康进之（元）

康刘（康劉）kāng liú 源出不详。见《攸县姓氏》（湖南）。【分布】湖南攸县有此姓。

康窝（康窩）kāng wō 【源出】佤族姓。汉姓为赵。【分布】云南西盟有此姓。

慷 kāng 源出不详。【分布】湖南有此姓。

糠 kāng 源出不详。【分布】山西灵石、台湾多地等有此姓。

亢 kàng 【源出】①春秋时亢父附庸国（在今山东济宁南）之后，以国为氏，见《姓源》。②春秋时卫大夫三伉之后有亢氏，见《风俗通》。

【分布】晋、冀、豫三省多此姓。【人物】亢潮（唐）

伉 kàng 【源出】①宋微子之后有伉氏。②春秋时宋大夫采邑，以邑为氏。③春秋时卫大夫三伉之后，有伉、亢氏。【分布】江苏、山西两省多此姓。【人物】抗徐（东汉）

KAO

考 kǎo 【源出】①考成氏之后。见《姓氏考略》。②系出周考王之后，支庶以谥为氏。【分布】上海、太原、无锡、玉门、酒泉等地有。

靠 kào 【源出】回族有此姓。见《中华姓府》。【分布】甘肃临夏、积石山，宁夏同心等地有。

KE

苛 kē 见《正字通》。源出不详。【分布】上海、武汉、大同、四川仁寿等地有。

珂 kē 源出不详。【分布】北京、武汉、河北高阳等地有。

柯 kē 【源出】①春秋时吴公子柯卢之后，以名为氏。②春秋时齐太公之裔。③西羌人姓。④鲜卑人姓。【分布】浙、粤、闽、皖、台五省多此姓。【人物】柯祇（北魏）

柯蔡 kē cài 源出不详。迁台湾者，祖籍为福建晋江、同安、南靖等地。

【分布】台湾有此姓。

柯兰 (柯蘭) kē lán 【源出】佤族姓。也称涅柯兰氏。【分布】云南西盟有此姓。

轲 (軻) kē 【源出】羌人之姓，汉时羌酋柯比能之后，见《姓氏寻源》。【分布】太原、茂名、阜新等地有。【人物】轲比能（汉）

疴 kē 源出不详。【分布】安徽有此姓。

棵 kē 源出不详。【分布】安徽怀宁有此姓。

窠 kē 【源出】即窝姓。契丹有窝斡，其后有窠氏，见《姓氏寻源》。【分布】清时兰州有此姓，今分布不详。

颗 (顆) kē 源出不详。【分布】陕西勉县有此姓。

瞌 kē 源出不详。【分布】湖南炎陵有此姓。

壳 (殼) ké 源出不详。【分布】四川康定、云南泸水、湖南宜章等地有。

可 kě 【源出】北魏时代北阿伏干氏、可地干氏、可地延氏均改为可氏。【分布】晋、冀、豫三省多此姓。【人物】可中正（唐）

可频 (可頻) kě pín 【源出】南北朝时太原人王雄，永安末从贺拔岳入关，授征西将军，北魏孝武帝西迁，授都督，封临贞县伯。西魏大统年

进爵公，西魏恭帝拓跋廓，赐其姓可频氏。分布不详。

克立 kè lì 【源出】佤族姓。世居腊口。【分布】云南沧源有此姓。

克烈 kè liè 【源出】辽金时蒙古高原上部落，以部为氏。【分布】内蒙古赤峰、新疆昌吉等地有。

克其 kè qí 【源出】彝族姓。【分布】四川峨边有此姓。

克区 (克區) kè qū 源出不详。【分布】云南红河有此姓。

克惹 kè rě 【源出】四川凉山白族家支。【分布】四川峨边有此姓。

克身 kè shēn 【源出】彝族黑彝家支。【分布】四川汉源有此姓。

克思 kè sī 【源出】彝族姓。【分布】四川峨边有此姓。

坷 kě 源出不详。见《姓氏典故》。【分布】武汉、河北定兴等地有。

岢 kě 见《姓谱》《新编千家姓》。分布不详。

渴 kě 【源出】①北魏时渴侯氏、渴单氏之后或有改姓渴者。②宋时吐蕃部人姓。【分布】信阳、淮南、成都等多地有此姓。

葂 kě 源出不详。见《钟祥县姓氏》。【分布】湖北钟祥有此姓。

克 kè 见《姓苑》。【分布】河南、

137

广东两省多此姓。【人物】克畔（明）

刻 kè 源出不详，但元时已有此姓，见《滋溪文稿》。【分布】广西合山、云南泸水、湖南等地有。

客 kè 见《姓苑》。【分布】河北、江西两省多此姓。【人物】客孙（汉）

课（課）kè 源出不详。【分布】湖南怀化和益阳、江西吉水、河北安国等地有。

KEN

肯 kěn 见《姓苑》。【分布】北京、无锡、天津蓟州区等地有。

垦（墾）kěn 【源出】佤族姓。见《佤族社会历史调查》。【分布】云南西盟有此姓。

KENG

阬 kēng 【源出】阬，地名（在今河南临汝东），以地名为氏。

另见 gāng

坑 kēng 见《姓苑》。【分布】太原、大同、湖南新邵等地有。【人物】坑进良（明）

铿（鏗）kēng 见《姓苑》。黑龙江嫩江、山东平度等地有此姓。

KONG

空 kōng 【源出】①空相氏之后有空氏。②系自子姓。商王契之后分封于空桐（在今河南虞城南），其后有空同氏、空氏。【分布】上海、周口、宜兴、鄂尔多斯等地有。

空高 kōng gāo 【源出】佤族姓。【分布】云南西盟有此姓。

孔 kǒng 【源出】春秋时卫国有孔氏，出自姬姓。卫大夫孔婴齐之后。【分布】苏、豫、鲁三省多此姓。【人物】孔颖达（唐）

孔当（孔當）kǒng dāng 【源出】独龙族姓。孔当为氏族名，寨明，意为宽大的坪子。汉姓为孔。【分布】云南贡山有此姓。

孔额（孔額）kǒng é 【源出】佤族姓。也称孔洗额氏。汉姓为杨。【分布】云南西盟有此姓。

孔敢 kǒng gǎn 【源出】独龙族姓。孔敢系家族名，世居云南贡山独龙山地区。【分布】云南贡山有此姓。

孔佳 kǒng jiā 【源出】①清朝驻防靖州满洲人姓。②锡伯族姓。汉姓为孔。【分布】新疆察布查尔有此姓。

孔雷 kǒng léi 源出不详。见《肃宁县姓氏》（河北）。【分布】河北肃宁有此姓。

孔庆（孔慶）kǒng qìng 源出不详。见《姓氏词典》。【分布】河北武安有此姓。

孔萨 (孔薩) kǒng sà 【源出】裕固族姓。即冲萨氏。【分布】甘肃肃南有此姓。

孔色 kǒng sè 【源出】藏族姓。藏语意为新房子。出自房名，因姓。【分布】四川道孚有此姓。

汎 kǒng 【源出】或为自造会意字。见《高淳县姓氏》（江苏）。【分布】江苏高淳有此姓。

恐 kǒng 源出不详。见《新编千家姓》。【分布】山西原平有此姓。

KOU

口 kǒu 【源出】①同州口氏为白室羌之姓。②为口引氏所改。【分布】西安、大同、甘肃永昌、宁夏平罗等地有。【人物】口禄（明）

叩 kòu 源出不详。见《新编千家姓》。【分布】四川达州、淄博、太原、天津蓟州区等地有。

扣 kòu 【源出】傈僳族姓。【分布】甘肃、安徽两省多此姓。

寇 kòu 源出不详。台湾地区分寇、寇二姓。【分布】台中、花莲等地均有此姓。

寇 kòu 【源出】①黄帝之裔，在夏为昆吾氏，其后裔苏忿生为周武王之司寇，子孙以官为氏。②汉时乌桓部有寇氏。③北魏孝文帝时改代北古口引氏为寇氏。或为若口引氏所改。【分布】晋、冀、鲁、豫、陕、吉、川、甘、内蒙古九省区多此姓。【人物】寇湄（明）

蔻 kòu 源出不详。见《蒲城县姓氏》。【分布】陕西蒲城、西安，河北宁晋等地有。

KU

枯 kū 【源出】①西羌有枯姓，见《南凉录》。②唐时契丹酋长枯莫离，姓枯。【分布】北京、无锡、高雄等地有。

苦 kǔ 【源出】①老聃五世祖硕宗事周康王，封于苦（今河南鹿邑），因氏，见《姓源》。②春秋时晋大夫郤犫食采于苦，号苦成叔，其后有苦成氏、苦氏。【分布】北京、成都、偃师等地有。【人物】苦灼（汉）

苦阿 kǔ ā 【源出】佤族姓，也称果恩苦阿氏。【分布】云南西盟有此姓。

苦仪 (苦儀) kǔ yí 【源出】佤族姓，也称果恩苦仪式。【分布】云南西盟有此姓。

库 (庫) kù 【源出】①春秋郑国有库人（官名，为守库大夫），以官名为氏。②北魏时，文帝将库汀氏、库缛官氏改为库氏。【分布】鄂、陕、冀、豫四省多此姓。【人物】库钧（汉）

139

另见 shè

酷 kù 【源出】源出不详。见《新编千家姓》。分布不详。

KUA

夸 kuā 【源出】传炎帝之裔夸父之后，见《路史》。【分布】上海宝山、成都等地有。

垮 kuǎ 【源出】傈僳族姓。【分布】云南泸水有此姓。

KUAI

蒯 kuǎi 【源出】①晋大夫蒯得之后。②春秋时卫灵公子之子蒯聩之后。【分布】苏、皖两省多此姓。【人物】蒯通（汉）

会（會）kuài 【源出】①系自偃姓。皋陶之后有会氏。②系自妘姓。陆终之子会人之后。③系自姬姓。春秋时郑伯之后有会氏。【分布】重庆、山东两省市多此姓。【人物】会栩（汉）
另见 huì

块（塊）kuài 源出不详。【分布】安徽临泉、利辛有此姓。

快 kuài 【源出】傈僳族姓，见《姓苑》。【分布】山西洪洞、北京、成都等地有。【人物】快钦（汉）

郐（鄶）kuài 【源出】周武王封陆终第四子求言于郐，即郐仲之国，为郑武公所并，子孙以国为氏。【分布】上海、太原、威海、大连等地有。【人物】郐士龙（宋）

桧（檜）kuài 【源出】桧，同郐，古国名，见《诗·桧风》，以国名为氏。【分布】云南晋宁有此姓。

脍（膾）kuài 源出不详。【分布】江苏滨海有此姓。

蒉（蕢）kuài 源出不详。或与蒯同。【分布】上海嘉定、台湾、浙江等地有。

KUAN

宽（寬）kuān 源出不详。见《姓解》。【分布】北京、台北、无锡、茂名、洪洞等地有。【人物】宽彻（明）

款 kuǎn 【源出】源于妫姓，系春秋时陈穆公之后。见《姓觿》。【分布】浙江上虞、江西上高等地有。

KUANG

匡 kuāng 【源出】①春秋时句须为鲁国匡邑之宰，其子孙氏焉。②春秋时楚大夫食采于匡，其后以邑为氏。【分布】湘、鄂、苏、鲁、川、赣、黑七省多此姓。【人物】匡辅之（清）

筐 kuāng 源出不详。见《新编千家姓》《中国姓氏大全》。【分布】江苏洪泽、浙江长兴等地均有。

狂 kuáng 【源出】①黄帝后狂犬，任姓，分为狂氏。②古有狂国，见《郡国志》。以国为氏。③春秋时宋大夫狂交之后。【分布】北京、周口、新乡等地有。

诳（誑）kuáng　源出不详。【分布】湖南有此姓。

邝（鄺）kuàng　【源出】源出见旷姓。古有邝国，以国为氏，见《中国姓氏大全》。【分布】粤、桂、湘三省区多此姓。【人物】邝靖（宋）

圹（壙）kuàng　源出不详。见《中华古今姓氏大辞典》。【分布】广东新会、海南琼山等地有。

纩（纊）kuàng　源出不详。【分布】海南琼中有此姓。

旷（曠）kuàng　【源出】①春秋时晋之乐师师旷之后，以名为氏，见《风俗通》。②古旷国之后有旷氏、邝氏，见《国名纪》。【分布】湖南、江西两省多此姓。【人物】旷湜（宋）

况 kuàng　【源出】三国时蜀汉况长宁之后，见《三国志》。【分布】黔、鲁、渝三省市多此姓。【人物】况钟（明）

矿（礦）kuàng　源出不详。见《新编千家姓》。【分布】淮南、玉门、上海、扬州、周口等地有。

況 kuàng　源出不详。【分布】台北、桃园、新竹、江西安义等地有。

贶（貺）kuàng　源出不详。见《新编千家姓》。【分布】京、沪等地有。

庲 kuàng　【源出】为旷的异体字，四川遂宁土著人姓。【分布】四川遂宁有此姓。

框 kuàng　源出不详。【分布】北京、淮南、云南大关等地有。

眶 kuàng　源出不详。【分布】湖南有此姓。

爌 kuàng　源出不详。【分布】湖南蓝山有此姓。

KUI

亏（虧）kuī　源出不详。见《山西人口形势大全》。【分布】山西太原、新荣、壶关等地有此姓。

刲 kuī　源出不详。【分布】酒泉、湖南怀化等地有。

奎 kuí　源出不详。【分布】吉、津、甘三省市多此姓。

眭 kuí　源出不详。见《台湾区姓氏堂号考》。【分布】台湾澎湖有此姓。

逵 kuí　见《姓苑》。【分布】北京、成都等地有。

馗 kuí　源出不详。【分布】湖南有此姓。

隗 kuí　【源出】①春秋时翟国隗姓，子孙因氏焉，盖以姓为氏。②古帝大隗氏（一说鬼隗氏之后）。【分布】分布较广，但人数不多。

另见 wěi

葵 kuí 【源出】葵丘为地名（在今河南兰考之旧考城东），受封者以为氏，有葵氏。见《姓氏考略》。【分布】新、川、豫三省区多此姓。【人物】葵玉（明）

魁 kuí 【源出】①魁傀氏之后。见《路史》。②春秋时鄺（春秋时纪邑，在今山东临淄东）魁垒之后。【分布】北京、天津、台北、酒泉等地有。

暌 kuí 【源出】暌，古国名，以国名氏。见《路史》。【分布】沈阳有此姓。

鲑（鮭）kuí 【源出】①鞑氏之后避事居鲑阳，改姓鲑氏。②本姓圭，改为鲑氏，原因不详。分布不详。【人物】鲑湛云（汉）

夔 kuí 【源出】①楚君熊挚因疾将国授弟而别封于夔（今湖北秭归东），为楚附庸国，后灭于楚，子孙以国为氏。②辽东夔氏出自天竺。【分布】太原、大同、甘肃、广西、江苏、湖北等地有。

愧 kuǐ 源出不详。见《酒泉市姓氏》。【分布】酒泉有此姓。

跬 kuǐ 源出不详。【分布】湖南有此姓。

匮（匱）kuì 源出不详。见《姓苑》。庐州曾有。今不详。

簣（簣）kuì 源出不详。见《新编千家姓》。【分布】上海、浙江萧山等地有。

KUN

坤 kūn 【源出】羌族人姓。见《风俗通》《姓谱》。【分布】河南宁陵、云南宜良、广东澄海等地有。

昆 kūn 【源出】①出自己姓，夏之诸侯昆吾国（在今河南濮阳东）之后。②匈奴姓。【分布】北京、大同、周口、茂名、昆山等地有。

崑 kūn 源出不详。【分布】北京、河北等地有。

堃 kūn 源出不详。见《中华姓府》。【分布】甘肃永登有此姓。

幉 kūn 源出不详。见《新编千家姓》。分布不详。

锟（錕）kūn 源出不详。见《新编千家姓》。分布不详。

阃（閫）kǔn 源出不详。见《新编千家姓》。【分布】湖南、河南偃师等地有。【人物】阃立道（明）

困 kùn 源出不详。【分布】太原有此姓。

KUO

扩（擴）kuò 源出不详。【分布】湖南、山西山阴、海南琼山等地有。

括 kuò 见《姓苑》。【分布】江苏洪泽、湖南宁乡等地有。

迶 kuò 源出不详。见《新编千家姓》。分布不详。

阔（闊）kuò 源出不详。见《中国姓氏集》《中华姓府》。

涠 kuò 【源出】即阔氏，为何改此，不详。【分布】台北、宜兰等地有。

廓 kuò 源出不详。见《新编千家姓》。【分布】四川通江、广东南海等地有。

L

LA

垃 lā 源出不详。【分布】湖南、江苏洪泽等地有。

拉 lā 【源出】回、满、藏、保安、蒙古族姓。【分布】上海、天津武清、西安、太原、淮南等地有。

拉巴 lā bā 源出不详。【分布】天津东丽有此姓。

拉布 lā bù 【源出】彝族姓。【分布】四川峨边有此姓。

拉底 lā dǐ 【源出】彝族黑彝家支。【分布】四川甘洛有此姓。

拉吉 lā jí 【源出】彝族姓。【分布】四川峨边有此姓。

拉马（拉馬）lā mǎ 【源出】四川凉山白彝家支。【分布】云南剑川、宁蒗等地有。

拉玛（拉瑪）lā mǎ 【源出】彝族姓。【分布】四川峨边有此姓。

拉姆 lā mǔ 【源出】彝族姓。【分布】四川理塘有此姓。

拉木 lā mù 【源出】纳西族姓，属峨尔氏族。汉姓为旺。【分布】云南宁蒗、河北三河等地有。

啦 lā 源出不详。见《中国姓氏集》《新编千家姓》。【分布】内蒙古鄂尔多斯、山东平邑等地有。

邋 lā 【源出】古姓。源出不详。见《平陆县志》（山西省）。【分布】江苏滨海有此姓。

朗 lá 源出不详。见《新编千家姓》。分布不详。

喇 lá 源出不详。【分布】北京、天津静海、上海、淮南、大同等地有。

喇碑 lǎ bēi 【源出】阿昌族姓。阿昌语意为太阳。汉姓为杨。【分布】云南潞西有此姓。

喇曹 lǎ cáo 【源出】阿昌族姓。汉姓为曹。【分布】云南陇川有此姓。

喇弟 lǎ dì 【源出】阿昌族姓。即喇炸氏，与梁、郎、曩等同源。汉姓为孙。【分布】云南潞西有此姓。

喇降 lǎ jiàng 【源出】阿昌族姓。阿昌语意为篮子。汉姓为门。【分布】云南潞西有此姓。

喇进（喇進）lǎ jìn 【源出】阿昌族姓。汉姓为景。【分布】云南陇川有此姓。

喇扛 lǎ káng 【源出】阿昌族姓。汉姓为项。【分布】云南陇川有此姓。

喇来（喇來）lǎ lái 【源出】阿昌族姓。汉姓为赖。【分布】云南陇川有此姓。

喇纳（喇納）lǎ nà 【源出】①阿昌族姓。阿昌语意为黑。汉姓为王。②清满洲人姓。【分布】云南潞西有此姓。

喇尚 lǎ shàng 【源出】阿昌族姓。阿昌语意为淡。汉姓为李。【分布】云南潞西有此姓。

喇松 lǎ sōng 【源出】阿昌族姓。汉姓为孙。【分布】云南潞西有此姓。

喇翁 lǎ wēng 【源出】阿昌族姓。阿昌语意为葫芦。汉姓为曹。本为汉人。【分布】云南潞西有此姓。

喇细（喇細）lǎ xì 【源出】阿昌族姓。汉姓为徐。【分布】云南陇川有此姓。

喇夏 lǎ xià 【源出】阿昌族姓。汉姓为沙。【分布】云南陇川有此姓。

喇摇 lǎ yáo 【源出】阿昌族姓。阿昌语意为骨头。汉姓为王。本为汉人。【分布】云南潞西有此姓。

喇义（喇義）lǎ yì 【源出】阿昌族姓。

阿昌语意为二姑娘。汉姓为赵。本为汉人。【分布】云南潞西有此姓。

喇炸 lǎ zhà 【源出】阿昌族姓。阿昌语意为连接。与梁、郎、曩等同源。

喇准（喇準）lǎ zhǔn 【源出】阿昌族姓。阿昌语意为鹰。汉姓为张。本为汉人。【分布】云南潞西有此姓。

束 là 源出不详。今汉、回等民族均有此姓。【分布】北京、上海、兰州、无锡、台中等地均有。

剌 là 【源出】汉燕剌王之后，见《万姓统谱》《姓苑》。【分布】北京、酒泉、大同、潮州等地有。

腊（臘）là 【源出】相传宋、元间在陕西西安市鄠邑区西南有涝河，出终南涝岈谷上有沙汉使三十里，腊姓居于此。【分布】大同、淮南、无锡多地有此姓。【人物】腊真（元）

腊波（臘波）là bō 【源出】白族姓，即罗遣氏。【分布】云南碧江有此姓。

腊更（臘更）là gēng 【源出】景颇族姓。属木忍姓之分支，陇直陇拉姓之小姓。【分布】云南莲山有此姓。

腊沙（臘沙）là shā 【源出】景颇族姓。【分布】云南莲山有此姓。

腊松（臘松）là sōng 【源出】佤族姓。【分布】云南西盟有此姓。

辣 là 源出不详。【分布】北京、陕西紫阳、山西天镇等地有。

LAI

来（來）lái 【源出】①《史记·殷本纪》云，契为子姓，其后分封以国为氏者有：殷氏、来氏、宋氏、空桐氏、稚氏、北殷氏、目夷氏等。②本姓莱，避难去艸改为来氏。【分布】冀、豫、辽、鄂、陕、浙、皖等省多此姓。【人物】来歙（汉）

莱（萊）lái 【源出】殷商之裔封于莱（在今山东黄县境），子孙以国为氏。【分布】大同、长治、淄博、周口、中山等地有。

徕（徠）lái 【源出】与来姓同。【分布】湖南有此姓。

涞（淶）lái 【源出】州名，见《姓苑》。涞水，源出河北涞源县涞山，当以水为氏。【分布】四川武胜、河北定兴等地有。

筴lái 源出不详。【分布】四川万县永安乡有此姓。

赍（賷）lài 【源出】见《清稗类钞·姓名类》。清时有赍图库、赍塔，为满人贵胄，其后或以赍为姓者。【分布】上海、山西绛县等地有。

赖（賴）lài 【源出】赖，子爵之国名（今河南息县包信镇），后为楚灭，子孙以国名为氏。【分布】粤、闽、赣、

台、川五省多此姓。

赖陈（賴陳）lài chén 【源出】由赖、陈二姓合成。【分布】北京有此姓。

赖所（賴所）lài suǒ 【源出】彝族姓。【分布】四川峨边有此姓。

頼lài 【源出】赖的异体字，但与赖为二姓，原因不详。或因事改。【分布】河南信阳有此姓。

瀨（瀨）lài 【源出】台湾土著姓。【分布】台东、浙江等地有此姓。

籟（籟）lài 源出不详。【分布】广东三水、上海、台湾、云南普宁等地有。

LAN

兰（蘭）lán 【源出】①郑穆公名兰，支庶以王父名为氏。②楚大夫食采于兰（今山东苍山），其后因以为氏。③三国时匈奴四姓中有兰氏，系贵族。【分布】赣、黑、川、桂、黔五省多此姓。【人物】兰广（汉）

岚（嵐）lán 源出不详，见《奇姓通》。【分布】大同、太原、四川合江等地有。

拦（攔）lán 源出不详。【分布】玉门、宁夏平罗、湖南多地有。

栏（欄）lán 【源出】畲族姓，明朝已有此姓。见《畲族变化考析》。【分布】兰州、湖南多地有。

婪lán 源出不详。【分布】河北获鹿、河南济源等地有。

145

阑（闌）lán 见《姓苑》。【分布】天津、无锡、湖南、山西临汾多地有。【人物】阑荣（隋）

蓝（藍）lán 【源出】①战国时梁惠王三年，秦子受命为蓝君（在今陕西蓝田），子孙以地为氏。②楚公族食采于蓝邑，因氏。【分布】桂、闽、粤、浙四省区多此姓。

蓝谢（藍謝）lán xiè 【源出】应系蓝、谢二姓合成。【分布】台湾有此姓。

澜（瀾）lán 源出不详。见《林县姓氏》（河南）。【分布】汕头、河南林县、辽宁桓仁多地有。

篮（籃）lán 【源出】瑶族姓。【分布】上海、西安、中山、汕头、台湾多地有。

灡 lán 源出不详。见《中华古今姓氏大辞典》。【分布】河北定州、山东沂南、江西奉新多地有。

揽（攬）lǎn 源出不详。【分布】甘肃临夏有此姓。

懒（懶）lǎn 源出不详。【分布】西安、周口、湖南多地有。

烂（爛）làn 源出不详。见《新编千家姓》。分布不详。

LANG

郎 láng 【源出】①鲁懿公之孙费伯帅师城郎(在今山东鱼台东)，因居之，子孙氏焉。②汉时匈奴人姓。【分布】冀、鲁、晋、滇、渝五省市多此姓。【人物】郎宗（东汉）

郎古 láng gǔ 见《山西人口姓氏大全》。【分布】山西忻州有此姓。

莨 láng 源出不详。见《中华姓氏大辞典》。【分布】西安有此姓。

狼 láng 【源出】①周成王封嬴姓孟增于皋狼（在山西），其后因以为氏。②汉时先零羌有狼氏。③三国时南夷也有狼氏。【分布】舟曲、洪洞、周口等地有。

琅 láng 【源出】春秋时齐大夫琅过之后。见《姓觿》《姓苑》。【分布】北京、成都、江西安福有此姓。

廊 láng 源出不详。【分布】北京有此姓。

嫏 láng 源出不详。【分布】太原有此姓。

榔 láng 见《姓谱》。【分布】无锡、浙江青田等地有。

稂 láng 【源出】为狼姓所改。见《姓氏考略》。【分布】周口、茂名、株洲等多地有。

螂 láng 源出不详。【分布】湖南有此姓。

朗 lǎng 【源出】隋唐时置朗州（在今湖南常德），以州名为氏。【分布】辽宁省多此姓。【人物】朗青（明）

埌 làng 见《新编注音千家姓》。分布不详。

崀 làng 源出不详。【分布】云南保山有此姓。

浪 làng 【源出】居沧浪之水（即今湖北荆山西流之水，见《水经注》），以水名为氏。【分布】北京、武汉、大同等多地有。【人物】浪逢（晋）

LAO

捞（撈）lāo 源出不详。【分布】海南琼中有此姓。

劳（勞）láo 【源出】①古有劳民劝相之官，以职为氏。②其先居东海崂山（在今山东即墨），因以为氏。【分布】桂、粤两省区多此姓。【人物】劳精（三国）

劳朝（勞朝）láo cháo 【源出】拉祜族姓。即黑苦聪人有此姓。汉姓为曹。【分布】云南金平有此姓。

劳够（勞夠）láo gòu 【源出】德昂族姓。劳够，氏族名，因姓。汉姓为李。【分布】云南镇康有此姓。

牢 láo 【源出】①古有牢子国，其后以国为氏。②三国时魏将军牛金因避难改姓牢氏。【分布】辽宁阜新、甘肃临夏、山西阳泉等地有。

逤 láo 源出不详。《中国姓氏集》收。【分布】台北有此姓。

癆（癆）láo 源出不详。【分布】湖南有此姓。

老 lǎo 【源出】①古帝颛顼之子号老童，其后有老氏。②春秋时宋戴公之孙食采之邑（在今山东济宁），子孙以地为氏。【分布】吉林、广东两省多此姓。

佬 lǎo 源出不详。《中华古今姓氏大辞典》收。【分布】广东高要有此姓。

铑（銠）lǎo 源出不详。【分布】西安有此姓。

乐（樂）lào 【源出】河北乐亭、山东乐陵均音 lào，或以地名为氏。分布不详。

另见 lè、yuè、yào

烙 lào 源出不详。《新编千家姓》收。【分布】河北隆化、涿鹿，山西交城等地有。

涝（澇）lào 源出不详。《新编千家姓》收。【分布】山东新泰有此姓。

嫪 lào 见《通志·氏族略》。【分布】酒泉、河南潢川、浙江平湖等地有。【人物】嫪毐（秦）

LE

防 lè 源出不详。【分布】上海有此姓。

乐（樂）lè 源出不详。见《中国姓氏汇编》。【分布】上海有此姓。【人

_物] 乐钧（清）

牞 lè 【源出】牞，国名，商之后，子姓，以国名为氏。见《世本》。分布不详。

勒 lè 【源出】①疏勒，汉时西域国（在今新疆疏勒），因以为氏。②汉时渤海有勒氏。【分布】内蒙古、河南两省区多此姓。【人物】勒之道（清）

勒安 lè ān 【源出】景颇族姓。属狄俄比毕家支。【分布】四川金阳有此姓。

勒备（勒備）lè bèi 【源出】黑彝家支。【分布】四川汉源有此姓。

勒崩 lè bēng 【源出】瑶族姓。属红头瑶，汉姓为冯。【分布】云南金平有此姓。

勒边（勒邊）lè biān 【源出】瑶族姓。属红头瑶，汉姓为盘。【分布】云南金平有此姓。

勒便 lè biàn 【源出】瑶族姓。世居云南金平城关镇，属红头瑶，汉姓盘，又分勒便布厄（大盘，即灰盘）、勒便遂（中盘，即红盘）、勒便白（三盘，即白盘）、勒便迈（四盘，即青盘）、勒便样（五盘，即黄盘）。【分布】云南金平有此姓。

勒当（勒當）lè dāng 【源出】瑶族姓。属红头瑶，汉姓为邓，又分勒当遂（酸邓），勒当康（灰邓）、勒当

干厄（半截邓）。【分布】云南金平有此姓。

勒尔（勒爾）lè ěr 【源出】彝族姓。属海莱家支。四川凉山彝族家支。【分布】云南宁蒗、四川凉山等地有此姓。

勒各 lè gè 【源出】彝族姓。【分布】四川峨边有此姓。

勒贵（勒貴）lè guì 【源出】景颇族姓。属茶山支系。汉姓为赵。【分布】云南盈江有此姓。

勒豪 lè háo 【源出】黎族姓。黎语意为木棉的孩子。汉姓为韦。【分布】海南东方、乐东等地有。

勒江 lè jiāng 【源出】景颇族姓。属茶山支系。汉姓为张。【分布】云南盈江有此姓。

勒纠（勒糾）lè jiū 【源出】①瑶族姓。世居云南富宁木央区，属板瑶，汉姓为赵，内部又分勒纠布（大赵）和勒纠迈（小赵）。②云南盈江景颇族姓。【分布】云南富宁、盈江等地有。

勒鸠（勒鳩）lè jiū 【源出】瑶族姓。属红头瑶，汉姓为赵，又分大赵（布车勒鸠）、中赵和小赵。【分布】云南金平有此姓。

勒雷 lè léi 【源出】瑶族姓。属红头瑶，

汉姓为李。又分勒雷布（大李）、勒雷锡（二李，又称红李）、勒雷迈（青李）、勒雷间（汉李）、勒雷干厄（半截李）。【分布】云南金平有此姓。

勒楼（勒樓）lè lóu 【源出】瑶族姓。属红头瑶，汉姓为罗。【分布】云南金平有此姓。

勒鸣（勒鳴）lè míng 【源出】瑶族姓。属红头瑶，汉姓为赵。【分布】云南金平有此姓。

勒墨 lè mò 【源出】傈僳族姓。其先原为勒墨人（白族一支系），后融入傈僳族。【分布】云南福贡有此姓。

勒喃 lè nán 【源出】景颇族姓。属茶山支系。汉姓为雷。【分布】云南盈江有此姓。

勒排 lè pái 【源出】景颇族姓氏。瓦切娃时二十六大姓之一。汉姓为胡。【分布】云南陇川、瑞丽、盈江等地有此姓。

勒滔 lè tāo 【源出】景颇族姓。属载瓦支系。汉姓为痛。【分布】云南陇川有此姓。

勒通 lè tōng 【源出】景颇族姓。属载瓦支系。【分布】云南陇川有此姓。

勒托 lè tuō 【源出】景颇族姓氏。属景颇支系，为瓦切娃时二十六大姓之一。汉姓为董、徐、童。【分布】

云南陇川有此姓。

勒拖 lè tuō 【源出】景颇族姓。汉姓为唐。【分布】云南盈江有此姓。

勒武 lè wǔ 【源出】景颇族姓。属浪速支系。汉姓为金。【分布】云南梁河有此姓。

勒者 lè zhě 【源出】彝族姓。【分布】四川峨边有此姓。

LEI

雷 léi 【源出】①黄帝之臣雷公（医师）之后。②古诸侯国方雷氏，后以国名为氏，单姓雷。【分布】川、陕、湘、鄂、黔、豫六省多此姓。【人物】雷义（东汉）

雷子 léi zǐ 【源出】彝族姓。【分布】四川峨边有此姓。

缧（縲）léi 源出不详。【分布】江苏滨海、姜堰，湖南等地有。

擂 léi 源出不详。【分布】湖南有此姓。

镭（鐳）léi 源出不详。【分布】湖南津市有此姓。

蠃 léi 源出不详。【分布】甘肃有此姓。

纍 léi 【源出】①以名为氏。黄帝正妃嫘祖之后。②黄帝次妃之宗国方累氏之后。③春秋时晋七舆大夫累虎之后。【分布】山西运城、临汾、吕梁，安徽淮南等地有。

耒 léi 【源出】耒水，湘江支流。今湖南耒阳，为秦置县。或以水名，或以邑名为氏。【分布】酒泉、湘潭、安阳等地有。

垒（壘）lěi【源出】①秦后有垒氏。②汉时有中垒校尉（掌安保之官），子孙以官名为氏。【分布】湖南、成都、浙江苍南等地有。

累 lěi【源出】夏时刘累为古陶唐氏之后，其子孙以名为氏。见《姓觿》。【分布】武汉、山西离石等地有。

磊 lěi 源出不详。《中华姓府》收。【分布】上海、台北、周口等地有。

蕾 lěi 源出不详。《中华姓府》收。【分布】西安、台北、信阳、大同等地有。

儡 lěi 源出不详。见《湖南家谱解读》。【分布】湖南有此姓。

肋 lèi 源出不详。《姓氏辞典》收。【分布】甘肃和政有此姓。

泪（淚）lèi 源出不详。【分布】武汉、湖南等地有。

类（類）lèi【源出】①青阳氏（即黄帝）娶于类氏（即嫘祖），生昊，后有类氏，见《路史》。②夷姓，见《姓苑》。【分布】北京、上海、台北、天津武清、太原多地有。

LENG

棱 léng 见《姓谱》。【分布】浙江余姚、嵊州等地有。

冷 lěng【源出】①传黄帝时典乐官伶伦（亦作泠伦）之后，后转为冷氏。②春秋时周武王弟卫康叔之后有冷氏。【分布】鲁、豫、辽、川、黔、苏、湘、鄂八省多此姓。【人物】冷道（晋）

冷莫 lěng mò【源出】彝族姓。【分布】四川德昌有此姓。

冷曲 lěng qū【源出】彝族姓。【分布】四川峨边有此姓。

堎 lèng 源出不详。【分布】河南信阳、卢氏，江西宁都等地有。

LI

厘 lí【源出】同釐氏，釐连氏之后有厘氏。见《路史》。【分布】大同、中山等地有。

狸 lí【源出】①高辛氏时八才子之一季狸之后。②尧子丹朱，舜封之为房邑侯，故称房侯，别为狸姓。见《周语》。【分布】江西安福有此姓。

离（離）lí【源出】①黄帝臣离娄，能于百步之外，见秋毫之末，黄帝亡其玄珠，使离娄索之。亦作离朱。其后有离氏。②钟离氏之后有离氏。【分布】成都、偃师、湖南、河北蔚县等地有。

梨 lí【源出】当出汤裔黎侯丰舒之后。见《万姓统谱》。【分布】苏、豫、粤三省多此姓。【人物】梨公牟（明）

犁 lí 【源出】出于子姓，周出黎国黎侯丰舒之后有黎氏、犁氏。【分布】天津武清、台东、中山、湖南等地有。

鹂（鸝）lí 源出不详。【分布】上海有此姓。

另见 lì

棃 lí 【源出】周时黎国（在今山西长治）之后有棃氏，见《姓源》。【分布】河南确山、台湾高雄等地有。

犛 lí 【源出】春秋齐时有犛邑（也作犛丘，在今山东禹城、济阳间），封食于此邑者之子孙遂以邑名氏焉。【分布】成都、武昌、台东等地有。

漓 lí 源出不详。【分布】湖南、广东中山等地有。

藜 lí 源出不详。见《姓苑》。【分布】四川武胜等地有。

蔾 lí 源出不详。见《姓苑》。【分布】成都有此姓。

黎 lí 【源出】黎，商周时古国。周武王封汤后于黎（今山西长治），黎侯丰舒之后，有黎氏、犁氏。【分布】粤、桂、赣、川、湘、皖、琼七省区多此姓。

篱（籬）lí 源出不详。【分布】湖南、江苏滨海多地有。

藜 lí 源出不详。见《姓苑》。【分布】成都、山西阳泉等地有。

礼（禮）lǐ 【源出】周武王同母少弟，名封，初封于康，属卫地，称卫康叔，其后有卫大夫礼孔、礼至，遂以礼为氏。【分布】河北省多此姓。【人物】礼震（东汉）

李 lǐ 【源出】源自嬴姓。帝高阳氏之裔陶为尧大理（掌刑法长官），世为大理，以官命族为理氏。商纣王之时，理徵以直道不容于纣，获罪而死。其妻陈国契和氏，与子利正逃难至伊侯之墟，食李得全，遂改理为李氏。【分布】冀、鲁、豫、川、粤、湘、鄂七省多此姓。【人物】李世民（唐）

李梁 lǐ liáng 【源出】系李、梁二姓合成。【分布】台湾高雄有此姓。

李满（李滿）lǐ mǎn 源出不详。见《姓氏词典》。【分布】内蒙古有此姓。

里 lǐ 【源出】①本为理氏，春秋时改为里氏。②春秋时里季子，即里克，其后有里氏。【分布】北京、天津、上海、西安、台北、太原等地有此姓。

浬 lǐ 源出不详。【分布】内蒙古鄂伦春旗有此姓。

娌 lǐ 源出不详。【分布】湖南怀化有此姓。

理 lǐ 【源出】①皋陶为舜帝之理官（掌刑法），子孙以官名为氏。②明末

151

清初有李姓改为理氏者。【分布】上海、台湾彰化、周口、信阳等地有。

裡 lǐ 源出不详。【分布】河北定州有此姓。

鲤（鯉）lǐ 源出不详。【分布】湖南有此姓。

力 lì 【源出】黄帝之臣力牧之后，见《风俗通》。【分布】闽、晋、苏、渝四省市多此姓。【人物】力子都（汉）

历（歷）lì 【源出】①历，商时侯伯之国（在今河南禹州），春秋灭于郑，以国名氏。②古有历正之官（主历法），当以官名为氏。【分布】辽、吉、黑、皖四省多此姓。

加 lì 源出不详。《中华古今姓氏大辞典》收。【分布】上海、江西宜丰等地有。

厉（厲）lì 【源出】厉，古国名，在今湖北随州，炎帝之后。周初立国，后灭于楚。子孙以国名氏。春秋齐厉公之后，以谥为氏。【分布】湘、浙、苏三省多此姓。

立 lì 【源出】春秋鲁国贤人立如子之后。《卜辞》中氏族名。蒙古族姓。【分布】广西、江苏两省多此姓。【人物】立述（唐）

立皮 lì pí 【源出】彝族姓。【分布】四川马边有此姓。

立其 lì qí 【源出】佤族姓。氏族名，佤语意为猪，以猪为图腾，因姓，后改为朱氏。【分布】云南永德有此姓。

朸 lì 【源出】春秋时齐大夫采邑，即平原朸县（在今山东商河县），后因以为氏。【分布】贵州盘州市有此姓。

吏 lì 见《姓苑》。【分布】新疆、河北两省区多此姓。

丽（麗）lì 【源出】①丽，男爵，商时小国，其后以国为氏。②炎帝之后，姜姓之裔厉山氏之后有丽氏。③春秋时晋大夫匠丽之后，以名为氏。【分布】北京、上海、淮南、酒泉、中山、无锡多此姓。

郦（酈）lì 【源出】本姓厉，后加邑为郦氏。原因不详。【分布】江苏武进、江西吉安等地有。

励（勵）lì 【源出】①三国时吴国孙秀投奔东晋，孙吴国君主孙皓大怒，改孙秀的姓氏为"厉"，意在贬责，厉氏后代在康乾时期改姓励氏。②清初礼部尚书励杜讷，本姓厉，清仁皇帝赐姓励氏。【分布】上海、浙两省市多此姓。【人物】励静（宋）

利 lì 【源出】①相传为古利国之后，系自隗姓。②春秋时楚公子食采于利，其后以为氏。【分布】广东、广西两省区多此姓。【人物】利几（汉）

邔 lì 源出不详。见《山西人口姓氏大全》。【分布】山西大同、襄垣等地有。

沥（瀝）lì 源出不详。【分布】河北获鹿有此姓。

苙 lì 源出不详。《新编千家姓》收。分布不详。

枥（櫪）lì 源出不详。【分布】湖南、江苏滨海有此姓。

例 lì 见《姓苑》。【分布】湖南、山西浮山有此姓。

戾 lì 见《姓苑》。【分布】山西太原、古交、永济等地有。【人物】戾昭（明）

隶（隸）lì 【源出】传黄帝之臣隶首作算数，为隶姓之始。见《姓氏寻源》。【分布】太原、无锡、河北南宫等地有。【人物】隶并（晋）

荔 lì 【源出】①西羌荔非氏后改为荔氏。②西汉大荔国（在今陕西大荔），当以国名为氏。【分布】天津、西安、成都、太原、大同等地有。

栎（櫟）lì 【源出】①出自士氏。晋大夫范文子燮，受邑枸栎，其后有枸氏、栎氏。②栎，春秋郑邑，因氏。【分布】浙江安吉有此姓。

郦（酈）lì 【源出】郦，商周偃姓国（在今河南内乡），黄帝裔孙封于郦，春秋灭于楚，后因以为氏。【分布】浙江、山东两省多此姓。【人物】郦道元（北魏）

栎（轢）lì 源出不详。【分布】湖南有此姓。

莉 lì 【源出】汉、回族姓。源出不详。【分布】酒泉、大同、香港、茂名、宜兰等地有。
　　另见 chí

苈 lì 源出不详。【分布】安徽望江、福建将乐等地有。

鬲 lì 【源出】古代陶制炊具和瓦瓶，以器具名为氏。【分布】山东昌乐有此姓。
　　另见 gé

栗 lì 【源出】①古帝栗陆氏之后有栗氏。②栗，商代古国（在今河南夏邑），灭于周，子孙以国名氏。【分布】晋、冀、豫三省多此姓。

琍 lì 源出不详。【分布】太原有此姓。

笠 lì 【源出】古有笠泽（泽名，在今江苏省）。当以居之滨而氏。【分布】上海、香港、高雄等地有。

鹂（鸝）lì 源出不详。【分布】上海有此姓。
　　另见 lí

雳（靂）lì 源出不详。【分布】湖南有此姓。

傈 lì 【源出】傈僳族姓。【分布】云南马关、江苏洪泽等地有。

溧 lì 源出不详。【分布】河南周口有此姓。

溧 lì 源出不详。【分布】上海、甘肃古浪、湖南麻阳、江苏泰兴等地有。

璃 lì 源出不详。【分布】河南济源有此姓。

梸 lì 源出不详。【分布】河南博爱有此姓。

LIAN

奁 (奩) lián 源出不详。【分布】茂名有此姓。

连 (連) lián 【源出】①陆终第三子惠连之后有连氏。②春秋时齐大夫连称之后有连氏。③春秋时楚有连尹、连敖等官名，连姓必有以官为氏者。【分布】晋、冀、豫、台、闽、粤、渝七省市多此姓。

连武 (連武) lián wǔ 源出不详。见《山西人口姓氏大全》。【分布】山西襄垣有此姓。

怜 (憐) lián 源出不详。【分布】江苏武进有此姓。

帘 (簾) lián 源出不详。《新编千家姓》收。【分布】淮南、辽宁黑山、河北涿鹿等地有。

莲 (蓮) lián 源出不详。《新编千家姓》收。【分布】安徽多此姓。

涟 (漣) lián 源出不详。【分布】湖南娄底有此姓。

联 (聯) lián 见《万姓统谱》。【分布】冀、鲁、豫三省多此姓。【人物】联谦 (晋)

零 lián 【源出】西羌人姓。先零、西羌族名，汉时为羌族一支 (在今甘肃临夏至青海一带)，或以族名为氏。分布不详。

另见 líng

廉 lián 【源出】①颛顼之孙秦大廉之后，以王父字为氏。②矫健善走纣王谀臣飞廉之后。【分布】豫、湘、晋三省多此姓。

廉 lián 【源出】本廉字异体。台湾有人将二字分为二姓，大陆混用。【分布】台南、台中、山西介休、闻喜等地有。

濂 lián 【源出】濂，水名，在今江西南部，因以为氏。【分布】湖南有此姓。【人物】濂汝 (汉)

鍊 lián 源出不详。见《台湾区姓氏堂号考》。【分布】台北有此姓。

臁 lián 源出不详。【分布】湖南有此姓。

镰 (鐮) lián 源出不详。【分布】北京，山西孝义、山阴，河南宝丰等地有。

练 (練) liàn 【源出】①其先仕闽 (五代时国，故城在今福建闽侯)，食邑闽之练乡，因氏。②唐时李勣将有练何，本姓柬，从李勣伐高丽有

功，以精练军戎赐姓练氏。【分布】粤、桂、川三省区多此姓。【人物】练定（宋）

炼（煉）liàn 源出不详。《新编千家姓》收。【分布】北京、太原、大同等多地有。

恋（戀）liàn 源出不详。见《通志·氏族略》《正字通》。【分布】北京、成都、太原等地有。

链（鏈）liàn 源出不详。见《新编注音千家姓》。【分布】西安、周口等地有。

楝 liàn 源出不详。《中国姓氏汇编》收。【分布】河南洛宁有此姓。

LIANG

良 liáng 【源出】①春秋时郑穆公去疾，字子良，其后以字为氏。②下邳有古良城（在今江苏邳州市）、幽州有良乡（在今北京房山），有以地名为氏者。【分布】吉、冀两省多此姓。

凉 liáng 【源出】①周惠王凉之后，支孙以王父名为氏。②凉州故城在今甘肃秦安东北。或以州名为氏。【分布】北京顺义、上海、西安、成都多地有此姓。【人物】凉茂（三国·魏）

梁 liáng 【源出】①伯益之裔秦仲有功，周封其少子康于夏阳之梁山（今陕西韩城南），是为梁康伯，其后梁伯灭于秦，子孙遂以国为氏。

②周平王之子唐封于南梁，春秋灭于楚，子孙以国名为氏。【分布】桂、粤、豫三省区多此姓。

梁丘 liáng qiū 【源出】春秋时齐景公之大夫食采于梁丘（故城在今山东城武东北），因以邑为氏。【分布】沈阳、厦门等地有。【人物】梁丘贺（汉）

梁秀 liáng xiù 源出不详。见《临夏市姓氏》（甘肃）。【分布】甘肃临夏有此姓。

量 liáng 【源出】汉、晋时南中（泛指四川大渡河以南）夷人有孟、爨、量、朴、夕五大姓。【分布】北京、上海、天津武清、大同、长治等地有。

粮（糧）liáng 源出不详。【分布】北京、太原、周口、高雄多地有。

樑 liáng 源出不详。见《玺印姓氏徵》。【分布】广州、绍兴、湘潭、无锡等地有。

两（兩）liǎng 源出不详。《池北偶谈》载。【分布】成都、武汉、台东等地有。

俩（倆）liǎng 源出不详。【分布】山西文水有此姓。

亮 liàng 【源出】古帝颛顼之师有柏夷、亮父，亮氏当出此。【分布】北京、上海、成都、无锡等地有。

谅（諒）liàng 【源出】战国时赵使秦

大夫谅毅之后，见《急就篇》。【分布】北京、江苏金湖等地有此姓。【人物】谅辅（东汉）

辆（輛）liàng　源出不详。【分布】广东中山有此姓。

晾 liàng　源出不详。【分布】北京有此姓。

LIAO

辽（遼）liáo　【源出】①系自子姓。宋微子之后有辽氏。②三国时魏有后将军牛金，司马懿忌金，酖之。子孙为避司马氏之难，改姓辽氏。【分布】北京、沈阳、大同、无锡等地有。

疗（療）liáo　源出不详。【分布】陕西、湖南两省多此姓。

聊 liáo　【源出】春秋齐大夫食采于聊（在今山东聊城西北），子孙以邑名氏。【分布】上海、天津、台北、泉州等地均有。【人物】聊谋（汉）

寮 liáo　【源出】本姓牛。北魏将军牛金为司马懿所杀，子元定避难安定，改姓寮。亦见《姓苑》。【分布】太原有此姓。【人物】寮炽（北魏）

僚 liáo　【源出】①春秋时晋杨氏大夫僚安之后。②春秋时宋司马华费遂侍人宜僚之后，以名为氏。【分布】北京、湖南怀化等地有。

漻 liáo　源出不详。【分布】湘潭有此姓。

廖 liáo　见《奇姓通》。【分布】粤、浙、鲁、豫四省多此姓。

潦 liáo　源出不详。【分布】湘潭有此姓。

簝 liáo　【源出】系自子姓。宋微子之后有簝氏。【分布】西安、太原等地有。

缭（繚）liáo　源出不详。【分布】湖南、鄂尔多斯等地有。

了 liǎo　源出不详。《新编千家姓》收。【分布】上海、武汉、台北、太原、无锡等地有。

蓼 liǎo　【源出】①出自姬姓。颛顼帝之子庭坚之后封于蓼（在今河南固始），灭于楚穆王，子孙以国为氏。②西蓼出自己姓，灭于楚文王。子孙以国名氏。【分布】上海、西安等地均有。

料 liào　【源出】清满洲人姓。【分布】山西怀仁、浙江泰顺、广东三水等地有。

廖 liào　【源出】①出于己姓。古时廖、飂、蓼通，春秋时国名（在今河南唐县南）。廖叔安之后，子孙以国为氏。②周文王之子伯廖之后。【分布】粤、赣、湘、川、桂、台、闽、豫八省区多此姓。

缪（繆）liào　源出不详。1950年台湾有大学教员缪培基。分布不详。

镣（鐐）liào　源出不详。【分布】湖南津市、无锡等地有。

列 liè 【源出】①系自姜姓，古帝列山氏之后，见《风俗通》。②春秋时郑列御寇之后。③系自芈姓，楚公族列宗氏之后。【分布】粤、豫两省多此姓。

列扑 (列撲) liè pū 【源出】佤族姓。即果恩列扑氏。【分布】云南西盟有此姓。

劣 liè 【源出】传说元明时期，山西李姓因事被朝廷罚姓劣。民国初，应县南泉乡劣姓全部改为力姓。【分布】太原、大同、北京怀柔等地有。

洌 liè 《新编千家姓》收。分布不详。

烈 liè 【源出】炎帝号烈山氏，烈姓出此。【分布】北京、成都等地有。

呼 liè 源出不详。【分布】淄博有此姓。

猎 (獵) liè 见《姓谱》《姓觿》。【分布】江苏洪泽、湖南麻阳等地有。

裂 liè 【源出】①系自姜姓，春秋时纪大夫裂繻之后。见《路史》。②系自曹姓，春秋时莒子支庶之后有裂氏。【分布】宁夏平罗、山西古县等地有。

邻 (鄰) lín 【源出】道家有《老子邻氏经传》四篇，见《汉书·艺文志》。老子姓李名耳，邻氏传其学。【分布】上海、太原、淮南等地有。

林 lín 【源出】①相传殷商比干之子坚，避难长林之山，因以为氏。②系自姬姓。周平王次子林开之后，因以为氏。【分布】闽、粤、台、浙、桂五省多此姓。

林孟 lín mèng 源出不详。见《山西人口姓氏大全》。【分布】山西阳泉有此姓。

林彭 lín péng 源出不详。【分布】湖南辰溪有此姓。

林吴 lín wú 【源出】应系林、吴二姓合成。【分布】台湾宜兰有此姓。

林醒 lín xǐng 【源出】景颇族姓。景颇支系，分自木忍姓。【分布】云南莲山有此姓。

临 (臨) lín 【源出】①颛顼高阳氏时八才子之一大临之后，子孙以字为氏。②春秋时晋大夫赵稷食采于临邑（在今河北临城），子孙以邑为氏。【分布】北京、天津、上海、山西临汾等地有。【人物】临孝恭（隋）

淋 lín 源出不详。【分布】山西汾阳、江西宁都等地有。

琳 lín 【源出】汉时蓼侯孔藏之子琳，其后以名为氏。见《史记·汉高祖

157

功臣年表》。【分布】上海、中山、河南偃师等地有。

隣 lín 【源出】①北魏时改纥突隣氏为隣氏。②西羌姓。【分布】北京、太原、成都等地有。

霖 lín 源出不详。【分布】浙江松阳有此姓。

磷 lín 源出不详。【分布】海南琼山有此姓。

鳞（鱗）lín 【源出】①古鳞国，姬姓，后灭于宋，子孙以国为氏。②系自子姓。宋桓公之子公子鳞生东乡矔，亦称鳞矔，以字为氏。【分布】浙江庆元有此姓。

麟 lín 【源出】《姓氏考略》云: 同鳞姓。【分布】北京、沈阳等地有此姓。

廪 lǐn 【源出】周时有廪人(管粮)之官，子孙以官名为氏。分布不详。

廩 lǐn 【源出】《周礼》地官之属有廪人，掌九谷之数，世其官者之后，以官为氏。【分布】湖南祁东有此姓。

懔 lǐn 源出不详。【分布】湖南有此姓。

檁 lǐn 源出不详。【分布】山西长治、朔州，湖南等地有。

吝 lìn 见《姓谱》。【分布】冀、鲁、豫、辽、陕五省多此姓。

赁（賃）lìn 【源出】出自钟氏，明末钟楚王为避难，改姓赁，清康熙年间入籍成都。【分布】北京、上海、成都、高雄等地有。

蔺（藺）lìn 【源出】①春秋时晋穆公之少子成师，封邑于韩，裔孙韩厥之玄孙康，仕赵，食采于蔺（今山西离石西），因以为氏。②涪陵蔺氏，出自賨族。【分布】晋、冀、豫、甘、陕、川、粤、渝八省市多此姓。

潾 lìn 源出不详。【分布】宁夏西吉有此姓。

闛 lìn 源出不详。【分布】北京、陕西城固、山西忻州、台湾云林等地有。

膦 lìn 源出不详。【分布】湖南有此姓。

蹸 lìn 源出不详。【分布】河南义马、吉林扶余、湖北老河口等地有。

躏（躙）lìn 源出不详。【分布】江苏滨海有此姓。

LING

令狐 líng hú 【源出】①周文王之子毕公高之后有毕万，仕晋，其孙犨封于魏，犨之子颗以获秦将杜回有功，别封于令狐（故城在今山西临猗西南），子孙因以为氏。②唐时狐氏有改为令狐氏者。【分布】重庆、贵州多此姓。

令孤 líng gū 【源出】唐时敦煌吐鲁番出土文书中有令孤氏，似系令狐之误。【分布】无锡、山西永济等地有。

伶 líng 【源出】古有伶人（官名，掌乐之官）。黄帝时乐官伶伦氏之后，以官名为氏。【分布】北京、成都等地有。【人物】伶征（汉）

冷 líng 【源出】①春秋时周武王弟卫康叔之后有冷氏，见《路史》。②泠伦氏之后，即泠氏，后讹为冷。另见 lěng

灵（靈）líng 【源出】①古有灵国（在今山东藤县），子孙以国为氏。②春秋齐灵公之后，以谥为氏。③宋文公之子围龟，字子灵，其孙不缓，为宋左师，以其字为氏。【分布】太原、上海嘉定、台北、淮南等地有。

苓 líng 源出不详。【分布】大同、曲阜、甘肃甘谷等多地有。

泠 líng 【源出】①相传为黄帝时典乐泠伦(亦作泠沦、伶伦、伶纶)之后，泠人系掌乐之官，以官为氏。②古泠沦国，即春秋时卫之泠邑（在今河南境），以国为氏。【分布】北京、上海、成都、武汉、太原等地有。

玲 líng 源出不详。【分布】太原、茂名、基隆、台东等地有。

柃 líng 源出不详。【分布】江西永修有此姓。

瓴 líng 源出不详。【分布】粤、皖两省多此姓。

铃（鈴）líng 源出不详。【分布】上海、成都，山西阳泉、临汾等地有此姓。

昤 líng 源出不详。见《中华古今姓氏大辞典》。【分布】安徽界首有此姓。

舲 líng 《新编千家姓》收。分布不详。

凌 líng 【源出】春秋时卫康叔支子为周之凌人（《周礼》官名，掌冰之官），子孙以官为氏。【分布】粤、桂、湘、苏、内蒙古、赣、皖、浙八省区多此姓。【人物】凌操（三国·吴）

陵 líng 【源出】①伏羲裔孙，商时诸侯逢伯陵之后。②尧帝之子为丹朱，丹朱之孙为陵，其后有陵氏。【分布】湘、苏两省多此姓。【人物】陵茂（明）

聆 líng 源出不详。【分布】台北、浙江慈利等地有。

菱 líng 【源出】晋有大夫菱氏僖子，见《世本》。【分布】江苏武进、金湖，河南义马等地有。

翎 líng 源出不详。【分布】大同有此姓。

羚 líng 源出不详。【分布】湖南有此姓。

淩 líng 【源出】淩，水名，在泗水郡淩县（今江苏宿迁东南）。或以水名为氏。今与凌混。

零 líng 见《姓苑》。【分布】上海、台北、茂名、酒泉、岳阳等地有。

【人物】零畅（明）

　　另见 lián

龄（齡）líng　源出不详。【分布】广东惠阳、湖南等地有。

蔆 líng　源出不详。【分布】河南义马有此姓。

岭 lǐng　【源出】①四川凉山土司有岭氏。②彝族沙里别兹氏，汉姓为岭。【分布】上海、成都、无锡、宜宾等地有此姓。

岑 lǐng　【源出】即岭氏。【分布】浙江象山、山西阳泉等地有。

领（領）lǐng　【源出】①领氏出自遂（今河南偃师）人之族。②四川越嶲北邛部县土司有领氏，见《边防考》。【分布】北京、上海、武汉、淮南等地有。【人物】领台（元）

嶺 lǐng　源出不详。清时四川建昌道建昌镇有嶺氏。【分布】北京、武汉、台北多地有此姓。

另 lìng　【源出】或系零氏所改。【分布】陕西眉县、山西长治、河北三河等地有。

令 lìng　【源出】①春秋时楚令尹子文之后。②春秋时晋令狐文子之后。【分布】甘肃多此姓。【人物】令勉（汉）

LIU

溜 liū　源出不详。《新编千家姓》

收。【分布】江西莲花有此姓。

刘（劉）liú　【源出】①帝尧后裔受封于刘（今河北唐县），其后有刘氏。②周成王封王季子于刘邑（今偃师西南），因以为氏。【分布】川、鄂、湘、冀、鲁、豫六省多此姓。【人物】刘邦（汉）

刘付（劉付）liú fù　源出不详。见《姓氏人名用字分析统计》。【分布】广东遂溪、山西平遥等地有。

刘傅（劉傅）liú fù　【源出】应系刘、傅二姓合成。【分布】广东茂名、广西陆川等地有。

刘关（劉關）liú guān　【源出】应系刘、关二姓合成。【分布】山西寿阳有此姓。

刘胡（劉胡）liú hú　【源出】相传为刘、胡两姓所合，已有百年历史。见《中华姓氏大辞典》。【分布】广东顺德有此姓。

刘惠（劉惠）liú huì　源出不详。【分布】江苏无锡有此姓。

刘谭（劉譚）liú tán　【源出】应系刘、谭二姓合成。【分布】湖南攸县有此姓。

刘王（劉王）liú wáng　源出不详。见《中国姓氏汇编》。【分布】广东、山西平遥等地有。

浏（瀏）liú　源出不详。见《息县姓氏》（河南）。【分布】河南息县有此姓。

留 liú 【源出】①帝尧之子丹朱之庶兄九人，封于留者之后，以邑为氏。②出自周封内大夫，食采于王畿之留，以邑为氏。【分布】浙、台两省多此姓。【人物】留梦炎（宋）

流 liú 见《姓苑》。【分布】上海、武汉、中山等地有。【人物】流珠（五代·南唐）

琉 liú 源出不详。【分布】江苏姜堰有此姓。

廖 liú 源出不详。《新编千家姓》收。【分布】北京、大同、天津武清、汨罗等地有。

硫 liú 源出不详。【分布】周口、滨海、湖南等地有。

榴 liú 见《姓谱》。【分布】河南周口有此姓。

镏（鎦）liú 源出不详。【分布】湖南、江苏洪泽等地有。

镠（鏐）liú 源出不详。【分布】山东有此姓。

鎏 liú 源出不详。见《沂水县姓氏》（山东）。【分布】河南偃师、山东沂水等地有。

柳 liǔ 【源出】①春秋时鲁孝公之裔展禽食采于柳，号柳下惠，后以邑为氏。②楚怀王之孙熊心，号义帝，都柳，子孙因以为氏。【分布】湘、鄂、鲁、辽、皖五省多此姓。

柳固 liǔ gù 【源出】彝族黑彝家支。【分布】四川金阳有此姓。

LONG

龙（龍）lóng 【源出】①舜臣龙为纳言（官名），龙之后以名为氏。②御龙氏之后有龙氏。③豢龙氏之后有龙氏。④春秋时楚大夫食采于龙（今山东泰安境），后因以为氏。【分布】滇、黔、湘、鄂、川、粤、桂七省区多此姓。【人物】龙述（东汉）

龙德（龍德）lóng dé 【源出】彝族姓。【分布】云南永胜有此姓。

龙耿（龍耿）lóng gěng 【源出】佤族姓。汉姓为罗。【分布】云南西盟有此姓。

龙华（龍華）lóng huá 【源出】景颇族姓。分自勒排。【分布】云南莲山有此姓。

龙丘（龍丘）lóng qiū 【源出】①黄帝之子少昊之后，见《姓苑》。②浙江龙游县东有龙丘山，因氏。【分布】江苏无锡有此姓。

咙（嚨）lóng 源出不详。【分布】湖南有此姓。

泷（瀧）lóng 【源出】古无此姓，或系龙加水。山东有孝妇河，亦称泷水。或即以泷水为氏。【分布】陕西蒲城、湖南、周口等地有此姓。

另见 shuāng

珑（瓏）lóng 【源出】明时云南师宗州土官阿的，其先世有普恩者，在元为武德将军，世有其地，至阿的归附，授州同知，协理州事，世居治左恩荣寨，的孙曰珑哥，遂以珑为姓。【分布】湖南新邵有此姓。

栊（櫳）lóng 源出不详。《新编千家姓》收。分布不详。

眬（矓）lóng 源出不详。【分布】湖南怀化有此姓。

聋（聾）lóng 源出不详。【分布】武汉、河北安新、江苏滨海等地有。

笼（籠）lóng 【源出】以器具名为姓。见《姓谱》。【分布】河北永清、大厂、临西，湖南，台湾屏东等地有。

笼耿（籠耿）lóng gěng 【源出】佤族姓，以地名为姓。【分布】云南西盟有此姓。

隆 lóng 【源出】①隆，春秋时鲁地（今泰安西南），以邑为氏。②汉初匈奴有隆氏。【分布】湘、川、渝、桂等省区多此姓。【人物】隆成（明）

蘢 lóng 源出不详。【分布】山西平定、台湾桃园等地有。

儱 lóng 源出不详。见《高淳县姓氏》（江苏）。【分布】江苏高淳有此姓。

陇（隴）lǒng 【源出】①宋时青唐羌

有陇连部，当以部名为姓。②明时四川蛮芒部土知府皆陇氏。【分布】北京、太原、台北、上海宝山等地有。

拢（攏）lǒng 源出不详。【分布】武汉、台北等地有。

垄（壟）lǒng 源出不详。《新编千家姓》收。【分布】北京、武汉、中山、彰化等地有。

LOU

搂（摟）lōu 源出不详。【分布】河南有此姓。

娄（婁）lóu 【源出】①离娄之后有娄氏。离娄为黄帝时圣人，能视百步之外，察秋毫之末。②春秋时邾娄国（今山东邹县）之后有邾娄氏、娄氏。【分布】冀、鲁、豫、黔、黑、浙六省多此姓。【人物】娄伏连（北魏）

偻（僂）lóu 【源出】①夏禹之裔，东楼公分封于曹东之偻（今山东定陶东），因氏。②北魏时代北匠偻氏改偻氏。【分布】河北临西有此姓。

蒌（蔞）lóu 【源出】北魏时代北那蒌氏后改为蒌氏。见《急就篇》。【分布】周口、甘肃古浪等地有。

喽（嘍）lóu 源出不详。见《姓氏典故》。【分布】安徽有此姓。

溇（漊）lóu 源出不详。见《萧山姓氏》（浙江）。【分布】浙江萧山、海南琼中等地有。

楼（樓）lóu 【源出】①系自姒姓。夏少康之后,封于杞(今河南杞县),为东楼公,子孙因以为氏。②东汉白马羌豪有楼氏。【分布】浙江省多此姓。

楼必（樓必）lóu bì 【源出】哈尼族姓。汉姓为扬。【分布】云南金平有此姓。

楼牙（樓牙）lóu yá 【源出】①拉祜族姓,黄苦聪人之氏族名。汉姓为杨。②哈尼族姓。汉姓为王。【分布】云南金平有此姓。

篓（簍）lǒu 【源出】畲族人姓。见董作宾著《畲民考略》。【分布】河南新安、湖南辰溪、福建等地有。

陋 lòu 源出不详。见《姓苑》。【分布】山西灵丘、河北定州等地有。

镂（鏤）lòu 【源出】汉置镂方县(今朝鲜平壤东北),属乐浪郡,当以地为氏。【分布】辽宁有此姓。

漏 lòu 【源出】世掌刻漏(计时器)之官,因氏,见《姓苑》。【分布】北京、上海、中山、无锡等地有。

LU

轳（轤）lū 源出不详。【分布】湖南有此姓。

撸（擼）lū 源出不详。【分布】河北清河有此姓。

噜（嚕）lū 源出不详。【分布】湖南有此姓。

卢（盧）lú 【源出】①炎帝之裔封于卢。②齐太公裔傒食采于卢(今山东长清东南),因氏。③齐桓公之后,卢蒲氏改为卢氏。【分布】湘、桂、粤、豫、浙、皖六省区多此姓。【人物】卢祖尚(唐)

卢黄（盧黄）lú huáng 源出不详。见《勉县志》(山西)。【分布】陕西勉县有此姓。

卢其（盧其）lú qí 【源出】彝族姓。【分布】四川峨边有此姓。

芦（蘆）lú 【源出】鲜卑人姓。北魏孝文帝时改代北莫芦氏改芦氏。见《元和姓纂》。【分布】冀、豫、甘、皖、鄂、苏六省多此姓。

庐（廬）lú 【源出】系自偃姓。古庐子国之后,见《风俗通》。古庐子国,又称巢伯国,即春秋时舒国及群舒诸国,故城在今安徽合肥。【分布】上海、成都、台北、香港、太原等地有。

垆（壚）lú 源出不详。【分布】湖南有此姓。

炉 lú 【源出】炉系爐之简写,但台湾地区有人将炉、爐分为二姓。【分布】台湾彰化、南投等地有。

163

泸（瀘）lú 源出不详。【分布】天津武清、湖南麻阳、云南泸水等地有。

颅（顱）lú 源出不详。【分布】广东中山有此姓。

廬 lú 【源出】即庐之俗写。【分布】广东东莞樟树乡有此姓。

爐 lú 【源出】《中华姓府》《中国姓氏集》收。或以爐火之方、丹汞之术为氏。【分布】武汉、成都、台湾等地有。

卤（鹵）lǔ 【源出】①古时中国称太原狄曰太卤，后有卤氏。②东汉时云南昆明夷人之姓。【分布】湖南有此姓。【人物】卤公孺（汉）

虏（虜）lǔ 源出不详。《姓苑》收。【分布】湖南、江苏滨海等地有。

鲁（魯）lǔ 【源出】①系自姞姓，黄帝之后有鲁等国，鲁在古奄地（今曲阜）。周初国灭，其后有鲁氏。②周公封国，至鲁顷公灭于楚，其后以国为氏。【分布】鲁、豫、湘、鄂、滇、皖、陕、赣八省多此姓。

鲁东（魯東）lǔ dōng 【源出】蒙古族姓，以地名为姓，见《蒙郭勒津姓氏及村名考》。汉姓有廖、络、罗、平、董、佟、何、金等。【分布】辽宁阜新有此姓。

鲁克（魯克）lǔ kè 【源出】彝族姓。

见《中华古今姓氏大辞典》。【分布】四川峨边有此姓。

鲁惹（魯惹）lǔ rě 【源出】彝族姓。【分布】四川峨边有此姓。

鲁赛（魯賽）lǔ sài 【源出】佤族姓。世居岩师，也作英龙氏。汉姓为李。【分布】云南沧源有此姓。

橹（櫓）lǔ 源出不详。【分布】浙江镇海有此姓。

璐 lǔ 源出不详。见《台湾人口姓氏分布》。【分布】台湾桃园有此姓。

六 lù 【源出】①系自偃姓。皋陶之后封于六（今安徽六合），后灭于楚，子孙遂以国为氏。②明时方孝孺拒为明成祖（燕王朱棣）起草登极诏书，被杀，子孙避难江苏江阴，改姓六氏。【分布】上海、西安、武昌、台北、玉门、太原等地有。

甪 lù 【源出】汉初商山四皓有甪里先生，盖因其所居在甪里，其后有甪氏。【分布】天津武清有此姓。【人物】甪若枚（东汉）

角 lù 【源出】齐太公后有角氏。分布不详。

陆（陸）lù 【源出】颛顼之孙吴回任尧时祝融，其子终，封于陆乡（今山东平原），故称陆终，其后以邑为氏。【分布】沪、苏、桂、粤、浙

五省区市多此姓。【人物】陆贾（汉）

陆范（陸範）lù fàn 【源出】系陆、范二姓合成。【分布】北京、福建长汀等地有。

陆费（陸費）lù fèi 【源出】本姓陆，养于外家费氏，后承陆氏，遂合为陆费氏。恩义姓。【分布】上海、浙江嘉兴、台湾台中等地有。【人物】陆费迟（清）

陆弗（陸弗）lù fú 【源出】有说即陆费氏。【分布】山西临汾有此姓。

录 lù 源出不详。见《集韵》《姓谱》《姓苑》。【分布】上海、成都、呼和浩特市等地有。

辂（輅）lù 源出不详。【分布】无锡有此姓。

赂（賂）lù 源出不详。【分布】湖南有此姓。

鹿 lù 【源出】①春秋时卫大夫食采于五鹿（今河南濮阳沙鹿镇），后因以为氏。②北魏孝文帝时改鲜卑阿鹿桓氏为鹿氏。【分布】皖、冀、鲁三省多此姓。

渌 lù 【源出】①传为上古颛顼帝之师渌图之后。②渌，水名，在今湖南东部，必其先以水名为氏。【分布】福建华安、湖南等地有此姓。

逯 lù 【源出】①春秋时楚公族之后。

②春秋时秦大夫封于逯，后因以为氏。【分布】晋、冀、豫三省多此姓。【人物】逯并（汉）

绿（綠）lù 【源出】①颛顼帝之师绿图之后。②绿，《玉篇》作渌，水名。在今湖南醴陵市，在渌口注入湘水，必其先以水为氏。【分布】苏、冀、豫三省多此姓。

禄 lù 【源出】①系自子姓。商纣王之子武庚，字禄父，其后以王父字为氏。②周官司禄之后，以官为氏。③春秋时楚太子禄之后，以名为氏。【分布】甘、豫两省多此姓。【人物】禄尊（宋）

路 lù 【源出】①黄帝曾孙帝喾之孙曰玄元，有功于唐尧，封于中路，历虞夏称侯，子孙以国为氏。②系自隗姓。黄帝封炎帝之裔于路，即春秋时赤狄潞子（故城在今山西长治），后灭于晋，子孙以国为氏。【分布】晋、冀、鲁、豫、内蒙古五省区多此姓。【人物】路博德（汉）

僇 lù 源出不详。《新编千家姓》收。【分布】太原有此姓。

谬 lù 源出不详。见《武陟县姓氏》（河南）。【分布】河南武陟有此姓。

録 lù 【源出】高阳氏之师有録国，见《正字通》。【分布】河南省多此姓。

潞 lù 【源出】①黄帝封炎帝之裔参卢

165

于潞（今山西潞城），后因氏。②春秋时潞国，系赤狄别种，隗姓，子孙以国为氏。【分布】成都、银川、长治等地有。

璐 lù 源出不详。【分布】山西太原、榆次，河北围场等地有。

麓 lù 《新编千家姓》收。分布不详。

驢 lù 源出不详。见《象山县志》（浙江）。【分布】浙江象山有此姓。

露 lù 【源出】①炎帝神农氏之裔有露伯，夏殷时诸侯国，子孙以国为氏。②春秋时鲁大夫露堵父之后。【分布】武昌、无锡、周口、汕头等地有。

Lü

闾（閭）lú 【源出】①周官闾师（主征六乡赋贡之税）之后。②楚平王之子启，字子闾，其后以字为氏。【分布】上海、江苏泰兴等地有。

闾丘（閭丘）lú qiū 【源出】①春秋时齐公族有闾丘氏。②系自曹姓。春秋时邾国闾丘氏食邑（在今山东邹县东北），故以命氏。【分布】北京、上海、香港等地有。【人物】闾丘玉（明）

闾邱（閭邱）lú qiū 【源出】即闾丘氏，已作另姓。【分布】上海有此姓。

驴（驢）lú 【源出】元人狗驴、买驴之后有驴氏。见《姓氏考略》。【分布】广西灌阳、四川仪陇、河北平乡等

地有。

吕 lǔ 【源出】系自姜姓。炎帝之裔，虞夏之际受封为诸侯。或言伯夷佐禹有功，封于吕，今蔡州新蔡即其地也。至周穆王时吕侯入为司寇，后为宋所并，子孙以国为氏。【分布】冀、鲁、豫、辽四省多此姓。

孚 lǔ 源出不详。【分布】山东胶州、山西绛县等地有。

侣 lǔ 【源出】周穆王时司寇吕侯之后有侣氏。见《姓觿》。【分布】北京、青岛、太原、酒泉、桃园等地有。

铝（鋁）lǔ 源出不详。【分布】浙江苍南有此姓。

旅 lǔ 【源出】①周穆王时司寇吕侯（亦作甫侯）之后有旅氏。②周大夫子旅之后。③亚旅，古上大夫之官名，其后以官为氏。【分布】北京、天津、台北等地有。【人物】旅卿（汉）

屡（屢）lǔ 《新编千家姓》收。【分布】上海、沈阳、淮南等地有。

缕（縷）lǔ 源出不详。【分布】河南郏县有此姓。

褛（褸）lǔ 源出不详。【分布】宁夏中卫有此姓。

履 lǔ 【源出】①周文王十六子封十六国，蔡叔度第二，叔度为周公所诛，封其子仲为后，即蔡仲，其后有履

氏。②秦之后有裴氏、解氏、垒氏、履氏。【分布】山西、湖南等地有。

律 lǜ 【源出】①汉王莽时有律人（官名），或以为氏。②或为斛律氏、耶律氏所改。【分布】京、冀、鲁、豫四省市多此姓。【人物】律子公（汉）

虑（慮）lǜ 见《姓苑》。【分布】福建邵武、浙江象山、台湾嘉义等地有。

鑢 lǜ 【源出】①楚公族有食邑于鑢者，以邑名为氏。②楚大夫鑢金（掌金错工艺之官）氏之后，以职名为氏。【分布】成都、武汉等地有。

LUAN

峦（巒）luán 见《姓谱》。【分布】北京、洪洞、湖南津市等地有。

孪（孿）luán 源出不详。【分布】上海宝山、湘潭、承德等地有。

栾（欒）luán 【源出】①春秋时晋靖侯之孙宾食采于栾（在今河北栾城），因氏。②春秋时齐惠公之子坚，字子栾，其后以字为氏。【分布】黑、鲁、辽三省多此姓。【人物】栾布（汉）

栾仇（欒仇）luán qiú 源出不详。见《宜兴县志》（江苏）。【分布】江苏宜兴有此姓。

鸾（鸞）luán 源出不详。见《吕氏春秋》。【分布】广西宾阳、广东

三水、浙江永嘉等地有。

滦（灤）luán 【源出】《新编千家姓》收。滦水，源自河北沽源县，或居此河旁因氏。【分布】北京大兴、天津、承德等地有。

銮（鑾）luán 源出不详。《中华姓府》收。【分布】淮南、台中、江苏兴化、广东潮阳等地有。

欒 luán 【源出】系欒之讹字。见朝鲜本《龙龛》。【分布】台湾南投、花莲、台东等地有。

LÜE

掠 lüè 源出不详。【分布】江苏洪泽有此姓。

略 lüè 【源出】①春秋时姜太公之后有略氏。②北魏孝文帝时改拨略氏为略氏。【分布】北京、太原、淮南等地有。

LUN

抡（掄）lūn 《新编千家姓》收。分布不详。

仑（侖）lún 《新编千家姓》收。【分布】上海、太原等地有。

伦（倫）lún 【源出】相传为黄帝时乐人伶伦氏之后，或改为单姓伦氏。见《古今姓氏书辩证》。【分布】辽、吉、冀、桂、粤五省区多此姓。【人

167

物]伦元庆（唐）

纶（綸）lún 【源出】夏王少康居纶（今河南虞城），后因以为氏。【分布】天津、成都等地有。

轮（輪）lún 【源出】①春秋时齐桓公之臣轮扁之后。②汉时置轮氏县，后因氏。【分布】北京有此姓。

崘 lún 源出不详。【分布】山西忻州有此姓。

论（論）lùn 【源出】东晋末西秦将军论叔达之后。【分布】北京、淮南、太原、酒泉等地有。【人物]论九令（宋）

LUO

抴 luō 源出不详。【分布】江西贵溪有此姓。

罗（羅）luó 【源出】颛顼帝之子祝融之后，妘姓，受封于罗，后徙枝江，为楚所灭，子孙以国为氏。【分布】川、粤、湘、赣、滇、黔、鄂、桂、渝九省区市多此姓。【人物]罗怀（汉）

罗巴（羅巴）luó bā 【源出】彝族姓。【分布】四川峨边有此姓。

罗别（羅別）luó bié 【源出】彝族姓。【分布】四川峨边有此姓。

罗卜（羅卜）luó bǔ 【源出】彝族姓。【分布】四川德昌有此姓。

罗陈（羅陳）luó chén 【源出】系罗、陈二姓合成。【分布】福建龙岩有此姓。

罗汉（羅漢）luó hàn 源出不详。【分布】山西运城有此姓。

罗洪（羅洪）luó hóng 【源出】四川黑彝家支，属狄俄奥迪家支。【分布】四川喜德、云南宁蒗等地有。

罗火（羅火）luó huǒ 【源出】彝族姓。【分布】四川峨边有此姓。

罗吉（羅吉）luó jí 【源出】彝族姓。【分布】四川峨边有此姓。

罗敏（羅敏）luó mǐn 【源出】彝族姓。【分布】四川峨边有此姓。

罗桑（羅桑）luó sāng 【源出】藏族姓，原居西康（今四川巴塘）。【分布】台北有此姓。

罗子（羅子）luó zǐ 【源出】四川凉山白彝家支。【分布]四川峨边有此姓。

萝（蘿）luó 源出不详。【分布】西安、河北宁晋、江苏兴化等地有。

逻（邏）luó 源出不详。【分布]成都、西安、屏东、运城等地有。

锣（鑼）luó 源出不详。【分布】湖南有此姓。

箩（籮）luó 源出不详。【分布】湖南有此姓。

骡（騾）luó 源出不详。《新编千家姓》收。【分布】北京、河南郏县有此姓。

螺 luó 【源出】苗族姓，见《中国人的姓名》。【分布】台北、贵州镇宁、广西昭平等地有。

倮 luǒ 【源出】彝族姓。【分布】云南景谷有此姓。

倮爱（倮愛）luǒ ài 【源出】彝族姓。【分布】四川峨边有此姓。

倮米 luǒ mǐ 【源出】彝族姓。属倮伍家支。【分布】四川盐源，云南宁蒗、永胜等地有。

倮姆 luǒ mǔ 【源出】黑彝家支，四川凉山彝族姓。【分布】四川喜德有此姓。

倮木 luǒ mù 【源出】黑彝家支。【分布】四川昭觉有此姓。

倮瓦 luǒ wǎ 【源出】普米族姓，分自穷扛尼姓。【分布】云南宁蒗有此姓。

倮伍 luǒ wǔ 【源出】彝族姓，属拉普狄俄抵尼家支。四川越西黑彝家支，也称洛伍氏。【分布】四川石棉、冕宁、越西等地有。

裸 luǒ 源出不详。【分布】湖南有此姓。

裸补（裸補）luǒ bǔ 【源出】彝族姓。【分布】四川德昌有此姓。

裸古 luǒ gǔ 【源出】彝族姓。【分布】四川德昌有此姓。

泺（濼）luò 【源出】古有泺水（在今济南西南），或以水名为氏。【分

布】曲阜有此姓。

荦（犖）luò 见《姓苑》。【分布】贵州盘州市有此姓。

洛 luò 【源出】①古有洛国，系黄帝庶子禹阳之后，灭于商，子孙以国为氏。②由落氏去草为洛氏。【分布】晋、冀、鲁、辽、陕等省多此姓。

洛艾 luò ài 【源出】佤族姓，也称涅洛艾氏。【分布】云南西盟有此姓。

洛俄 luò é 【源出】彝族姓。【分布】四川美姑有此姓。

洛尔（洛爾）luò ěr 【源出】彝族姓，世居瓦洛乡。【分布】四川普格有此姓。

洛牟 luò mù 【源出】彝族姓。【分布】云南楚雄有此姓。

骆琪（駱琪）luò qí 【源出】彝族姓。【分布】四川马边有此姓。

洛绒（洛絨）luò róng 【源出】藏族姓。洛绒，地名，以地名为姓。【分布】四川道孚有此姓。

洛斯 luò sī 【源出】佤族姓，也称纽洛斯氏。【分布】云南西盟有此姓。

洛松 luò sōng 源出不详。【分布】天津东丽有此姓。

洛卧 luò wò 【源出】彝族姓。【分布】云南武定有此姓。

洛伍 luò wǔ 【源出】彝族姓，黑彝家支，也作裸伍氏。【分布】四川越

西有此姓。

洛希 luò xī 【源出】彝族姓。【分布】云南红河有此姓。

洛子 luò zǐ 【源出】彝族姓。【分布】四川峨边有此姓。

络（絡）luò 【源出】①春秋时卫国贤者络疑之后。②洛侯，春秋时小国，即雒，故城在今河南洛阳东，其后有络氏。【分布】天津、太原、西安多地有此姓。

骆（駱）luò 【源出】①齐太公之后有公子骆，子孙以名为氏。②春秋时郑大夫王孙骆之后。【分布】京、鄂、浙、黔、粤五省市多此姓。【人物】骆统（三国·吴）

珞 luò 源出不详。《新编千家姓》收。【分布】北京、花莲等地有。

雒 luò 源出不详。【分布】山西榆次、灵石，台湾高雄等地有。

落 luò 【源出】①系自任姓。炎帝参卢之后有落氏。见《元和姓纂》。②落姑氏之后有落氏，见《风俗通》。【分布】山西省多此姓。

擽 luò 源出不详。【分布】湖南有此姓。

雒 luò 【源出】①舜友有雒陶，为雒姓之始。②春秋时雒国（今河南洛阳白马寺东之雒阳故城），为任姓小国，后以国为氏。③洛阳有雒水，

以水名氏。【分布】晋、甘、青三省多此姓。【人物】雒功（汉）

M

MA

妈（媽）mā 源出不详。【分布】北京、台北、云南泸水、江苏滨海等地有。

嘛 mā 源出不详。【分布】江苏洪泽有此姓。

麻 má 【源出】①系自姜姓。春秋时齐大夫麻婴之后。②春秋时楚大夫食采于麻（今湖北麻城），其后以地为氏。

麻卡 má kǎ 【源出】四川黑彝家支。【分布】四川甘洛有此姓。

蔴 má 源出不详。【分布】山西浑源水磨町村、台湾台东等地有。

马（馬）mǎ 【源出】系自嬴姓。伯益之后。战国时赵王之子赵奢为惠文王将，有功封马服君，子孙以马服为氏，后改为单姓马氏。【分布】冀、鲁、豫、甘、宁、陕、皖、苏等省区多此姓。【人物】马宫（汉）

马海（馬海）mǎ hǎi 【源出】彝族姓，属尼祖三基家支。【分布】四川金阳、山西等省有地。

玛赫（瑪赫）mǎ hè 【源出】彝族姓。

【分布】四川峨边有此姓。

马黑 （馬黑）mǎ hēi 【源出】四川黑彝家支，金阳彝族土司。【分布】四川昭觉、峨边等地有。

马吉 （馬吉）mǎ jí 源出不详。见《阳高县姓氏》（山西）。【分布】山西阳高有此姓。

马卡 （馬卡）mǎ kǎ 【源出】彝族姓。【分布】四川峨边有此姓。

马惹 （馬惹）mǎ rě 【源出】彝族姓。属阿约家支。【分布】甘肃、云南元谋、四川马边等地有。

马田 （馬田）mǎ tián 源出不详。【分布】湖北石首有此姓。

马徐 （馬徐）mǎ xú 源出不详。应系马、徐二姓合成。分布不详。

马杨 （馬楊）mǎ yáng 【源出】由马、杨二姓合成。【分布】台湾有此姓。

玛 （瑪）mǎ 源出不详。见《新编千家姓》。【分布】上海、西安、台北、周口等地有。

码 （碼）mǎ 源出不详。【分布】中山有此姓。

鄢 mǎ 源出不详。【分布】湖北钟祥、福州、台湾南投等地有。

仴 （傌）mà 源出不详。【分布】山东沾化惠民县仴家村等地有。

祃 （禡）mà 【源出】出师时祭名，

称祃牙，或有因以为氏者。【分布】北京、天津武清、上海、河北等地有。

蚂 （螞）mà 源出不详。【分布】无锡有此姓。

骂 （罵）mà 【源出】原姓马，清雍正时下令改姓骂，世代沦为贱民，居山东。【分布】沈阳、周口等地有此姓。

鷌 mà 源出不详。【分布】天津武清有此姓。

MAI

埋 mái 【源出】西夏党项人姓。见《旧五代史》。【分布】湖南冷水有此姓。【人物】埋也己（西夏）

买 （買）mǎi 【源出】①宋微子之后有买氏。②系自姜姓。太岳后有买氏。③春秋时许悼公之后有买氏。【分布】甘、宁、豫三省区多此姓。【人物】买源（明）

嘪 mǎi 源出不详。【分布】高雄、台东、花莲等地有。

劢 （勱）mài 源出不详。【分布】上海、浙江嘉兴、广西等地有。

迈 （邁）mài 【源出】元朝故忠勇西夏侯迈公墓志铭云：迈里古思，字善卿，元居西夏故地。见《东维子》。【分布】北京怀柔、昌平，天津、上海等地有。【人物】迈文麟（明）

麦（麥）mài 【源出】春秋时麦丘老人之后有麦氏。台湾地区麦、麥为二姓。【分布】广东、广西、海南、台东、屏东等省区市多此姓。【人物】麦铁杖（隋）

麦东（麥東）mài dōng 【源出】佤族姓。【分布】云南沧源有此姓。

麦克（麥克）mài kè 源出不详。见《周口姓氏考》。【分布】河南周口有此姓。

侏 mài 源出不详。见《山西人口姓氏大全》。【分布】山西临汾、襄汾等地有。

卖（賣）mài 见《姓苑》。【分布】淮南、塔城、山西夏县、河北任丘等地多此姓。【人物】卖廷杰（明）

脉 mài 源出不详。【分布】河南郏县、浙江等地有。

MAN

蛮（蠻）mán 【源出】龙苗之裔居荆蛮（亦称荆楚），楚围蛮氏，蛮子赤奔晋，后因以为氏。【分布】北京有此姓。

满（滿）mǎn 【源出】①陈胡公满之后。周武王封虞舜之裔妫满于陈（在今河南淮阳），春秋时灭于楚，史称胡公满。②系自隗姓，赤狄之国有满氏。【分布】湘、川、滇、陕、桂、鲁、黑、皖等省区多此姓。【人物】满昌（汉）

满珠（滿珠）mǎn zhū 【源出】蒙古族姓，见《赤峰市志》（内蒙古）。【分布】内蒙古阿鲁科尔沁旗有此姓。

曼 màn 【源出】①颛顼时以少昊之子中有德业者，赐姓曼氏。②曼，商周曼姓国，得名于古鄤水（今河南荥阳汜水镇），春秋灭于郑。【分布】北京、淮南、周口、湘潭、茂名等地有。

谩（謾）màn 源出不详。【分布】太原、湖南等地有此姓。

蔄 màn 见《广韵》《集韵》。【分布】天津武清、安徽合肥、山东威海、台北等地有。

蔓 màn 【源出】①系自子姓，殷武丁封孝父于河北蔓口，曰蔓侯，后有蔓氏、曼氏、鄤氏。②春秋楚大夫斗成然食采于蔓，曰蔓成然，其后以邑名为氏。【分布】北京、上海、沈阳、台北等地有。

漫 màn 【源出】漫，古河名。源出河北故地，或以水名为氏。【分布】北京、武汉、西安、台北、玉门等多地有。【人物】漫智（明）

慢 màn 【源出】傈僳族姓。【分布】武汉、湖南、云南马关等地均有。

MANG

邙 máng 【源出】①以地名为氏。邙山，在今河南洛阳北。②出自穆公子邙之后，以王父字为氏，见《姓苑》。【分布】北京、沈阳、周口等地有。【人物】邙灿（南唐）

芒 máng 【源出】①传为少昊之裔句芒氏之后，见《姓源》。②伏羲之臣有芒氏。③夏后芒之后。④春秋时齐敬仲之后有芒氏。【分布】北京、上海、河南等地均有。【人物】芒文缜（明）

芒商 máng shāng 【源出】景颇族姓。汉姓为尚。【分布】云南盈江有此姓。

忙 máng 源出不详。【分布】上海嘉定、武汉、浙江等省市有。【人物】忙义（明）

夆 máng 源出不详。见《字汇》《康熙字典》。【分布】河南宝丰有此姓。

盲 máng 源出不详。【分布】成都有此姓。

茫 máng 【源出】茫蛮原关南种（云南关索岭之南，称关南），其君以茫为号，因以为姓。【分布】北京、沈阳、成都、香港等地有。【人物】茫端臣（宋）

铓 （鋩）máng 【源出】铓，刃端也。或以物名为氏。【分布】云南永德有此姓。

莽 mǎng 【源出】西汉时有反叛者马何罗，东汉明德马皇后耻与其同宗，改其族为莽氏。【分布】上海、西安、太原、北京怀柔、大同等地有。【人物】莽通（汉）

莽 mǎng 见《姓解》《氏族博考》。【分布】贵州盘州市有此姓。【人物】莽亨（明）

蟒 mǎng 【源出】唐武后改中宗王皇后之姓为蟒氏。【分布】北京、太原、无锡等地均有。

䪣 mǎng 【源出】彝族姓。【分布】云南巍山有此姓。

MAO

乇 māo 【源出】应与毛姓有关，历史原因不详。【分布】江西新余有此姓。

虎 māo 【源出】回族姓。【分布】成都、云南均有此姓。

猫 （貓）māo 【源出】①巴陵郡四姓：麋、熊、相、猫（貓），见《太平寰宇记（补阙）》。②湖广江鄂岳三州人尚有猫姓，见《通雅》。【分布】成都、台北，云南东川、晋宁等地有。

毛 máo 【源出】毛，周时国名。周文王第八子叔郑封于毛，是为毛国，史上多次迁移，其后遂以国为氏，春秋末灭于韩。【分布】苏、浙、川、桂、湘、豫、赣、渝八省区市多此

姓。【人物】毛亨（汉）

毛代 máo dài 【源出】蒙古族姓，见《赤峰市志》（内蒙古）。【分布】内蒙古克什克腾旗有此姓。

毛口 máo kǒu 【源出】彝族姓。【分布】四川峨边有此姓。

毛省 máo shěng 【源出】彝族姓。属阿拼家支。【分布】四川盐边、云南宁蒗等地有。

毛扬（毛揚）máo yáng 源出不详。【分布】广东茂名有此姓。

毛杨（毛楊）máo yáng 源出不详。【分布】湖南城步有此姓。

矛 máo 源出不详。《新编千家姓》收。【分布】上海松江、昆山、浙江余姚等地有。

枀 máo 【源出】即枆，木名，又称冬桃。或因以为氏。【分布】台北有此姓。

茅 máo 【源出】①周公第三子茅叔封于茅（今山东金乡西北之茅乡），子孙以国为氏。②系自曹姓，邾子之后有茅氏。【分布】沪、浙、苏、皖四省市有此姓。【人物】茅焦（秦）

冇 mǎo 源出不详，见《长清县姓氏》（山东）。【分布】山东长清有此姓。

卯 mǎo 【源出】①春秋时楚公族之后有卯氏。②楚大夫司马卯之后有卯氏。【分布】苏、皖、滇三省多此姓。【人物】卯建业（明）

夘 mǎo 源出不详。【分布】高雄、台中、台东等地有。

茆 mǎo 【源出】①周公之子祭伯，亦称祭公，其后有茆氏。②周公之第三子茅伯之后有茆氏。【分布】苏、皖两省多此姓。【人物】茆钦（明）

茻 mǎo 源出不详。【分布】高邮、淮南、台中、台南等地有。

峁 mǎo 源出不详。见《山西人口姓氏大全》。【分布】上海、西安、临汾等地有。

昴 mǎo 源出不详。【分布】甘肃泾川有此姓。

皃 mào 源出不详。见《周口姓氏考》。【分布】河南周口有此姓。

茂 mào 【源出】北魏时西部胡人姓，由茂眷氏所改。【分布】北京平谷、天津武清、山西太原等地有。【人物】茂鲜（北魏）

冐 mào 【源出】冒之俗体字。见《辞海》《姓氏博考》。【分布】高雄、台中、花莲等地有。

冒 mào 【源出】①春秋时楚王蚡冒之后，以名为氏。②元朝镇南王脱欢之后，元亡，其族一支迁至江苏如皋，改姓冒。【分布】江苏多此姓。【人物】冒致中（元）

另见 mò

贸（貿）mào 【源出】古有贸国（即今浙江鄞州区东），其后有鄮氏、贸氏。【分布】甘肃古浪、浙江象山等地有。【人物】贸充国（汉）

鄚 mào 【源出】古鄚国，在河间之鄚县（今河北任丘北），后因以为氏，见《姓考》《姓苑》《广韵》。【分布】上海金山、江苏武进等地有。

貌 mào 【源出】春秋时齐国貌辩之后，见《姓氏寻源》。【分布】太原、无锡等地有。

瞀 mào 【源出】见《姓觿》。《左传·昭公元年》，莒务娄、瞀胡及公子灭明以大庞与常仪靡奔齐。春秋时已有瞀氏。【分布】山东诸城有此姓。

懋 mào 见《万姓统谱》。【分布】武汉、台北、山西五台等地有。【人物】懋国辅（明）

MEI

玫 méi 源出不详。见《新编千家姓》。【分布】大同、河北景县、广东阳春等地有。

枚 méi 【源出】①商后有枚氏，或枚伯之后。②《周礼》有衔枚之官（主禁喧嚣），以官名为氏。【分布】京、鄂、湘、粤等省市均有。【人物】枚伦（明）

栂 méi 源出不详。【分布】武汉有此姓。

眉 méi 【源出】①《卜辞》中有眉氏族。②眉，州名，北魏置，故地在今四川眉山，以州名为氏。【分布】北京、武汉、成都、太原等地有。【人物】眉寿（宋）

梅 méi 【源出】系自子姓。商时梅伯为纣王所醢，周武王封梅伯玄孙黄梅，号忠侯，子孙以国为氏。【分布】浙、滇、鄂、苏、豫、皖六省多此姓。【人物】梅鋗（汉）

另见 měi

梅冬 méi dōng 【源出】佤族姓，世居岩帅。汉姓为钟、罗。【分布】云南沧源有此姓。

梅荷 méi hé 【源出】景颇族姓，即梅何氏。【分布】云南潞西有此姓。

梅枯 méi kū 【源出】佤族姓。内又分聂路、聂叟、聂顺三支。【分布】云南西盟有此姓。

梅普 méi pǔ 【源出】景颇族古姓，为景颇始祖瓦切娃时二十六大姓之一。属载佤支系。【分布】云南陇川、潞西等地有。

梅於 méi yú 源出不详。见《宜兴县志》（江苏）。【分布】江苏宜兴有此姓。

嵋 méi 源出不详。【分布】湖南有此姓。

湄 méi 【源出】五代后梁高僧归屿，

主持相国寺，末帝时号演法大师，其为寿春湄氏之子。【分布】河北尚义有此姓。

媒 méi 【源出】《周礼》周官有媒氏（主万民之判合），后以官名为氏。【分布】湖南津市有此姓。

楣 méi 见《姓谱》。【分布】茂名有此姓。

酶 méi 源出不详。【分布】湖南有此姓。

霉 méi 源出不详。【分布】武汉、河北阳原、湖南等地有此姓。

每 měi 【源出】鞑靼人姓。【分布】天津武清、西安、武汉、台北等地有。

【人物】每可荐（清）

美 měi 源出不详。【分布】黑、内蒙古、滇、辽等省区多此姓。

镁 měi 见《直音》。分布不详。

另见 méi

镁（鎂）měi 《新编千家姓》收。【分布】武汉、湖南等地有。

味 mèi 【源出】北魏时改渴烛浑氏为味氏。【分布】上海、台北、湖南等地有此姓。

另见 wèi

妹 mèi 【源出】①《卜辞》有妇妹，当为西周古姓。②妹，古邑名，即朝歌（今河南淇县），以邑名氏。

【分布】太原、成都、茂名等地有。

另见 mò

昧 mèi 【源出】傈僳族姓。【分布】湖南、云南泸水、河北定州等地有。

寐 mèi 源出不详。【分布】武汉、江苏滨海等地有此姓。

媚 mèi 源出不详。【分布】山西长治、河南周口等地有。

魅 mèi 源出不详。【分布】大同有此姓。

MEN

门（門）mén 【源出】①《周礼》公卿之子，入王端门，教以六艺，谓之门子，其后为氏。②春秋时宋有门尹（掌宫门之标），其后因氏。【分布】冀、豫、内蒙古、黑四省区多此姓。

【人物】门克新（明）

闷（悶）mèn 【源出】①傣族姓。②佤族姓。【分布】武汉、大同、周口等地有。

MENG

萌 méng 【源出】萌，古州名。在今四川昭化东南，以州名为氏。【分布】淄博、淮南、汨罗等地有。【人物】萌虑（五代·蜀）

蒙 méng 【源出】①高阳氏之后封于蒙双（今河南商丘东北），即庄周所居之地，后以邑为氏。②楚大夫

食采于蒙（今湖北荆门西之蒙山），因氏。【分布】黔、桂、琼三省区多此姓。【人物】蒙恬（秦）

蒙库（蒙庫）méng kù 【源出】佤族姓。【分布】云南西盟有此姓。

蒙色 méng sè 【源出】四川黑彝家支。【分布】四川西昌有此姓。

盟 méng 【源出】盟，地名。春秋时周地，在今河南孟县西南。当以地名为姓。【分布】武昌、信阳等地有。

盟古 méng gǔ 【源出】佤族姓。【分布】云南西盟有此姓。

瞢 méng 源出不详。【分布】江苏洪泽、广东、陕西镇安等地有。

濛 méng 【源出】彝族姓。【分布】云南漾濞小村乡有此姓。

檬 méng 源出不详。【分布】山东龙口、河南周口、辽宁桓仁等地有。

曚 méng 《新编千家姓》收。分布不详。

朦 méng 源出不详。【分布】茂名有此姓。

礞 méng 源出不详。【分布】湖南有此姓。

黾（鄳）měng 【源出】黾，邑名，即鄳（在今河南罗山西南），以地为氏，去邑为黾。【分布】浙江苍南有此姓。【人物】黾初宫（汉）

勐 měng 【源出】①佤族姓。②云南西双版纳傣族区称小块平地为勐，今多为地名。或以地名为氏。【分布】云南沧源、孟连、保山，湖南等地有。

猛 měng 【源出】①春秋时宋微子之后。②《云南通志》载明时顺宁府人猛卿。【分布】北京、成都、江苏滨海等地有。【人物】猛卿（明）

锰（錳）měng 源出不详。【分布】江苏滨海有此姓。

璊 měng 【源出】壮族姓。【分布】广西武宣有此姓。

孟 mèng 【源出】孟，古国名。夏启封孟涂为孟国之君(在今河南孟州、孟津一带)，以国名为氏。【分布】冀、鲁、豫、苏、辽五省多此姓。【人物】孟琰（三国·蜀）

孟蚩 mèng chī 【源出】苗族姓，以祖辈名为姓。孟为词头，蚩为姓。汉姓为杨，源于明，盛于清。【分布】贵州咸宁有此姓。

孟达（孟達）mèng dá 【源出】苗族姓，以祖辈名为姓。孟为词头，达为姓。汉姓有王、汪。源于明，盛于清。汉姓不同，为该宗支之分支。【分布】贵州咸宁有此姓。

孟继（孟繼）mèng jì 源出不详。

【分布】内蒙古呼和浩特市有此姓。

孟腊(孟臘) mèng là 【源出】苗族姓。汉姓有潘、朱、赵。【分布】贵州咸宁有此姓。

孟浪 mèng làng 【源出】布朗族（芒人）始祖姓。汉姓为龙。【分布】云南金平有此姓。

孟生 mèng shēng 【源出】彝族姓。属彭伙家支。【分布】四川昭觉有此姓。

孟云(孟雲) mèng yún 【源出】苗族姓。汉姓为韩。【分布】贵州咸宁有此姓。

梦(夢) mèng 【源出】①系自曹姓。春秋时曹公孙封于梦（在今山东曹县北），以邑为氏。②系自姬姓。春秋时吴王寿梦之后。【分布】冀、豫、滇、琼、吉五省多此姓。【人物】梦仲才（宋）

MI

弥(彌) mí 【源出】①古弥国在益郡（在今四川境），因氏。②春秋时鲁大夫季子之后。③卫公孙弥牟之孙子瑕，以王父字为氏。【分布】甘、陕、冀、滇四省多此姓。【人物】弥逊（宋）

迷 mí 【源出】①舜之后有迷氏，见《路史》。②两汉烧当羌人一支，二世滇吾之子迷吾之后有迷氏。【分布】京、沪等地有此姓。【人物】迷吾（汉）

祢(禰) mí 【源出】①生称父，死称考，入庙称祢。父庙为祢，此从父而别氏也。②百济国有祢姓。【分布】港、澳、台、天津蓟州区等地有。【人物】祢衡（三国·魏）

弥 mí 源出不详。见《忻州市姓氏》（山西）。【分布】山西忻州有此姓。

眯 mí 源出不详。【分布】江苏滨海有此姓。

糜 mí 【源出】①黍类有糜，当取此为姓，如麦、禾、谷、稷氏之类。②百济有糜氏。【分布】湘、赣两省多此姓。【人物】糜信（三国·魏）

麋 mí 【源出】商纣王臣麋元之后，见《姓氏考略》。【分布】湖南花垣、贵州绥阳等地有。【人物】麋起（清）

麇 mí 【源出】①系自芈姓。麇子国，在楚之当阳（今湖北当阳），见《国名纪》。以国为氏。②楚王工尹麇之后，以名为氏。【分布】上海松江、湖南益阳等地均有。【人物】麇立道（明）

芈 mǐ 【源出】即芈，见《续文献通考》。明时尚有此姓。
另见 qiān

米 mǐ 【源出】①唐时回纥仆固部有米姓。②战国时楚国公族之姓，本姓芈，后改为米。【分布】晋、冀、鲁、豫、川、甘、湘、渝八省市多此姓。

【人物】米嘉荣（唐）

芈 mǐ 【源出】颛顼帝之曾孙吴回为祝融，是为火正，吴回生陆终，陆终之第六子曰季连，为芈姓，楚其后也。【分布】北京、上海、西安、台北、淮南等地均有。

芈扒 mǐ bā 【源出】傈僳族姓，以猴为图腾的氏族名，以族名为姓。汉姓有恒、何、和等。【分布】云南怒江地区有此姓。

洣 mǐ 【源出】以水名为姓氏。洣水在今湖南之东南部，汇入湘江。《新编千家姓》收。分布不详。

弭 mǐ 【源出】弭，春秋时郑地（在今河南密县），以地名为氏。【分布】北京、天津、上海、济南、太原、沈阳多地有。【人物】弭宦（明）

靡 mǐ 【源出】①靡，商时小国（在今四川盐源），周武王灭靡，子孙以国为氏。②汉时罕开（今甘肃天水南）家族有靡氏，或系羌姓。【分布】上海、成都、高雄、无锡等地有。

宧 mì 【源出】即密氏，见《新昌县姓氏》（浙江）。【分布】浙江新昌有此姓。

糸 mì 源出不详。【分布】武汉有此姓。

觅（覓）mì 源出不详。【分布】江苏洪泽有此姓。

宓 mì 【源出】同密氏。宓（密）康公之后有宓氏，见《元和姓纂》。【分布】京、沪、浙三省市多此姓。【人物】宓天麟（明）

　另见 fú

祕 mì 【源出】汉有祕祝之官，以官为氏。【分布】山东、台南、台东等地有此姓。

　另见 bì

密 mì 源出不详。见《氏族博考》。【分布】陕西韩城、山东胶州等地有。

密 mì 【源出】系自姞姓。商时密侯国系黄帝之裔，亦称密须（今甘肃灵台西），为周文王所灭，以封姬姓。密侯国子孙以国为氏。或为密须氏所改。【分布】鲁、粤、湘三省多此姓。

谧（謐）mì 源出不详。【分布】湖南有此姓。

窓 mì 源出不详。【分布】台中有此姓。

蜜 mì 见《氏族博考》。【分布】山西朔州、黑龙江嫩江、浙江绍兴等地有。

MIAN

绵（綿）mián 【源出】即縣氏，见《姓觿》。【分布】北京、上海、周口、运城等地有。

绵用（綿用）mián yòng 【源出】佤族姓，分自赛叟氏，有大、小赛叟，

179

大称布拉，小称绵用。【分布】云南
沧源有此姓。

棉 mián 源出不详。《新编千家姓》
收。【分布】成都、甘肃永昌、台湾
高雄等地有。

丏 miǎn 源出不详。【分布】成都有
此姓。

汅 miǎn 【源出】《卜辞》中所见氏族
名。汅为沔之古字，即沔氏。

免 miǎn 【源出】系自姬姓。春秋时
卫大夫公孙免馀之后，以名为氏。
【分布】山西汾阳、宁夏中卫、浙江
永嘉等地有。【人物】免乙（汉）

沔 miǎn 源出不详。【分布】武汉有
此姓。

勉 miǎn 【源出】①周武王同母少弟封，
初封于康，故称康叔。周公旦诛武
庚，以殷余民封康叔为卫君，其后
有勉氏。②回族姓。【分布】北京、
沈阳、银川等地有此姓。

冕 miǎn 【源出】黄帝臣冕侯之后，
见《姓苑》。【分布】北京有此姓。

渑（澠）miǎn 【源出】渑池，邑名。
故地在河南渑池西。或以邑名为氏。
分布不详。
　　另见 shéng

缅（緬）miǎn 见《姓苑》。【分布】
北京有此姓。

面 miàn 《新编千家姓》收。分布
不详。

面 miàn 源出不详。《新编千家姓》
收。【分布】上海川沙、四川成都等
地有。

麵 miàn 源出不详。【分布】淮南、
台北等地有此姓。

MIAO

苗 miáo 【源出】①传上古医曰苗父，
苗姓当始于此。②楚大夫伯棼之后。
伯棼以罪诛，其子贲皇奔晋，食采
于苗，其后以邑为氏。【分布】晋、冀、
鲁、豫、辽、内蒙古六省区多此姓。
【人物】苗浦（汉）

描 miáo 源出不详。《新编千家姓》
收。分布不详。

鹋（鶓）miáo 源出不详。【分布】内
蒙古有此姓。

杪 miáo 源出不详。《新编注音千
家姓》收。【分布】湖南、浙江安吉
等地有。

秒 miǎo 源出不详。《新编千家姓》
收。【分布】周口、陕西长武等地有。

淼 miǎo 源出不详。【分布】武汉、太原、
浙江象山等地有。

妙 miào 【源出】①古已有此姓。源
出不详。见《姓苑》。②宋时西羌
人姓，见《宋史》。【分布】豫、甘

两省多此姓。【人物】妙龄（明）

庙（廟）miào 源出不详。【分布】苏、皖两省多此姓。

缪（繆）miào 【源出】系自嬴姓。秦穆公（也作缪公）之后，以谥为氏。【分布】苏、浙、川、闽、湘、粤六省多此姓。【人物】缪生（汉）

MIE

乜 miē 【源出】《通志·氏族略》收："乜氏，弥也切。蕃姓也。今秦陇多此姓。望出晋昌、赵郡。"

　　另见 niè

咩 miē 【源出】见《龙龛手鉴》及《清稗类钞·姓名类》。或系咩布、咩迷、咩铭、咩屈等西夏姓所改。【分布】西双版纳有此姓。【人物】咩讹埋（西夏）

咪 miē 【源出】即咩，见《篇海》。当出自西夏党项人姓。【分布】周口、江西宁都等地有此姓。

灭（滅）miè 源出不详。《新编千家姓》收。【分布】酒泉、湖南等地有。

蔑 miè 【源出】①系自己姓。少昊之元妃省倍伐，降处缗渊，封于蔑，为蔑氏。②春秋时鲁大夫食采于蔑（晋山东泗水），后因氏。【分布】北京、成都等地有此姓。

篾 miè 【源出】篾系春秋时鲁地名，

当以地为氏。分布不详。

MIN

民 mín 源出不详。见《姓苑》。【分布】北京、西安、太原、淮南、酒泉等地有。

旻 mín 【源出】中山郡五姓之一有旻氏。见《寰宇记》《姓苑》。【分布】北京、河北、四川通江、重庆綦江等地有。

岷 mín 源出不详。【分布】甘肃古浪有此姓。

音 mín 源出不详。【分布】台北有此姓。

砇 mín 源出不详。【分布】酒泉有此姓。

皿 mǐn 源出不详。【分布】湖南、江苏滨海等地有此姓。

闵（閔）mǐn 【源出】春秋时鲁闵公之后，以谥为氏。【分布】陕西多此姓。

抿 mǐn 源出不详。【分布】湖南有此姓。

闽（閩）mǐn 【源出】越王无疆为楚所灭，子孙散居闽地，因氏。【分布】江西南昌、万年多此姓。

悯（憫）mǐn 源出不详。【分布】无锡、湖南津市等地有此姓。

敏 mǐn 【源出】古姓，《卜辞》中所

见氏族。【分布】甘肃多此姓。【人物】
敏大镛（明）

MING

名 míng 【源出】①春秋楚大夫彭名
之后，以名为氏。②唐时吐蕃姓。
【分布】北京、天津、大同、玉门、
高雄等地有。【人物】名义（明）

名佳 míng jiā 源出不详。见《临
猗县志》（山西）。【分布】山西临
猗有此姓。

明哲 míng zhé 源出不详。【分布】
上海有此姓。

鸣（鳴）míng 【源出】战国时赵国贤
人窦犫，字鸣犊，非罪被杀，子孙
以字为氏。【分布】太原、广西、河北、
江苏等省市有。

茗 míng 见《姓苑》。【分布】浙江
衢州有此姓。

冥 míng 【源出】①系自姒姓。夏禹
之后，分封于冥（在今安徽长兴西
南之泗安镇），子孙以国为氏。
②冥氏，官名，《周礼》秋官之属，
掌设弧张为阱擭，以攻猛兽。当以
官为氏。【分布】天津、西安、成都、
太原多地有。【人物】冥都（汉）

铭（銘）míng 源出不详。《新编
千家姓》收。【分布】北京、武汉、
大同等地有。

命 mìng 【源出】古帝燧人氏之臣知
命之后，以名为氏。【分布】北京、
成都、贵州盘州市等地有。

命提 mìng tí 源出不详。【分布】山
西平定有此姓。

MIU

谬（謬）miù 【源出】①燕后有谬氏。
见《路史》。②秦缪公之后，亦作谬，
见《通志·氏族略》。【分布】四川、
江苏、浙江三省多此姓。【人物】谬
忌妒（汉）

MO

摸 mō 源出不详。《新编千家姓》
收。【分布】山西洪洞有此姓。

谟（謨）mó 【源出】西夏人姓。谟
箇为西夏官名，或以官名为氏。【分
布】武汉、中山等地有。

摹 mó 源出不详。【分布】湖南有此姓。

模史 mó shǐ 【源出】彝族姓，四川
黑彝家支。【分布】四川美姑、雷波
等地有。

膜 mó 【源出】《穆天子传》：封膜
昼于河水之阳。【分布】河南宜阳有
此姓。

麽 mó 见《姓苑》。【分布】武汉、成都、
天津武清等地有。

摩 mó 见《姓考》。【分布】上海、

西安、台北、淮南、绍兴等地有。

【人物】摩腾（汉）

摩那 mó nā 源出不详。【分布】台湾南投有此姓。

磨 mó 【源出】郿，商时侯国，见《路史》。郿、磨通，是以国为氏。【分布】陕、桂两省区多此姓。

万 mò 【源出】万俟氏之后有改姓万者。【分布】广东新会有此姓。

　　另见 wàn

万俟 （萬俟）mò qí 【源出】①万俟为鲜卑族之部落，以部为氏。②南北朝北魏拓跋氏之后。【分布】北京、沈阳、淮南等地有此姓。

末 mò 【源出】①唐时吐蕃族姓。吐蕃将尚恐热，为落门川讨击使，姓末，名农力。②本姓秣，因避难去禾为末氏。【分布】北京、天津、上海、太原、河北等省市有此姓。

没 mò 【源出】①鲜卑人姓，见《姓苑》。②吐蕃人姓，见《姓氏考略》。【分布】湖南、台北、宁夏平罗等地有。

【人物】没奕干（西秦）

抹 mò 源出不详。【分布】福州、湖南芷江等地有。

茉 mò 源出不详。【分布】山西运城、吉林扶余、河北定兴等地有。

殁 mò 源出不详。【分布】上海、湖

南有此姓。

沫 mò 见《中华姓氏大辞典》《中华古今姓氏大词典》。【分布】太原、扬州、淮南等地有。

陌 mò 【源出】当取阡陌（田间小路之意）为氏。见《姓氏考略》。【分布】北京、浙江上虞等地有。

妹 mò 见《新编注音千家姓》。分布不详。

　　另见 mèi

冒 mò 【源出】见《万姓统谱》。汉时匈奴有冒顿、单于而姓挛鞮。分布不详。

莫 mò 【源出】①古帝颛顼造鄚城（故城在今河北任丘），后去邑为莫氏。②其先楚人，以大为莫，故其官谓之莫敖，后以官为氏。【分布】桂、粤、黔、渝等省区市多此姓。【人物】莫珍元（汉）

莫根 mò gēn 【源出】四川黑彝家支。【分布】四川甘洛有此姓。

莫进 （莫進）mò jìn 【源出】彝族姓。【分布】四川峨边有此姓。

莫柯 mò kē 【源出】四川黑彝家支。【分布】四川布拖有此姓。

莫罗 （莫羅）mò luó 【源出】彝族姓。【分布】四川峨边有此姓。

莫色 mò sè 【源出】四川黑彝家支。

【分布】四川昭觉、峨边等地有此姓。

莫什 mò shí 【源出】彝族姓，黑彝家支。【分布】四川布拖有此姓。

莫守 mò shǒu 【源出】四川黑彝家支。【分布】四川普格、宁南等地有此姓。

莫寿（莫壽）mò shòu 【源出】彝族姓。【分布】四川峨边有此姓。

粖 mò 源出不详。【分布】台湾嘉义有此姓。

貊 mò 【源出】貊，国名，或以国为姓。貊即貉，古东北夷、三韩之属，在今朝鲜半岛。【分布】北京、武汉、淮南、周口等地有。

漠 mò 见《姓谱》。【分布】广东吴川、湖南怀化等地有。

寞 mò 源出不详。【分布】山东临清有此姓。

墨 mò 【源出】①禹师有墨如，当为墨氏之始。②商时孤竹君之后。本墨台氏，后改为墨氏。【分布】河北省多此姓。

默 mò 见《姓苑》。【分布】北京、上海、台北、太原、西安等地有。【人物】默思道（明）

MOU

牟 móu 【源出】周时牟国，为周不得姓之国，相传为祝融之裔，春秋末国灭，其后以国为氏。【分布】四川、辽宁、山东、浙江、重庆、河南等省市多此姓。【人物】牟融（汉）

牟丛（牟叢）móu cóng 【源出】彝族姓。【分布】四川峨边有此姓。

牟抵 móu dǐ 【源出】彝族姓。属斯卜家支。【分布】四川越西有此姓。

牟潘 móu pān 【源出】彝族姓。属彭伏家支。【分布】云南宁蒗有此姓。

牟颇（牟頗）móu pō 【源出】彝族姓。【分布】四川峨边有此姓。

牟日 móu rì 【源出】彝族姓。【分布】四川峨边有此姓。

牟莎 móu shā 【源出】彝族姓。属阿尔家支。【分布】四川金阳有此姓。

牟扎 móu zhā 【源出】彝族姓，即纳臧氏。【分布】云南华坪有此姓。

侔 móu 【源出】牟，周时子爵小国，故城在今山东莱芜东。春秋时牟子之后有侔氏。【分布】陕西勉县、江苏泰兴等地有。

眸 móu 源出不详。【分布】河北安新有此姓。

谋（謀）móu 【源出】系自姬姓。周公之裔祭公谋父之后，以字为氏。【分布】武汉、成都、甘肃古浪等地有。

厶 mǒu 源出不详。【分布】天津蓟州区、甘肃永登等地有。

某 mǒu 源出不详。见《周口姓氏考》（河南）。【分布】中山、周口、山东文登、甘肃古浪等地有。

某色 mǒu sè 【源出】黑彝家支。【分布】四川昭觉有此姓。

MU

母 mǔ 【源出】①毋邱一作母邱。母邱之后有母氏。②母氏当系出毋氏。③蜀之母氏，为父母之母。【分布】晋、豫、川、黔、内蒙古五省区多此姓。【人物】母照（唐）

牡 mǔ 【源出】或为牡丘氏改。【分布】无锡、茂名等地有。

亩（畝）mǔ 源出不详。【分布】内蒙古乌海、山西万荣、宁夏中卫等地有。

姆 mǔ 源出不详。见《姓谱》。【分布】武汉、周口等地有。

姆坡 mǔ pō 【源出】四川黑彝家支。【分布】四川美姑、峨边等地有。

姥 mǔ 见《姓苑》。今也读lǎo。【分布】南京、台中、湖南等地有。

木 mù 【源出】①春秋时卫国端木赐（即子贡）之后，避仇改复姓端木为木氏。②春秋时宋国孔金父，字子木，其后以木为氏。【分布】黔、鲁两省多此姓。【人物】木华（晋）

木村 mù cūn 【源出】源于日本人姓，入中国后仍用此姓。【分布】辽宁昌图有此姓。

木等 mù děng 【源出】景颇族姓。属茶山支系。汉姓为殷。【分布】云南盈江有此姓。

木冷 mù lěng 【源出】彝族姓。属阿苏家支。【分布】云南宁蒗有此姓。

木日 mù rì 【源出】①四川凉山黑彝家支。见《四川贵州彝族社会历史调查》。②景颇族姓。属景颇支系，相传为瓦切娃时二十六大姓之一，又五大官姓之一。见《中国人的姓名》。汉姓为彭、李、雷等。【分布】云南盈江、陇川，四川凉山等地有。

木忍 mù rěn 【源出】景颇族姓。【分布】云南莲山有此姓。

木如 mù rú 【源出】景颇族姓，属景颇支系。见《景颇族文化》。汉姓为金。【分布】云南盈江有此姓。

木施 mù shī 【源出】彝族姓。属狄俄纽双家支。【分布】四川布拖有此姓。

木丝 mù sī 【源出】景颇族姓。【分布】云南莲山有此姓。

目 mù 【源出】春秋时宋襄公之庶兄，公子目夷之后，以王父字为氏。【分布】津、豫、晋、皖等省市多此姓。

沐 mù 【源出】①春秋时卫人端木赐

之后，因避难改姓沐氏。②沐水在青州（今山东益都）境内，或以水名为氏。【分布】苏、滇、黔三省多此姓。【人物】沐英（明）

苜 mù 【源出】云南苍洱点苍山下出土的古代有字残瓦中之姓。【分布】周口、甘肃等省市有。

牧 mù 【源出】①相传为黄帝臣力牧之后。②春秋时周文王之子康叔之后。卫大夫食采于牧（故城在今河南汲县），以邑为氏。【分布】晋、陕两省多此姓。【人物】牧文正（明）

楳 mù 源出不详。【分布】武汉有此姓。

墓 mù 源出不详。《中国姓氏集》《新编千家姓》收。【分布】北京、淮南、山西长治和运城等地有。

幕 mù 【源出】①系自妫姓。帝舜之后有虞幕，名思，为夏时诸侯，后世氏焉。②以地为氏。【分布】天津、成都、太原、周口等地有。

睦 mù 【源出】①古帝栗睦氏（亦称栗陆氏）之后。②西胡姓。唐时凉州胡睦伽佗为寇。【分布】川、宁、吉、渝四省区市多此姓。

慕 mù 【源出】①系自妫姓。虞幕（舜帝之祖，名思）之后，见《路史》。②鲜卑、吐谷浑部慕容氏之后有慕氏。【分布】鲁、豫、陕、鄂四省多此姓。【人物】慕洧（金）

慕容 mù róng 【源出】鲜卑族姓。【分布】上海、台北、淮南、湖北钟祥等地有。

暮 mù 【源出】系自妫姓。虞幕（舜帝之祖，名思）之后有暮氏，见《路史》。【分布】兰州、淮南、湖南益阳等地有。

穆 mù 【源出】①炎帝之后，见《路史》。②系自子姓。宋穆公之后，其支孙以谥为氏。③系自姬姓。鲁穆公之后，以谥为氏。【分布】晋、冀、皖、黔、黑五省多此姓。【人物】穆颐（北魏）

N

NA

那 nā 【源出】①元江傣族那姓，其先为随明将沐英进云南之汉族，因功封为元江世袭土司，后逐渐同化为傣族。②满、鄂温克、鄂伦春、土家、锡伯、彝、佤、蒙古、黎、瑶、傈僳等民族，汉姓那。【分布】渝、黑、辽三省市多此姓。【人物】那尚絅（明）
另见 nuó

那拉 nā lā 【源出】清满洲人姓。驻防新疆伊犁锡伯族中亦有那拉氏。满洲人那拉氏亦译作那喇氏。【分布】上海、浙江衢州等地有。【人物】那拉八十六（清）

那仁 nā rén 【源出】蒙古族姓。【分布】黑龙江嫩江有此姓。

舓 ná 【源出】即拿氏，但分出此姓。【分布】台湾有此姓。

拿 ná 【源出】即挐氏，拿为挐本字。后人改挐为拿。春秋时莒公子挐之后。【分布】北京、西安、成都等地有。

拿加 ná jiā 【源出】彝族姓。属古候雕雕家支。【分布】云南昭通有此姓。

哪 nǎ 源出不详。《新编千家姓》收。【分布】嫩江、周口、保山等地有。

扨 nà 源出不详。见《姓氏典故》。【分布】武汉有此姓。

呐 nà 源出不详。【分布】台湾彰化有此姓。

纳 (納) nà 【源出】①见《姓苑》。②西夏党项人姓。【分布】滇、桂、宁三省区多此姓。【人物】纳台（明）

纳尔 (納爾) nà ěr 【源出】彝族姓。【分布】四川峨边有此姓。

纳合 (納合) nà hé 【源出】金时女真人姓。纳合，女真部落名，以为氏。分布不详。

纳吉 (納吉) nà jí 【源出】四川黑彝家支，属什勒阿补家支。【分布】四川金阳有此姓。

纳结 (納結) nà jié 【源出】彝族黑彝家支。【分布】四川美姑有此姓。

纳日 (納日) nà rì 【源出】彝族姓。属阿尔家支。【分布】云南华坪有此姓。

纳臧 (納臧) nà zàng 【源出】彝族姓，又称牟扎氏。【分布】云南华坪有此姓。

娜 nà 源出不详。【分布】北京、太原、周口、海口、茂名等地有。

娜格 nà gé 源出不详。【分布】河南周口有此姓。

娜米 nà mǐ 源出不详。见《周口姓氏考》（河南）。【分布】河南周口有此姓。

娜贞 (娜貞) nà zhēn 【源出】彝族姓。属蒋觉家支。【分布】云南宁蒗有此姓。

娜子 nà zǐ 【源出】彝族姓。【分布】四川峨边有此姓。

捺 nà 源出不详。【分布】湖南有此姓。

NAI

乃 nǎi 【源出】元朝木华黎之曾孙乃燕，或其后有乃姓。【分布】浙、湘、台、宁四省区多此姓。

乃武 nǎi wǔ 【源出】黑彝家支。【分布】四川越西、布拖等地有。

芳 nǎi 源出不详。【分布】山东新泰有此姓。

奶 nǎi 源出不详。【分布】淮南、山西交口、广东四会等地有。

氖 nǎi 源出不详。【分布】湖南、江

苏洪泽等地有。

迺 nǎi 【源出】同乃姓。见《景泰姓氏知多少》（甘肃）。【分布】甘肃景泰有此姓。

迺 nǎi 见《万姓统谱》。【分布】京、沪等地有此姓。【人物】迺穆泰（元）

奈 nài 源出不详。见《姓苑》。【分布】北京通州、上海、天津静海、太原、高雄等地有。【人物】奈永祯（明）

奈曼 nài màn 【源出】清蒙古八旗姓，为乃蛮氏之异译。今蒙古族姓。【分布】内蒙古奈曼旗有此姓。

伲 nài 见《山公集》。【分布】太原、长治、台北等地有。【人物】伲隆（明）
　　另见 ní

柰 nài 见《姓苑》。【分布】北京、河北丰宁、四川通江等地有。【人物】柰亨（明）

耐 nài 源出不详。【分布】郑州、周口、韩城等地有。

渿 nài 源出不详。【分布】淮南有此姓。

能 nài 【源出】源自芈姓，春秋楚熊挚之后，避难改为能氏。【分布】川、甘两省多此姓。【人物】能延寿（唐）
　　另见 néng、xióng

萘 nài 源出不详。【分布】福建平和、江苏洪泽等地有。

NAN

冄 nán 【源出】南蛮姓。冄驔为汉时西夷所建古国，其后或以冄为姓。土家族有此姓。
　　另见 dān、rǎn

男 nán 【源出】①夏禹之裔，有男氏之后，以国为氏，见《史记·夏本纪》。②即南氏，见《世本》。【分布】重庆、成都、武汉等地均有。【人物】男在贵（唐）

南 nán 【源出】①夏禹之后有南氏。商中期有南国，均在周时灭，子孙以国名氏。②春秋时卫灵公、卫献公、楚庄王、鲁公族之后均有南氏。【分布】豫、甘、晋、冀、辽、陕、浙等省多此姓。【人物】南霁云（唐）

南伯 nán bó 【源出】春秋时周武王之弟虢仲之后有南伯氏。见《姓觿》。【分布】上海有此姓。

南方 nán fāng 源出不详。【分布】台北、高雄等地有。

南宫（南宮）nán gōng 【源出】①其先有食邑南宫（故城在今河北南宫）者，以邑为氏。②周文王四友南宫适之后。【分布】北京、台北、延吉等地有。【人物】南宫诚（宋）

南门（南門）nán mén 【源出】①居城之南门者以为氏。②启闭南门之官以为氏。【分布】山西浑源、永济、高平等地有。

南荣（南榮）nán róng 【源出】古有善暴背于南荣者，献之于君，其后为氏。南荣，房屋的南檐；暴，音 pù，即"曝"；暴背，以日晒背。【分布】北京有此姓。

枏龙（枏龍）nán lóng 源出不详。枏系楠之异体。见《宜兴县志》。【分布】江苏宜兴有此姓。

难（難）nán 【源出】①匈奴人姓。见《史记·匈奴传》。②汉灵帝时东胡乌桓人姓。③百济人姓。【分布】西安、太原有此姓。【人物】难从党（北魏）

喃nán 【源出】阿昌族姓。【分布】云南陇川有此姓。

楠nán 《新编千家姓》收。【分布】山西长治、河北定兴等地有。

赧nǎn 【源出】源自姬姓，当为周赧王之后，以谥为氏。见《姓氏考略》。【分布】云南保山、龙陵等地有。

囡nàn 源出不详。【分布】山西古交有此姓。

摊（攤）nàn 源出不详。【分布】湖南靖州有此姓。

NANG

浭náng 【源出】见何承天《纂要》。明时广东番禺有此姓。分布不详。

囊náng 【源出】①楚庄王之子贞，字子囊，贞之孙名瓦，以王父之字为氏。②春秋时齐国有囊氏。【分布】上海、云南腾冲等地有。

曩nǎng 见《姓苑》。【分布】上海、淮南等地有。【人物】曩秉彝（元）

NAO

孬nāo 源出不详。【分布】河南周口有此姓。

挠（撓）náo 【源出】鬼騩氏之后有巋氏、饶氏、挠氏、刹氏、鬼騩氏。【分布】河南灵宝有此姓。

猱náo 【源出】淄博东有猱山，当以居地名为氏。【分布】沈阳有此姓。

铙（鐃）náo 见《清通志·氏族略》。【分布】北京、上海、厦门、台北等地有。

恼（惱）nǎo 源出不详。民国时西康有此姓。分布不详。

脑（腦）nǎo 见《古今图书集成·氏族典》。【分布】山西繁峙有此姓。【人物】脑解（南朝·梁）

瑙nǎo 源出不详。【分布】广东吴川有此姓。

闹（鬧）nào 【源出】蒙古族姓。【分布】内蒙古乌审旗、青海、湖南、江苏滨海等地有。

淖 nào 【源出】淖，周朝国名（今河南鄢陵西北），姬姓。以国名为氏。见《郡国志》。【分布】北京有此姓。

【人物】淖方成（汉）

另见 zhuō

NE

讷（訥）nè 《新编千家姓》收。【分布】北京丰台、江西吉水等地有。

NEI

内 nèi 见《姓苑》。【分布】北京、上海、武汉、周口、中山等地有。

NEN

嫩 nèn 【源出】隋唐时西域苏毗部羌人姓。苏毗系藏族先民，唐时灭于吐蕃。【分布】河南鹤壁、江西宁都有此姓。

NENG

能 néng 【源出】战国时齐宣王（田齐）直臣能意之后。分布不详。

另见 nài、xióng

能补（能補）néng bǔ 【源出】黑彝家支。【分布】四川普格有此姓。

能能 néng néng 【源出】彝族姓。【分布】四川峨边有此姓。

NI

尼 ní 【源出】①当以曲阜尼山为氏。见《姓苑》。②金时女真人姓。见《高丽史》。【分布】内蒙古、鲁、冀三省区多此姓。【人物】尼仇刀（金）

尼比 ní bǐ 【源出】彝族姓。四川甘洛之尼比姓属沙呷家支。今四川汉源等地之尼比姓已改姓低。【分布】四川甘洛、汉源等地有。

尼里 ní lǐ 【源出】彝族姓。【分布】四川峨边有此姓。

尼者 ní zhě 【源出】彝族姓。【分布】四川峨边有此姓。

尼质（尼質）ní zhì 【源出】彝族姓。白彝家支。汉姓为丁。【分布】四川雷波有此姓。

坭 ní 源出不详。【分布】福建福鼎、湖南益阳、云南泸水等地有。

呢 ní 源出不详。【分布】北京、广西武宣等地有。

侤 ní 【源出】唐时波斯人在江都落户，其后有侤氏。【分布】上海、淮南、无锡、扬州等地有。

另见 nài

兒 ní 【源出】系自曹姓。春秋时邾武公封子友于郳（故城在今山东滕州市东南）。国灭后，郳黎来之后，省邑改为兒氏。【分布】太原、高雄、诸城等地有。【人物】兒宽（汉）

泥 ní 【源出】①春秋时宋大夫卑泥之

后，见《本世》。②汉时西域焉耆国（故城在今新疆）有泥姓。【分布】北京、天津、上海、太原、周口等地有。【人物】泥和（汉）

伲 ní 源出不详。【分布】湖南、江苏洪泽有此姓。

妮 ní 源出不详。【分布】北京、天津武清、西安等地有。

倪 ní 【源出】原为郳、兒氏，避仇改为倪氏。【分布】沪、苏、浙、皖、鄂五省市多此姓。【人物】倪说（汉）

婗 ní 源出不详。【分布】宜兴有此姓。

霓 ní 见《万姓统谱》。【分布】大同、湖南、江苏洪泽等地有。【人物】霓济（明）

你 nǐ 【源出】西夏人姓，见《宋史》。【分布】北京、周口、云南泸水等地有。【人物】你斯闷（西夏）

你乃 nǐ nǎi 【源出】彝族姓。【分布】四川德昌有此姓。

拟（擬）nǐ 源出不详。【分布】江苏洪泽有此姓。

伲 nì 源出不详。【分布】江苏武进、贵州赤水、天津武清等地有。

昵 nì 源出不详，见《开化县姓氏》（浙江）。【分布】浙江开化、衢州等地有。

逆 nì 见《姓谱》。【分布】山西绛县有此姓。

匿 nì 【源出】南北朝时高车纥突邻部姓。【分布】山西五台有此姓。【人物】匿物尼（北魏）

NIAN

年 nián 【源出】①系自妘姓，春秋时齐太公之后有年氏。②系自姬姓，周灵王之子王子年夫，因周王室内乱被杀，其子孙遂以王父名为氏。③明时怀远人户部尚书严富，因音讹为年富，其后遂以年为氏。【分布】甘、辽、陕、内蒙古四省区多此姓。【人物】年羹尧（清）

哖 nián 【源出】地名，在台湾台南，或以地名为氏。【分布】台湾南投、台中等地有。

粘 nián 【源出】金时女真人粘合氏之后。【分布】鲁、冀、台三省多此姓。【人物】粘克升（清）

鮎（鲇）nián 源出不详。【分布】江苏滨海有此姓。

黏 nián 见《钱牧斋先生尺牍》。【分布】广东茂名有此姓。

辇（辇）niǎn 【源出】汉时有刘向者，因以父德任为辇郎（汉制官名，引御辇者），当以官为氏。见《姓苑》。【分布】天津，河北围场、隆化、丰宁等地有。

191

撵（攆）niǎn　源出不详。【分布】安徽太和、定远，山西方山，黑龙江阿城等地有。

碾 niǎn　【源出】藏族古姓。藏语称羱羝为碾，以氏族对动物图腾为姓。汉族有此姓。源出不详。【分布】山西灵石有此姓。

廿 niàn　源出不详。【分布】江苏滨海有此姓。

念 niàn　【源出】代北鲜卑吐谷浑部有念氏。【分布】上海、西安、玉门、酒泉等地有。【人物】念贤（北魏）

NIANG

娘 niáng　【源出】《卜辞》中有妇娘，娘为西周古姓。【分布】福建平和、陕西延长等地有。

NIAO

鸟（鳥）niǎo　【源出】伏羲氏之臣鸟名之后，见《姓考》。【分布】上海、大同、淮南等地有。

茑（蔦）niǎo　源出不详，见《山西人口姓氏大全》。【分布】山西有此姓。

裒（裊）niǎo　源出不详。【分布】湖南有此姓。

尿 niào　源出不详。【分布】贵州紫云、湖南桂阳等地有。

NIE

乜 niè　【源出】北周时西部铁勒酋长乜列河。山东乜姓，系也姓所改，见《山左诗集》。
　　另见 miē

陧 niè　见《姓谱》。【分布】江苏洪泽有此姓。

聂（聶）niè　【源出】聂，春秋卫邑，今河南清丰北，卫大夫食采于此，因氏。【分布】湘、赣、鄂、黔、辽、皖、冀、川八省多此姓。

聂鲁（聶魯）niè lǔ　【源出】佤族姓。【分布】云南西盟有此姓。

聂路（聶路）niè lù　【源出】佤族姓，分自梅姑姓。【分布】云南西盟有此姓。

聂顺（聶順）shùn shùn　【源出】佤族姓，分自梅姑姓。【分布】云南西盟有此姓。

聂四（聶四）niè sì　源出不详。【分布】江苏无锡有此姓。

聂宋（聶宋）niè sòng　【源出】佤族姓，即聂顺氏。【分布】云南西盟有此姓。

聂臾（聶臾）niè yú　【源出】佤族姓，分自梅姑姓。【分布】云南西盟有此姓。

臬 niè　源出不详。【分布】山东胶州、河北献县等地有。

涅 niè　【源出】汉有上党郡涅氏县（今

山西武乡西），当以地名为氏。分布不详。【人物】涅礼（唐）

涅桂 niè guì 【源出】佤族姓，即桂氏。【分布】云南西盟有此姓。

涅垦（涅墾）niè kěn 【源出】佤族姓，也称垦氏。【分布】云南西盟有此姓。

涅淖 niè nào 【源出】佤族姓。【分布】云南西盟有此姓。

涅桑 niè sāng 【源出】佤族姓，即桑是。汉姓为陈。【分布】云南西盟有此姓。

涅帅（涅帥）niè shuài 【源出】佤族姓，即帅氏。【分布】云南西盟有此姓。

涅夏 niè xià 【源出】佤族姓。汉姓为鲍、赵。【分布】云南西盟有此姓。

镊（鑷）niè 源出不详。【分布】天津北辰区有此姓。

蘖 niè 【源出】本姓薛，因避仇改为蘖氏，见《姓苑》。【分布】河南光山、江西吉安等地有。

NIN

您 nín 源出不详。【分布】湖南、台北等地有。

NING

宁（寧）níng 【源出】①系自嬴姓。宁氏与秦同姓。秦襄公曾孙谥宁公，支庶因以为氏。②宁、甯本一姓，

春秋时卫大夫甯俞之后。【分布】晋、冀、豫、湘、皖、桂、辽七省区多此姓。

宁成（寧成）níng chéng 源出不详。见《周口姓氏考》（河南）。【分布】河南周口有此姓。

宁李（寧李）níng lǐ 源出不详。【分布】福建建宁有此姓。

拧（擰）níng 源出不详。【分布】湖南有此姓。

甯 nìng 【源出】①卫康叔之后武公生季亹，食采于甯（今河南获嘉），季亹弟顷叔生跪，以邑为氏。②西夏党项人姓。【分布】四川省多此姓。【人物】甯子甯（西夏）

寗 nìng 【源出】见《康熙字典》。邑名，或以邑名为氏。【分布】北京密云、山东蓬莱、山西闻喜等地有。

凝 níng 源出不详。【分布】武昌有此姓。

NIU

妞 niū 【源出】高丽人姓，见《集韵》。另见 hào

牛 niú 【源出】①系自子姓。商王帝乙之长庶子启，食采于微，谓之微子。其裔宋司寇牛父之后，以王父字为氏。②隋朝礼部尚书牛弘，本姓寮，其父允为北魏侍中，赐姓牛。

【分布】山西、河北、山东、河南、湖北、甘肃、安徽七省多此姓。【人物】牛僧儒（唐）

牛枯 niú kū 【源出】彝族姓。【分布】四川峨边有此姓。

牪 niú 源出不详。见《高淳县姓氏》（江苏）。【分布】江苏高淳有此姓。

扭 niǔ 源出不详。【分布】云南江川、山西怀仁、福建泰宁等地有。

纽（紐）niǔ 源出不详。见《尚友录》。【分布】上海、太原、保定、台北等地有。【人物】纽莹中（明）

纽淖（紐淖）niǔ nào 【源出】佤族姓，也称淖氏。汉姓有李、张。【分布】云南西盟有此姓。

杻 niǔ 源出不详。【分布】台湾高雄、彰化、屏东等地有。

钮（鈕）niǔ 见《姓苑》。【分布】晋、冀、鲁、豫、苏、浙、沪、皖八省市多此姓。【人物】钮滔（东晋）

NONG

农（農）nóng 【源出】①神农之后，见《风俗通》。神农即厉山氏，有子曰农，能殖谷，当以古人名为氏。②古羌人姓，隋唐时西域唐旄国中地名，以地名为氏。【分布】广西多此姓。【人物】农高（明）

侬（儂）nóng 【源出】①唐时西原州

（故治在今广西扶南西南）蛮首领有侬氏，②南人自称为侬，因以为氏。【分布】滇、黔、桂三省区多此姓。【人物】侬奭（宋）

浓（濃）nóng 源出不详。《新编千家姓》收。【分布】冀、豫两省多此姓。

弄 nòng 【源出】①汉时西南夷弄栋之后。②唐时吐蕃王姓。唐太宗曾以公主妻弄赞。【分布】江西乐平、河北定州、广东四会等地有。

NOU

藕 nòu 源出不详。【分布】辽宁朝阳有此姓。

NU

奴 nú 【源出】①汉时高丽人姓。②卢奴氏之后有奴氏。见《万姓统谱》。【分布】上海、太原、淮南等地有。【人物】奴管（明）

努 nǔ 【源出】①古藏人姓。②青海藏族、云南傈僳族姓。【分布】上海、青海天峻、云南泸水等地有。

怒 nù 源出不详。【分布】北京、成都等地有此姓。

NUO

那 nuó 【源出】①春秋时楚武王克权，后迁权于那处，因以为氏，见《姓

谱》。②朝那，东夷国名，其后以国为氏，后改朝那氏为那氏。分布不详。【人物】那椿（西魏）

另见 nā

挪 nuó 源出不详。【分布】长治、湖南等地有此姓。

诺（諾）nuò 【源出】诺水（今四川通江西），当以水名为氏。见《姓苑》《姓氏考略》。【分布】上海、台湾、湖南、云南等地有此姓。

诺边（諾邊）nuò biān 【源出】彝族姓。【分布】四川西昌有此姓。

诺关（諾關）nuò guān 【源出】彝族姓。【分布】云南宁蒗有此姓。

懦 nuò 源出不详。【分布】山西偏关有此姓。

糯 nuò 源出不详。汉、彝、拉祜等族有此姓。【分布】云南泸水、保山、陇川等地有。

NÜ

女 nǚ 【源出】相传天皇封弟娲于女水之阳（故城在今河南息县西），后为天子，因称女皇，其后为女氏。【分布】西安、太原等地有。

絮 nǚ 见《万姓统谱》。分布不详。【人物】絮乐心（明）

另见 rú

O

噢 ō 源出不详。【分布】湖南、江苏洪泽等地有。

OU

区（區）ōu 【源出】①春秋时善铸剑者欧冶子之后，转为区氏。②汉顺帝时象林（今越南境内）蛮姓。【分布】粤、桂两省区多此姓。【人物】区景（三国·吴）

另见 qū

沤（漚）ōu 【源出】系自姒姓。春秋越王无疆之后有沤氏。见《路史》。【分布】广西灌阳、台湾台南、江苏滨海等地有。

瓯（甌）ōu 【源出】①越王无疆之裔东越王摇，镇守东瓯（故城在今浙江永嘉西南），后因以为氏。②南越、东越均有此姓。【分布】浙江永嘉、青田、苍南等地有。【人物】瓯庚（明）

欧（歐）ōu 【源出】①越王无疆之次子，封乌程（今浙江湖州南故菰城）欧馀山之阳，后有欧氏、欧阳氏、欧侯氏。②南越、东越均有此姓。【分布】广东、四川、湖南、广西、重庆、贵州等省区多此姓。【人物】欧宝（汉）

195

欧侯（歐侯）ōu hóu 【源出】越王无疆之后，见《路史》。【分布】无锡有此姓。

欧南（歐南）ōu nán 源出不详。见《山西人口姓氏大全》。【分布】大同有此姓。

欧其（歐其）ōu qí 【源出】彝族姓。汉姓为欧。【分布】四川马边、峨边等地有。

欧琪（歐琪）ōu qí 【源出】彝族姓，也作偶琪氏。汉姓为欧。【分布】四川马边、峨边有此姓。

欧阳（歐陽）ōu yáng 【源出】系自姒姓。夏王少康庶子封于会稽，至越王无疆灭于楚，更封无疆之子蹄于乌程欧馀山之阳，为欧阳亭侯，遂以为氏。【分布】湘、粤、赣等地多此姓。【人物】欧阳修（宋）

殴（毆）ōu 源出不详。【分布】太原、湘潭、汕头等地有。

殴吾（毆吾）ōu wú 【源出】黑彝家支。【分布】四川布拖有此姓。

砨（磃）ōu 源出不详。【分布】台湾南投、屏东、云林等地有。

鸥（鷗）ōu 见《姓苑》。【分布】上海、汕头、湘潭等地有。【人物】鸥济（明）

呕（嘔）ǒu 源出不详。【分布】湖南、台北等地有。

偶 ǒu 见《太平图话姓氏综》。【分布】上海嘉定、包头、台北、西安、无锡等地有。【人物】偶桓（明）

耦 ǒu 【源出】系自子姓，春秋宋卿司马华耦之后，以名为氏。【分布】湖南芷江、江苏泗阳、浙江苍南等地有。【人物】耦嘉（汉）

藕 ǒu 源出不详。【分布】上海、汨罗、山西侯马等地有。

P

PA

葩 pā 源出不详。《新编千家姓》收。【分布】河北广平有此姓。

把 pá 【源出】或为方言所改。
另见 bǎ

杷 pá 【源出】本巴氏，东楼公之后，东汉灵帝时巴康避董卓难改为杷氏。见《万姓统谱》。【分布】北京、河南武陟等地有。【人物】杷安（明）

爬 pá 【源出】系自杞姓。东搂公之后，东汉灵帝时杞康避董卓之难，改为爬氏。【分布】河南武陟、江苏滨海等地有。【人物】爬秀（西魏）

怕 pà 【源出】①唐时已有此姓。见《万姓统谱》。②明时兵部尚书王骥征云南腾冲州麓川，赐于降夷三姓：

怕、刀、剁，见《希姓录》。【分布】广东中山、湖南等地有。【人物】怕善（唐）

帕 pà 见《姓苑》。今汉、傣族等民族有此姓。

帕查 pà chá 【源出】彝族姓。【分布】四川马边有此姓。

PAI

拍 pāi 源出不详。《新编千家姓》收。【分布】北京、成都、太原等地有。

俳 pái 【源出】①或系非佳所改，见《姓氏考略》。②清时山东新城（今山东桓台）有俳姓。分布不详。

排 pái 【源出】①源出不详。见《新编千家姓》。②景颇族姓。【分布】北京、沈阳、太原、大同、承德等地有。

棑 pái 源出不详。【分布】福建邵武有此姓。

牌 pái 源出不详。见《中国姓氏汇编》。【分布】北京、广州、洛阳、上海川沙等地有。

派 pài 源出不详。《新编千家姓》收。【分布】江苏滨海有此姓。

湃 pài 源出不详。【分布】江苏洪泽有此姓。

PAN

萠 pān 见《姓苑》。【分布】桃园、屏东等地有。

番 pān 【源出】①周幽王（姬宫涅）后族党。②汉时番阳令吴芮封番君，子孙因氏。【分布】云南多此姓。【人物】番系（汉）

番兜 pān dōu 源出不详。【分布】山西曲沃有此姓。

潘 pān 【源出】①系自姚姓。舜之后有潘国，子孙以国为氏。②系自芈姓。楚公族有潘姓，见《姓氏寻源》。【分布】皖、粤、浙、桂、黔、川、苏、豫等省区多此姓。【人物】潘岳（西晋）

潘义（潘義）pān yì 【源出】四川黑彝家支。【分布】四川木里有此姓。

攀 pān 源出不详。【分布】鲁、陕两省多此姓。

盘（盤）pán 【源出】盘瓠氏之后。【分布】桂、粤、湘三省区多此姓。【人物】盘铭（明）

磐 pán 源出不详。见《姓谱》《新编千家姓》。【分布】台北、桃园、江西永修等地有。

磻 pán 源出不详。【分布】广东清远有此姓。

蟠 pán 源出不详。【分布】山西交口、浙江嵊山等地有。

半 pàn 【源出】半为判之古字。此姓或已亡，或为方言。

另见 bàn

泮 pàn 【源出】泮，春秋时卫地（今山东聊城西北），或以地名为氏。【分布】鲁、新、浙三省区多此姓。

盼 pàn 【源出】①古有盼国，以国名氏。②战国齐威王之臣田盼之后，以名为氏。【分布】成都、太原等地有。

叛 pàn 源出不详。《新编千家姓》收。分布不详。

畔 pàn 源出不详。《新编千家姓》收。【分布】西安、河北安平、江苏滨海等地有。

PANG

乓 pāng 源出不详。见《湖南家谱解读》。【分布】湖南有此姓。

滂 pāng 源出不详。见《信阳市姓氏》（河南）。【分布】信阳有此姓。

庞 (龐) páng 【源出】系庞异体。今世分庞、庞为二姓，实为书写之故。庞、庞之分由来已久。【分布】各地均有。

彷 (徬) páng 【源出】今壮族姓，出自古象郡太平土司。【分布】广西有此姓。

庞 (龐) páng 【源出】①系自姬姓。周文王之子毕公高之后，其支庶封于庞，因以为氏。②高阳氏八才子之一庞降（又作江）之后。【分布】冀、鲁、豫、川、粤、桂六省区多此姓。【人物】庞统（三国·蜀）

逄 páng 【源出】①羿之家众有逄蒙，故夏时已有逄氏。②字本作逄，后世分逄、逢为二姓。【分布】京、鲁、冀三省市多此姓。【人物】逄蒙（汉）

逢 páng 【源出】①系自妫姓。舜裔之后陈公族中有逢氏。②系自姜姓。商诸侯逢伯陵之后。【分布】山东多此姓。

旁 páng 【源出】①嬴秦之裔有旁氏。②秦时陈涉之相国旁君之后。③西羌有旁姓，即宕昌羌族。【分布】成都、武汉、大同等地有。

耪 pǎng 源出不详。【分布】湖南有此姓。

胖 pàng 源出不详。见《万姓统谱》。【分布】北京、天津、太原、长治、呼和浩特市、台中、台南等地有。

PAO

抛 pāo 源出不详。【分布】湖南有此姓。

泡 pāo 【源出】为庖姓所分，见《潜夫论》。【分布】北京、武汉、太原等地有。

泡戚 pāo qì 【源出】景颇族姓。汉姓为戚。【分布】云南潞西有此姓。

泡韦 (泡韋) pāo wéi 【源出】景颇

族姓。汉姓为韦。【分布】云南梁河有此姓。

菢 pāo 源出不详。【分布】台北有此姓。

庖 páo 【源出】庖，古国名，出自姒姓。夏禹封伏羲之裔于庖，其后以国名氏。【分布】汨罗、吉林、扶余等地有。

炮 páo 【源出】伏羲之后有炮氏。【分布】陕西太原有此姓。

炮 páo 源出不详。【分布】酒泉有此姓。

袍 páo 【源出】或指袍为氏，如枕氏、被氏之类。【分布】大同、浙江衢州等地有。

跑 páo 源出不详，见《平陆县姓氏》（山西）。【分布】山西平路、临汾等地有。

跑磨 páo mó 【源出】景颇族姓。属载瓦支系。汉姓为丁。【分布】云南盈江有此姓。

礮 pào 源出不详。【分布】台南有此姓。

PEI

胚 pēi 源出不详。见《新编千家姓》。分布不详。

陪 péi 源出不详。【分布】重庆綦江、云南晋宁等地有。

培 péi 源出不详。【分布】河南省多此姓。

掊 péi 【源出】《史记·袁盎传》载："乃之掊生所问占。"又见《清稗类钞·姓名类》。【分布】四川武胜有此姓。

赔（賠）péi 源出不详。【分布】山西太原、洪洞等地有此姓。

裴 péi 【源出】①晋平公封颛顼帝之裔孙鍼于周川之裴中，号裴君，后有裴氏。②唐时西域疏勒王裴夷键降唐封为右骁骑大将军，其后为裴氏。【分布】晋、冀、豫、辽、鄂、苏、皖七省多此姓。【人物】裴秀（西晋）

沛 pèi 【源出】①夏王支庶封于沛（今山东沛县东），因氏。②系自子姓。商汤之裔有沛氏，见《路史》。【分布】上海川沙、太原、无锡等地有。

佩 pèi 见《姓苑》。【分布】山西曲沃、河南济源、河北定州等地均有。

配 pèi 源出不详。见《新编千家姓》。【分布】浙江安吉有此姓。

PEN

盆 pén 【源出】①战国时盆成括仕齐，其子逃难，去成为盆氏。②盆为春秋时齐邑，盆城子之后，以邑为氏。【分布】琼、粤、桂、湘、鄂多省区均有。【人物】盆谦（汉）

PENG

芃 péng 见《姓苑》。【分布】湖南有此姓。

朋 péng 【源出】①春秋时齐大夫隰朋之后。②清满洲人姓。【分布】滇、辽两省多此姓。【人物】朋水（宋）

朋克 péng kè 【源出】佤族姓，也作朋刻氏。汉姓有刘、魏、王、李、黄等。【分布】云南西盟有此姓。

彭 péng 【源出】颛顼帝高阳氏之曾孙犁为高辛氏之火正，其弟吴回嗣守其职，生陆终。陆终之第三子曰籛，为彭姓，封于大彭。商末楚灭大彭，子孙遂以国为氏。【分布】湘、鄂、川、粤、滇、赣六省多此姓。【人物】彭天益（宋）

彭伙 péng huǒ 【源出】四川黑彝家支，属阿尔家支。【分布】四川越西有此姓。

彭基 péng jī 【源出】佤族姓。【分布】云南西盟有此姓。

彭连（彭連）péng lián 源出不详。【分布】台湾桃园有此姓。

彭气（彭氣）péng qì 【源出】佤族姓，即彭克依氏。【分布】云南西盟有此姓。

彭陶 péng táo 源出不详。【分布】安徽望江有此姓。

棚 péng 源出不详。【分布】武昌、云南马关、四川米易、河北唐县等地有。

蓬 péng 【源出】①系自姬姓。周封支子于蓬州（今四川营山北），因以为氏。②蓬，草名，指草为姓。【分布】豫、黑、吉三省多此姓。【人物】蓬球（汉）

鹏（鵬）péng 【源出】取鸟名为氏，见《姓氏考略》。【分布】上海、太原、大同等地有。

澎 péng 源出不详，见《新编千家姓》。【分布】太原、大同、周口、台南等地有。

膨 péng 源出不详。【分布】湖南有此姓。

捧 pěng 【源出】或以器名为氏。为现代希姓。《新编千家姓》收。分布不详。

PI

丕 pī 【源出】①商时左相奚仲之裔，仲虺之后有丕氏、邳氏、伾氏、姼氏。②春秋时晋大夫丕郑之后，子孙以王父字为氏。【分布】四川达州、山西长治、河北任县等地有。【人物】丕承文（明）

批 pī 源出不详。《云南革命烈士英名录》有载。【分布】云南中甸、泸水，湖南祁东等地有。

邳 pī 【源出】邳，国名，商初之国。系自任姓。国都屡迁，战国时于楚考烈王二年灭于楚，子孙以国名为氏。【分布】北京、上海金山、天津宝坻、大同、台北等地有。【人物】邳肜（东汉）

纰（紕）pī 源出不详。【分布】湖南有此姓。

披 pī 【源出】见《古今图书集成·氏族典》，为被姓之讹。【分布】湖南有此姓。【人物】披条（汉）

劈 pī 源出不详。【分布】湖南有此姓。

皮 pí 【源出】①春秋时周大夫樊皮，字仲文，为仲山甫之裔，其后以名为氏。②出自妘姓。春秋时陈公族有皮氏。【分布】湘、鄂、渝、豫四省市多此姓。【人物】皮日休（唐）

芘 pí 源出不详。【分布】重庆綦江有此姓。

陂 pí 源出不详。【分布】湖南有此姓。

枇 pí 源出不详。【分布】湖南有此姓。

铍（鈹）pí 源出不详。【分布】河南信阳有此姓。

郫 pí 【源出】①相传黄帝之任姓子之裔封于郫（故城在今四川成都市郫都区），子孙以国为氏。②郫，春秋时晋邑（故城在今河南济源），大夫食采于此，后因以为氏。【分布】四川大竹有此姓。

陴 pí 源出不详。【分布】湖南有此姓。

琵 pí 源出不详。【分布】湖南、江苏滨海有此姓。

番 pí 【源出】或系方言。
　　另见 fān、pān、pó

禆 pí 【源出】系自姬姓。郑大夫禆谌之后，见《路史》。【分布】安徽芜湖、宣城有此姓。【人物】禆惠（晋）

蜱 pí 源出不详。【分布】湖南、江苏滨海有此姓。

蕃 pí 【源出】①周文王第十五子毕公高之后。②春秋鲁大夫食邑于蕃，因氏。【人物】蕃响（汉）

匹 pǐ 【源出】鲜卑族姓，匹娄氏在西秦和南凉改为匹氏。【分布】武汉、重庆綦江等地有。【人物】匹逿（西秦）

疋 pǐ 【源出】有说同匹姓。见《姓谱》。【分布】武汉有此姓。

PIAN

偏 piān 【源出】①相传为帝喾之子弃之后。②系自姬姓。周公族之后。③鲜卑人姓。【分布】周口、山西中阳等地有。【人物】偏何（东汉）

篇 piān 【源出】春秋时周大夫史篇之后，见《姓觿》。【分布】北京有此姓。

翩 piān 源出不详。【分布】湖南有此姓。

便 pián 【源出】古有便国（在今湖南永兴），以国名为氏，见《国名纪》。便与古字蝙通。【分布】上海川沙、周口、无锡等地有。【人物】便乐成(汉)

骈（駢）pián 【源出】见《姓苑》。春秋齐有骈邑，或以邑名为氏。【分布】晋、苏、豫三省多此姓。

蹁 pián 源出不详。【分布】湖南有此姓。

谝（諞）piǎn 源出不详。【分布】湖南有此姓。

片 piàn 源出不详。见《新编千家姓》。【分布】太原、淄博、武昌、福州、延吉等地有。

骗（騙）piàn 源出不详。【分布】山西绛县、江苏金湖等地有。

PIAO

剽 piāo 源出不详。【分布】贵州赫章、江苏滨海等地有。

漂 piāo 源出不详。《新编千家姓》收。【分布】晋、冀、鲁、豫等省有。

飘（飄）piāo 源出不详。【分布】北京、上海、太原、大同、成都等地有。【人物】飘雄（明）

朴 piáo 【分布】朝鲜族姓。【分布】冀、吉、辽三省多此姓。【人物】朴不花（元）
　　另见 pǔ

瓢 piáo 源出不详。见《万姓统谱》。【分布】上海、淮南等地有。

票 piào 源出不详。【分布】西安、太原、大同、淮南、茂名等地有。

PIN

拼吞 pīn tūn 【源出】四川黑彝家支。【分布】四川会理有此姓。

贫（貧）pín 源出不详。《新编千家姓》收。【分布】大同、无锡等地有。

频（頻）pín 【源出】见《韵会》。频阳（故城在今陕西富平）在秦地，当以邑为氏。【分布】北京有此姓。【人物】频畅（汉）

品 pǐn 【源出】周有品伯之彝，见《宣和博古图》。【分布】上海、周口、茂名、重庆綦江等地有。【人物】品嵒（明）

牝 pìn 源出不详。见《新编千家姓》。分布不详。

聘 pìn 源出不详。见《新编千家姓》。分布不详。

PING

乒 pīng 源出不详。见《山西人口姓氏大全》。【分布】山西临汾、河北围场等地有。

平 píng 【源出】①系自姬姓。战国时韩哀侯少子婼，食采于平邑，其后以邑为氏。②春秋时齐大夫晏婴，

字平仲，其后以字为氏。【分布】晋、冀、豫、浙、赣五省多此姓。【人物】平当（东汉）

评（評）píng 【源出】评，官名。汉有廷尉，隋朝改为评事，属大理寺，掌平决刑狱，因官为氏。见《姓苑》。【分布】北京、武汉、成都、西安、高雄等地有。

苹（蘋）píng 源出不详。《新编千家姓》收。【分布】天津北辰，河北定兴、涉县等地有。

凭（憑）píng 【源出】①春秋时有夔子国(今湖北秭归东)，其后有凭氏。②羌族西夫蒙氏之后改为凭氏。见《通志·氏族略》。【分布】西安、高雄、云南马关等地有。【人物】凭祥兴（唐）

邴píng 【源出】春秋时纪国大夫食采于邴（故城在今山东临朐东南），因以为氏。见《姓觿》。【分布】山西侯马、江苏武进等地有。

玶píng 源出不详。【分布】河南灵宝有此姓。

枰píng 源出不详。【分布】陕西眉县有此姓。

屏píng 【源出】①古有屏国，相传系炎帝时诸侯，以国为氏。②相传为古善御者造父之后有屏氏，见《姓考》。【分布】山西绛县、广东三水等地有。

瓶píng 【源出】河南郡有瓶丘聚，见《后汉书·郡国志》。当以地名为氏。亦见《姓苑》。【分布】河北定州有此姓。【人物】瓶守（汉）

萍píng 源出不详。《新编千家姓》收。【分布】上海、成都、天津武清、绍兴等地有。

凭píng 源出不详。【分布】淮南、台中、江苏武进等地有。

PO

坡pō 【源出】清满洲镶白旗中有坡氏。【分布】山西洪洞、河南中牟等地有。【人物】坡富魁（清）

泼（潑）pō 源出不详。《新编千家姓》收。【分布】湖南有此姓。

颇夺（頗奪）pō duó 【源出】景颇族姓，分自木忍姓。汉姓为左。【分布】云南莲山有此姓。

婆pó 【源出】或系婆和、婆衍所改。【分布】山西定襄有此姓。

鄱pó 【源出】江西有鄱阳湖，或以水名有氏。【分布】上海宝山、天津北辰、太原等地有。

繁pó 【源出】周成王以商民七族分于康叔，其一为繁氏。【分布】北京、成都、大同、台中等地有。【人物】繁仲夏（东汉）

另见 fán

皤 pó 源出不详。【分布】广东三水有此姓。

叵 pǒ 源出不详。【分布】太原、江苏滨海等地有。

钷（鉅）pǒ 源出不详。【分布】湖南有此姓。

迫 pò 源出不详。《新编千家姓》收。【分布】北京、沈阳等地有。

破 pò 【源出】或系破六汉氏、破多罗氏所改。《新编千家姓》收。分布不详。

粕 pò 源出不详。【分布】河南周口有此姓。

颇（頗）pò 【源出】出自姬姓，吴王颇高之后，见《路史》。【分布】广西柳江、宜州，浙江上虞等地有。【人物】颇廷相（明）

POU

部 pǒu 【源出】南匈奴姓，见《姓苑》《姓氏考略》。【分布】上海、太原、周口、曲阜、汕头等地有。【人物】部抑鞮（南匈奴）

PU

攴 pū 源出不详。【分布】台北有此姓。

扑 pū 【源出】夷姓。东汉建安二十年，巴夷扑胡举巴夷来附，见《魏志》。【分布】北京、云南镇雄等地有。

扑冲（撲衝）pū chòng 【源出】黎族姓，即朴冲氏。【分布】海南保亭有此姓。

扑基（撲基）pū jī 【源出】黎族姓，即朴基氏。【分布】海南保亭有此姓。

撲 pū 源出不详。【分布】云南镇雄、江苏滨海等地有。

仆（僕）pú 【源出】①周时仆人（官名）之后，见《风俗通》。②出姬姓。春秋时郑大夫仆展之后。③系自芈姓。楚公族仆析父之后。④匈奴人姓。【分布】上海、重庆、无锡、绍兴等地有。【人物】仆淮（明）

仆固（僕固）pú gù 【源出】唐时部落名，铁勒诸部之一，后为回纥外九部之一。贞观中，铁勒九姓大首领率众降，分置瀚海九都督府，以仆骨歌滥拔延为右武卫大将军、金微都督。仆骨氏语讹为仆固氏，故系以部为氏。【分布】上海有此姓。【人物】仆固怀恩（唐）

仆兰（僕蘭）pú lán 【源出】北魏时内迁诸姓之一，后改为仆氏，见《魏书·官氏志》。分布不详。

仆散（僕散）pú sǎn 【源出】金时女真人姓，其部在今朝鲜镜城地区，以部为氏。分布不详。【人物】仆散忠义（金）

莆 pú 【源出】①占城国人姓，见《宋

史》。占城国在今越南中部。入居中国者以莆为氏。②莆，草名，即蒲草，或以蒲为氏，也即莆氏。【分布】北京、成都、周口、基隆等地有。【人物】莆森（明）

菩 pú 【源出】西夏党项人姓，也作波氏。《新编千家姓》收载。【分布】玉门有此姓。

脯 pú 【源出】《周礼》天官膳夫：凡王之稍事，设荐脯醢。脯醢是饮酒肴盘，或因以为氏。【分布】湖南津市有此姓。

葡 pú 源出不详。《新编千家姓》收。【分布】山西昔阳、安徽淮南、江苏滨海等地有。

蒲 pú 【源出】①帝舜之师蒲衣，蒲姓始此。②出姒姓。有扈氏之后，世为西羌酋长，因家池中生蒲草，长五丈，节如竹形，为时人所异，称之为蒲家，因以为氏。【分布】川、渝、陕、甘、湘五省市多此姓。【人物】蒲遵（汉）

蒲察 pú chá 【源出】①金时女真人姓。蒲察，女真人部落，以部为氏。②赐姓。金时元帅、参知政事蒲察官奴，本姓移剌，后赐姓蒲察。入中原者改姓李。分布不详。【人物】蒲察合住（金）

璞 pú 源出不详。见《万姓统谱》。

璞 pú 源出不详。【分布】上海、宜兴、淮南、河北清苑等地有。【人物】璞俊（明）

蒱 pú 源出不详。【分布】山西忻州有此姓。

濮 pú 【源出】①濮，春秋时卫之鄄邑（故城在今山东鄄城北），为卫大夫之采邑，因氏。②濮氏楚之族，即百濮。其后一支定居于河南濮河两岸，另一支迁入川，成为南北朝时巴中七姓之一。【分布】江苏多此姓。【人物】濮坦（宋）

濮 pú 源出不详。【分布】安徽泾县有此姓。

卟 pǔ 源出不详。似系普字俗写。【分布】黑龙江五大连池有此姓。

朴 pǔ 【源出】夷姓，三国时魏有巴夷王朴胡。

另见 piáo

朴冲 （樸衝） pǔ chòng 【源出】黎族姓。汉姓为王。见《黎族人的姓氏》。【分布】海南保亭有此姓。

朴基 （樸基） pǔ jī 【源出】黎族姓。汉姓为王。见《黎族人的姓氏》。【分布】海南保亭有此姓。

埔 pǔ 源出不详。【分布】湖南、江苏滨海有此姓。

圃 pǔ 【源出】①春秋时卫卿石恶族子（为为靖伯之后裔）石圃之后。

205

②或以田圃为氏，如园氏、池氏之类。【分布】北京、湖南、江苏新沂等地有。

浦 pǔ 【源出】周时吕尚，号太公望，世称太公，其后有浦氏。见《卢若虚刻石记》。【分布】沪、苏、桂、黔四省市多此姓。【人物】浦选（晋）

普 pǔ 【源出】北魏献帝以次兄为普氏，后改为周氏。见《元和姓纂》。【分布】云南省多此姓。【人物】普仲贤（明）

普列 pǔ liè 【源出】景颇族姓。属茶山支系。汉姓为左。【分布】云南盈江有此姓。

普颜（普顔）pǔ yán 源出不详。【分布】山西平陆有此姓。

普周 pǔ zhōu 【源出】代北姓，后改周氏。见《魏氏补正》。【分布】广西荔浦有此姓。

溥 pǔ 见《姓苑》。【分布】北京、上海、台北、太原、沈阳等地有。

谱（譜）pǔ 源出不详。【分布】湖南津市有此姓。

樸 pǔ 【源出】见《姓苑》。清满洲人姓。今或简化为朴。【分布】抚顺、淮南、台北等地有。

铺（鋪）pù 源出不详。见《山西省革命烈士英名录》。【分布】山西左权、黑龙江东宁等地有。

舖 pù 源出不详。【分布】信阳、高邮、茂名等地有。

曝 pù 源出不详。【分布】湖南、河北鹿泉等地有。

QI

七 qī 见《万姓统谱》。【分布】上海、周口、塔城、绍兴等地有。【人物】七那楼（北魏）

沏 qī 源出不详。【分布】浙江湖州有此姓。

妻 qī 【源出】甲骨文所见氏族，商周时已有妻氏。【分布】花莲、屏东、山西阳泉、河北唐县等地有。

柒 qī 【源出】或为"柒"字省笔。【分布】台北、山西神池、四川武胜等地有。

柒 qī 见《万姓统谱》。【分布】滇、黔、湘三省多此姓。【人物】柒文伦（明）

栖（棲）qī 【源出】棲，夏时小国，其后以国为氏。见《元和姓纂》《姓觿》。【分布】西安、山东东平、湖南宁乡等地有。

郪 qī 【源出】①古有郪国，见《国名纪》。郪，在梓之郪县（故城在今四川三台南）。以国名为氏。②郪丘，春秋齐地，以地名为氏。

【分布】四川中江有此姓。

俱 qī 源出不详。《新编千家姓》收。分布不详。

萋 qī 源出不详。【分布】江西萍乡有此姓。

戚 qī 【源出】①春秋时卫大夫孙林父食采于戚（故城今河南濮阳），其支庶以为氏。②春秋时宋公族之后。【分布】苏、浙、冀、鲁、豫、粤、黑、皖八省多此姓。【人物】戚鳃（汉）

期 qī 【源出】春秋时楚期思公复遂之后，期思氏去思为期氏，见《风俗通》。【分布】北京、上海、成都等地有。

期伞（期傘）qī sǎn 【源出】彝族姓。【分布】四川德昌有此姓。

期沙 qī shā 【源出】彝族姓。【分布】四川布拖有此姓。

欺 qī 源出不详。《新编千家姓》收。分布不详。

漆 qī 【源出】①古诸侯防风氏之后。②虞、夏、商时汪芒氏，周时长狄，亦称长翟，即春秋时鄋瞒，均为漆姓。【分布】川、鄂、湘三省多此姓。【人物】漆朗（唐）

漆雕 qī diāo 【源出】①系自姬姓。周太王次子仲雍之后。仲雍即虞仲，系泰伯之弟，春秋时吴国开国祖，故称吴后有漆雕氏。②春秋时鲁有漆雕氏。后有改为漆氏者。【分布】沈阳、湖北天门、山西忻州等地有。【人物】漆雕轲（明）

亓 qí 【源出】为亓官氏之后。【分布】晋、鲁、皖三省多此姓。【人物】亓志绍(唐)

亓官 qí guān 【源出】古有掌笄之官（负责女子出嫁之事），子孙以官为氏。【分布】沈阳、河南浚县、湖北天门等地有。

亣 qí 【源出】为亓之俗写，今已成二姓。【分布】浙江萧山、象山，山东禹城等地有。

示 qí 见《姓苑》。

另见 shì

齐（齊）qí 【源出】①炎帝之裔，太公望子牙封营邱为齐国（故城在今山东临淄），子孙以国为氏。②春秋时卫大夫齐子之后，以字为氏。【分布】冀、鲁、豫、辽、吉、黑六省多此姓。【人物】齐德成（明）

齐当（齊當）qí dāng 【源出】独龙族姓氏。本家族名，以之为姓。汉姓为齐。【分布】云南贡山有此姓。

祁 qí 【源出】①帝尧伊祁氏之后有祁氏。②少昊（即金天氏）之后，见《路史》。【分布】冀、豫、甘、黑、苏五省多此姓。

圻 qí 源出不详。【分布】上海、无锡

207

等地有此姓。

芪 qí 源出不详。【分布】天津武清有此姓。

芪 qí 源出不详。【分布】大同、淄博等地有。

岐 qí 【源出】①相传为黄帝之臣岐伯之后。②岐，为夏商前古国，以国名氏。③岐，在今陕西岐山，周故都。文王迁于丰后，其支庶留岐者为岐氏。【分布】北京、成都、淮南、宜兴等地有。【人物】岐亨（明）

其 qí 【源出】①春秋时齐公族有其氏。②其，地名（故城在今山东即墨西南，汉时不其侯国故地），以地为氏，见《姓苑》。【分布】西安、洪洞、淮南、茂名等地有。【人物】其石（汉）

奇 qí 【源出】①周宣王臣尹吉甫之子伯奇之后，以王父字为氏。②奇为周大夫采邑，以邑为氏，见《世本》。【分布】内蒙古、桂、冀三省区多此姓。【人物】奇景中（明）

歧 qí 【源出】有说同岐氏。见《姓觿》。【分布】山西太原、河南洛宁、江苏武进等地有。

斺 qí 【源出】有说为祈姓之讹，见《望都县姓氏》（河北）。【分布】河北望都有此姓。

祈 qí 【源出】①传黄帝得姓十四子中

有祈姓，其后以姓为氏。②帝尧伊祁氏之后，祁一作祈。【分布】闽、琼两省多此姓。【人物】祈嘉（晋）

祇 qí 源出不详。【分布】太原、河北正定等地有。

俟 qí 【源出】万俟氏有改俟氏者。【分布】四川合江，江西永修、上饶等地有。另见 sì

耆 qí 【源出】①帝尧之姓为伊耆，其后有耆氏。②西域人姓。【分布】北京有此姓。【人物】耆域（北周）

颀（頎）qí 【源出】系自姬姓。春秋时单哀公之子顷公之后，见《希姓录》。亦见《清稗类钞·姓名类·僻姓》。【分布】周口、扬州、无锡等地有。

脐（臍）qí 源出不详。【分布】湖南有此姓。

旂 qí 见《氏族志》。【分布】山东肥城有此姓。

逑 qí 源出不详。见《宝山县志》（上海）。【分布】上海宝山有此姓。

畦 qí 【源出】居于町畦者以为氏，见《姓氏考略》。【分布】上海、陕西蒲城、山西绛县等地有。【人物】畦觊（汉）

崎 qí 源出不详。【分布】上海有此姓。

淇 qí 【源出】淇水，源出河南林州，以水名为氏。【分布】海口、台中、云南大关等地有。

琪 qí 源出不详。见《中华古今姓氏大辞典》。【分布】成都、山西临汾等地有。

琦 qí 源出不详。《新编千家姓》收。【分布】北京、台北、威海等地有。

棋 qí 源出不详。《新编千家姓》收。【分布】天津东丽、山西侯马、广东吴川等地有。

祺 qí 源出不详。《新编千家姓》收。【分布】台北有此姓。

綦 qí 【源出】綦连氏改为綦氏，见《急就篇》。【分布】鲁、湘两省多此姓。【人物】綦崇礼（宋）

綦刘(綦劉)qí liú 源出不详。见《湖南家谱解读》。【分布】湖南有此姓。

旗 qí 【源出】①系自姜姓。齐惠公裔孙栾施，字子旗，为齐大夫，后为子旗氏，抑或去子为旗氏。②系自姬姓。周成王封幼子臻于单为甸侯，后有单公旗，因氏。【分布】北京、上海、扬州、无锡、大同等地有。【人物】旗光（汉）

蕲(蘄) qí 【源出】①战国时蕲国（故城在今安徽宿县南），属楚国，后为楚邑，子孙以国为氏。②汉时江夏郡有蕲春侯国（故城在今湖北蕲春西北），其后以国为氏。【分布】

上海、扬州、呼和浩特、太原、曲阜等地有。【人物】蕲良（汉）

禥 qí 源出不详。【分布】武汉有此姓。

蕠 qí 源出不详。【分布】山西临猗有此姓。

靳 qí 【源出】有疑蕲氏之讹。【分布】贵州黄平有此姓。

麒 qí 源出不详。《新编千家姓》收。【分布】太原、湖南双峰等地有。

乞 qǐ 【源出】①传商时孤竹君墨胎初之子伯夷之后有乞氏。②北魏时鲜卑人姓。【分布】北京、上海、太原等地有。【人物】乞贤（明）

乞颜（乞顔）qǐ yán 【源出】合不勒，蒙古孛儿只斤部首领，以乞颜为氏。汉姓有齐、祁、奇、陈、秦等。分布不详。

己 qǐ 【源出】①黄帝子青阳、夷鼓，同为己姓。②颛顼高阳氏之后有己氏。③金天氏子台骀之后有己氏。【分布】北京、武汉、太原、西安、周口、高雄等地有。【人物】己茂（汉）

芑 qǐ 源出不详。【分布】鄂尔多斯有此姓。

岂（豈）qǐ 【源出】①殷墟《卜辞》中所见氏族。②汉族姓。【分布】北京、台北、太原、无锡等地有。【人物】岂守先（清）

企 qǐ 【源出】见《姓苑》。有云宕昌种人梁企定之后。【分布】北京、上海、宜兴、河北涞源等地有。

杞 qǐ 【源出】系自姒姓。周武王封夏禹之后东楼公于杞（故城在今河南杞县），后灭于楚，其子孙以国为氏。【分布】云南省多此姓。【人物】杞原庆（明）

启（啓）qǐ 【源出】①夏禹之子启之后，子孙以王父字为氏。②春秋时楚大夫王孙启之后。【分布】晋、冀、豫、苏、新、琼、吉等省区多此姓。【人物】启仑（后燕）

起 qǐ 见《姓苑》。【分布】北京、西安、酒泉、高雄等地有。

起主 qǐ zhǔ 源出不详。【分布】河南周口有此姓。

倛 qǐ 源出不详。【分布】山西忻州有此姓。

啟 qǐ 【源出】有云即启氏。见《姓氏考略》。【分布】浙江衢州有此姓。

綮 qǐ 源出不详。【分布】湖南、吉林扶余等地有。

气（氣）qì 源出不详。《新编千家姓》收。【分布】太原、云南西盟等地有。

弃（棄）qì 见《姓解》《急就篇》注。【分布】成都、武汉等地有。

汔 qì 源出不详。【分布】山东新泰有此姓。

泣 qì 源出不详。【分布】台北有此姓。

契 qì 【源出】回族姓。【分布】上海、无锡、河北定州等地有。

另见 xiè

器 qì 【源出】商有器市尊。器，姓也，市名也，见《姓氏考略》。【分布】北京、浙江萧山、海南白沙等地有。

QIA

洽 qià 源出不详。【分布】山西汾阳有此姓。

浛 qià 【源出】源出不详。陕西合阳西北有浛水，或以水名为氏。见《中国姓氏集》。【分布】浙江余姚、河北清河等地有。

恰 qià 源出不详。《新编千家姓》收。【分布】周口、山西五台、安徽界首等地有。

QIAN

千 qiān 【源出】三国时魏封氏部酋杨千里为百顷王，后杨千里入蜀，其后有千氏。【分布】豫、川、内蒙古三省区多此姓。【人物】千献（三国·蜀）

千秋 qiān qiū 源出不详。见《重修浙江通志稿》。【分布】浙江绍兴有此姓。

千沙 qiān shā 【源出】彝族姓。见《中华古今姓氏大辞典》。【分布】四川峨边有此姓。

仟 qiān 源出不详。《新编千家姓》收。【分布】太原、周口、河北正定等地有。

阡 qiān 【源出】①或为秦汉时氏王杨千万之后，千加邑为阡，见《姓氏寻源》。②以田间小路"阡陌"为姓。【分布】北京、周口、河北临西等地有。【人物】阡能（唐）

扦 qiān 源出不详。【分布】湖南有此姓。

芊 qiān 【源出】有云芊为草盛，因氏。【分布】周口、高雄等地有。

迁（遷）qiān 【源出】周穆王（姬满）时毛伯迁之后，以名为氏。见《万姓统谱》。【分布】北京、西安、台北、上海、酒泉等地有。

茨 qiān 源出不详。【分布】兰州、中山、盘州市等地有。

莱 qiān 源出不详。见《略谈虢略镇姓氏》（河南）。【分布】河南灵宝有此姓。

牵（牽）qiān 【源出】①系自姜姓，春秋齐公族有牵氏。②系自子姓。春秋宋公族也有。③春秋卫有牵地，以地名氏。【分布】山西曲沃、应县等地有。【人物】牵招（三国·魏）

谦（謙）qiān 【源出】西秦有谦氏，见《姓氏考略》。【分布】上海、天津静海等地有。【人物】谦屯（西秦）

签（簽）qiān 源出不详。【分布】周口、山西安泽等地有。

骞（騫）qiān 【源出】春秋时孔子弟子闵损，字子骞，其孙文以王父字为氏。【分布】北京多此姓。【人物】骞弘（东汉）

荨（蕁）qián 源出不详。【分布】湖南有此姓。

钤 qián 见《姓谱》。【分布】北京、武汉等地有。

前 qián 见《姓苑》。【分布】北京、上海、武昌、台北、兰州、大同等地有。【人物】前刺（五代·晋）

虔 qián 【源出】①相传黄帝之裔封于虔（故城在今山西闻喜），子孙以邑为氏。②清满洲人姓。【分布】成都、湖南等地有。【人物】虔礼宝（清）

钱（錢）qián 【源出】颛顼帝曾孙陆终，陆终生彭祖，彭祖之孙孚为周钱府上士（亦作元士，官名），因官名氏。【分布】沪、苏、浙、皖、滇、粤六省市多此姓。【人物】钱起（唐）

钱赖（錢賴）qián lài 【源出】应系钱、赖二姓合成。【分布】台湾有此姓。

钱王（錢王）qián wáng 【源出】系钱、

211

王二姓合成，祖籍浙江崇德（今桐乡）。【分布】苏、皖、浙、闽、粤、港、台等地有此姓。

钳 qián 【源出】①古有善御者钳旦。其后有钳氏。②周文王之父王季第四子虔仁之后有钳耳氏，钳耳氏后改为钳氏。【分布】北京、上海、天津西青、太原等地有。

钳耳 （鉗耳）qián ěr 【源出】西羌虔人种之后裔。钳耳为羌中强族，其先姓王，后改姓钳耳。后有改为王氏者。分布不详。【人物】钳耳静（北魏）

乾 qián 【源出】出自黄帝之子昌意，昌意之子乾荒之后。【分布】上海、西安、奉化、周口等地有。【人物】乾彦思（唐）

另见 gān

潜 （潛）qián 【源出】潜，古国名，在楚地（今安徽潜山西北），以地名氏。【分布】江西省多此姓。【人物】潜起（宋）

黔 qián 【源出】①春秋时齐隐士黔敖（一作禽敖）之后。②卫康叔之后，宣公太子急子之弟黔牟之后。【分布】成都、南昌等地有。

鍼 qián 【源出】①系自妫姓。春秋时陈僖公子孙鍼子，以所食邑（故城在今河南东北部）为氏。②周武王

同母少弟康叔之后。【分布】山西解州有此姓。

浅 （淺）qiǎn 见《姓苑》。【分布】江苏金湖、山东新泰、台湾嘉义等地有。

遣 qiǎn 【源出】见《姓苑》。商青铜器商铭文中的氏族，见《商周家族形态研究》。【分布】湖南有此姓。

欠 qiàn 源出不详。【分布】广西巴马、河北定州、辽宁灯塔等地有。

纤 （縴）qiàn 源出不详。【分布】广东中山有此姓。

另见 xiān

茜 qiàn 【源出】茜系草名。或以草名为氏。【分布】北京、太原、周口、河北定州等地有。

倩 qiàn 源出不详。见《集韵》。【分布】成都、钦州、云南东川等地有。

蒨 qiàn 见《姓苑》。【分布】北京、成都、沈阳等地有。

QIANG

羌 qiāng 【源出】①相传炎帝之裔泰岳生先龙，先龙生玄氏，玄氏乞姓，其别为青、白、蜩之三氏，遂后有羌姓。②宋时因避宋太祖赵匡胤之名讳，匡姓有改姓羌者。【分布】沪、苏等地多此姓。【人物】羌瘣（秦）

枪 qiāng 见《姓苑》。【分布】成都、

台北等地有。【人物】枪传（汉）

羌 qiāng 【源出】羌之异体字，今台湾地区分羌、羌。【分布】台湾云林有此姓。

强 qiáng 【源出】①春秋时郑大夫强鉏之后。②金时女真人都烈氏，汉姓为强。【分布】安徽省多此姓。【人物】强循（唐）

强雷 qiáng léi 【源出】景颇族姓。属浪速支系。汉姓为雷。【分布】云南梁河有此姓。

强禄（强祿）qiáng lù 源出不详。【分布】甘肃古浪有此姓。

墙（牆）qiáng 【源出】①墙，春秋时周地。②夷国廧咎如，赤狄别种，故国在今河南安阳西。廧即墙，以地为氏。【分布】北京、上海、成都、淮南等地有。【人物】墙鼎（清）

抢（搶）qiǎng 源出不详。见《贵姓何来》。分布不详。

强 qiǎng 【源出】氐族人姓，见《前秦录》。今多音 qiáng。

另见 qiáng、jiàng

QIAO

悄 qiāo 源出不详。清江宁府上元《梁安成康王萧秀西碑阴》有悄国龙。【分布】重庆綦江有此姓。

硗（磽）qiāo 源出不详。【分布】北京、湖南华容有此姓。

锹（鍬）qiāo 源出不详。【分布】大同、河北围场、江苏洪泽等地有。

繑 qiāo 源出不详。【分布】太原有此姓。

乔（喬）qiáo 【源出】①汉时匈奴贵族有乔氏，见《前代录》。②本桥姓。汉时太尉桥元六世孙勤，北魏时官平原内史，从孝文帝入关居同州。至后周文帝时命桥氏去木为乔氏，义取高远，见《唐书·世系表》。【分布】晋、冀、鲁、豫、苏、内蒙古、陕七省区多此姓。【人物】乔扆（汉）

乔哈（喬哈）qiáo hā 源出不详。【分布】江苏有此姓。

乔吉（喬吉）qiáo jí 源出不详。【分布】四川峨边有此姓。

侨（僑）qiáo 【源出】①黄帝之孙侨极之后。②系自姬姓。春秋时郑公族国侨之后。【分布】北京、上海、天津东丽、成都、西安等地有。

荞（蕎）qiáo 【源出】傈僳族姓。以荞麦为原始图腾的氏族之姓。【分布】武昌、云南保山、河北围场等地有。

浵（滈）qiáo 源出不详。见《中国姓氏汇编》。【分布】河南鲁山有此姓。

桥（橋）qiáo 【源出】出自姬姓。黄帝葬桥山,群臣守冢不去者为桥氏。见《姓解》。【分布】河北省多此姓。

【人物】桥玄（东汉）

硚（礄）qiáo 源出不详。【分布】武汉有此姓。

矫（矯）qiáo 【源出】《史记》："江东人矫子庸疵。"《汉书》作桥庇。

另见 jiǎo

谯（譙）qiáo 【源出】①周召公奭之子盛,封于谯(故城在今安徽亳州),为谯侯,子孙因以为氏。②春秋时曹大夫食采于谯,因氏。③系自姜姓。许灵公之后。【分布】湘、鄂、川、甘等省多此姓。【人物】谯玄（汉）

憔qiáo 源出不详。见《湖南家谱解读》。【分布】湖南有此姓。

樵qiáo 源出不详。《新编千家姓》收。【分布】北京、成都、台北、大同等地有。

瞧qiáo 源出不详。《新编千家姓》收。【分布】上海、天津、兰州、大同、台中等地有。

巧qiǎo 【源出】天竺四姓中有巧氏,见《姓苑》《梦溪笔谈》。【分布】北京、大同、太原、台北等地有。

愀qiǎo 源出不详。【分布】湖南有此姓。

俏qiào 源出不详。【分布】太原、大同、

河北涿鹿等地有。

峭qiào 源出不详。【分布】广东茂名有此姓。

QIE

切qiē 源出不详。《新编千家姓》收。【分布】北京、上海、成都等地有。

切阿qiē ā 【源出】佤族姓,也称果恩切阿氏。【分布】云南西盟有此姓。

切木qiē mù 【源出】佤族姓,也称果恩切木氏。汉姓为陈。【分布】云南西盟有此姓。

乩qié 【源出】西夏党项人姓,见《宋史》。【分布】甘肃临夏有此姓。【人物】乩庆（宋）

伽qié 见《中国姓氏集》。【分布】太原、台北、山东平度等地有。【人物】伽怜真（元）

茄qié 【源出】相传黄帝臣子茄封之后。【分布】甘肃平凉、华亭等地有。

另加 jiā

且qiě 见《文献通考》《氏族博考》。【分布】宁夏泾源、青海积石山等地有。【人物】且简（明）

另见 jū

客qiě 【源出】北方人称客人为 qiě,因方言得姓。【分布】河北固安独流乡有此姓。

屳qiě 源出不详。也作"山"。清

山西安邑有此姓。今或作"山"。见王士正《陇蜀馀闻》。安邑在山西运城东北。分布不详。

山 qiè 见《陇蜀馀闻》。分布不详。

妾 qiè 见《万姓统谱》。【分布】周口、山西文水、河北鹿泉等地有。【人物】妾胥（汉）

怯 qiè 见《新编千家姓》。【分布】汝州、高雄、桃园等地有。

窃（竊）qiè 源出不详。【分布】河北围场有此姓。

惬 qiè 源出不详。《新编千家姓》收。分布不详。

QIN

钦（欽）qīn 【源出】乌桓有钦姓。乌桓为汉时东胡一部，变名乌丸，汉末为曹操所破，逐散于嫩江之北。【分布】浙、湘、黔、豫、苏五省多此姓。【人物】钦志贲（三国·魏）

侵 qīn 见《三辅决录》《姓苑》。【分布】北京、广州、台北等地有此姓。【人物】侵恭（汉）

亲（親）qīn 见《姓觿》。【分布】北京、天津、太原、大同等地有。

衾 qīn 源出不详。【分布】湖南有此姓。

芹 qín 源出不详。见《陕西革命烈士英名录》《新编千家姓》。【分布】

酒泉、大同、天津武清、上海金山等地有。

芩 qín 源出不详。见《新编千家姓》。【分布】台北、承德、运城、诸城等地均有。

秦 qín 【源出】①舜七友有秦不虚，乃秦姓之始。②秦始皇灭六国，建立秦朝。再传至子婴，降汉，子孙以国为氏。【分布】晋、冀、豫、桂、苏、鄂、皖、渝八省取市多此姓。【人物】秦观（宋）

秦纪（秦紀）qín jì 【源出】彝族姓。【分布】四川雷波有此姓。

琴 qín 【源出】①春秋时孔子弟子琴牢之后，以名为氏。②或以所执之业为氏。【分布】苏、粤两省多此姓。【人物】琴彭（明）

覃 qín 【源出】瑶、土家、侗、壮、仡佬、布依、白、水等民族均有此姓。【分布】广西、湖南两省区多此姓。【人物】覃元先（梁）

另见 tán、xún

禽 qín 【源出】①春秋时齐桓公相管仲之孙仕鲁者别为禽氏。②春秋时陈厉公之子陈敬仲之后有禽氏。【分布】淄博有此姓。【人物】禽黎（汉）

蓁 qín 源出不详。【分布】台北有此姓。

勤 qín 【源出】①春秋时鲁大夫勤成之后。②清时蒙古八旗中有勤氏，

215

世居辽宁岫岩县朝阳乡,今属满族。【分布】辽、闽、台三省多此姓。【人物】勤曾(唐)

噙 qín 源出不详。【分布】湖南有此姓。

懃 qín 【源出】见《万姓统谱》。有云即勤氏,后人因事加心,见《姓氏考略》。【分布】湖南浏阳有此姓。【人物】懃铉(宋)

沁 qìn 【源出】北魏时把古沁氏后改为沁氏,见《姓苑》。分布不详。

QING

青 qīng 【源出】①传为黄帝之子青阳氏之后,以号为氏,后有青氏。②汉时数学家青乌子之后,改单姓为青氏。【分布】川、湘两省多此姓。【人物】青文胜(明)

青柳 qīng liǔ 源出不详。【分布】黑龙江嫩江有此姓。

顷(頃) qīng 源出不详。见《万姓统谱》。【分布】信阳、淮南、湖南益阳等地有。【人物】顷宪(汉)

轻(輕) qīng 【源出】禹之七大夫有轻子王,见《鬻子·禹政》。【分布】湖南双峰、河南宝丰等地有。

倾(傾) qīng 源出不详。【分布】西安、信阳、周口、淮南等地有。

卿 qīng 【源出】①以爵名为姓氏。②周宣王时仲山甫食采于樊,封爵为侯,为周卿士,其后因以为氏。【分布】湘、滇、川三省多此姓。【人物】卿仲逦(汉)

清 qīng 【源出】①少昊氏之父,初封于清(故城在今山东聊城西之清城),见《国名纪》。当以国为氏。②清,春秋时晋大夫之食邑(故城在今山西稷山南),至晋厉公嬖大夫清沸魋,始以邑为氏。【分布】云南省多此姓。【人物】清昼(宋)

情 qíng 源出不详。见《新编千家姓》。【分布】嘉定、沈阳、周口等地有。

晴 qíng 【源出】贵州布依族有此姓。见《姓谱》。【分布】大同、周口、贵州三都等地有。

擎 qíng 源出不详。【分布】北京有此姓。

苘 qǐng 见《中国姓氏汇编》。【分布】山西运城、河北隆化、天津武清等地有。

请(請) qǐng 源出不详。【分布】北京、台北、淮南、山西五台等地有。

謦 qǐng 源出不详。【分布】湖南有此姓。

庆(慶) qìng 【源出】①汤七佐有庆辅。②齐桓公之子无亏生庆克,为齐大夫,亦谓之庆父,其后以王父字为氏。③系自妫姓。陈桓公五世孙庆

虎之后。【分布】陕、豫、苏三省多此姓。【人物】庆鸿（东汉）

QIONG

邛 qióng 【源出】即邛氏。见《姓解》。

邛 qióng 【源出】春秋时周大夫邛叔食采于邛（故城在今四川邛崃市），遂以邑为氏。【分布】云南东川、山西榆次、河北唐县等地有。【人物】邛林（明）

邛莫 qióng mò 【源出】彝族姓。【分布】四川峨边有此姓。

穷（窮）qióng 【源出】①后羿自鉏（今河南滑县）迁穷石（今山东德州），号有穷氏，其后有穷氏、穷氏。②黄帝子少昊处穷桑（今山东曲阜北），号穷桑氏，后人以为氏。【分布】北京、上海、成都、大同等地有。

穹 qióng 源出不详。【分布】河北安新有此姓。

琼（瓊）qióng 【源出】海南岛有琼山，又称琼州岛。或以为氏。【分布】北京、吉林辽源、云南保山等地有。

QIU

丘 qiū 【源出】①春秋时邾国大夫丘弱之后有丘氏。②汉初东胡别种乌丸部有丘氏。【分布】多地有。【人物】丘为（唐）

邱 qiū 【源出】本丘氏，汉以后有避孔子名讳者，改丘为邱氏。【分布】粤、闽、川、台、鄂、赣六省多此姓。

邱黄 qiū huáng 【源出】系邱、黄二姓合成。【分布】台湾高雄有此姓。

坵 qiū 源出不详。【分布】湖南汨罗有此姓。

秋 qiū 【源出】①相传为黄帝之裔少昊之后有秋氏。②夷姓，见《北史》。③契丹人姓。唐明宗赐契丹将杨隐姓秋，名怀恩。【分布】湘、浙、内蒙古等省区多此姓。【人物】秋瑾（清）

秋山 qiū shān 源出不详。【分布】山西太原有此姓。

仇 qiú 【源出】①春秋时宋大夫仇牧之后。②仇吾氏之后有仇氏。【分布】苏、鲁、浙、湘、川、内蒙古等省区多此姓。【人物】仇远（宋）

另见 chóu

囚 qiú 源出不详。【分布】山东新泰、江苏滨海等地有。

仇 qiú 【源出】为仇姓之分族，见《蒲城县姓氏》（陕西）。【分布】陕西蒲城有此姓。

另见 wán

朐 qiú 【源出】汉置朐犹县，今江苏宿迁。或以地名为氏。【分布】成都、淮南、重庆綦江等地有。

217

犰 qiú 源出不详。见《绛县姓氏》。【分布】山西绛县有此姓。

求 qiú 【源出】①相传为陆终第四子求言之后。②一作邾，春秋时卫大夫食邑，因氏。③本仇氏，避难改为求氏。【分布】上海、无锡、台中、台南等地有。【人物】求伯杰（明）

虬 qiú 源出不详。见《字汇》《姓谱》《姓觿》。分布不详。

酋 qiú 【源出】汉武帝元狩三年，霍去病攻祁连山，得单于单桓、酋涂王等二千五百人。酋姓为酋涂王之后。【分布】长沙、嘉义等地有。【人物】酋龙（唐）

逑 qiú 见《畿辅通志》。【分布】山东利津有此姓。

球 qiú 源出不详。【分布】广东从化、浙江新昌等地有。

裘 qiú 【源出】①官有世功，若韦氏、裘氏、冶氏之类，以官为氏。②本仇氏，避仇改裘。【分布】浙、黑、苏三省多此姓。【人物】裘廷举（元）

璆 qiú 见《万姓统谱》。【分布】山西灵石有此姓。【人物】璆瑜（宋）

糗 qiǔ 【源出】或其先主糗粮之官，专管储备，因以为氏。

QU

区（區）qū 【源出】春秋时鲁大夫区夫之后，见《姓解》。【分布】山西绛县有此姓。

另见 ōu

曲 qū 【源出】①夏时桀臣曲逆之后。②春秋时晋穆侯封少子成师于曲沃（故城在今山西闻喜东），其支孙以曲为氏。【分布】辽、黑、鲁、豫、吉等省多此姓。【人物】曲宫（汉）

曲比 qū bǐ 【源出】四川凉山白彝家支，属沙玛家系。【分布】四川凉山，云南大理、丽江、迪庆等地有。

曲别 qū bié 【源出】彝族姓。汉姓为白。【分布】四川马边、峨边等地有。

曲摸 qū mō 【源出】四川凉山白彝家支，即曲摸氏。【分布】四川马边有此姓。

曲莫 qū mò 【源出】彝族姓。【分布】四川德昌有此姓。

曲涅 qū niè 【源出】白彝姓。曲涅，部落名，因姓。见《中国彝族虎文化》。【分布】四川凉山有此姓。

驱（驅）qū 源出不详。见《中华古今姓氏大辞典》。【分布】广东吴川有此姓。

屈 qū 【源出】①夏王启伐屈骜，见《吕氏春秋》。②商纣王之臣有屈商，

屈商拘文王于羑里，见《淮南子》。【分布】湘、陕、川、豫、内蒙古五省区多此姓。【人物】屈复（清）

屈卢（屈盧）qū lú 【源出】①北魏时代北姓，见《魏书·官氏志》。②《淮南子》有屈卢之剑，屈卢为地名，因以为氏。【分布】江苏无锡有此姓。

屈突 qū tū 【源出】鲜卑人姓。南北朝时东部宇文部之别种库莫奚之姓，至孝文帝时改屈突氏为屈氏，后至西魏时又复旧姓为屈突。分布不详。【人物】屈突孝标（唐）

珊 qū 源出不详。【分布】山西太原、汾阳、绛县等地有。

鸲（鴝）qū 源出不详。见《姓氏典故》。【分布】安徽有此姓。

蒩 qū 源出不详。《新编千家姓》收。

麹 qū 【源出】出自姬姓。鞠、麹二氏皆周初伯禽（周公之子）之后。汉时鞠谭之子鞠閟避难青海湟中，后居西平（即今西宁），改姓麹。【分布】北京、上海、太原、重庆城口等地有。【人物】麹允（晋）

鞠 qū 【源出】春秋时鲁伯禽（周公之子）之后。
　　　另见 jū

麴 qū 【源出】麹氏所改，见《氏族博考》《清稗类钞·姓名类》。【分布】

安徽淮南有此姓。【人物】麴靖（宋）

亏 qú 源出不详。【分布】昆明有此姓。

劬 qú 源出不详。《新编千家姓》收。分布不详。

朐 qú 【源出】相传伏羲之后有朐氏。朐，故城在今浙江寿昌西北，以地为氏。见《路史》《姓苑》。【分布】山东桓台有此姓。【人物】朐邴（汉）

渠 qú 【源出】①系自姬姓。春秋时卫康叔之后。②周大夫渠伯纠之后。渠，故地在今洛阳西北，以地名为氏。【分布】晋、冀、鲁三省多此姓。【人物】渠仲宁（明）

渠丘 qú qiū 【源出】①系自嬴姓。春秋时莒国之君居于渠丘（故城在今山东安丘东南），号渠丘公，因邑为氏，见《风俗通》。②汉时彭城王之后有渠丘氏。分布不详。

璩 qú 源出不详。【分布】安徽怀宁有此姓。

璩 qú 【源出】源出不详。有说以器名为氏，如琼之类；有说即蘧氏。见《姓氏考略》。【分布】晋、冀、鲁、豫、苏五省多此姓。【人物】璩瑗（唐）

瞿 qú 【源出】①商大夫之后。商器有瞿父鼎，盖以地为氏。②古有瞿国，在益之瞿上（故城在今四川双流），以国为氏。【分布】湘、鄂、川、黔、沪、渝、浙、苏等省市多此姓。

【人物】瞿茂（汉）

蘧 qú 【源出】①春秋时孔子弟子、卫大夫蘧瑗之后。②系自曹姓。春秋时邾子蘧蒢之后，以名为氏。【分布】上海、天津静海、太原、大同等地有。【人物】蘧廷臣（明）

瞿 qú 【源出】或为瞿氏、衢氏所改。【分布】台湾高雄有此姓。

灈 qú 源出不详。【分布】台湾台东有此姓。

氍 qú 源出不详。【分布】湖南有此姓。

衢 qú 【源出】见《姓苑》。唐置衢州(今浙江衢州市衢江区)，或以州名为氏。【分布】上海、衢州、偃师等地有。【人物】衢通（明）

取 qǔ 【源出】周代徐戎族姓氏取虑，徐偃王之子食采于取虑（晋江苏睢宁），其后有取氏。【分布】北京、成都、武汉、太原、大同等地有。【人物】取希晦（宋）

另见 zōu

去 qù 【源出】①春秋时郑穆公之子去疾之后，有去疾氏，去疾氏之后改为去氏。②汉时匈奴右贤王去卑，其后或以去为氏。【分布】北京、嘉义、河北定州等地有。

QUAN

权（權）quán 【源出】①古帝葛天氏之后有权氏、葛氏。②系自子姓。商王武丁之裔孙封于权邑（故城在今湖北当阳东南）。楚武王灭权，子孙以国为氏。【分布】晋、豫、吉、甘、陕等省有此姓。【人物】权忠（汉）

全 quán 【源出】①周官泉府之后，以官为氏，其后以同音为全，见《鲒琦亭集》。②金置全州，故城在今内蒙古喀拉沁旗。以地为氏。【分布】湘、粤、渝、桂、豫等省区市多此姓。【人物】全柔（东汉）

佺 quán 源出不详。见《中国著者号码编制法》。分布不详。

卷 quán 【源出】卷，战国魏邑（今河南原阳西）。

另见 juǎn

诠（詮）quán 见《姓谱》。【分布】湖南有此姓。

荃 quán 源出不详。《新编千家姓》收。【分布】大同、淮南、汨罗等地有此姓。

泉 quán 【源出】①相传黄帝之子任姓之裔封于泉（即今洛阳泉亭），因氏。②周官泉府之后，以官为氏。【分布】四川多此姓。【人物】泉景言（北魏）

拳 quán 【源出】①春秋时卫大夫拳弥之后，其先以地为氏。②春秋时楚大夫鬻拳之后。【分布】大同、山东东平、安徽望江等地有。

铨（銓）quán 源出不详。见《姓苑》。【分布】北京、江苏滨海等地有。
【人物】铨微（汉）

痊 quán 源出不详。【分布】湖南有此姓。

筌 quán 源出不详。【分布】广东茂名有此姓。

絟 quán 源出不详。【分布】甘肃古浪有此姓。

蜷 quán 源出不详。【分布】湖南有此姓。

颧（顴）quán 源出不详。【分布】广东中山有此姓。

犬 quǎn 【源出】犬，子姓。商之属国，甲骨文中所见商氏族。其国故地在今河南永城西北，周人谓之犬夷，以国名为氏。【分布】淮南、台北、河南济源等地有。

劝（勸）quàn 【源出】①见《姓苑》《广韵》。②唐时南诏国王（劝龙晟）之姓，见《排韵增广事类氏族大全》。【分布】北京、武汉等地有。
【人物】劝利（唐·南诏）

QUE

缺 quē 源出不详。《新编千家姓》收。【分布】淮南、茂名等地有。

阙（闕）quē 【源出】①尧时有阙侯，后因氏，见《姓源》。②阙党童子之后，见《风俗通》。阙党，地名，即阙里，故地在今山东曲阜境。【分布】闽、台、浙三省多此姓。【人物】阙翊（汉）

灄 quē 源出不详。【分布】台北有此姓。

却 què 【源出】同郤姓。见《姓氏解纷》。【分布】上海、太原、酒泉、淮南等地有。

却木 què mù 【源出】佤族姓。其先姓西俄朗氏，后分为二支，琪氏和却木氏，世居云南西盟。【分布】云南西盟有此姓。

郤 què 见《姓觿》。【分布】太原、宜兰、桃园等地有。【人物】郤永（明）

雀 què 【源出】雀，商时古国（在今郑州西北）。国君称雀侯、雀男或雀亚，见《卜辞》。出土的青铜器铭文之氏族名。【分布】成都、太原、无锡、汨罗等地有。【人物】雀云卿（清）

确（確）què 源出不详。见《中国姓氏汇编》。【分布】周口、云南兰坪、茂名等地有。

阒（闃）què 见《姓觿》。【分布】上海、甘肃临夏、河北定兴等地有。

鹊（鵲）què 【源出】①晋、魏时三城胡酋之姓。②四川凉山彝族家支。【分布】四川安县、广东郁南等地有。【人物】鹊子相（北魏）

闚 què 【源出】有说同阙氏，见《姓氏考略》。【分布】河南洛宁有此姓。【人物】闚和（明）

QUN

裙 qún 源出不详。《新编千家姓》收。【分布】山西平陆有此姓。

群 qún 源出不详。《新编千家姓》收。【分布】长沙、广西钦州、台湾新竹等地有。

R

RAN

肰 rán 源出不详。见《中华古今姓氏大辞典》。【分布】甘肃永登有此姓。

然 rán 【源出】①夏禹之臣有然子堪，当系然姓之祖。②春秋时郑穆公之子子然，子然之孙丹奔楚为右尹，以名为氏。【分布】周口、钦州、曲阜、运城、天津武清等地有。【人物】然温（东汉）

然夫 rán fū 【源出】彝族姓。四川黑彝家支，属丁惹家支。【分布】四川甘洛、布拖、越西等地有此姓。

冉 rǎn 【源出】①相传高辛氏之后。②春秋时楚大夫叔山冉之后，以名为氏。【分布】渝、川、黔、冀等地多此姓。【人物】冉天元（清）

　　另见 dān、nán

冉夫 rǎn fū 【源出】彝族姓。【分布】四川峨边有此姓。

冉拉 rǎn lā 【源出】彝族姓。【分布】四川峨边有此姓。

苒 rǎn 源出不详。见《集韵》。【分布】西安有此姓。

染 rǎn 【源出】①周惠王支子叔带之后有染氏。②《元和姓纂》云，即冉氏。③康居支庶石国有染氏。【分布】辽宁、甘肃两省多此姓。【人物】染闵（晋）

染 rǎn 【源出】系染氏误，见《中国姓氏大辞典》。【分布】江西丰城、宁都，江苏武进，台北等地有。

RANG

嚷 rāng 源出不详。【分布】湖南有此姓。

穰 ráng 【源出】①春秋时齐大司马田穰苴之后，穰系所食之邑，因以为氏。②穰，战国时韩邑，后入秦，昭王封魏冉为穰侯，因以为氏。【分布】北京、武汉、台北、南昌等地有。

瓤 ráng 源出不详。【分布】湖南有此姓。

壤 rǎng 【源出】①尧时贤人壤父之后。②孔子弟子壤驷赤之后，以壤为氏。见《姓氏考略》。【分布】沈阳、湖南双峰等地有。

攘 rǎng 【源出】①系自嬇姓。古帝鬼騩氏之后，见《路史》。②攘，亦即穰，为战国时秦昭王母宣太后之异父弟穰侯魏冉之封邑，以邑为氏。分布不详。

让（讓）ràng 【源出】①周太王长子吴泰伯之后，志先人让国之德也，因以为氏。②明建文帝之后，有改朱姓为让者，见《让氏家谱》。【分布】皖、川、晋三省多此姓。【人物】让达（明）

RAO

饶（饒）ráo 【源出】①古帝鬼騩氏之后有饶氏。②舜帝之子商均支子封于饶（今河北饶阳东北），以国名为氏。【分布】湘、赣、鄂、川、粤、滇等地多此姓。【人物】饶斌（汉）

扰（擾）rǎo 【源出】陶唐氏之后刘累事，夏后孔甲，赐姓扰龙氏。扰龙氏之后有扰氏。【分布】酒泉、河北怀安等地有。

娆（嬈）rǎo 源出不详。【分布】广西合山、重庆綦江等地有。

绕（繞）rǎo 【源出】①绕角，春秋时郑地，鲁成公六年，晋楚遇于绕角是也。绕后灭于楚，为楚大夫采邑，后因氏，见《姓考》。②秦大夫绕朝之后。【分布】北京、天津、成都、台北、酒泉等地有。

陇 rǎo 源出不详。见《宝山县志》（上海）。【分布】上海宝山有此姓。

RE

若 rě 源出不详，见《集韵》。分布不详。

另见 ruò

惹 rě 【源出】藏族之惹姓，源于远古氏族，以族为姓。见《中国人的姓名》。【分布】成都、陕西勉县等地有。

惹各 rě gè 【源出】彝族姓。【分布】四川峨边有此姓。

惹何 rě hé 【源出】四川黑彝家支。【分布】四川盐边有此姓。

惹黑 rě hēi 【源出】四川黑彝家支。【分布】四川普格有此姓。

惹吼 rě hǒu 【源出】四川黑彝家支，也作勿雷氏。【分布】四川甘洛有此姓。

惹几（惹幾）rě jī 【源出】彝族姓。

【分布】四川峨边有此姓。

惹里 rě lǐ 【源出】彝族姓。四川黑彝家支。【分布】四川布拖有此姓。

惹你 rě nǐ 【源出】彝族姓。属冈哈惹依支。【分布】四川冕宁有此姓。

惹依 rě yī 【源出】四川黑彝家支。【分布】四川汉源有此姓。

惹子 rě zǐ 【源出】彝族姓。【分布】四川普格有此姓。

热 (熱) rè 见《奇姓通》。【分布】拉萨、塔城、钟祥等地有。【人物】热焕 (宋)

热格 (热格) rè gé 【源出】彝族姓。属尔吉家支。【分布】四川甘洛有此姓。

热黑 (熱黑) rè hēi 【源出】彝族姓。属尔吉家支。【分布】四川甘洛有此姓。

热纽 (熱紐) rè niǔ 【源出】彝族姓。属尔吉家支。【分布】四川甘洛有此姓。

热特 (热特) rè tè 【源出】彝族姓。属沙呷家支。【分布】四川甘洛有此姓。

REN

人 rén 【源出】人方，古族名，也称夷方、尸方，商时分布于山东一带，即东南夷，商末灭国。人姓出于人方国。见《姓苑》。【分布】北京、大同、曲阜、酒泉等地有。【人物】人杰 (明)

刃 rén 源出不详。见《姓谱》。【分布】山西曲沃、广东三水、河北围场等地有。

壬 rén 【源出】春秋时齐简公名壬，其支庶有以壬为氏者。【分布】山东省多此姓。【人物】壬午宝 (宋)

仁 rén 【源出】①周太王 (即王季) 第四子虢仁之后有虢仁氏、仁氏出于虢仁氏。②五代时甘州回鹘可汗姓仁、仁美、仁裕等曾朝贡，见《五代史》。【分布】冀、鲁、豫、川、吉、辽等省多此姓。【人物】仁美 (五代)

仁孔 rén kǒng 【源出】彝族姓。属尼祖仁孔家支。【分布】云南宁蒗有此姓。

仁曾 rén zēng 源出不详。【分布】山西太原有此姓。

任 rén 【源出】①黄帝二十五子，十二子以德为姓，第一为任姓，其后以姓为氏。②太昊伏羲氏之裔在春秋时在任、宿、须句、颛臾等国，当以国为氏。【分布】晋、冀、鲁、豫、陕、川、辽、皖等省多此姓。【人物】任得敬 (西夏)

任康 rén kāng 【源出】佤族姓。【分布】云南西盟有此姓。

任内 rén nèi 【源出】佤族姓。【分布】云南西盟有此姓。

妊 rén 【源出】西周古姓,见《卜辞》。妊,即任。【分布】西安有此姓。

羊 rěn 源出不详。见《余姚市姓氏》（浙江）。【分布】浙江余姚有此姓。

荏 rěn 【源出】荏,草名,以草为氏,见《姓谱》。【分布】湖南、台湾桃园等地有。

认（認）rèn 源出不详。【分布】昆山、周口、山西榆次等地有。

纴（紝）rèn 【源出】浙江吴兴郡四姓中有纴氏,见《姓氏考略》。【分布】山西文水、河北大城等地有。

韧（靭）rèn 源出不详。《新编千家姓》收。【分布】无锡、信阳等地有。

饪（飪）rèn 源出不详。【分布】湖南有此姓。

恁 rèn 源出不详。【分布】山西太平有此姓。

RENG

仍 réng 【源出】即有仍氏。夏时诸侯有仍氏之后,以国为氏。【分布】北京、成都、大同等地有。

礽 réng 源出不详。见《台湾人口姓氏分布》。【分布】台湾桃园、花莲等地有。

RI

日 rì 【源出】天子有日官,执掌推算岁时节候次序、卜筮占候时日之官。以官名为氏。【分布】北京、上海、台北、大同等地均有。【人物】日六延（晋）

日升 rì shēng 【源出】彝族姓。【分布】四川德昌有此姓。

RONG

戎 róng 【源出】①宋微子启之后有戎氏。②春秋时姜戎小国,为羌时姜姓四岳之后,在今山西平陆,以国名氏。③戎夷,春秋时小国,在今山东,其后有戎氏。【分布】晋、冀、苏、浙、粤五省多此姓。【人物】戎赐（汉）

肜 róng 【源出】本肜氏,周卿士肜伯之后,裔孙避难改为肜氏。见《元和姓纂》。【分布】山西长治有此姓。【人物】肜铠（明）

茸 róng 源出不详。见《万姓统谱》。【分布】河南义马、周口,云南西盟、海南琼州等地有。

茸腊（茸臘）róng là 【源出】佤族姓。汉姓为杨。【分布】云南西盟有此姓。

荣（榮）róng 【源出】①古有荣国,以国为氏。②周成王卿士荣伯之后,食采于荣（故城在今河南偃师东北）,其后以邑为氏。【分布】冀、鲁、豫、湘、鄂、吉、晋、苏、新

等省区多此姓。【人物】荣建绪（隋）

狨 róng 源出不详。见《篇海》《直音》。【分布】浙江余姚有此姓。

绒（絨）róng 见《姓谱》。【分布】北京、上海、成都等地有。

容 róng 【源出】①黄帝时有造律历的史官容成，其后以先祖名为氏，有容成氏、容氏。②舜帝八恺有仲容，其后有容氏。③《礼记》掌礼之官曰容，其后为官氏。【分布】粤、桂、辽、琼四省多此姓。【人物】容机（宋）

蓉 róng 源出不详。【分布】上海嘉定、天津津南、山东龙口等地有。

溶 róng 源出不详。见《湖南家谱解读》。【分布】湖南、江苏金湖、河北南宫等地有。

榕 róng 见《姓谱》。【分布】银川、茂名等地有。

熔 róng 见《姓谱》。【分布】湖南有此姓。

嵤 róng 源出不详。【分布】云南马关有此姓。

蝾 róng 源出不详。【分布】湖南有此姓。

融 róng 【源出】①颛顼帝裔孙黎，为高辛氏火正，甚能光融天下，以功大，故号祝融，后人氏焉。见《世本》。②郑大夫融蔑之后。【分布】

北京、上海、大同、玉门等地有。

冗 rǒng 源出不详。【分布】甘肃永登、湖南有此姓。

ROU

柔 róu 【源出】①帝喾高辛，生于柔仆之国，名俊（古夋字），柔姓始此。②大禹之后，为达勃氏改。③柔然（鲜卑一部）之后有柔氏。【分布】北京、武汉、大同、太原等地均有。

葇 róu 源出不详。见《台湾区姓氏堂号考》。【分布】台北有此姓。

肉 ròu 【源出】藏族姓，见《中华古今姓氏大辞典》《新编千家姓》。【分布】甘肃永昌、江苏武进、台湾高雄等地有。

RU

伬 rú 【源出】见《绛县姓氏》（山西）。或为儒姓所改。【分布】山西绛县有此姓。

如 rú 【源出】①春秋时郑公子班，字子如，其后以王父字为氏。②雁门如氏，源出蠕蠕族，其先为代北如罗氏，后改为如氏，见《魏书·官氏志》。【分布】上海、扬州、西安、太原等地有。【人物】如淳（三国·魏）

茹 rú 【源出】①北魏时改代北普六茹氏为茹氏。②蠕蠕族，古代北狄

之一支，入中国者为茹茹氏，亦单姓茹氏。【分布】晋、冀、豫、甘、粤、浙、陕等省多此姓。【人物】茹法亮（南齐）

另见 gū

絮 rú 【源出】见《集韵》。一说即挐氏，见《姓氏考略》。【分布】天津东丽、山东禹城、河南郏县等地有。

另见 nù

儒 rú 【源出】西周宣王（姬静）之臣左儒之后，或尹儒之后，见《姓氏考略》。【分布】北京、武汉、成都等地有。【人物】儒光（汉）

濡 rú 见《姓苑》。【分布】吉林扶余、湖南祁东等地有。

孺 rú 【源出】①颛顼长子，高阳孺帝之后有孺氏。②孔子弟子孺悲之后。见《姓苑》。【分布】成都、江苏海门等地有。

女 rǔ 【源出】天皇封弟娲于女水阳，后为天子。因称女皇，其后为女氏。见《世本》。【分布】太原、西安、淄博等地有。【人物】女敦（汉）

汝 rǔ 【源出】①殷时贤人汝鸠之后，见《尚友录》。②周平王少子封于汝州，其后有汝氏。【分布】安徽省多此姓。【人物】汝随（汉）

乳 rǔ 源出不详。【分布】台湾台南、广西宾阳等地有此姓。

辱 rǔ 【源出】①辱即鄏。少昊之裔孙台骀之后封于鄏，后有辱氏。②春秋时齐太公田和之后有辱氏。③奚、契丹酋领称辱纥主，或以官为氏。【分布】河北定兴有此姓。

入 rù 源出不详。见《山西人口姓氏大全》。【分布】山西太原、定襄等地有。

褥 rù 【源出】本姓陆，避事改姓褥，见《元和姓纂》。【分布】武汉、浙江上虞等地有。【人物】褥怀志（宋）

RUAN

阮 ruǎn 【源出】①商周时偃姓阮国，灭于周文王，子孙以国名氏。②南越族姓，见《梁书》。【分布】浙、鄂、粤、闽、豫、陕等省多此姓。【人物】阮瑀（东汉）

另见 yuán

软（軟） ruǎn 源出不详。【分布】北京、上海、沈阳、太原、周口、茂名等地有。

RUI

蕊 ruǐ 源出不详。【分布】酒泉、河南栾川等地有。

芮 ruì 【源出】周时司徒芮伯万之后。芮国为晋所灭，其后以国为氏。芮国故城在今陕西大荔朝邑镇。【分布】苏、陕、豫、内蒙古、京五省区市

227

多此姓。【人物】芮珍（汉）

兑 ruì 【源出】春秋时宋公族锐姓之后，去金为兑氏，见《姓考》《姓苑》。【分布】郑州、江西萍乡等地多此姓。

蚋 ruì 源出不详。【分布】台北、广东中山等地有此姓。

锐（鋭）ruì 【源出】①系自子姓。宋微子之后。见《路史》。②春秋时齐有锐司徒，主锐兵之官，当以官为氏。【分布】北京、中山等地有。【人物】锐管（东晋）

瑞 ruì 【源出】当是古者主辑瑞之官，子孙以为氏。见《姓氏考略》。【分布】四川、江苏两省多此姓。

瑞木 ruì mù 源出不详。【分布】台北、河南潢川、浙江桐乡等地有此姓。

RUN

闰（閏）rùn 【源出】①王者之后，取王居门中为氏，见《姓氏寻源》。②金时契丹人姓。【分布】内蒙古、山西两省区多此姓。【人物】闰丝（汉）

润（潤）rùn 源出不详。《新编千家姓》收。【分布】冀、川、豫、桂、新等省区多此姓。

閠 rùn 【源出】同闰。台湾分闰、閠为两姓。【分布】甘肃舟曲、陕西韩城、台湾南投等地有。

潤 rùn 源出不详。【分布】天津东丽、

津南等地有。

RUO

若 ruò 【源出】①相传颛顼帝始都若水（在今宁夏固原东北），其支庶有若氏，见《路史》。②春秋时齐大夫采邑，因氏，见《姓源》。【分布】北京、天津、上海、沈阳、钦州等地有。【人物】若涛（宋）

弱 ruò 源出不详。《新编千家姓》收。分布不详。

S

SA

仨 sā 源出不详。《山西人口姓氏大全》。【分布】山西临汾有此姓。

洒（灑）sǎ 见《河南革命烈士英名录》。【分布】内蒙古、晋、滇三省区多此姓。

另见 xiǎn

撒 sǎ 【源出】①金时女真人姓。②契丹人姓。③西夏时吐蕃人姓。④西南夷人姓。【分布】北京、成都、台北、武昌等地有。【人物】撒离喝（金）

撒马（撒馬）sǎ mǎ 【源出】彝族姓。【分布】四川金阳有此姓。

卅 sà 源出不详。《新编千家姓》收。分布不详。

萨（薩）sà 【源出】①代北萨孤氏所改。②西夏党项人姓。【分布】北京多此姓。【人物】萨琦（明）

萨剌（薩薩）sà là 源出不详。【分布】江西南昌有此姓。

萨坦（薩坦）sà tǎn 【源出】蒙古族姓。【分布】内蒙古阿拉善旗有此姓。

SAI

塞 sāi 【源出】①天竺胡人姓。②秦汉之际南越人有塞氏。【分布】北京、上海、南京、酒泉等地有。

塞纽（塞紐）sāi niǔ 【源出】佤族姓。汉姓有张、魏、赵等。【分布】云南西盟有此姓。

解 sài 见《新编注音千家姓》。【分布】山西绛县、宁夏等地有。

另见 hài、jiě、xiè

赛（賽）sài 【源出】①见《姓苑》。明时河南南阳府有赛氏。②女真人姓。金时有赛剌者，其后以赛为氏。【分布】鲁、滇两省多此姓。【人物】赛玉（明）

赛扫（賽掃）sài sǎo 【源出】佤族姓。【分布】云南西盟有此姓。

赛朔（賽朔）sài shuò 【源出】云南佤族姓，同赛叟姓。居澜沧者汉姓为鲍，居沧源者汉姓为赵，居西盟者汉姓为张。【分布】云南耿马、沧源、西盟、澜沧、双江等地有。

赛叟（賽叟）sài sǒu 【源出】佤族姓。有大、小赛叟之分，大赛叟称布拉，小赛叟称绵用。汉姓为赵。【分布】云南沧源、澜沧等地有。

赛梭（賽梭）sài suō 【源出】佤族姓，同赛叟姓。【分布】云南西盟有此姓。

赛琐（賽瑣）sài suǒ 【源出】佤族姓，同赛叟姓。见《中国人的姓名》。【分布】云南沧源、澜沧等地有。

赛西（賽西）sài xī 源出不详。【分布】山西介休有此姓。

SAN

三 sān 【源出】见《姓苑》。三间、三乌、三饭、三丘等复姓有改姓"三"者。见《广韵》。【分布】北京、成都、台北、大同、武汉等地有。【人物】三庸道（明）

三郎 sān láng 【源出】回族姓，见《武胜县姓氏》（四川）。【分布】四川武胜有此姓。

毛 sān 【源出】或以地名为氏。分布不详。

叁 sān 源出不详。【分布】云南双柏有此姓。

参（參）sān 【源出】傈僳族姓。【分布】云南泸水有此姓。

另见 cān、shēn

229

伞（傘）sǎn 【源出】源出不详。或以用器为姓，或以地名为氏，河南潢川东有伞陂寺集。【分布】太原、大同、淮南、高雄等地有。

散 sǎn 【源出】①周文王时四友之一散宜生之后。②西夏党项人姓。【分布】北京、天津、武汉、玉门、周口等地有。

糁（糝）sǎn 源出不详。见《勉县志》（陕西）。【分布】陕西勉县有此姓。

SANG

丧（喪）sāng 【源出】春秋时楚大夫丧左之后。【分布】成都、武汉、江苏金湖等地有。

䘮 sāng 【源出】丧之异体字。【分布】台湾台南有此姓。

桑 sāng 【源出】①神农娶承桑氏，亦作桑水氏，其后有桑氏。②系自己姓。黄帝裔孙少昊穷桑氏之子孙以桑为氏。③古有桑国（在今河南灵宝西）。秦昭襄二年，桑君作乱，伏诛，子孙以国为氏。【分布】晋、冀、鲁、豫、苏、鄂、黑等省多此姓。
【人物】桑弘羊（汉）

搡 sǎng 源出不详。【分布】江苏滨海有此姓。

SAO

骚（騷）sāo 【源出】战国时楚屈原作《离骚》，言遭忧也；今谓诗人曰骚人，所谓诗人骚客，或因以为氏。【分布】甘肃舟曲有此姓。

臊 sāo 源出不详。《新编千家姓》收。分布不详。

缫（繰）sāo 源出不详。见《姓苑》。【分布】湖南有此姓。

扫（掃）sǎo 源出不详。佤族有扫姓。【分布】云南西盟、河北黄骅等地有。

SE

色 sè 【源出】①古藏族姓。②满族姓，八旗穆色辰氏后改为色氏。③傈僳、彝等族均有色姓。【分布】北京、武汉、成都、西安、上海、玉门等地有。

涩（澀）sè 源出不详。【分布】湖南有此姓。

啬（嗇）sè 【源出】①古啬夫子孙，因氏焉，见《风俗通》。啬夫，周时司空之属官，秦汉时为乡官，执掌诉讼和赋税。②系自姬姓。周桓王之后有啬氏。【分布】天津蓟州区有此姓。

铯（銫）sè 源出不详。【分布】鄂尔多斯有此姓。

瑟 sè 源出不详。【分布】北京、成都、湖南等地有。

蔷（薔）sè 【源出】①帝尧之后有蔷氏。②蔷，古地名，在今河南新安西北，或以地名为氏。【分布】山西长治有此姓。

SEN

森 sēn 见《姓苑》。【分布】北京、上海、太原、烟台、台北等地有。

SENG

僧 sēng 源出不详。见《姓苑》。【分布】冀、豫、苏三省多此姓。【人物】僧可朋（唐）

SHA

杀（殺）shā 【源出】古时朝鲜南部有马韩国，有杀奚之官，见《后汉书·东夷传》。后人或以官为氏。见《姓苑》。【分布】河北定州、浙江丽水等地有。

沙 shā 【源出】①相传为神农时夙沙氏之后。②古有沙国，即元城之沙亭（故城在今河北大名东南），后以国为氏。③系出沙随氏。沙随，古诸侯国，公爵，后失国，为公沙氏。汉有公沙穆，子孙去"公"为沙氏。【分布】鲁、黑、辽、苏等省多此姓。【人物】沙彦珣（五代·后梁）

沙达（沙達）shā dá 【源出】藏族姓，以房名为姓。【分布】四川道孚有此姓。

沙库（沙庫）shā kù 【源出】彝族姓。【分布】四川峨边有此姓。

沙勒 shā lè 源出不详。【分布】山西太原有此姓。

沙玛（沙瑪）shā mǎ 【源出】彝族姓，属基默家支。彝族比史氏也称沙玛氏。居四川雷波沙玛氏，汉姓为商。【分布】四川金阳、云南昆明等地有。

沙骂（沙罵）shā mà 【源出】明清时云南建昌府（故治在今四川西昌）沙骂土司为彝族人，姓沙骂，后改姓安氏。汉姓为安。【分布】四川峨边有此姓。

纱（紗）shā 源出不详。《新编千家姓》收。【分布】湖南有此姓。

砂 shā 源出不详。【分布】淄博有此姓。

粆 shā 源出不详。见《姓氏考略》。【分布】陕西洋县等地有。

煞 shā 见《清稗类钞·姓名类》。【分布】湖南有此姓。

裟 shā 源出不详。【分布】无锡有此姓。

奢 shá 【源出】明清时川、黔土司有奢氏，系彝族，得姓于明朝。见《清史稿》。
另见 shē

傻 shǎ 源出不详。【分布】河南周口有此姓。

傻 shǎ 源出不详。《新编千家姓》

收。分布不详。

啥 shà 源出不详。【分布】天津、太原、广东云浮、酒泉等地有。

厦 shà 源出不详。《新编千家姓》收。【分布】上海嘉定、北京、西安、佛山等地有。

霎 shà 源出不详。【分布】湖南有此姓。

SHAI

筛（篩）shāi 源出不详。【分布】山西洪洞、临汾，河北定州，甘肃古浪等地有。

晒（曬）shài 源出不详。《新编千家姓》收。【分布】山西河津、云南马关等地有。

SHAN

山 shān 【源出】①出自姜姓，古帝烈山氏之后。②周朝有山师之官，掌山林事，以官名为氏。【分布】沪、豫、浙三省市多此姓。【人物】山昱(汉)

杉 shān 源出不详。见《姓谱》。【分布】株洲、湖北老河口、台湾高雄等地有。

删 shān 【源出】《元和姓纂》云：即姗姓。【分布】广东中山、山东莱阳等地有。

苫 shān 【源出】春秋鲁大夫苫夷之后，见《通志·氏族略》。【分布】太原、台湾新竹、河北临西等地有。【人物】苫谷（宋）

衫 shān 源出不详。【分布】武汉有此姓。

姗 shān 【源出】姗，删之古字，因氏。见《元和姓纂》。【分布】北京怀柔有此姓。

珊 shān 【源出】清时满洲人姓，见《钦定八旗通志》。【分布】河北围场有此姓。

蔪 shān 源出不详。【分布】天津、台东、山东鱼台、河北定州等地有。

闪（閃）shǎn 【源出】源出不详。有说系陕姓所改，见《姓氏考略》。【分布】冀、豫、闽三省多此姓。【人物】闪霭（明）

盍 shǎn 【源出】为西羌姓"彡姐"（古羌族复姓）。【分布】四川成都、泸县等地有。【人物】盍复（唐）

陕（陝）shǎn 【源出】居陕地（即陕陌，在今河南陕县西南）为氏。【分布】晋、鄂、甘三省多此姓。【人物】陕通（明）

汕 shàn 源出不详。见《姓谱》。【分布】太原有此姓。

单（單）shàn 【源出】周成王封少子臻于单邑（今河南济源东南），因以为氏。【分布】苏、鲁、皖、吉、辽、

黑、浙、豫、冀九省多此姓。【人物】
单右车（汉）

　　另见 chán、dān、tán

单徒（單徒）shàn tú 源出不详。
【分布】江西贵溪有此姓。

剡 shàn 【源出】剡县，西汉置（在
今浙江嵊州西南），居者以地名氏。

　　另见 yǎn

扇 shàn 源出不详。见《姓苑》。【分布】
上海、湖南华容、广西巴马等地有。

掸（撣）shàn 源出不详。【分布】湖
南有此姓。

善 shàn 【源出】①《吕氏春秋》有
善卷，为尧师，后因氏，见《姓源》。
②楚公族有善氏。见《路史》。【分
布】甘肃、河北两省多此姓。【人物】
善兴（唐）

善续（善續）shàn xù 源出不详。
【分布】山西大同有此姓。

鄯 shàn【源出】见《姓苑》。西域鄯氏，
出鄯善国，以国名为氏。【人物】鄯
米（北周）

擅 shàn 源出不详。【分布】湖南益阳、
台北、福建清流等地有。

膳 shàn【源出】《诗》："仲允膳夫。"
仲允，字也。膳夫，官名，掌王之
饮食膳羞，为食官之长。以官名为
氏。【分布】河南偃师有此姓。

赡（贍）shàn 【源出】大食国人赡
思，家居真定，元至元中累官浙西宪金，
其后或以为氏。【分布】陕西韩城、
浙江嵊州等地有。【人物】赡思（元）

SHANG

商 shāng 【源出】①黄帝之裔封于商
（故城在今陕西省商洛市商州区），
以地为氏。②商时纣王之贤臣商容
之后有商氏。【分布】京、冀、鲁、豫、
黑、陕、苏、辽八省市多此姓。【人
物】商飞卿（宋）

伤（傷）shāng 【源出】唐时有伤姓，
见《唐人年寿研究》。【分布】河南
周口有此姓。

蔏 shāng 源出不详。【分布】台湾澎
湖有此姓。

裳 shāng 源出不详。【分布】浙江、
安徽、台北等省市有。

觞（觴）shāng 源出不详。【分布】
湖南有此姓。

晌 shǎng 源出不详。【分布】河北平
乡有此姓。

赏（賞）shǎng 【源出】①吴中（今
江苏省苏州市吴中区)八族有赏氏。
②西夏时吐蕃部落有赏氏。【分布】
北京、上海松江、台北、酒泉等地
有。【人物】赏庆（晋）

上 shàng 【源出】春秋时齐大夫上之

登之后。【分布】粤、豫、陕三省多此姓。
【人物】上志（明）

上官 shàng guān 【源出】①系自芈姓。春秋时楚庄王之少子兰为上官大夫，后以为氏。②春秋时楚大夫靳尚食采于上官（故城在今河南滑县东南），以地名为氏。【分布】晋、鲁、浙、赣四省多此姓。【人物】上官婉儿（唐）

尚 shàng 【源出】①周太师尚父（姜尚）之后。②唐时吐蕃有尚氏。【分布】晋、冀、豫、陕、甘、内蒙古六省区多此姓。【人物】尚衡（唐）

尚杜 shàng dù 源出不详。见《芮城县姓氏》（山西）。【分布】山西芮城有此姓。

尚官 shàng guān 源出不详。见《芮城县姓氏》（山西）。【分布】四川中江有此姓。

SHAO

捎 shāo 源出不详。【分布】甘肃古浪有此姓。

烧（燒） shāo 【源出】烧当，西汉羌人一部，世居今青海贵德西。烧当，原为羌人酋，其子孙以其名为种号。烧姓当出此。【分布】台湾台南、江西新干、广东高要等地有。

梢 shāo 源出不详。见《姓谱》。【分布】河南宁陵、山西霍州等地有。

稍 shāo 见《姓苑》。【分布】甘肃渭源有此姓。【人物】稍腾汉（明）

艄 shāo 源出不详。【分布】湖南有此姓。

勺 sháo 【源出】①勺，春秋时北燕地名。在今河北望都东，以邑名为氏。②宋绍兴年中，勺氏为避高宗赵构名讳，改姓勺。【分布】甘肃古浪，山西河曲、文水等地有。

芍 sháo 源出不详。【分布】酒泉、承德、云南晋宁等地有。【人物】芍德（明）

韶 sháo 源出不详。晋以前即有此姓。【分布】晋、鲁、湘三省多此姓。【人物】韶石（晋）

少 shào 【源出】①相传黄帝之父少典之后。②相传黄帝之子少昊氏之后。【分布】北京、上海松江、西安、武汉、太原等地有。【人物】少年唯（汉）

召 shào 【源出】云南傣族姓。召为尊称，借以为姓。【分布】云南景谷有此姓。【人物】召平（汉）

邵 shào 【源出】①周文王第五子召公奭封于燕，后又封于召，至太子丹为秦所灭，子孙遂以召为氏，后加邑为邵。②氏族有邵姓，见《南齐书》。③康居有邵氏。【分布】晋、鲁、鄂、皖、甘、豫、苏、浙、辽

九省多此姓。【人物】邵休（汉）

劭 shào 源出不详。《新编千家姓》收。分布不详。

绍（紹）shào 【源出】系自姒姓。战国时齐太公（田庄子之子田和）之后有绍氏，见《世本》。【分布】吉林、河北两省多此姓。【人物】绍旸（明）

哨 shào 源出不详。见《姓谱》。【分布】河北威县、广东新会等地有。

SHE

奢 shē 【源出】黄帝七辅臣之一奢比（即奢龙）之后。奢比，也国名。【分布】江西宁都、浙江桐乡等地有。

　　另见 shá

赊（賒）shē 源出不详。【分布】湖南新化、浙江余姚等地有。

赊所（賒所）shē suǒ 【源出】佤族姓。汉姓为张。【分布】云南西盟有此姓。

畲 shē 【源出】畲族姓。【分布】浙江开化、广东顺德等地有。【人物】畲恭（明）

畬 shē 【源出】以族名为姓。福建云霄、【分布】浙江金华、湖南冷水江等地有。

舌 shé 【源出】①周官舌人之后。②出自姒姓。春秋时越公族之后。【分布】云南河口、山西朔州等地有。

佘 shé 【源出】①春秋时齐大夫之后有佘氏。②或即折氏。北宋名将杨继业之妻佘太君，原姓折。今陕西

保德折窝村有折太君墓。【分布】湘、鄂、川、粤、皖、渝六省市多此姓。【人物】佘钦（唐）

佘鲁（佘魯）shé lǔ 【源出】彝族姓，也作舍鲁氏。【分布】四川马边、峨边等地有。

佘培 shé péi 【源出】彝族姓，也作舍培氏。【分布】四川峨边、马边等地有。

佘特 shé tè 【源出】四川凉山彝族家支。【分布】四川峨边有此姓。

涂 shé 源出不详。见《北京市革命烈士英名录》。【分布】湖北红安有此姓。

蛇 shé 【源出】①齐公族蛇丘氏之后。②源出羌人，后秦姚苌之妻蛇氏，其族之后。【分布】上海、庐山、茂名等地有。【人物】蛇节（元）

叶（葉）shè 【源出】春秋时楚国沈诸梁食采于叶（故城在今河南叶县南），因以为氏。今此音或不存。

　　另见 xié、yè、yě

库（庫）shè 【源出】库姓去点为库氏。汉时羌族有库氏，系东汉金城太守库钧之后。【分布】甘、晋两省多此姓。【人物】库堪（清）

设（設）shè 【源出】①唐时突厥部以别部典兵者，曰设大臣。是以官为氏。②见《姓苑》。梁时已有设氏。

235

【分布】湖州、淮南、河南中牟等地有。

库（庫）shè 【源出】即羌族厍姓。东汉辅义侯，金城太守厍钧之后。分布不详。

另见 kù

社 shè 【源出】①社，周官名，以官名为氏。②社，地名（在今河南巩义西北），或以地名为氏。【分布】晋、豫、桂三省区多此姓。【人物】社联（明）

舍 shè 【源出】①宋微子之裔，宋大夫乐舍之后。②大食国（唐时西域之西阿拉伯国）入华后有舍氏，见《唐书》。【分布】宁、新两区多此姓。【人物】舍人（汉）

舍金 shè jīn 【源出】蒙古族姓。汉姓有谢、解。【分布】内蒙古奈曼旗有此姓。

舍鲁（舍魯）shè lǔ 【源出】彝族姓。佘鲁氏之异译。【分布】四川马边、峨边等地有。

射 shè 【源出】①春秋时楚昭王时大夫观射父之后。②出自古司射官之后。【分布】鄂尔多斯、周口、江苏泰兴等地有。【人物】射登（汉）

另见 shí

涉 shè 【源出】①春秋时晋大夫涉佗，其先食采于涉（故城在今河北涉县），后以邑为氏，见《姓源》。②鲜卑拓跋氏部族有涉氏。【分布】

重庆綦江、太原、河南林州等地有。【人物】涉纬（宋）

赦 shè 【源出】获罪而得赦，因以为氏。见《姓氏考略》。【分布】西安、周口、湖南汉寿等地有。

摄（攝）shè 【源出】①摄，春秋时齐地（故城在今山东聊城西北），齐大夫之采邑，因氏。②春秋时楚大夫摄叔之后。【分布】山西宁武、五寨，河北邱县等地有。

SHEN

申 shēn 【源出】①炎帝四岳之后，周宣王母舅申吕封于申，春秋时灭于楚，子孙以国为氏。②春秋时鲁季氏族有申氏。【分布】晋、冀、鲁、豫、黔、川六省多此姓。

申耳 shēn ěr 【源出】四川黑彝家支。【分布】四川峨边有此姓。

申鲁（申魯）shēn lǔ 【源出】四川黑彝家支。【分布】四川昭觉有此姓。

申屠 shēn tú 【源出】①系自姜姓。周时申侯之后，支孙居安定（故城在今甘肃固原）之屠原，因以为氏。②申屠，楚国之官号，后以官为氏。【分布】上海、沈阳、太原、台北等地有此姓。【人物】申屠嘉（西汉）

申鲜（申鮮）shēn xiān 【源出】春秋时齐大夫申鲜虞避齐庄公之难，

奔楚为右尹，食采于申，其子孙以申鲜为氏。【分布】河南偃师有此姓。

【人物】申鲜湨（汉）

伸 shēn 源出不详。见《万姓统谱》。

【分布】天津武清、台北、淮南等地有。

【人物】伸意（宋）

身 shēn 【源出】①相传为帝舜之友续身之后有身氏。②汉西域龟兹国有身氏。③汉时西域身毒国人有身氏。【分布】天津北辰、上海、武汉等地有。【人物】身相（宋）

呻 shēn 源出不详。【分布】湖南有此姓。

詵（詵）shēn 见《姓苑》。【分布】湖南有此姓。

参（参）shēn 【源出】①帝喾之庶子实沈卫尧之主参星，以官名氏。②郑国卿公孙侨之子，大夫国参之后。【分布】天津汉沽、河北定州等地有。【人物】参安（明）

另见 cān、sān

绅（紳）shēn 源出不详。【分布】河南焦作、广东中山等地有。

莘 shēn 【源出】①祝融之后，八姓之一有莘。②古国名，以国名为氏。③古地名，以地名为氏。【分布】冀、豫、浙三省多此姓。【人物】莘融（宋）

砷 shēn 源出不详。【分布】内蒙古有此姓。

深 shēn 【源出】周武王之子应国（在今河南鲁山东）应侯之后有深氏。

【分布】天津、上海、太原、承德等地有。

【人物】深訾（宋）

燊 shēn 源出不详。《新编千家姓》收。分布不详。

神 shén 【源出】①神农氏裔榆冈失帝位，子孙遂以神为氏。②黄帝臣有神皇直，与力牧等讨蚩尤者，神氏宜出此。【分布】上海、玉门、太原、曲阜、淮南等地有。【人物】神曜（汉）

沈 shěn 【源出】少昊裔孙台骀，能业其官，高阳氏嘉之，封之汾川，其后有沈、姒、蓐、黄四国，后以国为氏。【分布】沪、苏、浙、皖、豫、粤六省市多此姓。【人物】沈括（宋）

另见 chén

沈尔（沈爾）shěn ěr 源出不详。后代有改为沈氏者。见《中国姓氏辞典》。【分布】北京有此姓。

沈木 shěn mù 【源出】四川黑彝家支。【分布】四川美姑有此姓。

沈拍 shěn pāi 【源出】四川黑彝家支，也作水普氏。【分布】四川马边有此姓。

沈泰 shěn tài 【源出】彝族姓，属俅米家支。【分布】云南宁蒗有此姓。

沈小 shěn xiǎo 源出不详。【分布】江苏无锡有此姓。

沈尤 shěn yóu 【源出】应系沈、尤二姓合成，祖籍福建永春。【分布】台湾有此姓。

审（審）shěn 【源出】①审氏之先为周司空属官，主审曲面势者也，后因赐族。②晋时乌桓人姓。【分布】北京、上海、太原、武汉、兰州等地有。【人物】审食其（汉）

潘 shěn 源出不详。【分布】北京、台湾高雄等地有。

甚 shèn 源出不详。【分布】河北三河、浙江湖州、山西灵石等地有。

渗（滲）shèn 源出不详。见《新编千家姓》。【分布】河北肃宁有此姓。

慎 shèn 【源出】①慎，古国名。在今安徽颍上西北，春秋楚太子建之子白公胜食采于此邑，后以为氏。②战国时魏禽滑厘。字慎子，以字为姓。【分布】浙、豫、苏、鄂四省多此姓。【人物】慎修（汉）

SHENG

升 shēng 源出不详。见《姓苑》。【分布】北京、天津武清、西安、成都、台北等地有。【人物】升元（南北朝）

生 shēng 【源出】①春秋时蔡大夫归生之后。②春秋时晋吕甥，即瑕吕饴生，亦即阴饴生，其后以名为氏。【分布】苏、鲁两省多此姓。【人物】生用和（明）

生田 shēng tián 源出不详。【分布】天津津南有此姓。

声（聲）shēng 【源出】①春秋时鲁大夫声伯之后。②春秋时蔡大夫声子之后。③楚公族有声氏。【分布】北京、山西垣曲、湖南宁乡等地有。

昇 shēng 源出不详。见《万姓统谱》。【分布】天津汉沽、太原等地有。【人物】昇元中（宋）

牲 shēng 源出不详。【分布】湖南、河北唐县、四川通江等地有。

阩 shēng 源出不详。见《姓觿》。【分布】天津武清、台北、河北围场等地有。

笙 shēng 【源出】古主笙竽之官，其后以职为氏。【分布】上海、台北花莲、吉林扶余等地有。

甥 shēng 【源出】春秋时晋大夫吕甥（即瑕吕饴生，亦作阴饴生）之后，见《风俗通》。【分布】太原、浙江安吉等地有。

橳 shēng 源出不详。【分布】台湾台北、高雄、屏东等地有。

渑（澠）shéng 【源出】渑水，源出山东淄博东，西北流经广饶东南入时水，或以水为氏。【分布】山东昌乐、平邑、东平等地有。

另见 miǎn

绳（繩）shéng 源出不详。见《姓苑》。【分布】冀、豫、津三省市多此姓。

省 shěng 【源出】春秋时宋大夫省臧之后，见《姓源》。【分布】河南省多此姓。【人物】省凯（明）

另见 xǐng

圣（聖）shèng 【源出】①女娲臣圣氏制斑管，圣氏始此。②黄帝臣五圣之后。③高阳氏时才子八凯之一隤敳，谥圣，后以谥为氏。【分布】苏、鄂、皖三省多此姓。【人物】圣武（唐）

胜（勝）shèng 【源出】系自妫姓，舜帝之裔省屠氏，避仇改为胜氏。【分布】皖、苏两省多此姓。【人物】胜成（明）

晟 shèng 源出不详。见《新编注音千家姓》。【分布】山西忻州有此姓。

乘 shèng 【源出】①春秋时楚大夫乘之后，子孙以王父字为氏。②匈奴姓。分布不详。【人物】乘胜（汉）

另见 chéng

盛 shèng 【源出】①周穆王时盛国（故城在今山东宁阳、泰安），后为齐所灭，子孙以国为氏。②汉东海北地太守盛苞，其先本姓奭，避汉元帝奭之讳，改姓盛。【分布】湘、浙、皖、苏、鲁、沪等省市多此姓。【人物】盛吉（汉）

盛侍 shèng shì 源出不详。【分布】江苏宜兴有此姓。

剩 shèng 【源出】春秋时郑国公族之后，见《路史》。【分布】武汉、江苏洪泽等地有。

嵊 shèng 【源出】嵊，亭名，在今浙江嵊州，以地名为氏。【分布】浙江诸暨有此姓。

蕂 shèng 源出不详。《新编千家姓》收。分布不详。

SHI

尸 shī 【源出】①商时四亳，至周成尸乡。周大夫食采于尸乡（在今偃师西南），因以为氏。②安徽大别山尸姓，据说因仇而改。【分布】大同、临淄、四川德昌、吉林扶余等地有。【人物】尸聪（明）

失 shī 【源出】出自少数民族姓。【分布】河北南宫、江苏洪泽、海南琼海等地有。

另见 yì

师（師）shī 【源出】①古者掌乐之官曰师，因以为氏。②周时师尹（太子之相称师尹）之后，以官为氏。【分布】晋、冀、豫、陕、青五省多此姓。【人物】师帝宾（清）

诗（詩）shī 【源出】①诗国（即邿，故城在今山东济宁），春秋时灭于鲁，子孙以国为氏。②朱鸢诗氏，

239

出自南蛮。【分布】上海、天津、太原等地有。【人物】诗索（汉）

虱 shī 源出不详。见《湖南家谱解读》。【分布】湖南、云南宜良等地有。

狮（獅）shī 源出不详。【分布】湖南益阳、江苏滨海等地有。

施 shī 【源出】①夏诸侯有施氏。国亡，以国为氏。②商民七族有施氏。【分布】沪、苏、闽、浙、鄂、皖六省市多此姓。【人物】施耐庵（明）

施林 shī lín 源出不详。【分布】浙江湖州有此姓。

施小 shī xiǎo 源出不详。【分布】江苏无锡有此姓。

蒒 shī 源出不详。见《合山市姓氏》（广西）。【分布】重庆綦江、广西合山等地有。

湿（濕）shī 【源出】①天竺大国附庸小国罽宾小王之元子，本姓湿，见《封氏见闻记》。②湿水，出山东入海，或以水为氏。【分布】天津、太原、周口等地有。

酼 shī 见《万姓统谱》。【分布】天津武清、上海宝山、太原、台北等地有。

十 shí 源出不详。汉、傈僳等族中均有。【分布】上海、周口、云南保山、陕西紫阳等地均有。【人物】十嵩（元）

什 shí 【源出】①鲜卑族姓。晋末十六国代国国君拓跋什翼犍之后，以名为姓。②什伍，军之行列。或掌军之什长以官名为姓。【分布】陕西眉县、甘肃古浪、湖南娄底等地有。

什纳（什納）shí nà 【源出】土族姓，即席纳氏。【分布】青海互助有此姓。

什耶 shí yē 【源出】彝族姓，属斯毅生依家支。【分布】四川凉山，云南宁蒗、维西、丽江等地有。

石 shí 【源出】①春秋时卫靖伯之孙石腊，世为卫大夫。石腊之孙骀仲，以祖父字为氏。②春秋时宋公子段，字子石，其后以字为氏。【分布】冀、鲁、豫、川、黔、湘六省多此姓。【人物】石敬瑭（五代·后晋）

石官 shí guān 源出不详。【分布】山西运城有此姓。

石鲫（石鯽）shí jì 【源出】珞巴族姓。出自苏龙部落，母系氏族。以氏族为姓。图腾为树花萼。【分布】西藏珞瑜地区有此姓。

石脚 shí jiǎo 【源出】珞巴族姓氏。出自苏龙部落，母系氏族。以氏族为氏。图腾为竹屑。【分布】西藏珞瑜地区有此姓。

石杨 (石楊) shí yáng 【源出】系石、杨二姓合成。【分布】湖南城步有此姓。

时 (時) shí 【源出】①商汤之庶之后有时氏。②古有时国，灭于楚，子孙以国为氏。③春秋时楚大夫申叔时之后。【分布】冀、鲁、豫、苏四省多此姓。【人物】时苗（北魏）

识 (識) shí 源出不详。见《姓苑》《千家姓》。【分布】陕西韩城、浙江长兴等地有。

实 (實) shí 【源出】帝喾之庶子实沈之后，以名为氏，有实氏、参氏。【分布】北京、成都、太原、高雄、周口等地有。

拾 shí 源出不详。见《姓苑》。【分布】无锡、玉门、河南偃师等地有。【人物】拾虔（晋）

食 shí 【源出】①战国韩公族有食氏。②魏晋时东夷人姓。【分布】江苏滨海有此姓。【人物】食勃（后燕）

蚀 (蝕) shí 源出不详。【分布】湖南有此姓。

射 shí 【源出】春秋时晋大夫虢射之后。【人物】射慈（三国·吴）
　　另见 shè

史 shǐ 【源出】①传黄帝之史臣仓颉之后有史氏。②周大夫史佚之后，以官为氏。【分布】晋、冀、鲁、豫、苏、辽六省多此姓。【人物】史可法（明）

史微 shǐ wēi 【源出】彝族姓。乃彝语之音译，汉意为"金银财宝"。汉姓为金。【分布】云南省石林彝族自治县有此姓。

史意 shǐ yì 【源出】彝族姓。【分布】四川峨边有此姓。

史扎 shǐ zhā 【源出】彝族姓。【分布】四川峨边有此姓。

矢 shǐ 源出不详。见《姓苑》。【分布】武汉、台湾嘉义、甘肃通渭等地有。

使 shǐ 【源出】当以谥为氏。见《姓苑》《姓氏考略》。【分布】湖南、河北威县、新疆塔城等地有。【人物】使乐成（汉）

使乙 shǐ yǐ 【源出】彝族姓，即史意氏。【分布】四川马边有此姓。

始 shǐ 【源出】相传黄帝庶子苍林生始均，居北地,后有始氏，见《路史》。【分布】上海嘉定、武汉、茂名等地有。【人物】始成（秦）

驶 (駛) shǐ 源出不详。《新编千家姓》收。【分布】太原、忻州、浙江平湖等地有。

屎 shǐ 源出不详。【分布】湖南祁东、汉寿等地有。

士 shì 【源出】杜伯为周宣王大夫，无罪被杀，其子隰叔奔晋，子为为晋献公士师，朝无奸官，国无败政，

因其有功，命以官为氏。士季氏之后有士氏。【分布】上海、西安、高雄等地有。【人物】士明善（明）

士孙 (士孫) shì sūn 【源出】系出姜姓。春秋时齐大夫有士孙氏，称所居之里（古时称聚居之地为里）为士孙之里。《左传》载，鲁襄公二十五年，崔杼葬庄公于士孙之里，即是此里。【分布】江苏洪泽有此姓。【人物】士孙仲彻（西汉）

氏 shì 【源出】春秋齐公族之后有氏。【分布】太原、周口、河北望都、云南晋宁等地有。【人物】氏昭度（宋）

　　另见 zhī

示 shì 源出不详。见《万姓统谱》。【分布】天津武清、台北、云南宜良等地有。【人物】示郁（明）

　　另见 qí

世 shì 【源出】①相传黄帝臣大封之玄孙世吾为司马，其后以名为氏。②明朝天顺年锡兰（今斯里兰卡国）王来华，病故于泉州，王子世利巴交喇惹之后。【分布】北京、上海、武汉、大连、太原等地有。【人物】世家宝（明）

仕 shì 源出不详。见《姓苑》。【分布】上海、武汉、太原、台北等地有。【人物】仕凤（明）

市 shì 【源出】①《周礼》地官有司市（掌市之治教政刑，量度禁令，为市官之长），其后以官为氏。②市丘，战国韩邑（在今河南荥阳东北），以地名为氏。【分布】北京、浙江象山、云南泸水等地有。【人物】市朝（明）

式 shì 源出不详。见《姓苑》。【分布】北京、上海、山西左云、河北定州等地有。

阺 shì 源出不详。见《集韵》。【分布】北京有此姓。

势 (勢) shì 源出不详。见《姓苑》。【分布】湖南有此姓。

事 shì 【源出】见《姓苑》。或为事父氏（春秋宋公族之后）改为事氏。【分布】湖南攸县、河南洛宁、江苏武进等地有。

侍 shì 【源出】汉时有侍中（为传旨公卿之官）、常侍（侍从天子之官），其后以官为氏。【分布】江苏多此姓。【人物】侍懋（明）

侍其 shì qí 【源出】汉时广野君郦食其之玄孙，赐姓为食其氏，元孙武，任侍中，遂改为侍其氏。【分布】上海、南昌、安徽泾县等地有。【人物】侍其署（明）

饰 (飾) shì 源出不详。见《新编千家姓》。分布不详。

视 (視) shì 【源出】①伏羲帝有六佐，其一为视墨，为视姓之始。②晋时鲜卑族有此姓。【分布】上海、承德、河南宝丰等地有此姓。【人物】视连（晋）

拭 shì 源出不详。【分布】湖南有此姓。

郝 shì 见《广韵》。分布不详。【人物】郝贤（汉）

另见 hǎo、hè

贳 (貰) shì 【源出】古地名，春秋时宋地（在今河北辛集西南），当以地名为氏。

另见 bēn

柿 shì 源出不详。【分布】上海、河南内乡、湖南等地有。

是 shì 【源出】①是、氏古时通用，春秋时齐大夫之后。②北魏时改是云氏为是氏。【分布】上海、太原、常州、无锡等地有。【人物】是仪（三国·吴）

是云 (是雲) shì yún 【源出】代北姓，见《魏书·官氏志》。【分布】北京有此姓。【人物】是云宝（北周）

适 (適) shì 见《姓苑》。【分布】武汉、太原、承德等地有。【人物】适宜（元）

恃 shì 【源出】春秋时齐有恃乙，管仲诛之。【分布】上海、天津西青等地有。

室 shì 源出不详。秦时已有室氏，见《帝王世纪》。【分布】江苏武进、湖南岳阳等地有。【人物】室防（辽）

逝 shì 源出不详。见《新编千家姓》。分布不详。

莳 (蒔) shì 源出不详。见《姓觿》。【分布】昆山、无锡、承德等地有。

轼 (軾) shì 源出不详。【分布】湖南有此姓。

释 (釋) shì 【源出】古尼泊尔的释迦族部落的王子乔达摩·悉达多创立佛教，人称其为释迦牟尼。释姓应是源于族名。【分布】闽、粤两省多此姓。【人物】释嘉纳（元）

谥 (謚) shì 源出不详。【分布】湖南、江苏洪泽等地有。

嗜 shì 源出不详。【分布】湖南省有此姓。

誓 shì 源出不详。【分布】广东汕头有此姓。

奭 shì 【源出】系自姬氏。周召公名奭，其后以王父名为氏。亦见《姓苑》。至汉元帝时为避帝讳改为盛氏。【分布】台中、广西钟山等地有。【人物】奭伟（汉）

SHOU

收 shōu 源出不详。见《姓苑》。【分布】成都、湖南等地有。

243

手 shǒu 【源出】当以身体部位明为姓。如腹氏、首氏、足氏等。【分布】上海、河北定州等地有。

守 shǒu 【源出】见《姓苑》。或为首姓改。明巴陵人首谦，官任龙江关提举，以首字不雅，改为守姓。【分布】豫、苏、辽三省多此姓。【人物】守育仁（明）

首 shǒu 【源出】①首阳（在今甘肃渭源东北），地名，以地名为氏。②以身体部位为姓。【分布】广西多此姓。【人物】首得仁（明）

寿（壽）shòu 【源出】①彭祖后有寿氏。②吴王寿梦之后。③春秋时齐公子寿之后。【分布】浙江、湖北两省多此姓。【人物】寿儒（明）

另见 zhù

受 shòu 【源出】①商晚期氏族名。②甘肃静宁州(故治在今甘肃庆阳)有受家山，以地为氏。【分布】上海、沈阳、成都、台湾等地有。【人物】受有量（清）

授 shòu 【源出】见《姓苑》。以祖辈名字为姓氏。源于沮姓，系东汉沮授的后代。【分布】成都有此姓。【人物】授异众（东汉）

售 shòu 源出不详。【分布】玉门、山东鱼台、广东汕头等地有。

兽（獸）shòu 源出不详。见《姓氏词典》。【分布】天津东丽、周口、郑州等地有。

瘦 shòu 源出不详。见《新编千家姓》。【分布】北京、上海松江、西安、佛山等地有。

SHU

殳 shū 【源出】①相传黄帝臣伯陵之第三子，尧封其于殳，为殳侯，因氏。②殳，为古代竹兵器，有棱无刃。或以器为氏。【分布】上海金山、太原、台北、扬州等地有。【人物】殳交通（明）

书（書）shū 【源出】尚书，官名，因以为氏。见《万姓统谱》。【分布】陕、冀、豫三省多此姓。【人物】书永琇（明）

纾（紓）shū 源出不详。见《姓谱》。【分布】无锡、湖南等地有。

枢（樞）shū 源出不详。见《姓苑》。【分布】江苏武进、福建清流等地有。

叔 shū 【源出】①颛顼帝之孙名叔歜，其后以名为氏。②相传为颛顼时代八恺之一叔达之后。【分布】天津武清、太原、大同、淮南等地有。【人物】叔寿（汉）

叔先 shū xiān 【源出】《后汉书·烈女传》有叔先雄，犍为人（今四川鼓山），父泥和溺死，时雄投父之死所，父子相抱而浮。郡县为之立碑、图像形貌而表彰之。源出不详。分布不详。【人物】叔先雄（东汉）

叔仲 shū zhòng 【源出】系自姬姓。春秋时鲁桓公之子叔牙为叔孙氏，牙之孙彭生，别为叔仲氏。分布不详。

荼 shū 【源出】周礼地官掌荼之后有荼氏。

　　另见 tú、yé

庻 shū 源出不详。【分布】台湾高雄、桃园，吉林扶余等地有。

殊 shū 源出不详。见《新编千家姓》。【分布】北京、上海、成都等地有。

倏 shū 源出不详。见《中国姓氏汇编》。【分布】太原、湘潭、浙江衢州等地有。

郰 shū 【源出】即舒，地名（在今安徽庐江西南），或以地名为氏。【分布】台北、福建、湖南新化等地有。

梳 shū 【源出】以器具名为姓。见《姓考》。【分布】山西河津有此姓。

淑 shū 【源出】①颛顼帝之子淑士之后。②前燕鲜卑族有淑氏。【分布】重庆綦江、西安、中山等地有。【人物】淑虞（前燕）

淑鸟（淑鳥）shū niǎo 源出不详。见《山西人口姓氏大全》。【分布】山西汾西有此姓。

淑乌（淑烏）shū wū 源出不详。见《山西人口姓氏大全》。【分布】山西侯马有此姓。

舒 shū 【源出】①系自任姓。黄帝之后任姓之裔有舒氏。②系自偃姓。周时舒国（故城在今安徽庐江西南），子爵，春秋时徐灭舒子国，子孙以国为氏。【分布】湘、鄂、赣、浙、川、渝等地多此姓。【人物】嶹邵（东汉）

疎 shū 【源出】本为疏，至汉时始分为二姓。【分布】江西弋阳、台湾高雄等地有。【人物】疎源（东汉）

疏 shū 【源出】①夏世侯伯有疏国，即栖疏，猗姓，以国为氏。②疏，战国时河名（在今湖北汉水西），或以水名为氏。【分布】上海、台北、四川长寿等地有。【人物】疏受（东汉）

输（輸）shū 【源出】①西域匈奴人有输氏。②羌人姓。【分布】广东茂名、河北晋州、云南通海等地有。

蔬 shū 源出不详。见《玺印姓氏徵》。【分布】湖南有此姓。

孰 shú 源出不详。【分布】四川武胜、山西永和等地有。

戮 shú 源出不详。见《字汇补》《康

245

熙字典》。【分布】江西安福有此姓。

【人物】斁黻（南朝·梁）

熟 shú　源出不详。【分布】上海嘉定有此姓。

暑 shǔ　源出不详。【分布】江苏武进、河南淮滨等地有。

黍 shǔ　源出不详。【分布】台湾台南、广东三水、河北唐县等地有。

属（屬）shǔ　源出不详。《新编千家姓》收。【分布】天津武清、太原、酒泉、无锡等地有。

署 shǔ　【源出】古御姓国之后有署氏。见《路史》。【分布】北京、成都、山东东阿等地有。

蜀 shǔ　【源出】①高辛氏支子封于蜀，后为秦灭，子孙以国名为氏，见《路史》。②蜀山氏之后。【分布】北京、成都、广东三水等地有。

鼠 shǔ　【源出】《卜辞》中有鼠妇，鼠为西周古姓。【分布】山西汾阳、浙江新昌等地有。

数（數）shǔ　源出不详。见《氏族博考》。【分布】酒泉、玉门、宁夏同心等地有。

薯 shǔ　源出不详。【分布】太原，江苏洪泽、滨海等地有。

曙 shǔ　源出不详。《新编千家姓》收。【分布】江苏洪泽、湖北公安等地有。

术（術）shù　【源出】共工生术器。术姓出此。见《中国人名大辞典》。分布不详。

　　另见 zhú

成 shù　【源出】夷姓，见《希姓录》。【分布】宁、滇、鄂三省区多此姓。【人物】成盈孙（唐）

束 shù　【源出】汉时太子太傅疏广，其曾孙孟达，为避王莽之乱，自东海徙南田（今河北大名），去足为束氏。【人物】束皙（晋）

述 shù　【源出】①春秋鲁大夫仲孙述之后。②契丹族姓。【分布】成都有此姓。

沭 shù　【源出】以水名为姓氏。沭河，发源于山东，流经江苏入海。【分布】无锡、江苏高淳等地有。

树（樹）shù　【源出】①犬戎姓。犬戎为春秋时夷国，亦名畎夷，又名昆夷，故地在今陕西凤翔北。②北魏树洛干氏所改。【分布】上海、江苏、河北三省市多此姓。【人物】树滋（宋）

树甘（樹甘）shù gān　【源出】彝族姓。【分布】四川峨边有此姓。

钵（鉢）shù　源出不详。见《新编千家姓》。【分布】北京、江苏丹徒等地有。

恕 shù 【源出】春秋时楚大夫恕金之后，见《元和姓纂》。【分布】太原、周口、屏东等地有。

郚 shù 源出不详。【分布】山西潞城有此姓。

庶 shù 【源出】①出姬姓。春秋时卫大夫公族之后，非正嫡，号庶氏。②出自曹姓，春秋邾大夫庶其来奔鲁，其后为庶氏。【分布】上海、湖南双峰、广东德庆等地有。

另见 zhù

鈇 shù 源出不详。见《姓氏典故》。【分布】安徽、江苏泰兴等地有。

墅 shù 源出不详。【分布】湖南有此姓。

漱 shù 源出不详。【分布】河南济源、浙江景宁等地有。

澍 shù 见《姓苑》。【分布】广西宾阳有此姓。

SHUA

刷 shuā 源出不详。【分布】大同、酒泉、湖南等地有。

耍 shuǎ 源出不详。见《新编千家姓》。【分布】河南济源、台东、陕西镇安等地有。

耍古 shuǎ gǔ 【源出】彝族姓。【分布】四川峨边有此姓。

耍惹 shuǎ rě 【源出】彝族姓。【分布】四川峨边有此姓。

SHUAI

衰 shuāi 【源出】出自嬴姓。春秋时晋文公原大夫赵衰之后，以名为氏。【分布】山西寿阳、河南潢川、上海等地有。【人物】衰光前（明）

摔 shuāi 源出不详。【分布】江苏洪泽有此姓。

帅（帥）shuài 【源出】其先本姓师，周时卿士刘康公之后，为避晋景帝司马师之讳，改为帅氏。【分布】川、渝、黔、赣、湘、皖、豫、苏、浙九省市多此姓。【人物】帅范（宋）

帅灵（帥靈）shuài líng 【源出】苗族姓。出自苗族帅灵干姓。见《南中纪闻》。分布不详。

率 shuài 【源出】①殷墟甲骨文《卜辞》中氏族名。②周匡王之少子刘康公之后有率氏。③原姓师，避晋景帝司马师之名讳，改为帅氏，帅、率同音，故有率氏。【分布】上海、天津、太原、淄博等地有。【人物】率昺（晋）

SHUAN

闩（閂）shuān 源出不详。见《儋州志》。【分布】天津武清、武汉、广西荔浦等地有。【人物】闩之杰（清）

拴 shuān 源出不详。《新编千家姓》收。【分布】山西大同、临猗，湖南益阳等地有。

栓 shuān 源出不详。见《新编千家姓》。【分布】太原、浙江奉化、福建松溪等地有。

涮 shuàn 源出不详。【分布】湖南有此姓。

SHUANG

双（雙）shuāng 【源出】①颛顼之后封于雙蒙城（故城在今山东蒙阴西南），其后因氏。②鲜卑人姓。③在大陆，双为雙之简化字，但在台湾二者为不同姓，为雙姓分族。【分布】台中、桃园等地有。皖、辽两省多此姓。【人物】双子符（唐）、双渐（宋）

双戈（雙戈）shuāng gē 【源出】彝族土司，其后以此为姓。【分布】四川西昌有此姓。

泷（瀧）shuāng 【源出】广东乳源、郁南、新会境内均有泷水。或以水名为氏。

　　另见 lóng

雙 shuāng 源出不详。【分布】台北等地有此姓。

霜 shuāng 【源出】①楚熊严之子伯霜之后。②西羌酋帅贵霜王之后。【分布】北京、成都、基隆、台中等地有。

爽 shuǎng 【源出】①少昊之司寇曰爽鸠氏，封为诸侯，居齐地爽（故城在今山东临淄），以地为氏。亦称爽国，以国为氏。②春秋时宋大夫甫爽文叔之后，以名为氏。【分布】北京、大同、四川、达州等地有。

SHUI

谁（誰）shuí 【源出】大谁长，汉置官名，子孙以官为氏。【分布】北京、武汉、太原、玉门等地有。【人物】谁龙（明）

水 shuǐ 【源出】见《姓苑》。当指水为姓，如河氏、淮氏、湖氏之类。【分布】苏、豫、皖三省多此姓。【人物】水桓（明）

水城 shuǐ chéng 源出不详。【分布】江苏无锡有此姓。

水丘 shuǐ qiū 【源出】居水之丘（指江、河、湖、泊中小岛）者，因以为姓。分布不详。

浼 shuì 源出不详。【分布】台湾高雄有此姓。

税 shuì 【源出】古税国，在蜀，以国名为氏。见《姓考》。【分布】重庆、四川、贵州三省市多此姓。【人物】税挺（宋）

SHUN

顺（順）shùn 源出不详。见《姓苑》。【分布】天津、上海、台北、大同、

无锡等地有。【人物】顺宁（明）

舜 shùn 【源出】①舜之支庶以舜为氏。②春秋时晋贤人舜华之后。【分布】北京、新乡、酒泉等地有。【人物】舜用禹（明）

SHUO

说（說）shuō 【源出】有云：能言说者以说为姓也。【分布】成都、湖北利川、湖南东安等地有。

烁（爍）shuò 源出不详。【分布】甘肃酒泉有此姓。

朔 shuò 【源出】①古有朔易国，因氏，见《姓源》。②春秋宋国乐朔之后。【分布】北京、成都、周口等地有。

欶 shuò 源出不详。【分布】河南济源有此姓。

硕（碩）shuò 【源出】见《姓苑》。武都氏人也有此姓，见《西秦录》。【分布】江苏多此姓。【人物】硕晏（明）

蒴 shuò 源出不详。【分布】广西巴马、湖南等地有。

嗍 shuò 源出不详。【分布】湖南有此姓。

SI

司 sī 【源出】①神农时有司怪，主卜。当以世职为氏。②司马、司徒、司寇、司城等复姓，后有改为司姓者。【分布】

晋、冀、鲁、豫、皖、陕六省多此姓。【人物】司居敬（元）

司达（司達）sī dá 【源出】云南佤族姓。【分布】云南耿马、双江、孟连、沧源等地有。

司堵 sī dǔ 【源出】四川凉山白彝家支。【分布】四川马边、峨边等地有。

司杜 sī dù 【源出】四川彝族姓。【分布】四川马边、峨边等地有。

司秆 sī gān 源出不详。【分布】山西阳泉有此姓。

司固 sī gù 【源出】佤族姓，沧源地区汉姓为杨，澜沧地区汉姓为郭。【分布】云南沧源、耿马、双江、孟连等地有。

司空 sī kōng 【源出】禹为尧司空（《周礼》冬官之属，列为六卿之一，专掌天下水利土木工程），支庶以官为氏。【分布】上海、沈阳、安徽会山等地有。【人物】司空曙（唐）

司寇 sī kòu 【源出】周时帝颛顼之裔苏忿生为武王司寇（《周礼》秋官之属，掌治安刑狱之事），支庶以官为氏。【分布】北京、上海、沈阳等地有。

司马（司馬）sī mǎ 【源出】周宣王时重黎裔孙程伯休父为司马（相传为少昊帝所设官，为天下军事长官，

249

《周礼》属夏官），克平徐方，赐以官族为司马氏。【分布】湘、鄂、豫、甘等地多此姓。【人物】司马迁（汉）

司那 sī nà 【源出】佤族姓。汉姓为杨。【分布】云南沧源、耿马、双江、孟连等地有。

司琴 sī qín 源出不详。【分布】山东文登有此姓。

司徒 sī tú 【源出】相传舜为尧司徒（《周礼》地官之属，掌教化民众和行政事务），支庶以官为氏。【分布】粤、桂、浙等地多此姓。【人物】司徒映（唐）

司翁 sī wēng 【源出】云南佤族姓。【分布】云南耿马、双江、孟连、沧源等地有。

丝（絲）sī 源出不详。见《姓苑》。【分布】北京、台北、陕西韩城等地有。

私 sī 【源出】①中官设私府令一人，私姓宜因此。见《后汉书·百官志》。②汉时西域有私姓。【分布】北京、武汉、河北任县等地有。【人物】私匡（汉）

駟 sī 【源出】系司马复姓之俗写。【分布】湖南汨罗、湘阴等地有。

思 sī 【源出】①商时诸侯有思侯，以国为氏。②以谥为氏有思氏。③唐时突厥有思氏。【分布】陕、苏、黔、内蒙古四省区多此姓。【人物】思志道（明）

思扎 sī zhā 【源出】黑彝家支。【分布】四川美姑有此姓。

斯 sī 【源出】①夏王桀蔽于斯观，见《荀子》，当为斯氏之祖。②蜀之西南夷种有斯氏，遂以为姓。【分布】浙江、安徽两省多此姓。【人物】斯从（三国·吴）

斯卜 sī bǔ 【源出】彝族姓。属孙紫家支。【分布】四川甘洛有此姓。

斯布 sī bù 【源出】纳西族姓，自称摩梭人。【分布】云南宁蒗、永宁等地有。

斯孔 sī kǒng 【源出】佤族姓。【分布】云南西盟有此姓。

斯枯 sī kū 【源出】佤族姓，因事而改，也作西古氏。汉姓为陈。【分布】云南沧源有此姓。

斯库（斯庫）sī kù 【源出】云南佤族姓，以地名为氏。也作苦门氏。【分布】云南西盟、沧源等地有此姓。

斯那 sī nà 【源出】佤族姓。汉姓为魏。【分布】云南沧源有此姓。

斯内 sī nèi 【源出】云南佤族姓，也作西奈氏、希奈氏。沧源地区汉姓有肖、魏，澜沧地区汉姓为魏。【分布】云南沧源、澜沧等地有。

斯耨 sī nòu 【源出】佤族姓。汉姓有魏、张、毛等。【分布】云南西盟有此姓。

斯诺（斯諾）sī nuò 【源出】佤族姓。【分布】云南西盟有此姓。

斯歪 sī wāi 【源出】德昂族姓。斯歪，为氏族名。汉姓为王。【分布】云南潞西有此姓。

斯翁 sī wēng 【源出】佤族姓。汉姓为保。【分布】云南沧源有此姓。

缌（緦）sī 源出不详。【分布】浙江永嘉有此姓。

死 sǐ 源出不详。【分布】浙江余姚有此姓。

巳 sì 【源出】见《战国策》。有说即姒姓。【分布】信阳、宁夏同心、吉林扶余等地有。

四 sì 【源出】系出子姓，见《路史》。或为四饭氏之后。【分布】太原、酒泉、台北、北京等地有。【人物】四象（宋）

四郎 sì láng 源出不详。【分布】山西太原有此姓。

寺 sì 【源出】①郣，周时小国（故城在今山东济宁东南），春秋时灭于鲁，国人以为氏，后去邑为寺。②寺人为古时官名，宫中侍御之人，掌王之内及女宫之戒令。古寺人之后有寺氏、寺人氏。【分布】北京、太原、新乡、昆山等地有。

似 sì 【源出】①北魏时姒氏改为似氏。②高丽扶馀国有似先氏，后改为似氏。【分布】北京、上海、武汉、太原等地有。【人物】似鹤举（明）

汜 sì 【源出】河南方山、荥阳二县境内有汜水，或以水为氏。【分布】天津、宜兴、河南栾川等地有。

佀 sì 【源出】①似本字。为姒姓所改。②北魏时渴侯氏改为佀。【分布】北京、广州、石家庄等地有。【人物】佀鸾（清）

伺 sì 源出不详。见《新编千家姓》。【分布】玉门、茂名、吉林扶余、宁夏中卫等地有。

祀 sì 源出不详。见《姓苑》。【分布】天津汉沽、石家庄、广东吴川等地有。

姒 sì 【源出】①鲧为尧之崇伯，尧赐鲧姓姒。②相传少昊子台骀封于诸汾川，其后有沈、姒、蓐、黄等国。当以国为氏。周文王之母为太姒，出自姒国。【分布】北京、天津、上海、苏州、杭州、哈尔滨等地有。

泗 sì 【源出】以水名为姓氏。泗河出山东泗水县陪尾山，有四个源头，故名。【分布】天津武清、江苏滨海、湖南等地有。

驷（駟）sì 【源出】系自姬姓。郑穆公子騑，字子驷，其孙乞，以王父

字为氏。【分布】湖南怀化、湖北钟祥等地有。【人物】驷钓（汉）

俟 sì 【源出】①周六国时有俟子，善著书，俟氏当为其后。②北魏时俟奴氏后改为俟氏。【分布】台北、淮南、山西代县等地有。

另见 qí

肆 sì 【源出】宋大夫肆臣之后，以名为氏。【分布】沈阳、云南泸水、山西襄垣等地有。【人物】肆敏（汉）

嗣 sì 【源出】①春秋时卫嗣君复之后，见《风俗通》。②宋初以庙讳改胤氏为嗣氏。【分布】北京、上海今山、无锡等地有。【人物】嗣光审（汉）

SONG

松（鬆）sōng 【源出】相传秦始皇遇雨避松下，封松为五大夫，后人因以为氏。【分布】京、鄂、清、台四省市多此姓。【人物】松赟（隋）

嵩 sōng 【源出】帝喾次妃有娀氏之后有嵩氏，见《风俗通》。【分布】北京、太原、周口、辽宁灯塔等地有。【人物】嵩真（汉）

耸（聳）sǒng 源出不详。见《姓氏词典》。【分布】云南永德、江苏滨海等地有。

讼（訟）sòng 源出不详。【分布】江苏滨海有此姓。

宋 sòng 【源出】周武王封殷王帝乙长子微子启于宋（故城在今河南商丘南），传国三十六世，后为齐、魏、楚灭而分之，子孙以国为氏。【分布】冀、鲁、豫、川、黑、辽六省多此姓。【人物】宋璟（唐）

宋小 sòng xiǎo 源出不详。【分布】江苏无锡有此姓。

送 sòng 源出不详。【分布】太原、大同、嘉义等地有。

诵（誦）sòng 源出不详。【分布】湖南桂阳有此姓。

颂（頌）sòng 【源出】见《姓苑》。《汉书·儒林传》：鲁徐生善为颂。颂与容同。谓善为礼容也。其子孙以为氏。【分布】北京、上海、西安、沈阳、大同等地有。

SOU

涑 sōu 【源出】见《姓苑》。涑水，亦曰涑川，又称阳安涧，源出山西绛县委葭谷，当以水为氏。【分布】山西孝义有此姓。

蒐 sōu 源出不详。【分布】湖南有此姓。

廋 sōu 【源出】①尧时有掌廋大夫，以官命氏，见《元和姓纂》。②周时有司廋廪之官（《周礼》夏官之属），以官为氏。【分布】太原、湘潭、台南等地有。【人物】廋宗亮（明）

锼（鎪）sōu　源出不详。【分布】台北有此姓。

艘 sōu　源出不详。【分布】西安有此姓。

叟 sǒu　源出不详。【分布】上海、山西朔州等地有。

嗽 sòu　源出不详。《新编千家姓》收。【分布】大同、湘潭、江苏洪泽等地有。

SU

苏（蘇）sū　【源出】①汉、晋时辽东乌桓有苏氏。②古有苏国（在今河南温县），春秋时灭于狄，子孙以国名为氏。【分布】粤、闽、豫、鲁、桂五省区多此姓。【人物】苏轼（宋）

苏冈（蘇岡）sū gāng　【源出】彝族姓，属彭伙家支。【分布】四川美姑有此姓。

苏根（蘇根）sū gēn　【源出】蒙古族姓。见《赤峰市志》（内蒙古）。【分布】内蒙古巴林右旗有此姓。

苏伦（蘇倫）sū lún　【源出】蒙古族姓。见《赤峰市志》（内蒙古）。【分布】内蒙古阿鲁科尔沁旗有此姓。

苏歪（蘇歪）sū wāi　【源出】四川黑彝家支。【分布】四川会理有此姓。

苏威（蘇威）sū wēi　【源出】四川彝族黑彝家支。【分布】四川美姑有此姓。

苏呷（蘇呷）sū xiá　【源出】四川凉山黑彝家支。【分布】四川昭觉、越西、美姑等地有。

苏小（蘇小）sū xiǎo　源出不详。【分布】江苏无锡有此姓。

稣（穌）sū　源出不详。【分布】河北任县、山西等地有。

蘇 sū　【源出】西夏党项人姓。【分布】台中、南投等地有。【人物】蘇哇屈（西夏）

俗 sú　源出不详。【分布】河北安平、甘肃古浪、湖南茶陵等地有。

玊 sù　【源出】玊为西番国名，其国人入中原者以国为姓。【人物】玊仕谦（明）

夙 sù　【源出】①炎帝时诸侯夙沙氏之后。②春秋时鲁大夫季孙夙之后。【分布】上海，四川仪陇、达州等地有。【人物】夙师清（宋）

夙沙 sù shā　【源出】相传为炎帝（即神农氏）时诸侯国，始煮海水为盐，为炎帝所灭，故城在今山东胶东地区，其后以国为氏。一说，夙沙，即帝魁所伐之质沙氏。又说，夙沙氏为大庭氏时之国名。分布不详。

诉（訴）sù　源出不详。见《姓苑》。【分布】山西离石、江西宁都、河南宝丰等地有。

肃（蕭）sù【源出】①帝喾时有八恺，其一仲堪谥肃，后世以为氏。②古肃慎氏之后，归化于中国后改姓为肃氏。【分布】上海嘉定、天津、玉门、酒泉、中山等地有。【人物】肃祥（汉）

素 sù【源出】周穆王之妃"盛姬殡裡祀，除丧始乐，素服西归，是曰素氏"，见《穆天子传》。此素氏之始。【分布】陕、豫两省多此姓。【人物】素延（北魏）

速 sù 源出不详。见《姓苑》。【分布】上海川沙、山西灵石、台湾高雄等地有。【人物】速希觉（宋）

宿 sù【源出】①系自风姓。周武王封伏羲之后于宿（故城在今山东东平），后以国为氏，见《风俗通》。②蜀宿进之后。【分布】辽、吉、冀、鲁四省多此姓。【人物】宿仓舒（汉）
　　　另见 xiù

粟 sù【源出】秦代有治粟内史。掌管财政收入为九卿之一，其后以官为氏。【分布】渝、湘、滇、桂四省区市多此姓。【人物】粟举（汉）
　　　另见 xiù

傮 sù 源出不详。【分布】台湾澎湖有此姓。

愫 sù 源出不详。【分布】海口有此姓。

蓿 sù 源出不详。【分布】山西阳曲、山东嘉祥等地有。

傃 sù【源出】有云系粟姓所改，见《中华姓氏大辞典》。【分布】贵州岑巩有此姓。

觫 sù 源出不详。【分布】湖南有此姓。

缩（縮）sù【源出】有说为宿姓分支，见《中国姓氏大全》。分布不详。
　　　另见 suō

璛 sù 源出不详。见《姓苑》。【分布】四川武胜有此姓。

SUAN

酸 suān【源出】据说，原姓张者于清光绪三十四年，由斗六镇溪边厝迁竹山镇时，为户籍人员误书为酸。【分布】云南双柏、台湾桃园有此姓。

蒜 suàn 源出不详。【分布】湖南、河北任丘等地有。

算 suàn【源出】以善算为姓。与筭、笇氏相通。【分布】河北肥乡，河南周口、汤阴等地有。

SUI

伹 suī【源出】有云为倡姓分族。【分布】山西阳泉、河南修武等地有。

虽（雖）suī【源出】黄帝庶子，姁姓之后，见《姓考》。虽，姁姓之分，由声转为虽。【分布】北京、河南栾川、山西阳高等地有。

绥（綏）suī【源出】西魏置绥州，

故治在今陕西清涧北，以地为氏。【分布】北京、沈阳等地有。

眭 suī 【源出】春秋时晋大夫食采于眭（故城在今陕西泾阳），子孙以邑为氏。【分布】川、苏、晋、冀四省多此姓。【人物】眭石（明）

另见 guì

睢 suī 【源出】睢，宋大夫食邑（故城在今河南睢县），因氏。【分布】冀、豫、内蒙古三省区多此姓。【人物】睢浩（明）

阹 suí 源出不详。【分布】北京、太原等地有。

隋 suí 【源出】①东汉光武帝时有五原太守隋昱。此为隋姓之始。②隋文帝将隋分随、隋为二姓。【分布】鲁、黑、辽、吉四省多此姓。【人物】隋宝（宋）

椹 suí 源出不详。【分布】酒泉有此姓。

随 suí 【源出】①随作笙，见《世本》。女娲之臣，随姓当出此。②春秋时随国为楚所灭，子孙以国为氏。【分布】冀、辽、黑、皖四省多此姓。【人物】随何（汉）

岁（歲）suì 【源出】①艾岁氏之后，以岁为氏。见《姓氏考略》。②明末朱姓为避难改为岁氏。【分布】上海、天津、酒泉、高雄等地有。【人物】岁哥（元）

祟 suì 源出不详。【分布】武汉、云南河口、陕西合阳等地有。

遂 suì 【源出】系自姚姓。商封舜后裔于遂（故城在今山东宁阳西北），春秋时灭于齐，子孙以国为氏。【分布】北京、上海、承德等地有。

碎 suì 源出不详。【分布】武汉、河北定兴等地有。

穗 suì 源出不详。【分布】北京、山西运城、河南登封等地有。

邃 suì 【源出】系自姬姓。郑公族之后有邃氏。【分布】浙江安吉、湖南蓝山等地有。

SUN

孙（孫）sūn 【源出】①周文王第八子卫康叔之八世孙为卫武公，其子为惠孙，惠孙之孙仲武，以先祖字为氏。②春秋郑公族有孙氏。【分布】冀、鲁、豫、黑、苏、辽、吉、皖八省多此姓。【人物】孙权（三国·吴）

孙江（孫江）sūn jiāng 【源出】当代复姓。取镇江谐音孙江为姓。【分布】江苏丹徒有此姓。

孙紫（孫紫）sūn zǐ 【源出】彝族姓。丁惹、基默吉毅、倮米等家支均有孙紫姓。【分布】云南宁蒗、兰坪等地有。

荪（蓀）sūn 源出不详。《新编千

255

家姓》收。【分布】台北、浙江诸暨、湖南等地有。

损（損）sǔn 源出不详。【分布】湖南有此姓。

笋 sǔn 源出不详。《新编千家姓》收。【分布】上海、武汉、酒泉、周口等地有。

隼 sǔn 源出不详。【分布】甘肃永登、江西丰城等地有。

筍 sǔn 源出不详。【分布】上海、武汉、四川合江等地有。

SUO

莎 suō 源出不详。【分布】北京、天津、武汉、成都等地有。【人物】莎蕴金（明）

唆 suō 【源出】金人姓。见《姓觿》。【分布】湖南有此姓。【人物】唆娥（金）

梭 suō 【源出】应以织布用具为氏。【分布】太原、云南勐海、江苏洪泽等地有。

蓑 suō 源出不详。见《万姓统谱》。【分布】湖南有此姓。

嗦 suō 源出不详。【分布】湖南有此姓。

羧 suō 源出不详。【分布】湖南有此姓。

缩（縮）suō 【源出】当为主缩酒之职者以为氏。缩酒，渗酒去滓之义，古祭典时用。【分布】湖南、大同二省市有。

另见 sù

所 suǒ 【源出】①所者伐木之声。古有虞衡之官，因主伐木，遂以为氏。②春秋时宋大夫华所事之后。【分布】北京、天津、上海、包头、太原、台北等地有。【人物】所忠（汉）

索 suǒ 【源出】①索，国名（在今河南荥阳），商末灭于周。周公分于其子伯禽殷氏六族，其一为索氏。②西夏党项人姓。【分布】晋、冀、豫、桂、皖、甘六省区多此姓。【人物】索元礼（唐）

索郎 suǒ láng 【源出】藏族姓，即索朗姓。【分布】天津东丽、江西安福等地有。

索朗 suǒ lǎng 【源出】藏族姓。【分布】浙江余姚有此姓。

索卢（索盧）suǒ lú 【源出】①索卢，北魏时置县，故城在今河北枣强东。以地为氏。②北魏时奚斗卢氏改为索卢氏。【分布】江苏无锡有此姓。

貤 suǒ 源出不详。【分布】山西洪洞、临汾等地有。

琐（瑣）suǒ 【源出】①古有琐国（故城在今河南新郑北郎亭），郑大夫食采之邑，后因氏，见《姓考》。②唐时奚人姓。本为部名，后以部为氏。【分布】天津蓟州区、太原、成都等地有。【人物】琐高（唐）

蒁 suǒ 【源出】蒁，古地名，在今山西繁峙南，以地为氏。分布不详。

锁(鎖)suǒ【源出】有说同琐氏，见《姓觿》。【分布】豫、甘、宁三省区多此姓。【人物】锁政（宋）

T

TA

它 tā 【源出】春秋时楚平王之孙它成之后。【分布】北京、武汉、成都等地有。

另见 tuō

他 tā 源出不详。《中国姓氏集》《新编千家姓》收。分布不详。

另见 tuó

她 tā 源出不详。见《新编千家姓》。分布不详。

塌 tā 源出不详。《新编千家姓》收。【分布】内蒙古有此姓。

褟 tā 源出不详。【分布】上海、武汉、无锡等地有。【人物】褟元祖（明）

諮 tā 源出不详。【分布】广州有此姓。

塔 tǎ 源出不详。见《万姓统谱》。【分布】北京、天津、上海、西安、太原、台北等地有。【人物】塔新策（清）

塔洱 tǎ ěr 【源出】彝族姓。【分布】云南永胜有此姓。

溚 tǎ 源出不详。【分布】酒泉有此姓。

獭(獺)tǎ 源出不详。【分布】西安灞桥有此姓。

沓 tà 【源出】辽东有沓水，汉时置沓氏县。或居此水旁者，因以为氏。【分布】广东顺德、佛山，广西平乐等地有。【人物】沓龙超（后魏）

另见 zǎn

囵(闒)tà 源出不详。【分布】湖南有此姓。

濌 tà 源出不详。【分布】广西武宜有此姓。

榻 tà 源出不详。见《中华姓府》。【分布】淮南、山西原平、广东防城等地有。

褟 tà 源出不详。见《万姓统谱》。【分布】广西都安、广东阳江、台湾等地有。

踏 tà 【源出】蹋顿之后。蹋顿系东汉乌桓部人，世居辽西，建安初助冀州牧袁绍击公孙瓒，破之，赐单于印绶，后为曹操破于柳域，被斩。【分布】宁夏泾源、山西原平等地有。

TAI

咍 tāi 【源出】《北史》有台氏，音胎，与咍姓分为二。见《字汇》《奇姓通》。【分布】河南潢川、商城、固始三县交界处有此姓。【人物】咍左（明）

胎 tāi 源出不详。见《高淳县姓氏》（江苏）。【分布】江苏滨海、高淳等地有。

台 tái 【源出】①有台氏之后。见《姓氏考略》。②或为哈姓所改，见《正字通》。【分布】安徽多此姓。【人物】台鼎（明）

台本 tái běn 【源出】蒙古族姓。以职业名为姓。亦译作台本努德氏。汉姓有邰、伍。【分布】内蒙古阿鲁科尔沁旗有此姓。

邰 tái 【源出】①炎帝之裔，后稷为帝尧大司农，因功封邰（故城在今陕西武功西南），支孙以为氏。②春秋鲁地（在今山东费县南），或以地名氏。【分布】黔、新、辽、苏、吉、冀、皖七省区多此姓。【人物】邰端（宋）

苔 tái 源出不详。见《姓谱》。【分布】西安、河北定州等地有。

抬 tái 源出不详。见《新编千家姓》。【分布】江苏金湖有此姓。

炱 tái 源出不详。【分布】西安灞桥有此姓。

臺 tái 【源出】①少昊金天氏裔孙曰臺骀，其后氏焉，见《风俗通》。②百济有臺氏。见《南齐书》。【分布】安徽霍邱、台北、台南等地有。

【人物】臺崇（东汉）

大 tài 【源出】历史上罕见姓氏。《续通志·氏族略》收载。其"按"云："《姓谱》云：泰、太、大分为三：或以'泰'为泰颠之后，'大'为大庭之后。今不可考。又，唐渤海国王姓大氏。辽大康义、大公鼎应为渤海大氏之后。"大，上古两读：tài、dà。作为姓氏亦有二音，音tài者，今多作"太"。

另见 dà

太 tài 【源出】①周文王四友之一太颠之后，见《元和姓纂》。一说，文王四友为闳夭、太公望、南宫适及散宜生，太颠亦作泰颠，似非四友之一，仅为周文王之贤臣。②汉时高车国有太姓。【分布】晋、冀、辽三省多此姓。【人物】太相温（五代·后晋）

太公 tài gōng 【源出】①系自姜姓。周太公吕望（即姜子牙）之后。②太公叔颖之后有太公氏，见《世本》。分布不详。

太史 tài shǐ 【源出】西周、春秋时有太史（太史令、太史丞）官，掌天时、星历职。其后代以祖上官职"太史"衔为姓，称太史氏。【分布】北京、沈阳、太原等地有。【人物】太史洵武（宋）

太叔 tài shū 【源出】①春秋时卫文公之子太叔仪之后，别为太叔氏。②春秋时郑庄公之弟段，封于京(故城在今河南荥阳东南)，谓之京城太叔，其后以为氏。【分布】北京、沈阳、太原等地有。【人物】太叔雄(汉)

汰 tài 源出不详。【分布】江西吉安有此姓。

态 (態) tài 源出不详。【分布】北京、广州、台北、湖南汨罗等地有。

肽 tài 源出不详。【分布】淮南、浙江安吉、山西古交等地有。

钛 (鈦) tài 源出不详。【分布】湖南怀化有此姓。

泰 tài 【源出】①周太王长子周泰伯之后，见《姓源》。②周文王之臣泰颠之后。【分布】滇、赣两省多此姓。【人物】泰史林(汉)

TAN

滩 (灘) tān 源出不详。【分布】湖南、山西霍州等地有。

潬 tān 源出不详。【分布】湖南汨罗有此姓。

坛 (壇) tán 源出不详。见《新编千家姓》。【分布】北京、天津、上海、成都、大同等地有。

町 tán 【源出】安徽淮南习惯写谭为町，久之，成为二姓。【分布】安徽淮南、

利辛等地有。

昙 (曇) tán 【源出】为瞿昙氏所改，见《姓氏考略》。【分布】北京、武汉、台北、无锡等地有。【人物】昙迁(南朝·宋)

单 tán 【源出】《姓氏词典》收载并注此音。《中文大字典》亦收，其注云："姓也，通作'檀'。《集韵》："春秋时，郑有栎邑大夫单伯。通作'檀'。"
　　另见 chán、dān、shàn

郯 tán 【源出】郯(今山东郯城西南)，春秋亡于越，子孙以国名氏。【分布】上海、台北、江苏武进等地有。【人物】郯韶(元)

谈 (談) tán 【源出】①系自子姓。宋微子之后，传国三十六代至谈君，为楚灭，子孙以国为氏。②谈子国，出于姒姓，在今济南东，鲁庄公十年灭于齐，其后有谈氏。【分布】苏、桂两省区多此姓。【人物】谈寅(唐)

弹 (彈) tán 源出不详。【分布】天津武清、太原、周口等地有。

覃 tán 【源出】由谭所改。壮、毛南、土家等均有此姓。【分布】桂、黔、湘、川四省区多此姓。【人物】覃无克(南朝·梁)
　　另见 qín、xún

痰 tán 源出不详。见《山西人口

259

姓氏大全》。【分布】山西河津、江苏滨海等地有。

儃 tán 【源出】或西田罜姓所改，见《姓氏人名用字分析统计》。【分布】广东有此姓。

谭（譚）tán 【源出】谭国，春秋时姒姓小国。故城在今山东济南东北，为齐桓公所灭，谭子奔莒，子孙以国为氏。【分布】湘、粤、川、渝、桂五省区多此姓。【人物】谭嗣同（清）
　　另见 xún

谭谷（譚谷）tán gǔ 【源出】彝族姓。属竹尔家支。【分布】云南永胜、华坪等地均有此姓。

壇 tán 源出不详。【分布】河北清河有此姓。

潭 tán 【源出】南蛮姓，见《后汉书》。【分布】川、粤两省多此姓。【人物】潭元澄（唐）

璟 tán 源出不详。见《忻州市姓氏》（山西）。【分布】山西忻州有此姓。

澹 tán 【源出】或澹台氏所改。见《姓氏考略》。【分布】上海、太原、台北、曲阜等地有。【人物】澹文升（明）
　　另见 dàn

澹台（澹臺）tán tái 【源出】澹台，地名，在今江苏苏州市东南。以地为氏。【分布】北京、天津、上海、太原等地有。【人物】澹台敬伯（东汉）

檀 tán 【源出】周灭商后，苏忿生与檀伯达封于河内（故治在今河南沁阳），见《左传》。檀姓始此。【分布】皖、冀两省多此姓。【人物】檀道济（南朝·宋）

镡（鐔）tán 源出不详。见《正字通》。【分布】上海、沈阳、台北、太原等地有。【人物】镡显（汉）
　　另见 chán、xún

譚 tán 源出不详。【分布】江苏武进有此姓。

坦 tǎn 源出不详。见《姓觿》。【分布】上海、武汉等地有。【人物】坦中庸（宋）

袒 tǎn 源出不详。【分布】湖南娄底有此姓。

毯 tǎn 源出不详。【分布】邯郸、江苏滨海等地有。

撢 tǎn 源出不详。【分布】山西绛县有此姓。

叹（嘆）tàn 见《姓苑》。【分布】河北尚义有此姓。

炭 tàn 【源出】出自西域。汉时西域车师后部侯炭遮，领万余人，畔阿罗多，诣汉吏降，见《汉书·西域传》。【分布】甘肃临夏、新疆布尔津等地有。【人物】炭虬（汉）

探 tàn 源出不详。【分布】湖南有此姓。

碳 tàn 源出不详。【分布】湖南津市有此姓。

汤（湯）táng　【源出】出自子姓，成汤之后，以号为氏。见《古今姓氏书辩证》。【分布】湘、鄂、闽、苏、川、浙、皖七省多此姓。【人物】汤群（唐）

唐 táng　【源出】帝尧初居陶（故城在今山东定陶），后徙唐（故城在今河北唐县），故称陶唐氏。其裔封为唐侯（此唐故城在今山西翼城南），周成王灭唐，子孙遂以国为氏。【分布】江苏、安徽、四川、湖南、广西、重庆六省区市多此姓。【人物】唐慎微（宋）

唐穆 táng mù　【源出】系唐、穆二姓合成。【分布】河南有此姓。

唐努 táng nǔ　【源出】蒙古族姓，出自部落名。汉姓为唐。【分布】辽宁阜新有此姓。

堂 táng　【源出】春秋时楚大夫伍尚食采于堂（故城在今江苏六合北），其后以邑为氏。【分布】上海、台北、西安、大同等地有。

棠 táng　【源出】春秋时齐桓公之后，食采于棠（故城在今山东平度东南），曰棠公，棠公之子无咎，随母适崔武子，遂以棠为氏。【分布】成都、武汉、台北、广东茂名等地

有。【人物】棠杲（明）

塘 táng　源出不详。【分布】淮南、武汉、广东高要、山东嘉祥等地有。

搪 táng　源出不详。【分布】辽宁盖州有此姓。

溏 táng　源出不详。【分布】台北、山东诸城等地有。

樘 táng　源出不详。【分布】湖南有此姓。

膛 táng　源出不详。【分布】西安、江苏滨海等地有。

糖 táng　源出不详。【分布】河南灵宝，台湾彰化、台中、南投等地有。

倘 tǎng　源出不详。见《新编千家姓》。【分布】安徽淮南有此姓。

淌 tǎng　源出不详。【分布】湖南新化、河北任县等地有。

烫（燙）tàng　源出不详。见《山西人口姓氏大全》。【分布】太原、河北清河等地有。

趟 tàng　源出不详。【分布】大同、曲阜、高雄等地有。

叨 tāo　源出不详。《新编千家姓》收。【分布】庐山、江苏滨海等地有此姓。

涛（濤）tāo　源出不详。见《姓谱》。

【分布】广东吴川，江苏洪泽、泰兴等地有。

滔 tāo 源出不详。【分布】绍兴、高雄、运城等地有。

韬（韜）tāo 源出不详。【分布】上海、湖南辰溪等地有。

匋 táo 源出不详。【分布】江苏泰兴有此姓。

逃 táo 源出不详。见《新编千家姓》。分布不详。

桃 táo 【源出】①桃，春秋时鲁邑（故城在今山东汶上东北），以邑为氏。②周官攻金之工有桃氏，以官为氏。【分布】黔、湘、皖三省多此姓。【人物】桃豹（晋）

陶 táo 【源出】①帝尧初居陶（故城在今山东定陶），后徙唐（故城在今河北唐县），故称陶唐氏，其后有陶唐氏、陶氏。②古有陶正之官，后以官名氏。【分布】皖、苏、湘、鄂、浙、赣、渝七省市多此姓。【人物】陶谦（东汉）

　　另见 yáo

陶曼 táo màn 【源出】佤族姓。汉姓为杨。【分布】云南沧源有此姓。

淘 táo 源出不详。《新编千家姓》收。【分布】上海、大同、无锡等地有。

鼗 táo 源出不详。【分布】湖南有此姓。

讨（討）tǎo 【源出】契丹酋帅姓。【分布】北京通州、云南保山等地有。

套 tào 源出不详。《新编千家姓》收。【分布】甘肃古浪、江苏滨海等地有。

TE

特 tè 【源出】春秋时晋大夫特宫之后。【分布】北京、上海、太原等地有。【人物】特穆实（元）

特够 tè gòu 【源出】佤族姓。汉姓为魏。【分布】云南西盟有此姓。

TENG

疼 téng 源出不详。【分布】湖南益阳有此姓。

腾（騰）téng 【源出】原姓滕，因避难改姓腾。见《元和姓纂》。【分布】吉、黑、辽、滇、黔五省多此姓。【人物】腾鹗（明）

誊（謄）téng 【源出】系自姬姓。郑公族之后有誊氏。【分布】淮南、台北、台东等地有。

滕 téng 【源出】①黄帝得姓之子，其一为滕氏。②周文王子错叔绣，武王封之于滕（故城在今山东滕州西南），为滕侯，后因氏。【分布】湘、桂、川、鲁、黑、辽等省区多此姓。【人物】滕延（东汉）

腾拜（騰拜）téng bài【源出】佤族姓。【分布】云南孟连有此姓。

腾洞（騰洞）téng dòng【源出】佤族姓。【分布】云南孟连有此姓。

腾浪（騰浪）téng làng【源出】佤族姓。【分布】云南孟连有此姓。

腾绍（騰紹）téng shào【源出】佤族姓。【分布】云南孟连有此姓。

腾叟（騰叟）téng sǒu【源出】佤族姓。【分布】云南孟连有此姓。

腾吴（騰吴）téng wú【源出】佤族姓。【分布】云南孟连有此姓。

鷟 téng 源出不详。见《宜阳姓氏》（河南）。【分布】河南宜阳有此姓。

藤 téng 源出不详。见《万姓统谱》。【分布】川、渝、豫、辽等省市多此姓。【人物】藤文泽（明）

籐 téng 源出不详。【分布】北京、沈阳、成都、高雄等地有。

虅 téng 源出不详。【分布】淮南、河北定兴等地有。

驣 téng 源出不详。见《山西人口姓氏大全》。【分布】河北东光有此姓。

TI

梯 tī 源出不详。见《晋书》《奇姓通》。【分布】山西洪洞、湖南娄底等地有。【人物】梯君（西秦）

踢 tī 源出不详。【分布】江苏姜堰有此姓。

谛（諦）tí 源出不详。【分布】河南偃师有此姓。

提 tí【源出】①春秋时晋大夫提弥明之后，见《姓源》。②鲜卑乞伏部有提氏，以部落名为姓。见《晋书》。【分布】吉林省多此姓。

啼 tí 源出不详。【分布】武汉、淮南等地有。

递 tí【源出】本铜鞮氏，避事改为递氏、蹄氏。分布不详。

媞 tí 源出不详。【分布】江西新余有此姓。

题（題）tí【源出】源于姒姓，系夏禹之裔东楼公之后。【分布】北京怀柔、上海、太原、淄博等地有。

体（體）tǐ 源出不详。见《姓苑》。【分布】北京、天津、上海、大同、周口等地有。

屉 tì 源出不详。【分布】河南周口有此姓。

剃 tì 源出不详。见《新编千家姓》。【分布】四川仪陇有此姓。

惕 tì 源出不详。见《万姓统谱》。【分布】北京、上海等地有。【人物】惕龙（明）

屉 tì 源出不详。【分布】天津津南、河南周口等地有。

TIAN

天 tiān 【源出】传为黄帝之相天老之后。见《姓苑》《元和姓纂》。【分布】上海、天津、台北、曲阜、大同等地有。【人物】天文（唐）

吞 tiān 见《姓苑》。源出不详。分布不详。【人物】吞道元（晋）

另见 tūn

添 tiān 源出不详。见《姓苑》。【分布】北京、上海、西安、酒泉等地有。【人物】添礼（明）

田 tián 【源出】①田氏先祖，职赋田，因氏。见《姓氏急就篇》。②系自妫姓。陈厉公子完字敬仲，陈宣公杀其太子御寇，敬仲惧祸奔齐，遂匿其氏为田。【分布】冀、鲁、豫、黔、川、湘、陕等省多此姓。【人物】田千秋（汉）

沺 tián 源出不详。《新编千家姓》收。分布不详。

恬 tián 源出不详。《新编千家姓》《中国姓氏集》收。分布不详。

胋 tián 源出不详。【分布】山东新泰有此姓。

甜 tián 源出不详。见《姓谱》。【分布】广东茂名、云南保山等地有。

填 tián 源出不详。【分布】上海嘉定、

台北、湖南津市等地有。

阗（闐）tián 源出不详。【分布】四川长寿有此姓。

忝 tiǎn 源出不详。【分布】浙江衢州有此姓。

腆 tiǎn 源出不详。【分布】江苏洪泽有此姓。

舔 tiǎn 源出不详。【分布】江苏洪泽有此姓。

TIAO

佻 tiāo 源出不详。见《姓苑》。【分布】安徽灵璧有此姓。

挑 tiāo 源出不详。见《姓苑》。【分布】湖南桂东、山西长治等地有。

条（條）tiáo 【源出】①周公分与其子伯禽之殷民六族中有条氏。②汉时周勃之子周亚夫封条侯，其后以爵为氏。【分布】北京、武汉、成都、周口等地有。【人物】条茂（北魏）

苕 tiáo 【源出】见《姓苑》。苕丘，春秋晋地（山西垣曲东），或以地名为氏。【分布】安徽贵池有此姓。

迢 tiáo 源出不详。【分布】河南济源、江西修水等地有。

调（調）tiáo 【源出】《周礼》调人之职，掌司万民之难而和合之，其世官者氏焉，见《姓苑》。【分布】北京、周口、甘肃通渭等地有。

笤 tiáo 源出不详。【分布】湖南、江苏洪泽等地有。

蜩 tiáo 源出不详。【分布】湖南有此姓。

眺 tiào 源出不详。【分布】山西阳泉、河南汤阴等地有。

跳 tiào 源出不详。见《新编千家姓》。【分布】江苏滨海有此姓。

TIE

帖 tiē 源出不详。见《万姓统谱》。【分布】上海川沙、西安、洛阳、酒泉、淮南等地有。【人物】帖晏（明）

帖谟（帖謨）tiē mó 源出不详。见《南昌县的姓氏》（江西）。【分布】江西南昌有此姓。

贴（貼）tiē 【源出】宋时凡以他官而兼领馆职者，谓之贴职，或因为以氏。【分布】上海、太原、大同、淮南、昆山、无锡等地有。

铁（鐵）tiě 【源出】系自子姓。商汤之裔封于铁，在卫之戚城（故城在今河南濮阳北），因氏，见《世本》《姓考》。【分布】冀、鲁、豫、甘、宁、滇六省多此姓。【人物】铁士雄（隋）

铁木（鐵木）tiě mù 【源出】元时蒙古人姓。为元太祖铁木真之后。【分布】江西南昌有此姓。

TING

厅（廳）tīng 源出不详。见《山西省革命烈士英名录》。【分布】北京、成都、山东诸城等地有。

汀 tīng 【源出】汀，州名，今福建长汀，以州名为氏。见《姓谱》。【分布】福建华安、山西朔州等地有。

听（聽）tīng 源出不详。见《姓苑》。【分布】北京、上海、湖南桂阳等地有。

邟 tíng 【源出】邟，乡名，又亭名，见《玉篇》《集韵》《康熙字典》。【分布】北京、广东吴川、湖南等地有。

廷 tíng 【源出】出自芈姓。春秋时楚大夫廷臣之后有廷氏。【分布】北京、成都、太原、台北等地有。【人物】廷翼（明）

陉 tíng 源出不详。【分布】安徽淮南有此姓。

亭 tíng 【源出】见《姓苑》。当为亭长之后，或封亭侯者之后。【分布】北京、武汉、淮南等地有。

庭 tíng 【源出】①大庭氏之后，见《奇姓通》。②庭州，故治在今新疆乌鲁木齐，或以州名为氏，见《姓苑》。③贵州龙里苗族姓。【分布】北京、台北、大同等地有。

停 tíng 源出不详。台湾土著人有此姓。【分布】安徽淮南、台湾台东等地有。

婷 tíng 源出不详。【分布】湖南、山西、浙江泰顺等地有。

挺 tǐng 源出不详。【分布】湖南有此姓。

艇 tǐng 源出不详。【分布】江苏洪泽有此姓。

TONG

通 tōng 【源出】①伏羲之后。②春秋时巴大夫食采于通川（故城在今四川达州），以地为氏。③彻姓所改。【分布】北京、上海嘉定、太原、大同等地有此姓。【人物】通仁本（明）

通事 tōng shì 【源出】蒙古族姓。【分布】内蒙古巴林右旗有此姓。

仝 tóng 【源出】①即同氏。俗写作仝，后人因以为姓。见《万姓统谱》。②金时女真人夹谷氏。汉姓为仝。见《金史拾补五种》。【分布】晋、冀、豫三省多此姓。【人物】仝文瑞（元）

同 tóng 【源出】①商代王族子孙封于同国（即同州郡，辖境今陕西大荔一带），子孙以同为姓。②周代史官典同（掌调乐器之官）的后代。【分布】陕西省多此姓。【人物】同恕（元）

同蹄 tóng tí 【源出】西羌人姓。西羌以同蹄为姓者，正以其族久屯聚于铜鞮山一带之故，汉时上党郡铜鞮县（故城在今山西沁县南）即为其地。同蹄出于铜鞮。【分布】北京有此姓。【人物】同蹄永孙（北周）

佟 tóng 【源出】相传黄帝子禺阳裔孙封终，夏太史终古为其后，因桀无道，乘乱归商，改姓佟氏，见《路史》。【分布】冀、辽、黑三省多此姓。【人物】佟养正（清）

佟白 tóng bái 源出不详。见《北京市革命烈士英名录》。【分布】北京大兴有此姓。

彤 tóng 【源出】①系自姒姓。周时彤伯，盖系彤城氏之后，见《史记》。②系自姬姓。周成王支庶封于彤(今陕西省渭南市华州区)，后以国为氏，见《路史》。【分布】北京、武汉、成都、香港、太原等地有。

侗 tóng 源出不详。见《韵会》。【分布】北京、甘肃景泰、河北丰宁等地有。

另见 dòng

苳 tóng 【源出】同"佟"，见《字汇补》，为佟姓分族。分布不详。

茼 tóng 源出不详。【分布】太原、新疆布尔津等地有。

桄 tóng 源出不详。【分布】台湾新竹有此姓。

桐 tóng 【源出】①相传为黄帝时桐君之后。②春秋时有桐国（故城在今安徽桐城北），灭于楚，子孙以

国为氏。【分布】江苏省多此姓。【人物】桐夫（宋）

铜（铜）tóng 【源出】①匈奴大当户有铜氏。②铜鞮氏后改为铜氏。【分布】上海、武汉、台北、扬州、信阳等地有此姓。

童 tóng 【源出】①颛顼之子号老童，其后以号为氏。见《元和姓纂》。②明时女真人姓。【人物】童恢（东汉）

童韩（童韓）tóng hán 【源出】佤族姓。汉姓为杨。【分布】云南西盟有此姓。

童卧 tóng wò 【源出】佤族姓。汉姓为李。【分布】云南西盟有此姓。

酮 tóng 源出不详。【分布】湖南有此姓。

僮 tóng 【源出】童国之后。东汉时有侯国僮，故城在今安徽泗县东北。童国或即僮国。或童氏从人以别其族。【分布】天津武清、淮南、茂名等地有。【人物】僮尹（汉）

潼 tóng 【源出】水名，在今陕西潼关西。以水名为氏，见《姓谱》。【分布】山西乐平有此姓。

曈 tóng 源出不详。【分布】湖南有此姓。

瞳 tóng 源出不详。【分布】江西安福有此姓。

桶 tǒng 源出不详。见《山西人口姓氏大全》。【分布】山西运城有此姓。

筒 tǒng 源出不详。见《中华姓府》。【分布】北京、上海、汕头、茂名等地有。

统（統）tǒng 【源出】①见《姓苑》《广韵》。②今之统氏，当为元时统古兴之后。【分布】北京、武汉、台北等地有。【人物】统古兴（元）

痛 tòng 【源出】周穆王盛姬早卒，穆王哀痛不已，加礼葬之，改其族曰痛氏。分布不详。

TOU

偷 tōu 【源出】据载，台湾偷氏是因基隆户籍等地将俞姓写错之故，后沿用下来。【分布】北京、大同、浙江衢州、台湾基隆等地有。

头（頭）tóu 【源出】晋文公之竖头须，头氏或出此，见张澍《姓氏寻源》。【分布】北京、成都、武汉、周口等地有。【人物】头辇哥（元）

投 tóu 【源出】系自姬姓。周畿内侯郇伯，从桓王伐郑，投先驱以策，赐姓投氏，见《风俗通》。【分布】上海、武汉、彰化等地有。【人物】投调（汉）

紏 tǒu 源出不详。一作"纠"，见《中国姓氏集》。【分布】河南杞县有此姓。

透 tòu 源出不详。见《清稗类钞·姓名类》。【分布】山西朔州有此姓。

凸 tū 源出不详。【分布】江苏洪泽有此姓。

秃 tū 【源出】相传祝融之后有八姓，其一曰秃，封于舟（故城在今河南新郑或密县），故为彭姓之别族，后为周所灭，因氏。【分布】北京、成都、云南江川等地有。

突 tū 【源出】见《姓苑》。汉时勿吉国人姓。【分布】安徽淮南、河北清河等地有。

杜 tú 【源出】见《类篇》。同屠氏。

　　另见 dù

图（圖）tú 【源出】见《直音》。佛图氏之后，改为图氏，见《字典拾遗》。【分布】北京、上海、酒泉、临淄等地有。【人物】图进（清）

荼 tú 【源出】①炎帝葬于荼陵（故城在今湖南茶陵），因氏。②商时旧姓，同"茶"，以地名为氏。

　　另见 chá

涂 tú 【源出】有云涂为涂之异体。后世分为二姓。【分布】渝、台、赣、川四省市多此姓。

荼 tú 【源出】①荼，即郦城（在今陕西合阳），为汤支庶封邑。②春秋时齐公子荼之后。分布不详。

　　另见 shū、yé

唋 tú 【源出】代北姓。见《历史墓志铭拓片目录》。【分布】北京、湖南茶陵等地有。【人物】唋渊（北魏）

徒 tú 【源出】见《姓苑》。当系司徒氏、徒人氏、徒何氏所改，见《姓氏寻源》。【分布】安徽多此姓。

途 tú 源出不详。《新编千家姓》收。【分布】太原、沈阳、武汉、成都等地有。

涂 tú 【源出】①系出涂山氏。晋时新吴侯涂钦，渡江南至豫章（故治在今江西南昌），为东南地区涂氏之祖。②南昌洪州涂氏，以水名为氏。【分布】湘、鄂、赣、川、粤五省多此姓。【人物】涂天明（宋）

屠 tú 【源出】①黄帝逐蚩尤，迁其民善者于邹屠之地，后分为邹氏、屠氏。②屠蒯者，晋之膳宰也，屠氏之职以割牲为事。其后以职为氏。【分布】苏、浙、皖、黔四省多此姓。【人物】屠守仁（清）

屠岸 tú àn 【源出】春秋时晋大夫有屠岸贾，当以食邑为氏。【分布】北京有此姓。

屠贺（屠賀）tú hè 源出不详。【分布】黑龙江有此姓。

塗 tú 源出不详。【分布】四川武胜、台湾彰化等地有。

塗 tú 【源出】塗山，古国名。夏禹之后（即正妻塗山氏）族，以国名

为氏。【分布】北京、沈阳、武汉、成都等地有。【人物】塗恽（汉）

酴 tú 源出不详。见《姓氏典故》。【分布】山东有此姓。

土 tǔ 【源出】①相传帝鸿之妻为土敬氏，其后有土氏。②炎帝之裔句龙为后土（古时掌土之官），子孙因以为氏。【分布】晋、浙、滇三省多此姓。【人物】土皋（宋）

土比 tǔ bǐ 【源出】彝族姓，见《德昌县姓氏》（四川）。汉姓为朱、银。【分布】四川德昌有此姓。

土登 tǔ dēng 【源出】藏族姓。【分布】台北、拉萨等地有。

吐 tǔ 【源出】见《氏族博考》。北魏时蠕蠕族有此姓。【分布】上海、台北、山东新泰等地有。【人物】吐觚干（北魏）

吐崩 tǔ bēng 【源出】佤族姓。【分布】云南沧源有此姓。

吐耐 tǔ nài 【源出】佤族姓。汉姓为王。【分布】云南沧源有此姓。

吐赛 （吐賽）tǔ sài 【源出】佤族姓。【分布】云南沧源有此姓。

吐少 tǔ shǎo 【源出】佤族姓。【分布】云南沧源有此姓。

钍 （釷）tǔ 源出不详。【分布】湖南有此姓。

兔 tù 源出不详。见《奇姓通》。【分布】台湾、江苏洪泽等地有。【人物】兔谭（汉）

鄌 tù 【源出】鄌，古邑，即左冯翊鄌阳亭（故城在今陕西合阳），当以邑为氏。【分布】上海有此姓。

TUAN

团 （團）tuán 【源出】①见《姓苑》。②宋时朱蒙如，官团练副使，因忤贾似道，弃官，遂以官为氏，隐镇江。【分布】上海、扬州、泉州、云南双柏等地有。【人物】团禾（明）

湍 tuán 源出不详。《新编千家姓》收。【分布】河南灵宝、宝丰等地有。

疃 tuǎn 源出不详。见《新编千家姓》。分布不详、

TUI

推 tuī 源出不详。【分布】北京、成都、河北大名等地有。

推麻 tuī má 【源出】景颇族姓，分自木忍姓。【分布】云南莲山有此姓。

颓 （頹）tuí 【源出】周大夫颓叔之后，见《左传》《姓苑》。【分布】河南偃师有此姓。【人物】颓当（汉）

退 tuì 源出不详。见《姓苑》。【分布】太原、玉门、云南西盟等地有。

脱 tuì 【源出】金陵旧院有顿、脱诸

姓……，予在江宁，闻脱十娘者，年八十余，尚在，见《池北偶谈》。

【人物】脱端（元）

另见 tuō

TUN

吞 tūn 源出不详。见《续文献通考》。【分布】北京、沈阳、成都、山西阳泉等地有。

另见 tiān

屯 tún 【源出】①屯氏河，位于河北大名境，或以地名为姓。②以官名为姓氏。屯骑校尉，官名，职掌宿卫兵。

另见 dùn、zhūn

莌 tún 源出不详。【分布】浙江金华有此姓。

闉 tún 源出不详。【分布】浙江镇海有此姓。

余 tǔn 源出不详。见《山西人口姓氏大全》。【分布】太原、陕西城固等地有。

TUO

它 tuō 【源出】春秋时楚平王之孙田公它成，见《世本》，当为它氏之始。【分布】北京、武汉、成都、台南等地有。【人物】它师（汉）

另见 tā

托 tuō 【源出】南诏国姓氏，南诏有

气托、禄托和巨托官，分别主管马、牛和仓廪之事，以官为氏。【分布】北京、天津、台北、广西罗城等地有。【人物】托诺（五代·契丹）

杔 tuō 【源出】有云：或为托氏之讹，见《中华姓氏大辞典》。【分布】台北有此姓。

拖 tuō 【源出】相传元太祖成吉思汗第四子拖雷之裔，以先王名为姓。【分布】北京、成都、临淄等地有。

脱 tuō 源出不详。见《姓苑》。【分布】甘肃省多此姓。【人物】脱镐（明）

他 tuó 【源出】①源出魏晋时蠕蠕族。②与佗同。见《氏族博考》。【分布】酒泉、泉州、云南马关等地有。【人物】他嵇（北魏）

另见 tā

驮（馱）tuó 源出不详。见《新编千家姓》。【分布】周口、临汾、广西崇左等地有。

佗 tuó 【源出】①春秋时晋大夫佗世卿之后。②春秋时卫庾公之佗之后。③春秋时楚平王之孙佗成之后。【分布】沈阳、茂名、广西钟山等地有。【人物】佗超（明）

陀 tuó 源出不详。见《中华姓府》。【分布】上海、太原、酒泉、淮南等地有。

坨 tuó 源出不详。见《灵璧县志》（安徽）。【分布】安徽灵璧、广东

茂名等地有。

驼（駝）tuó 源出不详。【分布】北京、上海、成都、河北定州等地有。

鸵（鴕）tuó 源出不详。【分布】陕西高陵有此姓。

驼 tuó 《中国姓氏大辞典》载，驼即驼。【分布】新疆呼图壁有此姓。

橐 tuó 【源出】《卜辞》中的氏族名。【分布】安徽贵池有此姓。

妥 tuǒ 【源出】汉、回、锡伯、蒙古、东乡、裕固等多个民族皆有此姓。【分布】甘肃、宁夏两省区多此姓。

庹 tuǒ 【源出】有云：系度姓所改，见《姓氏考略》。【分布】湖南、四川、重庆等省市有此姓。【人物】庹五常（明）

拓 tuò 【源出】①拓跋氏后改为拓氏，见《万姓统谱》。②元时人姓。【分布】陕西、宁夏两省区多此姓。【人物】拓廷锡（明）

拓拔 tuò bá 【源出】历史上鲜卑族姓氏。即拓跋氏。见《魏氏补正》。【分布】北京、上海、沈阳等地有。

拓跋 tuò bá 【源出】源出鲜卑，其先居塞北，受封北土，北俗谓土为拓后，以受为跋，故号拓后跋，后有拓跋氏。【分布】北京、上海、沈阳、甘肃等地有。【人物】拓跋力微（北魏）

唾 tuò 源出不详。【分布】江苏洪泽有此姓。

簜（籜）tuò 源出不详。【分布】江苏滨海有此姓。

WA

挖 wā 源出不详。见《新编千家姓》。【分布】江苏滨海有此姓。

哇 wā 源出不详。【分布】台湾高雄、青海天峻等地有。

哇石 wā shí 【源出】彝族土司名为姓。【分布】四川会理有此姓。

洼 wā 【源出】见《清稗类钞·姓名类》。西夏党项人姓。分布不详。【人物】洼丹（东汉）
　　另见 guī

蛙 wā 源出不详。【分布】江苏滨海、洪泽等地有。

娃 wá 源出不详。见《姓苑》。【分布】云南晋宁有此姓。
　　另见 guì

娃卡 wá kǎ 【源出】景颇族姓，分自木忍姓分支陇直陇拉氏。【分布】云南莲山有此姓。

娃米 wá mǐ 【源出】黑苦聪人姓。汉姓为朱。【分布】云南金平有此姓。

瓦 wǎ 【源出】瓦，即邧，商时子姓诸侯国（在今河南滑县），以国名为氏。【分布】上海、包头、酒泉等地有。【人物】瓦济礼（清）

瓦尔（瓦爾）wǎ ěr 【源出】彝族姓。【分布】四川峨边有此姓。

瓦枯 wǎ kū 【源出】四川黑彝家支。【分布】四川美姑有此姓。

瓦吾 wǎ wú 【源出】彝族姓。属四川甘洛尔吉家支。【分布】四川汉源有此姓。

瓦西 wǎ xī 【源出】①四川凉山彝族家支。②四川藏族姓，以部落名为姓。【分布】四川峨边、道孚等地有。

瓦扎 wǎ zhā 【分布】四川黑彝家支。【分布】四川美姑有此姓。

佤 wǎ 源出不详。见《中华古今姓氏大辞典》。【分布】陕西韩城有此姓。

瓸 wǎ 源出不详。《台湾人口姓氏分布》。【分布】台湾高雄有此姓。

WAI

歪 wāi 源出不详。见《新编千家姓》。【分布】山西临汾、浙江上虞等地有。

崴 wāi 源出不详。【分布】内蒙古、湖南二省区有。

外 wài 源出不详。见《新编千家姓》。【分布】广东吴川、山西离石、甘肃古浪等地有。

WAN

弯（彎）wān 源出不详。见《新编千家姓》。【分布】太原、周口、玉门、呼和浩特等地有。

剜 wān 源出不详。【分布】江苏滨海有此姓。

湾（灣）wān 源出不详。见《中华姓府》。【分布】太原、西安、台北、周口等地有。

丸 wán 【源出】见《姓苑》。丸都（故城在今吉林集安）为汉时高句丽国故都，或以地名为氏。【分布】北京、武汉、吉林扶余等地有。【人物】丸步（汉）

仇 wán 【源出】见《姓考》。丸姓加人部而成，或丸姓分族。分布不详。【人物】仇廉（明）

另见 qiú

芄 wán 源出不详。见《山西人口姓氏大全》。【分布】山西有此姓。

完 wán 【源出】①宋桓公之孙桓魋之后改姓完。②楚大夫屈完之后。【分布】河南省多此姓。【人物】完彦文（明）

完颜（完顏）wán yán 【源出】①金时女真人姓。完颜为金时部落之名，当以部为氏。②清满洲八旗、蒙古

八旗姓。【分布】北京、上海、淮南、周口等地有。【人物】完颜欢都（金）

玩 wán 源出不详。见《新编千家姓》。【分布】武汉、扬州、花莲等地有。

顽（頑）wán 【源出】卫康叔为周武王同母少弟，初封康，故称康叔。周公旦诛武庚，以殷余民封康叔为卫君，其后有顽氏。【分布】北京、上海、成都、江西莲花等地有。

宛 wǎn 【源出】相传伏羲帝之师有宛华，黄帝时有宛朐，此宛姓之始。【分布】内蒙古、冀、津三省区市多此姓。【人物】宛嘉祥（明）

　　另见 yuān

宛恩 wǎn ēn 【源出】德昂族姓（克勒名）。原为氏族名，因以为姓。汉姓为金。【分布】云南镇康有此姓。

婉 wǎn 源出不详。见《姓苑》。【分布】广东惠阳、河南宁陵等地有。

菀 wǎn 【源出】春秋时齐大夫菀何忌之后，见《广韵》。【分布】江苏洪泽有此姓。

晚 wǎn 源出不详。见《姓苑》。【分布】北京、成都、台北、太原、沈阳等地有。

婉 wǎn 源出不详。见《姓谱》。【分布】北京、湘潭、山西原平等地有。

皖 wǎn 【源出】系自偃姓。皋陶之后

封于皖（故城在今安徽潜山北），春秋时灭于楚，子孙遂以国为氏。【分布】北京、成都、曲阜、淮南、大同等地有。

碗 wǎn 源出不详。见《新编千家姓》。【分布】上海、武汉、大同、茂名等地有。

万[1] wàn 【源出】非萬，姓字多因故而改，不计字之正讹，"万"自为姓。萬、万古为二字，亦为二姓。【分布】台北有此姓。【人物】万震（东汉）

万[2]（萬）wàn 【源出】①春秋时晋大夫毕万之后，以名为氏。②春秋时芮国国君伯万之后，以字为氏。③代郡万氏，其先本姓吐万氏，鲜卑族，北魏孝文帝时改为万氏。【分布】湖南、湖北、河南、江西、江苏、四川、贵州等省多此姓。【人物】万斯同（清）

　　另见 mò

万沁（萬沁）wàn qìn 【源出】蒙古族姓。汉姓为万。【分布】辽宁阜新有此姓。

腕 wàn 源出不详。【分布】湖南、辽宁盖州、江苏洪泽等地有。

WANG

尪 wāng 源出不详。见《姓苑》。南朝宋以前即有此姓。【分布】台湾屏东有此姓。【人物】尪充（汉）

尪 wāng 源出不详。【分布】台湾宜兰、南投等地有。

汪 wāng 【源出】系自漆姓。相传为古诸侯汪芒氏之后。汪芒，古国名，防风氏之后，在虞夏商时为汪芒氏，至周为长狄，故城在今山东历城北。【分布】皖、鄂、川、浙四省多此姓。【人物】汪元量（南宋）
另见 wǎng

汪洛 wāng luò 【源出】彝族姓。【分布】四川峨边有此姓。

汪洋 wāng yáng 源出不详。【分布】太原有此姓。

汪泽 (汪澤) wāng zé 源出不详。【分布】太原有此姓。

汪扎 wāng zhā 【源出】彝族姓。【分布】四川峨边有此姓。

汪张 (汪張) wāng zhāng 【源出】源出不详。或系汪、张二姓合成。【分布】上海有此姓。

王 wáng 【源出】周灵王之子太子晋，称王子晋，因值谏而被废为平民。其子宗敬仍在朝中任司徒之职，时人因其是王族的后代便称为"王家"，这支族人遂以王为氏。【分布】冀、鲁、豫、川、皖、苏六省多此姓。【人物】王维（唐）

王安 wáng ān 源出不详。【分布】贵州普安有此姓。

王巴 wáng bā 源出不详。见《潞城县姓氏》（山西）。【分布】山西潞城有此姓。

王加 wáng jiā 源出不详。【分布】山西右玉有此姓。

王金 wáng jīn 【源出】应系王、金二姓合成。【分布】浙江湖州有此姓。

王李 wáng lǐ 【源出】应系王、李二姓合成。【分布】台湾台南有此姓。

王顺 (王順) wáng shùn 源出不详。【分布】浙江湖州有此姓。

王魏 wáng wèi 【源出】应系王、魏二姓合成。【分布】台湾有此姓。

王杨 (王楊) wáng yáng 【源出】应系王、杨二姓合成。【分布】安徽望江有此姓。

王游 wáng yóu 【源出】应系王、游二姓合成，祖籍福建诏安。【分布】台湾有此姓。

王周 wáng zhōu 【源出】应系王、周二姓合成，见《新编千家姓》。【分布】北京有此姓。

亡 wáng 源出不详。见《山西人口姓氏大全》。【分布】太原、江苏滨海等地有。

网 (網) wǎng 源出不详。【分布】上海、江苏洪泽、浙江镇海等地有。

汪 wǎng 【源出】汉置汪陶县（在今

山西代县雁门关一带），见《希姓录》，居者或以为氏。分布不详。

怍 wǎng 源出不详。见《姓苑》。分布不详。

枉 wǎng 【源出】或以枉渚（一名琵琶洲）、枉人山（一名善化山）为氏。又，湖南沅江支流有枉水，或以水名为氏。【分布】太原、河北大城、太原高雄等地有。

往 wǎng 源出不详。【分布】西安、山东胶州、四川仪陇等地有。

忘 wàng 源出不详。【分布】周口、湖南二省市有。

旺 wàng 【源出】①宋时都禄（在今甘肃）夷有旺姓。②西夏党项人姓。【分布】冀、鲁、辽三省多此姓。【人物】旺斌（明）

旺德 wàng dé 源出不详。【分布】台湾桃园有此姓。

望 wàng 【源出】①帝尧时有临侯望博，此为望姓之始。②西周齐太公望之后，子孙以名为氏。【分布】豫、鄂两省多此姓。【人物】望君禄（清）

WEI

危 wēi 【源出】相传古缙云氏之后，三苗（古国，故地在今湖南、湖北、江西一带），后徙三危（故地在今甘肃敦煌地区），其后有危氏。【分布】湘、闽、赣三省多此姓。【人物】危昭德（宋）

佹 wēi 源出不详。见《台湾人口姓氏分布》。【分布】台湾澎湖有此姓。

威 wēi 【源出】系出妫姓，战国齐威王之后，以谥为氏。【分布】湘、赣、川三省多此姓。【人物】威应洪（清）

畏 wēi 源出不详。见《姓苑》。【分布】北京、周口、山东新泰等地有。【人物】畏翼（元）

峞 wēi 源出不详。见《姓苑》。【分布】云南东川、四川安岳等地有。

逶 wēi 源出不详。【分布】浙江青田有此姓。

葳 wēi 源出不详。【分布】江苏金湖有此姓。

嵬 wēi 源出不详。【分布】河北武邑有此姓。

微 wēi 【源出】微，殷周西南夷古国，曾与周武王会师伐纣，故地在今重庆市巴南区，因氏。【分布】北京、武汉、沈阳、玉门等地有。

微生 wēi shēng 【源出】①春秋时鲁公族有微生氏。②系自子姓。以宋人名为氏。微生氏犹今人曰某生也。③即尾生氏。【分布】沈阳有此姓。

薇 wēi 源出不详。见《中国姓氏汇编》。【分布】内蒙古乌海有此姓。

巍 wēi 源出不详。【分布】上海、天津、太原、大同、湘潭等地有。

韦（韋）wéi 【源出】①系自风姓。夏少康封其别孙元哲于豕韦（在今河南滑县东南），商武丁灭之，以国名为氏。②汉时韩信为吕后所斩，萧何使蒯彻置信子于粤中，取韩字之半，改姓韦氏。【分布】广西多此姓。【人物】韦应物（唐）

韦者（韋者）wéi zhě 【源出】彝族姓。【分布】四川峨边有此姓。

为（為）wéi 【源出】春秋鲁昭公之子公为之后，以字为氏。见《世本》。【分布】河北望都、山西汾阳、广东吴川等地有。【人物】为昆（东汉）

违（違）wéi 源出不详。见《中国姓氏汇编》。【分布】湖南、云南等省有。

围（圍）wéi 【源出】春秋时楚公族之后有围氏。【分布】沈阳、武汉、太原等地有。

沩 wéi 【源出】沩水、沩山，均在湖北当阳东南，以此为氏。【分布】河南信阳有此姓。

桅 wéi 源出不详。【分布】武汉、绍兴、河北三河等地有。

涠（潿）wéi 源出不详。【分布】湖南有此姓。

唯 wéi 【源出】汉时匈奴姓。汉容成侯唯徐卢之后。【分布】北京、上海金山、山西屯留等地有。

帷 wéi 源出不详。见《山西人口姓氏大全》。【分布】山西太原、浑源等地有。

惟 wéi 【源出】①鲜卑人姓。②西夏党项人姓。【分布】北京、上海、广西苍梧等地有。【人物】惟官方（南宋）

维（維）wéi 【源出】①春秋时莱大夫食采于维（今山东高密），因氏，见《姓考》。②唐时敦煌人姓。【分布】滇、黔、湘三省多此姓。【人物】维耳玉（明）

瑰 wéi 源出不详。【分布】贵州盘州市有此姓。

鬼 wéi 【源出】①古帝鬼騩（一作鬼嵬）氏之后。见《潜夫论》。②西夏党项人姓。【分布】云南昌宁有此姓。【人物】鬼通（宋）

鄬 wéi 【源出】春秋郑地（在今河南鲁山），大夫食采于鄬者，以为氏。见《直音》。【分布】湖南华容有此姓。

伟（偉）wěi 源出不详。见《姓苑》。【分布】滇、内蒙古、陕等省区多此姓。【人物】伟璋（汉）

伪（偽）wěi 源出不详。【分布】承德、洪洞、河南卢氏等地有。

苇（葦）wěi 【源出】苇，多年生草名，或以草名为氏。【分布】北京、上海、成都、太原等地有。

荙 wěi 源出不详。【分布】天津津南、河南信阳等地有。

尾 wěi 【源出】①春秋鲁公族有尾氏。②周时宋微子之后有尾氏。【分布】山西垣曲、云南晋宁等地有。【人物】尾敦（汉）

纬（緯）wěi 源出不详。【分布】成都、太原、茂名等地有。

玮（瑋）wěi 源出不详。见《新编千家姓》。【分布】玉门、江苏滨海等地有。

梶 wěi 源出不详。见《姓觿》。【分布】台湾苗栗有此姓。

委 wěi 【源出】《周礼》有委人（官名，掌委积之事），其后以世官为氏。【分布】冀、豫、湘三省多此姓。【人物】委进（汉）

洧 wěi 源出不详。【分布】天津和平区有此姓。

诿（諉）wěi 源出不详。【分布】湖南有此姓。

萎 wěi 【源出】系自芈姓，春秋楚王蚡冒之后。即蒍氏。【分布】西安、洪洞、周口等地有。

隗 wěi 【源出】①古帝大隗氏（一说鬼隗氏）之后。②春秋时翟国隗姓，子孙因氏焉，盖以姓为氏。【分布】川、冀、鄂三省多此姓。【人物】隗林（秦） 另见 kuí

蒍 wěi 【源出】杜伯为周宣王大夫，无罪见杀，其子隰叔奔晋为士师，其子士蒍之后，遂以为氏。【分布】山东文登有此姓。

徫 wěi 源出不详。【分布】淮南、上海宝山等地有。

嫞 wěi 源出不详。【分布】江苏金湖有此姓。

卫（衛）wèi 【源出】①系自姚姓。古有卫国，舜帝后裔，后灭于商，以国名为氏。②周文王第九子卫康叔传国四十余代，战国时灭于秦，子孙以国时。【分布】晋、豫、陕、川四省多此姓。【人物】卫青（汉）

卫东（衛東）wèi dōng 源出不详。【分布】山西大同有此姓。

卫喜（衛喜）wèi xǐ 【源出】蒙古族姓。【分布】内蒙古阿鲁科尔沁旗有此姓。

未 wèi 【源出】①汉时已有此姓。未央知天文，见李淳风《乙已占》。②唐时吐蕃族姓。吐蕃尚恐热，姓未，名农力。【分布】人数不多，分布较广。【人物】未相温（五代）

位 wèi 【源出】①汉时匈奴以其弟位侍于于寘王，其后或有以"位"为氏者。②青海宁羌有此姓。【分布】冀、

277

鲁、豫三省多此姓。【人物】位安（明）

味 wèi 【源出】北魏时改渴烛浑氏为味氏。【分布】上海、台北、浙江龙泉等地有。

胃 wèi 源出不详。见《广东通志》。【分布】台北、山西长治、河北高阳等地有。

尉 wèi 【源出】①古狱官曰尉氏。春秋时郑大夫尉氏，亦为掌狱之官，故以官为氏。②秦汉时置尉侯官，其后以官名为氏。【分布】鄂、浙、晋、甘四省多此姓。

另见 yù

谓（謂）wèi 【源出】见《姓苑》。东晋末十六国时夏王赫连定之弟谓以代之后。【分布】无锡、彰化、山西泽州等地有。【人物】谓准（宋）

喂 wèi 源出不详。【分布】湖南有此姓。

渭 wèi 【源出】渭水，源出甘肃渭源流经陕西，或以水名为氏。【分布】北京、上海、西安、成都、汨罗等地有。

慰 wèi 源出不详。见《敦煌学译文集》《山西省革命烈士英名录》。【分布】北京、上海、绍兴、山西代县等地有。

魏 wèi 【源出】周文王之子毕公高之裔毕万，仕晋封于魏城（故城在今山西芮城东北）为魏侯，至犨、绛、舒世代为晋卿，后瓜分晋为诸侯称王，即魏国，至魏王假为秦所灭，子孙遂以国为氏。【分布】冀、鲁、豫、川、鄂、陕、甘、苏、皖九省多此姓。【人物】魏征（唐）

魏詹 wèi zhān 源出不详。见《宜兴县志》（江苏）。【分布】江苏宜兴有此姓。

WEN

偲 wēn 源出不详。【分布】福建武夷山有此姓。

温 wēn 【源出】系自己姓。高阳帝之裔封于温（故城在今河南温县西南）。春秋时狄灭温，温子奔卫，因氏。【分布】晋、冀、川、闽、粤、赣六省多此姓。【人物】温疥（汉）

瘟 wēn 源出不详。【分布】湖南、无锡等地有。

䰀 wēn 源出不详。【分布】台湾云林有此姓。

文 wén 【源出】①周文王之支庶以谥为氏。②周文王封炎帝之后太岳之裔文叔于许（故城在今河南许昌），称许文叔，其支庶以文为氏。③战国时齐田威王之孙孟尝君田文，死后谥文子，其子孙遂以谥为氏。【分布】湘、鄂、赣、桂、粤、川、渝等省区市多此姓。【人物】文徵明（明）

文殊 wén shū 源出不详。【分布】江西南昌有此姓。

仗 wén 【源出】有说系文氏所改。【分布】台北有此姓。

纹（紋） wén 见《河南省革命烈士英名录》。【分布】湖南、河南、陕西洋县等省市有。

闻（聞） wén 【源出】闻人氏之后改闻氏。【分布】苏、滇、浙、辽、黑、津六省市多此姓。【人物】闻见昌（宋）

闻人（聞人） wén rén 【源出】春秋时鲁国少正卯之后，见《风俗通》。【分布】上海宝山、厦门、无锡等地有。【人物】闻人通汉（汉）

蚊 wén 源出不详。见《姓氏典故》。【分布】武汉、茂名、湖南等省市有。

雯 wén 源出不详。【分布】北京、成都、太原、河北灵寿等地有。

刎 wěn 源出不详。【分布】江苏洪泽有此姓。

稳（穩） wěn 源出不详。见《新编千家姓》。【分布】天津武清、周口、山西运城等地有。

问（問） wèn 【源出】见《姓苑》。有云，为问弓氏、问薪氏所改。【分布】贵州多此姓。【人物】问至（十六国·夏）

汶 wèn 【源出】见《姓苑》。或居于汶水（今山东境）旁者以水名为氏，

如济氏、淮氏之类。【分布】北京、西安、太原、大庆等地有。

WENG

翁 wēng 【源出】①夏王启之臣翁难乙，当为翁姓之始。②周昭王庶子食采于翁（故城在今陕西境内），因以为氏。【分布】粤、闽、浙、台、苏五省多此姓。【人物】翁伯（汉）

翁林 wēng lín 【源出】或系翁、林二姓合成。【分布】台湾桃园、新竹等地有。

翁囊 wēng náng 【源出】佤族姓。【分布】云南沧源、耿马、双江等地有。

嗡 wēng 源出不详。【分布】浙江湖州、江苏滨海等地有。

瓮 wèng 【源出】甏之俗体，因俗称，为二氏。【分布】河南南阳、山西潞城等地有。

蕹 wèng 见《北京市革命烈士英名录》。源出不详。【分布】山西太原、江苏高邮等地有。

甕 wèng 源出不详。见《万姓统谱》。【分布】北京、天津静海、太原、大同、台北等地有。【人物】甕蕙（明）

WO

呙（咼） wō 【源出】古有呙国，或以国为姓。宋陶毂《清异录·蔬》载：

279

"呙国使者来汉，隋人求得菜种，酬之甚厚，因名千金菜，今莴苣。"【分布】酒泉有此姓。

另见 guō、hé

倭 wō 源出不详。见《宋书》。【分布】北京、酒泉、河南郏县等地有。

莴 wō 源出不详。【分布】淮南、山东文登、河北唐县等地有。

窝 wō 【源出】契丹人姓。【分布】天津武清、贵州普安等地有。【人物】窝干（契丹）

我 wǒ 【源出】春秋齐公子子我之后有我氏。【分布】江西宁都有此姓。

我者 wǒ zhě 【源出】蒙古族姓。汉姓为吴。【分布】内蒙古赤峰翁牛特旗等地有。

沃 wò 【源出】①系自子姓，商时太甲之子沃丁之后。②周时宋国始君微子之后，见《路史》。③沃，州名(唐置，故治在今北京大兴东南)，以州名为氏。【分布】浙、苏两省多此姓。【人物】沃州（清）

卧 wò 【源出】西夏党项人姓，见《宋史》。【分布】台北、河北大厂等地有。【人物】卧誉净（西夏）

偓 wò 【源出】相传尧帝时偓佺之后，见《韦昭说》。【分布】上海有此姓。

斡 wò 【源出】系西夏宰相斡道蠱之后。【分布】四川甘洛、云南大关等

地有。【人物】斡仁通（元）

斡玛（斡瑪）wò mǎ 【源出】蒙古族姓。【分布】内蒙古阿鲁科沁旗有此姓。

WU

乌（烏）wū 【源出】①黄帝之后少昊氏以乌鸟名官，有乌鸟氏，其后为乌氏。②春秋时越王勾践之后，分居乌程者，因氏。【分布】陕、川、浙三省多此姓。【人物】乌承恩（唐）

乌兰（烏蘭）wū lán 【源出】①代北人姓。系乌落兰之省文。北魏孝文时改乌兰氏为兰氏。②清满洲、蒙古八旗姓。居北京的乌兰氏后改姓洪。【分布】内蒙古巴林右旗有此姓。

乌坡（烏坡）wū pō 【源出】四川黑彝家支，属顾渣家支。【分布】四川昭觉、马边、峨边等地有。

乌撒（烏撒）wū sā 【源出】彝族姓，属古侯万惹家支。【分布】贵州、四川凉山等省市有。

乌云（烏雲）wū yún 源出不详。【分布】河北蔚县有此姓。

邬（鄔）wū 【源出】系自妘姓。古帝颛顼之裔陆终第四子求言，别封于邬（故城在今河南偃师西南），后因氏。【分布】川、浙、皖三省多此姓。

污 wū 源出不详。【分布】江苏洪泽有此姓。

巫 wū 【源出】①传伏羲之臣巫咸封于夔之巫（在今四川巫山东），子孙以国名为氏。②传黄帝时巫彭作医，为巫氏之始。③以职名为氏。【分布】粤、赣、桂、台、闽、川等省区多此姓。【人物】巫捷（汉）

巫马（巫馬）wū mǎ 【源出】巫马为周时官名，专掌养病马而乘治之，相医而药攻马疾，是以官为氏。【分布】北京、上海、沈阳等地有此姓。【人物】巫马寿（明）

巫许（巫許）wū xǔ 【源出】由巫、许二姓合成，发生于元末潮州。【分布】广东饶平有此姓。

呜（嗚）wū 源出不详。【分布】武汉、浙江椒江、云南保山等地有。

鄔 wū 【源出】或系邬姓因事加草为氏。【分布】浙江奉化有此姓。

诬（誣）wū 源出不详。【分布】湖南、江西宁都、广东清远等省市有。

屋 wū 【源出】①代北屋引氏所改。②汉时西域匈奴姓屋兰氏所改。【分布】北京、上海、广西巴马等地有。

无 wú 【源出】当为無氏分族。见《中华姓府》。【分布】北京、武汉等地有。

无庸（無庸）wú yōng 【源出】系自芈姓。楚王支庶，熊渠之子无庸之后，因氏。【分布】江苏无锡有此姓。

毋 wú 【源出】①尧臣有毋句，作磬（古乐器），当为毋姓之始。②春秋宋公族有毋氏。【分布】豫、陕两省多此姓。【人物】毋雅（晋）

毎 wú 源出不详。【分布】北京大兴、沈阳等地有。

吾 wú 【源出】①相传黄帝庶子龙苗生吾融，因氏。②系自己姓。夏诸侯昆吾（故城在今河南濮阳东）之后。【分布】浙江省多此姓。【人物】吾粲（三国·吴）

吾丘 wú qiū 【源出】中山（春秋时国名，故城在今河北中部偏西）有吾丘氏，系以地为氏。【分布】江苏无锡有此姓。

吴 wú 【源出】①相传古帝颛顼时有吴权，通阿女缘妇，见《山海经》。此为最早见于文字记载的吴姓。②相传帝舜之后封于虞（故城在今山西平陆东北，一名吴城），虞音近吴，故舜后有吴氏，见《史记索隐》。【分布】粤、闽、桂、黔、苏、皖、浙、湘、川九省多此姓。【人物】吴阳（汉）

吴进（吴進）wú jìn 源出不详。【分布】台北有此姓。

吴刘（吴劉）wú liú 【源出】由吴、

刘二姓合成。【分布】湖南攸县有此姓。

吴奇 wú qí 【源出】四川黑彝家支。
【分布】四川美姑有此姓。

吴青 wú qīng 【源出】四川黑彝家支。
【分布】四川雷波有此姓。

吴沈 wú shěn 【源出】系吴、沈二姓合成。【分布】台湾台南有此姓。

吴收 wú shōu 【源出】苗族姓。【分布】贵州台江有此姓。

吴水 wú shuǐ 源出不详。【分布】浙江湖州有此姓。

吴小 wú xiǎo 源出不详。【分布】江苏无锡有此姓。

郚 wú 【源出】郚，春秋时周封纪侯之邑（故城在今山东安丘西南），因氏。【分布】北京有此姓。

梧 wú 【源出】①系自妫姓。春秋时陈敬仲之后有梧氏。②系自姬姓。郑公族之后有梧氏。③古梧侯国在郑地，灭于晋，以国为氏。【分布】武汉、太原、绍兴等地有。

無 wú 【源出】①尧臣无句之后。见《路史》。②古有鄦国（即许国），鄦公之后有鄦氏。【分布】北京、上海、武汉、大同、无锡等地有。【人物】無能（明）

芜（蕪）wú 源出不详。见《万姓统谱》。【分布】上海川沙、武汉、

河南栾川等地有。【人物】芜恕（明）

霂 wú 【源出】或系吴氏因事所改。【分布】台北有此姓。

五 wǔ 【源出】①黄帝臣有五圣，是五姓之祖。②本伍氏，避仇去人为五。或，古时"五""伍"字相通。【分布】滇、皖两省多此姓。【人物】五逢（汉）

五王 wǔ wáng 【源出】系自妫姓。自齐田威王，历宣、湣、襄至建为五王，秦灭齐，虏建于秦，其子孙别以五王为氏。【分布】山东东莱有此姓。

五兆 wǔ zhào 源出不详。【分布】湖南株洲有此姓。

午 wǔ 【源出】春秋时楚公子午之后有午氏。【分布】晋、赣两省多此姓。【人物】午相（宋）

伍 wǔ 【源出】①相传黄帝臣有伍胥，见《玄女兵法》，当为伍姓之始。②春秋时楚庄王嬖人伍参，以贤智升为大夫，其后有伍氏。【分布】湘、鄂、赣、粤、桂、川、皖等省区多此姓。

伍金 wǔ jīn 【源出】藏族"姓氏"。汉意为"吉祥"。【分布】四川理塘有此姓。

伍赵（伍趙）wǔ zhào 【源出】伍姓入赘姓赵，承两家。【分布】湖南湘潭有此姓。

伍钟 (伍鐘) wǔ zhōng 【源出】由伍、钟二姓合成。

仵 wǔ 【源出】①春秋时楚公族有仵氏，见《路史》。②明时凤阳仵璪，原姓午，初为英山县令，后寻迁翰林学士，赐姓仵，官至文华殿大学士。【分布】豫、辽、陕等省多此姓。
【人物】仵良翰（宋）

甫 wǔ 【源出】出自《续文献通考》。或为方言讹音。
另见 fǔ

忤 wǔ 源出不详。【分布】上海有此姓。

武 wǔ 【源出】①相传出自夏臣武罗之后，见《世本》。②殷王武丁之后，支庶有武氏，见《汉敦煌长史武班碑》。【分布】晋、鲁、豫、辽、皖五省多此姓。【人物】武则天（唐）

武宁 （武寧） wǔ níng 源出不详。
【分布】山西朔州有此姓。

武则 （武則） wǔ zé 源出不详。【分布】山西大同有此姓。

晤 wǔ 源出不详。【分布】台湾彰化、南投，江苏金湖等地有。

侮 wǔ 源出不详。【分布】甘肃临泽有此姓。

捂 wǔ 源出不详。【分布】山东乳山有此姓。

舞 wǔ 【源出】①系自姬姓。周成王支庶之后。②舞器氏所改。【分布】北京、成都、福建平和等地有。

廡 wǔ 【源出】蒙古族姓。见《赤峰市志》。【分布】内蒙古敖汉旗有此姓。

潕 wǔ 源出不详。见《中华古今姓氏大辞典》。【分布】山西临汾有此姓。

兀 wù 【源出】①鲜卑族姓。北魏时改乐安王元鉴为兀氏。②北周时环州（故治在今甘肃环县）羌族有如、兀二族，见《范文正集》。以族为氏。【分布】西安、太原、北京、台北等地有。

兀鲁 （兀魯） wù lǔ 【源出】元时人姓。或系兀鲁兀氏之异译。【分布】内蒙古巴林右旗有此姓。

勿 wù 【源出】鲜卑人姓，北魏时蠕蠕（即柔然）部人姓。【分布】湖南汉寿、河北怀安、广东高要等地有。【人物】勿地延（北魏）

勿雷 wù léi 【源出】①云南彝族姓。属阿鲁家支。②四川黑彝家支，也作惹吼氏。【分布】云南巍山，四川越西、甘洛等地有此姓。

戊 wù 【源出】①春秋晋公族之后有戊氏。②夷姓，见《后魏·官氏志》。

务 （務） wù 【源出】①唐尧之师务成子之后。②古有务国，见《郡国志》。子孙以国为氏。③夏时圣人

283

务光之后。【分布】北京、成都、武汉、太原、周口等地有此姓。【人物】务和（西秦）

阢 wù 源出不详。【分布】上海有此姓。

坞（塢）wù 源出不详。【分布】河北定兴有此姓。

芴 wù 源出不详。【分布】茂名、湖南等省市有。

物 wù 源出不详。见《万姓统谱》。【分布】广东三水、云南泸水等地有此姓。

误（誤）wù 源出不详。见《新编千家姓》。【分布】大同、湖南麻阳、广东郁南等地有。

悟 wù 源出不详。见《姓苑》。【分布】上海、台北、四川渠县等地有此姓。

悞 wù 源出不详。见《姓苑》。【分布】武汉、山西忻州等地有。

晤 wù 源出不详。见《新编注音千家姓》。【分布】湖南有此姓。

焐 wù 源出不详。【分布】江苏滨海有此姓。

隖 wù 源出不详。【分布】江西新余有此姓。

雾（霧）wù 源出不详。见《山西人口姓氏大全》。【分布】大同、福建华安、江苏金湖等地有。

XI

夕 xī 【源出】古有夕国（原为史上巴郡,今川东)少数民族姓。【分布】武汉、大同、湖南娄底、河北献县等地有此姓。【人物】夕斌（东汉）

邜 xī 源出不详。见《云南省革命烈士英名录》。【分布】云南江川、甘肃康县、台湾高雄等地有。

西 xī 【源出】①尧舜二帝时西周,为尧帝臣和仲（治西方之官,掌秋天之政）侯国,以国名为氏。②古西王母国（在今河北承德）,其后有西姓。与孤竹、北户、日下,谓之四荒。【分布】广东、辽宁两省多此姓。【人物】西达（宋）

西俄 xī é 【源出】佤族姓。【分布】云南西蒙有此姓。

西尔（西爾）xī ěr 【源出】云南纳西族姓。汉姓为石。【分布】云南宁蒗、永宁等地有。

西怀（西懷）xī huái 【源出】布朗族姓,以氏族名为姓。【分布】云南勐海有此姓。

西玖 xī jiǔ 【源出】苗族姓。【分布】贵州麻江有此姓。

西菊 xī jú 【源出】苗族姓。【分布】贵州麻江有此姓。

西喇 xī lǎ 【源出】①清蒙古镶黄旗中有西喇氏。②裕固族姓。属罗儿家部落，清末民初改为汉姓黄。

西门（西門）xī mén 【源出】①商汤之臣有西门疵。此为西门氏之始。②春秋时郑大夫居西门，因氏。③春秋时齐国公族有西门氏。【分布】北京、上海松江、淄博等地有。

西奈 xī nài 【源出】佤族姓。汉姓为肖。【分布】云南沧源有此姓。

西友 xī yǒu 【源出】佤族姓。即西俄氏之异译。【分布】云南西盟有此姓。

吸 xī 源出不详。见《古今图书集成·氏族典》。【分布】广西贺州、云南泸水等地有。

希 xī 【源出】相传为古帝伏羲氏之后，见《路史》。古时希、羲通用。【分布】赣、皖、滇三省多此姓。【人物】希昔（宋）

希波 xī bō 【源出】蒙古族姓。【分布】内蒙古阿鲁科尔沁旗有此姓。

希达（希達）xī dá 【源出】云南佤族姓。汉姓为魏。【分布】云南西盟有此姓。

希奈 xī nài 【源出】佤族姓，即斯内氏之异译。汉姓为肖、魏。【分布】云南沧源、澜沧等地有。

昔 xī 【源出】周大夫封于昔，引以为氏。见《风俗通》。【分布】北京、天津武清、上海金山、西安、台北等地有。【人物】昔登（汉）

析 xī 【源出】炎帝之裔封于析（故城在今河南内乡西北），后为楚邑，因以为氏，见《姓源》。【分布】北京、天津、武汉、成都、西安等地有。【人物】析望芳（元）

胁 xī 【源出】以祖辈名字为姓氏，系周大夫鄂胁之后。【分布】河北肃宁有此姓。

峃 xī 同嶍。源出不详。【分布】台湾花莲有此姓。

郗 xī 【源出】系自己姓。青阳氏之后，苏忿生支子封于郗（故城在今河南沁阳境），因以为氏。【分布】晋、冀、鲁、黑等省多此姓。【人物】郗虑（东汉）

息 xī 【源出】①系自姬姓。息侯之国，其地在蔡州新息县（故城在今河南息县西南），春秋时灭于楚，子孙以国为氏，见《风俗通》。②系自妫姓。春秋时楚文王妃息妫是也。【分布】北京、上海、太原、大同等地有。【人物】息隆泰（明）

奚 xī 【源出】①夏时车正奚仲初封于薛（故城在今山东滕州市东南），后迁于邳（故城在今江苏邳州市），其后遂称奚氏。②春秋古晃过邑名，

奚君叔单食采于此,后有奚氏。【分布】苏、沪、桂、渝、皖等省区市多此姓。【人物】奚康生(北魏)

浠 xī 源出不详。【分布】武汉、河北卢龙等地有。

晞 xī 源出不详。【分布】郑州有此姓。

欷 xī 源出不详。【分布】湖南、山西临猗等省市有。

悉 xī 【源出】①相传神农氏之师悉诸之后。②宋时党项人姓。【分布】湖南有此姓。

淛 xī 源出不详。【分布】成都、淮南等地有。

稀 xī 源出不详。见《姓苑》。【分布】北京、天津静海、成都、太原等地有。

翕 xī 【源出】回族姓。见《中国回族姓氏溯源》。【分布】陕西安康、河南内乡等地有。

犀 xī 【源出】①春秋时楚大夫申犀之后。②战国时魏将犀武、犀首之后,因氏。【分布】河北故城、贵州习水等地有。【人物】犀大魁(清)

傒 xī 【源出】①傒,春秋时齐大夫食邑,以邑为氏。②周时吕望太公之后有傒姓。【分布】河南宁陵、陕西紫阳等地有。

溪 xī 【源出】或以溪水为氏。【分布】北京、天津、上海、太原、西安等地有。【人物】溪巴温(宋)

褏 xī 源出不详。见《中华姓府》。褏平禄,1945年八路军晋察冀军区十二军分区36团政委。分布不详。

媳 xī 源出不详。【分布】云南马关有此姓。

熙 xī 【源出】系自己姓。高阳氏之后有修及熙。帝喾使修为玄冥,熙佐之。后世皆以为氏。【分布】北京、天津蓟州区、沈阳、西安等地有。【人物】熙光宣(明)

膝 xī 源出不详。【分布】上海、武汉、台北、湘潭等地有。

熹 xī 源出不详。见《姓谱》。【分布】台北有此姓。

榠 xī 源出不详。【分布】贵州施秉有此姓。

锡 (錫) xī 【源出】锡国,御姓。春秋初,郑灭锡,以封宋元公之孙。锡人南迁于见湖郧西,仍称锡国,后为糜国所并,其后以国名为氏。【分布】北京、天津、上海、玉门、无锡等地有。【人物】锡光(东汉)

锡库 (錫庫) xī kù 【源出】佤族姓。【分布】云南西盟有此姓。

羲 xī 【源出】①伏羲氏之后有羲氏。②羲和为尧时掌天地之官,子孙氏

焉。【分布】北京、成都、吉林扶余等地有。【人物】羲士暄（隋）

谿 xī 【源出】①春秋时吴王阖闾之弟夫概奔楚，楚封之于棠谿（故城在今河南西平），因以为棠谿氏。棠谿氏之后有谿氏。②当以居于谿谷者为氏。③剑有谿子，或工作剑者以器为氏，如干将之类，见《淮南子》。分布不详。

爔 xī 源出不详。【分布】湖南有此姓。

习（習）xí 【源出】①古习国之后，以国为氏，见《风俗通》。②少习，地名，故城在今陕西丹凤东武关，是习氏以地为氏。【分布】陕、鲁、赣、闽、湘、渝等省市多此姓。【人物】习响（汉）

席 xí 【源出】①唐尧时，有击壤而歌之席老翁，以播种耕稼为事，尧闻而嘉之尊为师。此为席姓之始。②春秋时晋大夫籍谈之祖伯黡，司晋典籍，因为籍氏。籍谈之后十三代孙籍环避项羽名讳，改名席氏。【分布】晋、豫、川、陕、湘、鄂、甘七省多此姓。【人物】席广（东汉）

蓆 xí 源出不详。见《姓谱》。【分布】淮南、河南宜阳、甘肃永昌等地有。

隰 xí 【源出】系自姜姓。春秋时齐庄公之子廖封于隰阴（故城在今山东临邑东），为大夫，因以为氏。【分布】

北京、天津静海、上海、沈阳等地有。

檄 xí 源出不详。见《中国人民志愿军组织沿革和各级领导成员名录》载有"檄伴礼"。分布不详。

苩 xǐ 源出不详。【分布】河南义马有此姓。

徙 xǐ 源出不详。【分布】江苏滨海有此姓。

喜 xǐ 【源出】①桀伐有施氏。有施氏以妹喜女焉。有施，喜姓国。此当以国为氏。②燕末代君即燕王喜，国灭后为秦所虏，其后或有以其名为氏者。【分布】甘肃、宁夏两省区多此姓。【人物】喜夷（汉）

蒽 xǐ 源出不详。见《中华姓府》。【分布】四川富顺、甘肃永登等地有。

禧 xǐ 源出不详。见《姓谱》。【分布】山西五台、山东乐昌等地有。

玺（璽）xǐ 【源出】秦、汉时有掌节及符玺之官符玺郎，其后遂以官为氏。【分布】北京、成都等地有。【人物】玺书（明）

戏（戲）xì 【源出】①伏羲氏，一作虑戏氏，其后有戏氏。②炎帝神农氏之后有州、甫、甘、许、戏、露、齐、纪、怡、向、申、吕等国，以国为氏。【分布】成都、武汉、台北、昆山等地有。【人物】戏志才（三国·魏）

系 xì 【源出】春秋楚臣系益之后，见《广韵》。【分布】北京、天津静海、上海、西安、武汉等地有。【人物】系谨（唐）

郄 xì 【源出】春秋时晋大夫郄献子（一作郄文子）食邑于郄（今河南沁阳），因以为氏。【分布】冀、晋两省多此姓。【人物】郄隆（晋）

细（細）xì 【源出】唐代党项别部有细封氏。细封氏之后改为细氏。【分布】北京、台北、大同等地有。【人物】细安（元）

係 xì 【源出】有说即系姓。【分布】洛阳、湖北老河口、台湾基隆等地有。

刹 xì 源出不详。【分布】天津静海有此姓。

郤 xì 【源出】系自姬姓。晋公族大夫食采于郤（故城在今河南武陟西南），以邑为氏。【分布】晋、浙两省多此姓。【人物】郤广（元）

惠 xì 【源出】有说为惠姓所改，见《中国姓氏辞典》。【分布】北京、西安、兰州、酒泉、贵州习水等地有。

惠 xì 【源出】或系方言。【分布】陕西华县、蒲城等地有。
另见 huì

XIA

虾（蝦）xiā 【源出】彝族阿细支系姓。【分布】云南昆明、弥勒有此姓。

匣 xiá 【源出】以器具为姓。见《姓谱》。【分布】湖南有此姓。

侠（俠）xiá 【源出】战国时韩相侠累之后。【分布】北京、上海、武汉、大同等地有。【人物】侠亶（宋）
另见 jiá

峡（峽）xiá 源出不详。【分布】山西岢岚有此姓。

狭（狹）xiá 源出不详，见《新编千家姓》。【分布】山西长治、河南西马、台湾彰化等地有。

叚 xiá 【源出】通"瑕"。晋大夫瑕嘉平戎于王，见《左传》。《周礼·注》作叚嘉。此后有叚氏。【分布】北京平谷、湖北钟祥等地有。

遐 xiá 源出不详，见《贵姓何来·古今姓氏表》。【分布】武汉有此姓。

暇 xiá 源出不详。【分布】江苏洪泽有此姓。

霞 xiá 【源出】或系霞露氏所改。【分布】天津、上海、台北、湘潭、洪洞等地有。

下 xià 【源出】源出不详。有说系夏姓之俗写，安徽利辛、霍邱一带有此习惯。【分布】上海、大同、曲阜、甘肃积石山等地有。

夏 xià 【源出】①禹治水有功，是为夏后氏，周封其后裔于杞，其不得封者，以夏为氏。②西夏党项人姓。【分布】苏、赣、皖、浙、川、湘、鄂、豫八省多此姓。【人物】夏完淳（明）

夏侯 xià hóu 【源出】系自姒姓。周时夏禹裔孙东楼公封为杞侯，至简公为楚所灭，弟佗奔鲁，鲁悼公以其为夏禹之后，给以采地为侯，因为夏侯氏。【分布】北京、上海、太原、淄博、厦门等地有此姓。【人物】夏侯婴（汉）

夏华（夏華）xià huà 源出不详。【分布】河北高碑店有此姓。

XIAN

仙 xiān 【源出】居于仙源县（即山东曲阜）者，以地为氏。见《姓苑》。【人物】仙源（南宋）

先 xiān 【源出】①春秋时晋隰叔初封于先(今山西平陆西南)，故以为氏。②汉时匈奴姓。【分布】四川多此姓。

先久 xiān jiǔ 【源出】独龙族姓，以家族名为姓。【分布】云南贡山有此姓。

纤（纖）xiān 【源出】古有善御（驾车）者纤阿，其后有纤氏。【分布】大同、湖南等省市有。

另见 qiàn

氘 xiān 源出不详。【分布】湖南有此姓。

伭 xiān 源出不详。见《中华姓府》。【分布】北京、沈阳、成都、淮南、基隆等地有。

掀 xiān 源出不详。【分布】江苏洪泽、滨海、姜堰等地有。

锨（鍁）xiān 源出不详。见《神州姓氏新考》。【分布】江苏滨海有此姓。

僊 xiān 源出不详。见《姓苑》。【分布】安徽淮南有此姓。【人物】僊可继（明）

鲜（鮮）xiān 【源出】①系自子姓。周武王封箕子于朝鲜，因氏。②蜀之鲜氏系鲜于复姓所改。【分布】川、甘两省多此姓。【人物】鲜原（明）

鲜于 xiān yú 【源出】①系自子姓。周武王封殷后箕子于朝鲜，支子仲食采于，子孙因合鲜于为姓。②春秋时狄国鲜虞之后。【分布】北京、上海、沈阳、太原、大同等地有。【人物】鲜于褒（东汉）

蘞 xiān 源出不详。【分布】湖南、广东汕头等省市有。

蘚（蘚）xiān 源出不详。【分布】武汉、广东茂名、湖南等省市有。

伭 xián 【源出】与玄姓同。见《正字通》。【分布】北京、天津武清、太原桃园等地有。

闲（閑）xián 【源出】闲姓，见《姓苑》。

今亦作闲。【分布】北京、武汉、台北、汨罗等地有。

贤 （賢）xián 【源出】见《姓苑》。东汉初建武年时哀牢王贤粟之后。【分布】鲁、辽两省多此姓。【人物】贤政（晋）

弦 xián 【源出】①春秋时鲁僖公五年，楚灭弦（今河南光山县西北），弦子奔黄（故城在今河南省潢川县城西北），以国为氏。②春秋时齐公族有弦氏。【分布】淮南、河北正定、浙江嘉善等地有。

咸 xián 【源出】古有咸国（故城在今河南濮阳东南），春秋时为鲁大夫之采邑，因氏。【分布】黑、辽、粤、鲁、苏等省市多此姓。【人物】咸大昌（明）

涎 xián 源出不详。【分布】江苏滨海有此姓。

舷 xián 源出不详。【分布】湖南津市有此姓。

鹇 （鷳）xián 源出不详。见《姓氏典故》。【分布】黔、粤两省多此姓。

嫌 xián 源出不详。见《隆化县姓氏》（河北）。【分布】河北隆化有此姓。

癎 xián 源出不详。见《姓氏典故》。【分布】内蒙古有此姓。

冼 xiǎn 【源出】或为冼氏所改。【分布】粤、桂二省区多此姓。【人物】冼劲（晋）

显 （顯）xiǎn 【源出】周有显德大夫，人称显父（或显甫），其后遂以先祖字为氏。【分布】天津、上海、台北、太原等地有。【人物】显宗（明）

洒 （灑）xiǎn 【源出】与冼同源。见《万姓统谱》。【分布】湖南有此姓。

　　另见 sǎ

冼 xiǎn 【源出】高阳蛮酋姓。高阳，三国时吴置郡，故治在今广东阳江西。今瑶族姓。【分布】广东、海南两省多此姓。

铣 （銑）xiǎn 源出不详。见《姓苑》。【分布】湖南慈利、江苏滨海等地有。【人物】铣管（晋）

㮯 xiǎn 【源出】为顯姓所改，见《齐东野语》。【分布】山西太原、临汾，云南马关等地有。

鱻 xiǎn 【源出】原为西南民族之官名，后为姓。傣、布朗等民族有。

苋 （莧）xiàn 【源出】苋，草名。楚国多以草名为氏，如蒡、蔿氏、蓝氏之类。【分布】广东茂名等地有。

现 （現）xiàn 源出不详。见《新编千家姓》。【分布】成都，山西长治、运城等地有。

限 xiàn 源出不详。【分布】云南大关、山西闻喜、河南扶沟等地有。

线 （綫）xiàn 【源出】明清时云南潞

江安抚使、永昌府保山县土官均为线氏，系傣族。【分布】京、滇、冀三省市多此姓。

宪（憲）xiàn 【源出】①系自姬姓。卫康叔之后。②周官司寇之属有布宪，掌宪邦之刑禁、宣示法令之官，其后因氏。【分布】川、津等省市多此姓。【人物】宪章（明）

陷 xiàn 见《山西省革命烈士英名录》。【分布】山西太原、文水、离石、交城等地有。

羡 xiàn 源出不详。见《姓苑》。【分布】北京、上海、天津东丽、太原、大同等地有。【人物】羡门（秦）

缐（線）xiàn 源出不详。见《姓苑》。【分布】北京、成都、台北、酒泉等地有。【人物】缐雍（明）

献（獻）xiàn 【源出】①晋献公之后，以谥为氏。②齐太公之后有献氏。【分布】淮南、甘肃通渭、浙江永嘉等地有。【人物】献则（秦）

霰 xiàn 源出不详。【分布】太原、洪洞、山东青州等地有。

XIANG

乡（鄉）xiāng 源出不详。见《姓苑》。【分布】成都、淮南、中山、台北等地有。

芗（薌）xiāng 源出不详。【分布】

安徽望江有此姓。

相 xiāng 【源出】《姓谱》："商丘有相氏。盖帝相之后。"分布不详。
【人物】相龙（晋）
另见 xiàng

相呈 xiāng chéng 源出不详。【分布】山西汾阳有此姓。

相礼（相禮）xiāng lǐ 源出不详。【分布】黑龙江宾县有此姓。

相里 xiāng lǐ 【源出】皋陶（一作咎繇）之裔晋大夫里克，为惠王所杀，克妻携少子季连逃居相城（故城在今河南鹿邑东），因为相里氏。【分布】北京、呼和浩特市、山西等省市有此姓。【人物】相里金（五代·后唐）

相令 xiāng lìng 源出不详。见《新编千家姓》。分布不详。

相望 xiāng wàng 源出不详。【分布】山西汾阳有此姓。

相续（相續）xiāng xù 源出不详。【分布】山西大同有此姓。

香 xiāng 【源出】①战国时齐宣王臣香居之后。②西域香国之人，以国为氏。③广东香姓本姓查，为避祸改成香。【分布】粤、桂、晋三省区多此姓。【人物】香隆（汉）

厢 xiāng 源出不详。【分布】无锡、湖南、江苏滨海等省市有。

湘 xiāng 【源出】湖南有湘江，或以水名为氏。【分布】北京、天津、上海、无锡、湘潭等地有。

箱 xiāng 见汉·史游《急就篇·姓氏章》。【分布】无锡、山西临汾等地有。

襄 xiāng 【源出】①襄，春秋时齐大夫食邑，因氏。②春秋时鲁庄公之子遂，字仲，襄为其谥，子孙以谥为氏。【分布】西安、台北、江西上饶等地有。【人物】襄楷（东汉）

详（詳）xiáng 源出不详。【分布】武汉、太原、广西钦州等地有。

庠 xiáng 源出不详。【分布】江苏高淳有此姓。

祥 xiáng 【源出】取祥瑞为氏。【分布】北京大兴、天津东丽、酒泉、扬州等地有。

翔 xiáng 源出不详。见《姓苑》。【分布】上海、成都、海南临高等地有。【人物】翔季高（宋）

享 xiǎng 源出不详。见《新编千家姓》。【分布】山西、山东新泰、四川仪陇等省市有。

响（響）xiǎng 源出不详。见《新编千家姓》。【分布】上海、昆山、山东胶州等地有。

饷（餉）xiǎng 源出不详。【分布】湖南有此姓。

想 xiǎng 【源出】《周礼》春官眂祲，掌十辉之法，以观妖祥，辨吉凶，十曰想。想氏当以此为氏，见《姓氏寻源》。【分布】武汉、大同、湖南等省市有。

向 xiàng 【源出】①春秋时宋桓公之后，公子肹，字向父，其孙以王父字为氏。②春秋时附庸之国，后灭于莒，子孙以国为氏。一说，春秋时向国为炎帝之裔，姜姓。古向国故城在今山东莒县南。【分布】湘、鄂、川、滇、黔、渝六省市多此姓。【人物】向秀（晋）

项（項）xiàng 【源出】①项，周时侯国（故城在今河南项城），春秋时为齐桓公所灭，子孙以国为氏。②古诸侯项国，系姞姓子爵国，鲁僖公灭项，取其地。楚考烈王灭鲁，封其将于项。项国之后因以为氏。【分布】鄂、浙、皖、苏、赣等省多此姓。【人物】项斯（唐）

巷 xiàng 【源出】周时寺人巷伯之后。寺人，《周礼》天官之属，掌内宫之戒令。【分布】天津、上海、台北、大同等地有。

相 xiàng 【源出】古相土（为火正，殷之先祖）之支以为氏。【分布】晋、冀、鲁、苏、辽、吉、陕七省多此姓。【人物】相云（晋）

另见 xiāng

象 xiàng 【源出】舜之弟象封于有庳（故城在今湖南道县北），其后有象氏、庳氏、畀氏、鼻氏。【分布】上海金山、天津武清、酒泉、周口等地有。

像 xiàng 【源出】白水羌人姓。【分布】北京、武汉、黑龙江嫩江等地有。

橡 xiàng 源出不详。【分布】北京、淮南、山东新泰等地有。

XIAO

肖 xiāo 【源出】汉时已有肖姓，见《万姓统谱》。【分布】各省均有此姓。【人物】肖靖（明）

削 xiāo 源出不详。【分布】山西长治、河北定兴、河南潢川等地有。

菁 xiāo 【源出】菁，草名，或以草名为氏。【分布】广西灌阳有此姓。

逍 xiāo 源出不详。见《新编千家姓》。分布不详。

消 xiāo 源出不详。【分布】太原、周口、淮南、中山等地有。

宵 xiāo 【源出】相传古帝虞舜有女儿宵明（一作霄明），为次妃癸妃所生，为宵姓之始。【分布】北京、成都、茂名、扬州等地有。

萧（蕭）xiāo 【源出】①系自嬴姓。舜臣伯翳（亦作伯益）之后有萧氏。

②商王帝乙庶子微子启，周封为宋公，裔孙大心平南宫长万有功，封于萧（故城在今安徽萧县），后灭于楚，子孙以国为氏。【分布】湘、鄂、赣、川、粤、鲁六省多此姓。【人物】萧何（汉）

萧谭（蕭譚）xiāo tán 【源出】由萧、谭二姓合成。【分布】湖南攸县有此姓。

销（銷）xiāo 【源出】帝鸿次子白民降居于夷，为销氏。见《史记》《姓觿》。【分布】西安、台北、太原、淮南等地有。

蛸 xiāo 【源出】南北朝时南齐武帝以其子巴东王子响叛逆，改为蛸氏，贬之使同于虫类也。【分布】北京、武汉等地有。

箫（簫）xiāo 源出不详。见《中国姓氏集》。【分布】上海、西安、汕头、茂名等地有。

潇（瀟）xiāo 源出不详。见《姓谱》。【分布】酒泉、高雄、广东三水等地有。

霄 xiāo 【源出】①良霄系春秋时郑穆公庶子公子去疾之孙，其后或以祖辈名为氏。②霄敖，楚君，若敖之子，楚武王之父，以名为氏。【分布】北京、太原、台北等地有。

嚣（囂）xiāo 【源出】①黄帝之子玄嚣，其后有帝喾高辛氏，高辛氏之后有嚣氏。②嚣，即敖，地名（在今河

293

南开封东南），在陈留，盖以地为氏。【分布】广东阳春有此姓。

郗 xiáo 源出不详。【分布】台北有此姓。

淆 xiáo 源出不详。【分布】湖南、江苏滨海等省市有。

小 xiǎo 【源出】传说为春秋时楚国小惟子（楚水师将领）之后。见《左传》。【分布】上海、西安、太原、湘潭等地有。

小缅（小缅）xiǎo miǎn 【源出】布朗族姓，以氏族名为姓。【分布】云南布朗山有此姓。

晓（曉）xiǎo 源出不详。见《姓苑》。【分布】北京、上海、太原、淮南、无锡等地有。【人物】晓枝（明）

筱 xiǎo 源出不详。见《新编千家姓》。【分布】上海嘉定、台北、太原、无锡等地有。

孝 xiào 【源出】①春秋时齐孝公支孙之后，以谥为氏。②源于嬴姓，秦孝公后。【分布】鲁、吉、甘、津等省市多此姓。【人物】孝发（宋）

効 xiào 源出不详。见《历史墓志铭拓片目录》。【分布】河南舞阳、台湾桃园等地有。

校 xiào 【源出】①周礼校人（夏官司之属）之后，以官为氏。②周公族之后有校氏。【分布】苏、陕二省多此姓。【人物】校廷芳（明）

笑 xiào 源出不详。【分布】北京、上海、济南、大同等地有。

效 xiào 源出不详。见《姓苑》。【分布】北京、太原、无锡等地有。

XIE

些 xiē 【源出】么些，地名。南北朝时魏之安州有么些,因以地名为姓。【分布】山西大同有此姓。

夑 xiē 【源出】云南彝族姓。有说即些氏。【分布】云南省石林彝族自治县、宜良，广东从化等地有。

歇 xiē 【源出】战国楚相黄歇，号春申君，其后以先祖明为氏。【分布】广东茂名有此姓。

蝎 xiē 源出不详。【分布】江苏滨海有此姓。

叶（葉）xié 源出不详。【分布】湖北郧阳区有此姓。

另见 shè、yè、yě

协（協）xié 源出不详。【分布】济南、成都、河北宁晋等地有。

邪 xié 源出不详。【分布】太原、大同、淄博、云南水富等地有。

偕 xié 源出不详。【分布】台湾多此姓。

斜 xié 【源出】战国时田和篡齐，迁

齐康公于海上，穴居野食，以斜为氏，见《姓谱》《姓苑》。【分布】江西宁都、江苏宜兴、广东中山等地有。【人物】斜葛（今）

颉（頡）xié 【源出】春秋时郑大夫羽颉之后。【分布】甘肃省多此姓。
另见 jié

鞋 xié 源出不详。【分布】江苏泰兴有此姓。

写（寫）xiě 源出不详。见《新编千家姓》。【分布】北京、辽宁盘山、河南林州等地有。

泄 xiè 【源出】①春秋时陈灵公时大夫泄冶之后。②春秋郑司徒公子嘉，其子公孙泄为郑大夫，其后有嘉氏、泄氏。【分布】大同、陕西勉县等地有。
【人物】泄公（汉）

泻（瀉）xiè 源出不详。【分布】大同、湖南祁东等地有。

㚐 xiè 【源出】相传高辛氏之子为舜司徒，为商之祖先，其后有㚐氏。
【分布】湖南有此姓。
另见 qì

卸 xiè 源出不详。【分布】北京、山东荣成、高雄等地有。

屑 xiè 源出不详。见《山西人口姓氏大全》。【分布】大同、湖南津市等地有。

械 xiè 源出不详。【分布】江苏洪泽

有此姓。

偰 xiè 【源出】周武王封黄帝之裔于蓟（故城在今北京大兴），其后有契氏、偰氏。【分布】上海、南昌、宜兴等地有。【人物】偰文质（元）

褻（褻）xiè 源出不详。【分布】广东茂名有此姓。

渫 xiè 【源出】古有贤人渫子。渫氏当系其后。【分布】江苏金湖、浙江苍南等地有。【人物】渫昇（明）

谢（謝）xiè 【源出】①系自姜姓。炎帝之裔申伯，以周宣王舅受封于谢（故城在今河南唐河南），后失爵，以国为氏。②黄帝之后。任姓有十族，谢为其一，其国在今河南南阳东南，约在西周灭国，以国名为氏。【分布】粤、赣、湘、川、豫五省多此姓。【人物】谢安（晋）

谢徐（謝徐）xiè xú 【源出】应系谢、徐二姓合成。【分布】湖北公安有此姓。

谢资（謝資）xiè zī 【源出】藏族姓。以部落名为姓。汉姓为谢。【分布】甘肃天祝有此姓。

楔 xiè 源出不详。【分布】湘潭有此姓。

解 xiè 源出不详。【分布】重庆綦江有此姓。

解 xiè 【源出】①系自嬴姓。秦非子之裔自裴迁解，后人以邑为氏。

②唐叔虞子良食采于解，因以为氏。【分布】晋、冀、鲁、豫、辽、皖、黑等地多此姓。【人物】解礼昆（西晋）

另见 hài、jiě、sài

榭 xiè 源出不详。见《济源市姓氏》（河南）。【分布】河南济源有此姓。

墊 xiè 源出不详。见《台湾人口姓氏分布》。【分布】台北有此姓。

廨 xiè 源出不详。见《湖南家谱解读》。【分布】湖南有此姓。

懈 xiè 源出不详。见《云南省革命烈士英名录》。【分布】大同、台北、玉门、周口等地有。

燮 xiè 【源出】周成王之弟唐叔虞之裔燮父之后。【分布】北京、武汉等地有。【人物】燮玄图（宋）

蟹 xiè 【源出】台湾土著姓。清道光六年，淡水厅下南庄（今苗栗南庄乡）土著赛夏族加拉国翁氏，意译为蟹，遂改为蟹氏。【分布】河北任县、江苏滨海、台湾苗栗等地有。

XIN

心 xīn 【源出】见《姓苑》。或系西羌心牟氏所改。【分布】上海、台北、淮南等地有。

芯 xīn 源出不详。【分布】湖南祁东、江苏洪泽、甘肃景泰等地有。

辛 xīn 【源出】①相传黄帝之子玄嚣，其孙帝喾号高辛氏，其后有辛氏。②夏王启封庶子于莘（故城在今陕西合阳东南），莘辛音近，遂为辛氏。【分布】冀、鲁、豫、辽、黑、吉六省多此姓。【人物】辛庆忌（汉）

䜣 (訢) xīn 【源出】䜣、欣古时相通，但姓氏分二。见《姓苑》。【分布】北京、上海、江西宁都等地有。

忻 xīn 【源出】源同欣氏。见《姓觿》。【分布】冀、苏、沪三省市多此姓。【人物】忻彪（五代）

昕 xīn 源出不详。【分布】北京、成都、山西永济等地有。

欣 xīn 【源出】①春秋时曹叔支庶公子欣时之后，见《路史》《姓源》。②春秋时周文王之孙蔡仲之后。【分布】北京、天津、上海、太原、扬州等地有。

炘 xīn 源出不详。【分布】福建龙岩、台湾桃园等地有。

䢙 xīn 源出不详。【分布】山西忻州有此姓。

琗 xīn 源出不详。【分布】江西丰城有此姓。

锌 (鋅) xīn 源出不详。【分布】湖北公安有此姓。

愒 xīn 源出不详。【分布】上海有此姓。

新 xīn 【源出】①周文王之子毕公高

之裔，毕万之后封于新田（故城在今山西曲沃西南），其后因以为氏。②春秋时晋大夫新稡（稚）穆子之后，别为新氏。【分布】冀、豫两省多此姓。

歆 xīn 【源出】西汉时乌桓有歆氏，见《后汉书·鲜卑传》。【分布】北京，江苏丹阳、金湖等地有。

薪 xīn 源出不详。见《万姓统谱》。【分布】北京、天津武清、成都等地有。

馨 xīn 源出不详。【分布】湖南有此姓。

鑫 xīn 源出不详。见《新编千家姓》。【分布】上海、承德、周口、汕头等地有。

信 xìn 【源出】①战国时魏公子信陵君无忌之后有信氏，见《风俗通》。②或申氏讹为信氏。【分布】冀、鲁、豫、甘四省多此姓。【人物】信世昌（宋）

信平 xìn píng 源出不详。见《姓苑》。【分布】江苏海门有此姓。

XING

兴（興）xīng 【源出】系自姬姓，卫公族之后有兴氏。见《路史》。【分布】冀、辽两省多此姓。【人物】兴侯（宋）

星 xīng 【源出】①古帝少昊氏之后，见《姓苑》。②春秋时宋司星子韦之后。见《姓氏考略》。【分布】天津、上海、太原、大同、曲阜等地有。

【人物】星奎（明）

星野 xīng yě 【源出】原日本人姓，定居中国者仍用原姓。【分布】辽宁昌图有此姓。

驲（䮜）xīng 源出不详。见《新编千家姓》。分布不详。

猩 xīng 源出不详。【分布】湖南有此姓。

腥 xīng 源出不详。【分布】湖南有此姓。

刑 xíng 【源出】①古刑官之后，以职名为氏。②汉时匈奴姓。【分布】辽宁省多此姓。【人物】刑穆（汉）

邢 xíng 【源出】邢，国名。周公第四子靖渊，封为邢侯。春秋时卫文公灭邢，子孙遂以国为氏。【分布】晋、冀、鲁、豫、苏、辽、吉、黑、琼九省多此姓。【人物】邢澍（清）

行 xíng 【源出】①商王族异姓亲属的氏族名。②周时大行人（官名，《周礼》中有大行人，属秋官，主掌朝觐聘问之事）之后，子孙以官氏。【分布】晋、豫、陕、桂等地多此姓。【人物】行祐（汉）

形 xíng 源出不详。【分布】山东省多此姓。

陉（陘）xíng 【源出】①春秋时晋大夫以邑为氏。故城在今河北井陉境。②春秋时卫公族有陉氏。【分布】河

297

南信阳、江西安福等地有。

型 xíng　源出不详。见《新编千家姓》。【分布】北京、陕西蒲城、江苏滨海等地有。

荥 xíng　源出不详。见《台湾人口姓氏分布》。【分布】台湾高雄、台南、新竹等地有。

荥（滎）xíng　【源出】以地为氏，或以水为氏。见《汉宽碑》。战国时有荥阳邑，在今河南郑州市西；又有荥泽，即《禹贡》之荥陂。在今荥阳市南。【分布】大同，河南淮阳、新密等地有。

硎 xíng　源出不详。【分布】湖南有此姓。

省 xǐng　源出不详。见《姓苑》。【分布】甘肃永昌、云南泸水、贵州赤水等地有。

　　另见 shěng

醒 xǐng　源出不详。见《新编千家姓》。分布不详。

杏 xìng　【源出】①春秋时齐大夫采邑（在今山东境内），因氏，见《姓考》。②春秋王子朝攻瑕及杏（在今河南禹州境内），瑕、杏均为周邑，见《左传》。【分布】陕、滇、豫三省多此姓。

幸 xìng　【源出】相传幸氏氏族偃，得幸于周成王（姬诵），赐姓为幸，封于河北沧州，居于雁门，镇守朔北。如此者尚有宠氏、赏氏之类。【分布】川、赣、渝等省市有此姓。【人物】幸南容（唐）

性 xìng　源出不详。见《姓苑》。【分布】淮南、台北、山西五台、江西永修等地有。

姓 xìng　【源出】①春秋时蔡大夫公孙姓之后，以名为氏。②殷墟出土《卜辞》中有姓氏族。【分布】大同、河北蔚县、江苏泰兴等地有。【人物】姓秉恭（明）

荇 xìng　源出不详。见《万姓统谱》《新编千家姓》。分布不详。【人物】荇不意（汉）

倖 xìng　源出不详。清时四川人姓。【分布】成都有此姓。

滓 xìng　源出不详。见《清稗类钞·姓名类》。【分布】江西贵溪有此姓。【人物】滓寅逊（五代）

XIONG

兄 xiōng　源出不详。见《新编千家姓》。【分布】湖南、广西宣州、四川仪陇等省市有。

芎 xiōng　源出不详。台湾土著赛夏族有此姓。【分布】太原、茂名、湖南怀化、台湾苗栗等地有。

匈 xiōng　源出不详。【分布】湖南有此姓。

匈布 xiōng bù 【源出】普米族姓。出自熊扎尼姓，本家族名，或以为氏。【分布】云南宁蒗有此姓。

汹 xiōng 源出不详。【分布】湖南有此姓。

能 xióng 亦作熊，见《集韵》。
另见 nài、néng

雄 xióng 【源出】舜帝七友之一雄陶之后。【分布】湘、粤两省多此姓。【人物】雄飞（宋）

熊 xióng 【源出】①黄帝有熊氏之后。有熊，古地名，故城在今河南新郑，黄帝都于有熊，故黄帝曰有熊氏。②鬻熊为颛顼帝苗裔，即陆终之子季连之裔孙，为周文王师。周成王封其曾孙熊绎于楚之丹阳（故城在今湖北秭归东），子孙以熊为氏。【分布】川、赣、湘、黔、渝五省市多此姓。【人物】熊天锡（元）

夐 xiòng 源出不详。见《姓苑》。【分布】北京、成都、湖北钟祥等地有。

XIU

休 xiū 【源出】①古时休国在颍川（故城在今河南禹州市），以国为氏。②汉时封楚元王之子富为休侯（休，故城在今山东藤县西），以邑为氏。【分布】天津、西安、周口、中山等地有。

修 xiū 【源出】少昊氏之子修，为帝喾玄冥师，掌水官，其后以名为氏。【分布】冀、鲁、辽、吉、黑五省多此姓。【人物】修炳（汉）

庥 xiū 源出不详。【分布】山西曲沃有此姓。

脩 xiū 【源出】脩为修之异体，作为姓，与修同源，但后世已分为二姓。【分布】成都、屏东等地有。【人物】脩广顺（明）

朽 xiǔ 源出不详。见《新编千家姓》。【分布】太原、江苏洪泽、福建罗源等地有。

秀 xiù 【源出】①春秋时宋大夫秀老之后。②秀才之名，始于贾谊（汉时长沙王之太傅），东汉光武名秀，改为茂才。此姓必因秀士、秀才而起。【分布】苏、湘、琼、辽四省多此姓。【人物】秀芳（明）

秀山 xiù shān 源出不详。【分布】天津武清有此姓。

岫 xiù 源出不详。【分布】北京有此姓。

琇 xiù 源出不详。【分布】山东诸城有此姓。

袖 xiù 源出不详。见《姓苑》。【分布】湖南、山西忻州等省市有。

绣（繡）xiù 源出不详。见《清稗类钞·姓名类》。【分布】成都有此姓。【人物】绣君宾（汉）

299

琇 xiù 源出不详。见《姓苑》。【分布】安徽淮南有此姓。

宿 xiù 【源出】以星宿为姓。【分布】大同、河北景县、辽宁建平等地有。

另见 sù

粟 xiù 源出不详。似系方言音。【分布】湖南芷江、长沙等地有。

XU

戌 xū 【源出】周有戌名之彝，见《宣和博古图》。【分布】天津、上海、成都、台北等地有。【人物】戌盛孙（唐）

吁 xū 源出不详。见《姓氏急就篇》。【分布】上海、无锡、河北定州等地有。【人物】吁子先（汉）

扜 xū 源出不详。【分布】江苏高淳有此姓。

盱 xū 源出不详。【分布】武汉有此姓。

盰 xū 【源出】春秋时蔡仲之后有盰氏。见《世本》。【分布】南昌有此姓。【人物】盰烈（汉）

脏 xū 【源出】明时浙江归安县（今属湖州市）有，族颇众，居埭村。分布不详。

须 （須）xū 【源出】①太昊之裔封于须句（故城在今山东东平东），后灭于邾，子孙以国为氏。后有去句为须氏者。②商时密须国（故城在今甘肃灵台西）之后有须氏。【分布】苏、沪等省市多此姓。【人物】须无（汉）

胥 xū 【源出】①相传为古天子赫胥氏之后。②胥，唐虞古国，胥人建国于敖地，故称胥敖，以地为氏。【分布】川、苏、湘、鄂、冀、豫、滇、赣八省多此姓。【人物】胥文相（明）

顼 （頊）xū 【源出】高阳氏颛顼之后。【分布】上海、太原、大同等地有。

虚 xū 【源出】①虚，战国魏邑（在今河南延津东），以地名为氏。②北匈奴有虚姓。【分布】成都、武汉、广东五华等地有。【人物】虚子羔（汉）

需 xū 源出不详。见《姓苑》。【分布】太原、大同、湘潭、台中等地有。

俆 xú 源出不详。见《集韵》。有说系徐氏所改。【分布】台湾新竹有此姓。

徐 xú 【源出】①系自嬴姓。古帝颛顼之后，皋陶之子伯益佐禹治水有功，封其子若木于徐（故城在今安徽泗县北），至徐偃王为周穆王联楚文王所灭，复封其子宗为徐子，后为吴所灭，子孙以国为氏。②周分与鲁公之殷民六族之一为徐氏。【分布】苏、鲁、浙、皖、豫、赣、鄂、川八省多此姓。【人物】徐光启（明）

徐陈 （徐陳）xú chén 【源出】当系徐、陈二姓合成。【分布】台湾有此姓。

徐辜 xú gū 【源出】当系徐、辜二姓合成。【分布】台湾屏东有此姓。

徐金 xú jīn 源出不详。【分布】浙江湖州有此姓。

徐凌 xú líng 源出不详。【分布】山西太原有此姓。

徐詹 xú zhān 【源出】当系徐、詹二姓合成。【分布】台湾屏东有此姓。

鉏 xú 【源出】古有鉏国（在今河南滑县东），羿本国名，因以为氏。另见 chú

许（許）xǔ 【源出】①周武王封其裔孙文叔于许（故城在今河南许昌），后以为太岳之嗣。至许元公结为楚所灭，迁于容城（故城在今河北容城），子孙分散，以国为氏。②尧时贤人许由之后。【分布】冀、鲁、豫、粤、苏、闽、台七省多此姓。【人物】许慎（东汉）

许世（許世）xǔ shì 【源出】由许、世二姓合成。【分布】福建泉州、香港等地有。

湑 xǔ 源出不详。【分布】江苏武进、陕西洋县等地有。

浒（滸）xǔ 【源出】清广西太平土州（今广西大新）土著石刻碑文有此姓。【分布】湖南汉寿、贵州习水等地有。

旭 xù 源出不详。见《姓苑》。【分布】太原、洪洞、周口、广西钦州等地有。

芋 xù 源出不详。见《台湾人口姓氏分布》。【分布】台北、高雄、台中等地有。

序 xù 【源出】春秋时楚国附序之后，以父名为氏，见《路史》。

叙 xù 【源出】系自芈姓。春秋楚附叙之后。见《路史》。【分布】成都、宁夏平罗、吉林蛟河等地有。

洫 xù 源出不详。见《姓谱》。【分布】陕西洋县有此姓。

恤 xù 【源出】①春秋时鲁大夫恤由之后。②盖以善于赒恤人而得氏，如救氏、赦氏之类。【分布】四川武胜有此姓。

畜 xù 【源出】①古有畜国，周时为邢侯邑，后又并入于晋，见《姓考》。楚雍子奔晋，晋侯与之都（故城在今河北邢台境内），后因氏，见《左传》。②系自嬴姓。春秋时秦非子为周孝王主马畜牧，支庶以畜为氏。【分布】江苏金湖有此姓。【人物】畜意（汉）

酗 xù 源出不详。【分布】湖南、无锡等省市有。

绪（緒）xù 源出不详。见《姓苑》。【分布】苏、湘、辽、冀四省多此姓。【人物】绪纪（明）

续（續）xù 【源出】①舜七友之一续牙之后。②系自姬姓。晋大夫狐鞠居,食采于续,号续简伯,后以为氏。【分布】内蒙古、晋、冀等地多此姓。【人物】续相如（汉）

续相（續相）xù xiàng 源出不详。【分布】北京平谷、天津静海、大同等地有。

溆 xù 源出不详。【分布】湖南有此姓。

婿 xù 源出不详。【分布】扬州、淄博、江苏武进等地有。

蓄 xù 源出不详。见《正字通》。【分布】湖南怀化、山西浮山、陕西子长等地有。

閾 xù 源出不详。【分布】台湾高雄有此姓。

XUAN

亘 xuān 【源出】商时子姓亘国,商末灭于蒲人,其后或有亘姓。【人物】亘谦（汉）

另见 gèn

轩（軒）xuān 【源出】①黄帝轩辕氏之后有轩氏。②黄帝之子苍林氏之后有轩氏。【分布】豫、辽两省多此姓。【人物】轩和（汉）

另见 hǎn

轩袁（軒袁）xuān yuán 即轩辕氏。见《嘉祥县志》（山东）。【分布】

山东嘉祥有此姓。

轩辕（軒轅）xuān yuán 【源出】黄帝之后,以号为姓,见《风俗通》。【分布】上海、天津武清、大同、台北、周口等地有此姓。【人物】轩辕损（宋）

宣 xuān 【源出】①周宣王（姬静）之后,以谥为氏。②春秋时宋宣公之后,以谥为氏。③春秋时鲁大夫叔孙侨如之后,谥宣伯,以谥为氏。【分布】苏、皖、浙三省多此姓。【人物】宣虎（汉）

宣谈（宣談）xuān tán 源出不详。【分布】上海有此姓。

萱 xuān 源出不详。见《姓苑》。【分布】太原、南京、台北、茂名等地有。

喧 xuān 源出不详。【分布】江苏泰兴有此姓。

煊 xuān 源出不详。【分布】浙江、广东三水等地有。

箮 xuān 源出不详。【分布】上海、武汉等地有。

襺 xuān 【源出】见《篇海》。襺纯旺,汉建武十七年裨将,随马援征征侧、征贰,后留守防城,为襺姓始祖。【分布】广东、广西等地有此姓。【人物】襺明德（明）

玄 xuán 【源出】①相传为黄帝之子玄嚣之后。②相传为黄帝之臣玄寿之后。③少昊时诸侯国玄都,子孙

以国为氏，其后有玄氏。【分布】黑、陕二省多此姓。【人物】玄贺（汉）

还（還）xuán 即儇氏。古儇、嬛、澴字通用。分布不详。

另见 huán

县（縣）xuán 【源出】①周武王同母少弟康叔之后。②楚公族之后。③古者天子宫县，诸侯轩县，必有乐师掌其事者，以世官为氏。【分布】北京、武汉、酒泉、周口等地有。【人物】县芝吴（汉）

泫 xuán 【源出】泫氏为春秋时赵邑。晋烈公元年，赵献子城泫氏（故城在今山西高平），其后以邑为氏。见《竹书纪年》。【分布】河南郏县有此姓。

悬（懸）xuán 【源出】悬，春秋卫大夫采邑，后因氏。见《姓觿》。【分布】沈阳有此姓。

舷 xuán 源出不详。【分布】湖南津市有此姓。

旋 xuán 【源出】黄帝之后有旋氏，即儇氏。见《姓氏考略》。【分布】天津宁河、上海、台北等地有。【人物】旋政（明）

选（選）xuǎn 【源出】见《姓苑》。选，楚地，故地在今湖北枝江南，或以地名为氏。【分布】北京、成都、淮南、茂名等地有。

绚（絢）xuàn 源出不详。【分布】江苏洪泽有此姓。

铉（鉉）xuàn 【源出】后世有铉氏，当因宋避玄字讳时，加金旁以别之。见《姓氏寻源》。【分布】北京、上海、太原、无锡等地有。

渲 xuàn 源出不详。【分布】陕西高陵有此姓。

XUE

薛 xuē 【源出】黄帝之孙颛帝少子阳封于任，其十二世孙奚仲为夏车正，禹封为薛侯国（故城在今山东藤县东南），历夏、殷、周六十四代为诸侯，周末为楚所灭，子孙以国为氏。【分布】晋、冀、鲁、豫、陕、苏、皖七省多此姓。【人物】薛仁贵（唐）

穴 xué 【源出】①以官名为姓氏。周有穴氏，古代掌狩猎的官员。②春秋时楚国季连裔孙穴熊之后有穴氏。【分布】北京、天津、山东鱼台等地有。

学（學）xué 【源出】出自学校官者之后。见《姓苑》《姓氏考略》。【分布】京、闽、黔等省市多此姓。

踅 xué 源出不详。【分布】山西榆次有此姓。

雪 xuě 【源出】西周楚雄（熊）严次子钟（仲）雪之后。【分布】川、冀、

豫、粤、内蒙古五省区多此姓。【人物】雪霁（明）

雪顶（雪頂）xuě dǐng 源出不详。【分布】黑龙江嫩江有此姓。

血 xuè 【源出】茂州（今四川茂县）夷姓。【分布】北京、湘潭、许昌等地有。

谑（謔）xuè 源出不详。【分布】江苏滨海有此姓。

XUN

荤（葷）xūn 源出不详。见《万姓统谱》。【分布】湖南蓝山有此姓。

勋（勛）xūn 源出不详。【分布】上海、成都、淮南等地有。

塤（塤）xūn 源出不详。见《姓苑》。【分布】河南周口有此姓。

熏 xūn 源出不详。【分布】武汉有此姓。

勳 xūn 源出不详。见《姓源》。【分布】山西雁北、晋中等地有。

薰 xūn 源出不详。见《姓苑》。【分布】无锡、台湾、山西灵石等省市有。【人物】薰成（明）

旬 xún 【源出】春秋晋逝遨之后有旬氏。【分布】北京、天津、上海、浙江长兴等地有。

寻（尋）xún 【源出】系自姒姓。夏时同姓诸侯斟寻氏（故城在今山东潍县西南斟城），后为寒促所灭，

子孙因以寻为氏。【分布】湘、苏两省多此姓。【人物】寻曾（晋）

驯（馴）xún 源出不详。见《姓苑》。【分布】山西汾西有此姓。

巡 xún 源出不详。【分布】淮南、云南盐津等地有。

郇 xún 【源出】周文王第十七子封于郇（故城在今山西临猗西南），为侯国，后灭于晋，晋武公以赐大夫原氏，是为郇叔，因氏。【分布】苏、鲁、皖三省多此姓。【人物】郇越（汉）
另见 huán

询（詢）xún 源出不详。【分布】福建连江有此姓。

荀 xún 【源出】①黄帝之臣荀始为冠，此乃荀姓之始。②黄帝之子二十五人，得姓者十四人，荀姓为其一。【分布】晋、冀、鲁、渝、陕、黔、苏、黑八省多此姓。【人物】荀廷诏（明）

洵 xún 源出不详。【分布】浙江新昌有此姓。

恂 xún 源出不详。见《新编千家姓》。分布不详。

覃 xún 【源出】汉时澧中蛮、平州蛮、赐州蛮，均有覃姓，均音寻。蜀地亦有覃姓，亦音寻。分布不详。
另见 qín、tán

循 xún 源出不详。见《梁书》。【分布】天津东丽、太原、湖北孝感等地有。

【人物】循景智（南朝·梁）

谭（譚）xún 见《姓觿》。系方言音。【分布】湖南有此姓。

另见 tán

郚 xún 源出不详。见《新编千家姓》。分布不详。

镡（鐔）xún 【源出】汉置镡成县，故城在今湖南靖州苗族侗族自治县西南。当以地为氏。【分布】湖南有此姓。【人物】镡承（三国）

另见 chán、tán

卂 xùn 源出不详。【分布】西安有此姓。

训（訓）xùn 【源出】训方，周官名（主教导四方之民），子孙以官名为氏。【分布】浙江余姚、湖南华容等地有。【人物】训濬（明）

讯（訊）xùn 源出不详。【分布】淮南、山西高平、贵州省盘州市等地有此姓。

汛 xùn 源出不详。见《续通志·氏族略》。【分布】广东揭西、山西祁县等地有。

徇 xùn 源出不详。【分布】湖南有此姓。

逊（遜）xùn 【源出】①见《万姓统谱》。②清满洲人姓。【分布】北京、周口、山西等省市有。【人物】逊揆（唐）

Y

YA

丫 yā 源出不详。见《新编千家姓》。【分布】武汉、江苏武进等地有。

压（壓）yā 源出不详。见《新编千家姓》。【分布】河北黄骅、台湾屏东等地有。

押 yā 【源出】押衙为官名，或世官者之后以为氏。见《中国姓氏集》。【分布】北京、沈阳、太原等地有。【人物】押那（元）

鸦（鴉）yā 源出不详。见《贵姓何来·古今姓氏表》。【分布】上海、成都、扬州、辽宁盖州等地有。【人物】鸦鸣善（明）

桠（椏）yā 源出不详。亦作丫氏。见《新编千家姓》。分布不详。

鸭（鴨）yā 【源出】魏郡五姓有鸭氏，见《太平寰宇记》。【分布】北京、成都、江苏洪泽等地有。

牙 yá 【源出】①周时太公（即姜子牙）之后有牙氏。②周穆王时大司徒君牙之后，以字为氏，见《风俗通》。【分布】北京、酒泉、太原、台中、周口等地有。【人物】牙惟昌（唐）

牙米 yá mǐ 【源出】纳西族姓。汉意为"母鸡"。本氏族图腾，用以名其氏族且以为家名，遂为氏。【分布】云南宁蒗有此姓。

伢 yá 源出不详。【分布】广西田林有此姓。

芽 yá 源出不详。【分布】北京、天津、淮南、茂名等地有。

厓 yá 【源出】西夏吐蕃组崖氏，后去山改为厓氏。见《姓氏考略》。【分布】山西芮城有此姓。【人物】厓成（明）

埡 yá 源出不详。见《芮城县姓氏》。【分布】山西芮城有此姓。

崖 yá 【源出】①西夏人、吐蕃人有崖氏。②清朝汉族已有崖氏，见《清朝通志·氏族略》。【分布】北京、上海、大同、绍兴、茂名等地有。【人物】崖莳（清）

衙 yá 【源出】系自嬴姓。秦穆公子食采于衙（故城在今陕西澄城北），亦谓之彭衙，因氏。【分布】河南偃师、山西阳泉等地有。【人物】衙谨卿（汉）

哑（啞）yǎ 源出不详。见《新编千家姓》。【分布】西安、成都、台北、绍兴、淮南等地有。

雅 yǎ 【源出】①春秋郑公族之后。②卫之别支有雅氏。【分布】上海、成都、玉门、酒泉等地有。【人物】雅琥（元）

雅布 yǎ bù 【源出】纳西族姓。【分布】云南宁蒗有此姓。

亚（亞）yà 【源出】①周之先祖亚圉之后。②周公族之后。【分布】冀、辽两省多此姓。【人物】亚吉（明）

亚马（亞馬）yà mǎ 【源出】藏族姓。原为房名，因姓。【分布】四川道孚有此姓。

轧（軋）yà 源出不详。见《姓苑》。【分布】北京、天津、太原、桃园等地有。

岜 yà 【源出】传为宋时岳飞之后因避难而改。【分布】沈阳、辽宁昌图、安徽涡阳等地有。

娅（婭）yà 源出不详。见《姓氏词典》。【分布】上海、山西古交、宁夏中卫等地有。

歌 yà 源出不详。见《姓氏典故》。【分布】湖南有此姓。

鱼 yà 源出不详。见《山西人口姓氏大全》。【分布】山西长治有此姓。

YAN

鄢 yān 【源出】有说系鄢氏之讹。【分布】赤水、台南、澎湖等地有。

胭 yān 源出不详。【分布】浙江松阳有此姓。

烟 yān 源出不详。见《姓觿》《三法司爰书》。【分布】北京、呼和浩特市、淄博、山西吉县等地有。

焉 yān 【源出】系自妘姓。春秋时偈国，亦作鄢，故城在今河南鄢陵。偈侯之后有偈氏、焉氏、鄢氏。春秋时灭于郑。【分布】北京、上海、济南、太原、杭州、丹东等地有。【人物】焉古延（北魏）

阉(闇)yān 源出不详。见《希姓录》。【分布】北京、西安、无锡等地有。

淹 yān 【源出】系自嬴姓。奄侯之后，见《路史》。古奄国，春秋时在鲁地，故城在今山东曲阜东。【分布】山西晋城、河南偃师等地有。【人物】淹彪（隋）

鄢 yān 【源出】系自妘姓。陆终第四子求言之后封于鄢（故城在今河南鄢陵西北），为鄢侯，春秋时灭于郑，子孙以国为氏。【分布】鄂、赣、黔三省多此姓。【人物】鄢高（明）

煙 yān 源出不详。见《姓苑》《字汇》《池北偶谈》。【分布】北京大兴、天津、上海、成都、太原等地有。

蔫 yān 源出不详。【分布】曲阜有此姓。

燕 yān 【源出】①源出姬姓。召公奭封于北燕，后以国为氏。北燕，在旧幽州蓟县（故城在今北京大兴），后灭于秦。②系自姞姓。黄帝之后有南燕国，后以国为氏。【分布】晋、冀、鲁、豫、青、川六省多此姓。

【人物】燕广（东汉）

延 yán 【源出】①黄帝之臣封逢之第三子延之后，见《姓考》。②春秋时吴国公子札食采于延陵（故城在今江苏常州），故称延陵季子，延氏宜出于此。【分布】冀、鲁、豫、陕四省多此姓。【人物】延广（汉）

延陵 yán líng 【源出】系自姬姓。春秋时吴王少子札，食邑延陵（古地名，在今常州南淹城遗址），后世以邑为氏。【分布】北京、台北、周口等地有。【人物】延陵盖（宋）

闫(閆)yán 【源出】《说文解字》有阎而无闫。今《姓谱》分为二姓，见《正字通》。【分布】晋、陕、甘、川、台等地有此姓。【人物】闫育（明）

严(嚴)yán 【源出】①古严国之后。唐尧时许由之友严僖乃其后。②丁零人姓。③賨族有严氏。【分布】鄂、苏、川、粤、浙五省多此姓。【人物】严光（东汉）
　　另见 ān

言 yán 【源出】周时已有言姓。周有言肇之鼎，见《宣和博古图》。【分布】湘、浙、川三省多此姓。【人物】言有恂（清）

妍 yán 源出不详。【分布】北京、辽宁台安、湖南祁东等地有。

岩 yán 源出不详。【分布】鲁、赣、甘、

307

台、闽、浙六省多此姓。

另见 ái

炎 yán 【源出】传为古帝炎庆甲之后。见《万姓统谱》。【分布】北京、重庆万州、中山、信阳等地有。

沿 yán 源出不详。【分布】河北邱县、甘肃甘谷、浙江象山等地有。

研 yán 【源出】①帝舜之后有研氏。②战国时羌人无弋爰剑为秦厉公所执，后放于河湟间，羌人推为豪，为西羌之始祖。其六世孙名研，最豪健，自后以研为种号，因以为姓。【分布】北京、太原、河南偃师等地有。【人物】研胥（北齐）

盐（鹽）yán 【源出】①春秋时齐毋盐大夫之后。②掌盐池者之子孙以为氏。【分布】上海、成都、太原、大同、昆山等地有。【人物】盐津（汉）

铅（鉛）yán 【源出】当为铅陵氏所改。《华阳国志》云，江州（今江西九江）官族有铅氏，见《姓氏寻源》。【分布】上海有此姓。

阎（閻）yán 【源出】①系自姬姓。周武王封太伯曾孙仲奕于阎乡，因以为氏。②春秋时晋成公子懿食采于阎邑（故城在今山西），晋灭之，子孙散处河洛，以邑为氏。【分布】晋、冀、鲁、豫、黑、皖六省多此姓。【人物】阎立本（唐）

蜒 yán 源出不详。为虫名。【分布】江苏洪泽有此姓。

筵 yán 源出不详。见《新编千家姓》。【分布】太原、河北藁城等地有。

塩 yán 【源出】台湾土著姓。见《台湾地区的大姓与稀姓》。【分布】台湾高雄、花莲、桃园等地有。

巌 yán 源出不详。见《台湾姓氏堂号考》。【分布】台北高雄、南投等地有。

訮 yán 【源出】为訮字讹写而为姓。【分布】福建屏南有此姓。

颜（顏）yán 【源出】①系自曹姓。颛帝之元孙陆终第五子曰安，安裔孙挟，周武王时封于邾（故城在今山东邹县东南）为鲁附庸。邾挟之后，至于夷父，字颜，子孙以字为氏。②周公之子鲁侯伯禽之支庶食采于颜邑，其后以邑为氏。【分布】湘、鄂、桂、鲁、闽、川、台、苏、粤八省区多此姓。【人物】颜真卿（唐）

檐 yán 源出不详。【分布】湖南、吉林扶余等省市有。

澜 yán 源出不详。见《山西人口姓氏大全》。【分布】吉林扶余、山西潞城等地有。

巖 yán 源出不详。【分布】台北、高雄、基隆、彰化等地有。

奄 yǎn 【源出】古国奄，在今山东曲阜旧城东，商的同盟国，周成王时为周公所灭，子孙以国为姓。【分布】湖南、河南偃师等省市有。

兖 yǎn 【源出】①兖国（在今山东兖州），少昊之裔，以国为氏。②周公旦之后封于兖，以国为氏。【分布】淮南、周口、晋城等地有。【人物】兖尧叟（南宋）

俨（儼）yǎn 源出不详。见《姓解》。【分布】河南沁阳、湖南怀化等地有。【人物】俨思和（明）

衍 yǎn 【源出】系自子姓。春秋时宋微子仲衍之后，见《风俗通》。【分布】北京、武汉、成都等地有。

兗 yǎn 源出不详。有说即兖氏。见《万姓统谱》。【分布】辽宁灯塔有此姓。

剡 yǎn 【源出】①系自己姓。春秋时剡子国之后。②系自嬴姓。舜帝臣伯翳之后有剡氏。【分布】北京、天津武清、太原、酒泉等地有。【人物】剡次（宋）

另见 shàn

掩 yǎn 【源出】系出嬴姓，秦后有掩氏。见《路史》。【分布】河南偃师、浙江桐乡等地有。

眼 yǎn 源出不详。见《姓苑》。【分布】北京、大同等地有。

偃 yǎn 【源出】颛顼帝裔孙皋陶，明五刑有功，赐姓偃氏，封于河东为诸侯，春秋时小国，贰、轸、州、绞、蓼、六、群舒皆其后也。春秋时楚尽灭偃姓之国，其后遂以姓为氏。【分布】河南栾川有此姓。【人物】偃参（汉）

琰 yǎn 源出不详。见《新编千家姓》。分布不详。

演 yǎn 源出不详。见《中华姓府》。【分布】北京、上海、武汉、成都等地有。

黡 yǎn 源出不详。【分布】浙江桐乡有此姓。

厌（厭）yàn 源出不详。见《新编千家姓》。【分布】太原、大同、曲阜、无锡等地有。

晏 yàn 源出不详。【分布】湖北黄梅、山东平度等地有。

砚（硯）yàn 【源出】源出不详，或以物名为姓，如釜氏、杯氏之类。见《姓苑》。【分布】北京、武汉、成都、高雄等地有。【人物】砚弥坚（元）

彦 yàn 【源出】周初齐姜太公吕尚之后有彦氏，见《路史》。【分布】辽、鲁、黑三省多此姓。【人物】彦室（宋）

艳（艷）yàn 源出不详。【分布】上海、台北、大同、酒泉等地有。【人物】艳奴（宋）

晏 yàn 【源出】①古帝颛顼之裔陆终第五子晏安，其后以晏为氏。②古帝尧臣晏龙，当为晏氏所自出。见《山海经》。【分布】湘、鄂、川、豫、赣五省多此姓。【人物】晏称（汉）

唁 yàn 源出不详。【分布】湖南、江苏滨海等省市有。

深 yàn 源出不详。见《丰宁满族自治县志》（河北）。【分布】河北丰宁有此姓。

宴 yàn 源出不详。【分布】淮南、信阳、辽中、台中等地有。

验（驗）yàn 源出不详。【分布】太原、广东吴川、湖南芷江等地有。

谚（諺）yàn 源出不详。见《中华古今姓氏大辞典》。【分布】武昌、扬州、湖南麻阳等地有。

雁 yàn 【源出】①见《姓苑》。当以善射雁者之后以为氏。②汉时匈奴人姓，见《汉书·功臣表》。【分布】北京、天津、成都、西安等地有。【人物】雁疵（汉）

焱 yàn 源出不详。见《庄子·天运篇》。【分布】西安有此姓。

YANG

央 yāng 源出不详。见《姓苑》。【分布】上海、周口、承德、北京平谷等地有此姓。

央岗（央崗）yāng gǎng 【源出】佤族姓。此姓与开种水田有关，汉姓为田。即羊木干姓。【分布】云南沧源、澜沧等地有。

央更 yāng gēng 【源出】佤族姓。意为田地，汉姓为田。【分布】云南沧源有此姓。

央欧（央歐）yāng ōu 【源出】佤族姓。本为寨名，或以之为姓。【分布】云南西盟有此姓。

央荣（央榮）yāng róng 【源出】佤族姓。意为在大青树旁栖息，汉姓为李。【分布】云南沧源、澜沧等地有。

殃 yāng 源出不详。见《湘潭市姓氏》。【分布】湘潭、江苏洪泽等地有。

鸯（鴦）yāng 源出不详。【分布】江苏洪泽、浙江湖州、湖南等省市有。

秧 yāng 源出不详，见《新编千家姓》。【分布】上海、西安、中山、桂林、澎湖等地有。

鞅 yāng 【源出】①系自妫姓。春秋时陈厉公之子陈完，谥敬仲，故称陈敬仲，其后有鞅氏。②系自嬴姓。春秋时晋赵简子（即赵鞅）之后。【分布】北京有此姓。

扬（揚）yáng 【源出】①系自姬姓。周宣王之子尚，幽王时封为扬侯（扬，故城在今山西洪洞东南），

其后以为氏。②周景王（姬贵）之后。【分布】湘、吉二省多此姓。【人物】扬季（汉）

羊 yáng 【源出】①周官羊人之后，以官为氏。②春秋时晋羊舌大夫之后，春秋末始改羊舌复姓为羊氏。【分布】琼、川、浙、甘四省多此姓。【人物】羊祜（西晋）

羊角 yáng jué 【源出】春秋时卫大夫食采于羊角（故城在今山东范县南），以邑为氏。【分布】北京有此姓。

羊舌 yáng shé 【源出】①春秋时晋靖侯之后食采于羊舌邑，故为羊舌大夫，因以为氏。②春秋时晋武公伯侨之后，伯侨之孙突为羊舌大夫，因以为氏。【分布】沈阳有此姓。

阳（陽）yáng 【源出】①系自妘姓。夏禹之裔有阳氏。②周时阳国（故城在今山东沂水境），周惠王十八年灭于齐，子孙遂以国为氏。【分布】桂、湘、川、赣四省区多此姓。【人物】阳并（汉）

阳迟（陽遲）yáng chí 源出不详。【分布】山西河曲有此姓。

阳刘（陽劉）yáng liú 【源出】系阳、刘二姓合成。【分布】湖南城步有此姓。

杨（楊）yáng 【源出】①系自姬姓。周宣王少子尚父封于杨（即扬，故城在今山西洪洞境），号杨侯，后

并于晋，因以为氏。②丁零人姓。③北魏莫胡卢氏，改为杨氏。【分布】冀、鲁、豫、川、滇、湘、鄂、黔等省多此姓。【人物】杨秀清（清）

杨邦（楊邦）yáng bāng 【源出】佤族姓。【分布】云南西盟有此姓。

杨董（楊董）yáng dǒng 【源出】佤族姓。汉姓为魏。【分布】云南西盟有此姓。

杨埂（楊埂）yáng gěng 【源出】佤族姓。【分布】云南沧源、耿马、孟连等地有此姓。

杨孔（楊孔）yáng kǒng 【源出】佤族姓。【分布】云南西盟有此姓。

杨龙（楊龍）yáng lóng 【源出】佤族姓。汉姓为魏、李、赵。【分布】云南西盟有此姓。

杨莫（楊莫）yáng mò 【源出】佤族姓。汉姓为张。【分布】云南西盟有此姓。

杨欧（楊歐）yáng ōu 【源出】佤族姓。汉姓为李。【分布】云南西盟有此姓。

杨茸（楊孔）yáng róng 【源出】佤族姓。【分布】云南沧源、耿马、孟连等地有此姓。

杨石（楊石）yáng shí 【源出】以杨、石二姓合成。【分布】湖南城步有此姓。

杨松（楊松）yáng sōng 【源出】佤族姓。汉姓有魏、陈。【分布】云南

西盟有此姓。

杨王（楊王）yáng wáng 【源出】以杨、王二姓合成。【分布】湖南有此姓。

杨喔（楊喔）yáng wō 【源出】佤族姓。【分布】云南西盟有此姓。

圀 yáng 【源出】系复姓欧阳合为单姓，见《安义县志》（江西）。【分布】新疆、湖南、江西安义等省区市有。

炀（煬）yáng 源出不详。【分布】淮南、四川通江等地有。

钖（錫）yáng 源出不详。见《中华姓府》。【分布】河北定兴有此姓。

佯 yáng 源出不详。【分布】湖南泸溪有此姓。

昜 yáng 【源出】古阳（陽）字，但已另为姓。【分布】河北香河、广东新会、云南河口等地有。

徉 yáng 源出不详。【分布】湖南有此姓。

洋 yáng 【源出】洋，地名，在今山东临朐，战国时（田）齐大夫食邑，因以为氏。【分布】北京、武汉、成都、湘潭、周口等地有。

烊 yáng 源出不详。【分布】湖南有此姓。

仰 yǎng 【源出】①相传舜时有仰延，将八弦瑟增至二十五弦。仰延当为仰姓之始。②秦惠王子公子卬之后。卬，古仰字。【分布】川、皖、浙三省多此姓。【人物】仰忻（宋）

养（養）yǎng 【源出】系自嬴姓。春秋时养国，后灭于楚，为楚大夫养由基食采之邑，因以为氏。【分布】北京昌平、上海、沈阳、成都、宜兴等地有。【人物】养奋（东汉）

痒 yǎng 源出不详。【分布】上海嘉定，江苏滨海、泰兴等地有。

怏 yàng 源出不详。【分布】湖南、山东新泰等省市有。

样（樣）yàng 【源出】南蛮姓，见《唐书》。上海、周口、江苏高淳等地有。

恙 yàng 源出不详。【分布】上海、茂名、山西左权等地有。

YAO

么 yāo 【源出】么、幺相通。见《姓苑》。【分布】冀、鲁、辽、桂四省区多此姓。

幺 yāo 源出不详。见《姓苑》。见《馆陶县志》（河北）。【分布】晋、津二省市多此姓。【人物】幺显名（明）

天 yāo 【源出】周文王（姬昌）四友之一闳夭之后，见《姓谱》。【分布】湘潭、太原、大同、周口等地有。

吆 yāo 源出不详。【分布】天津东丽有此姓。

妖 yāo 源出不详。见《山西省革命烈士英名录》。【分布】西安、太原、大同等地有。

要 yāo 【源出】①要离之后有要氏。要离为春秋时吴人，吴公子使要离刺王僚之子庆忌。②要，春秋周邑（在今河南新安境），或以邑名氏。【分布】晋、冀、甘三省多此姓。【人物】要珍（唐）

腰 yāo 【源出】见《万姓统谱》。腰，系要姓分族。见《尉氏县志》（河南）。【分布】北京、成都、太原、台北等地有。【人物】腰加诰（明）

邀 yāo 源出不详。见《淮南市姓氏》。【分布】安徽淮南有此姓。

爻 yáo 【源出】见《姓苑》。甲骨文中所见商氏族。源出不详。【分布】江苏响水有此姓。

尧 （堯）yáo 【源出】尧，陶唐氏之君，姓伊祁，名放勋。帝尧之后，支孙以为氏。【分布】川、黔、湘、豫等省多此姓。【人物】尧暄（北魏）

尧乐 （堯樂）yáo yuè 源出不详。见《中华姓府》。【分布】新疆有此姓。

杳 yáo 源出不详。汉、彝等族有此姓。【分布】上海、武汉、成都等地有。

郊 yáo 源出不详。见《山西人口姓氏大全》。【分布】山西文水有此姓。

侥 （僥）yáo 源出不详。见《姓苑》。

【分布】周口、陕西洋县、湖北利川、湖南等省市有。

肴 yáo 源出不详。【分布】湖南双峰有此姓。

莪 （蕘）yáo 源出不详。见《姓氏典故》。【分布】海南万宁等地有。

轺 （軺）yáo 源出不详。【分布】湖南有此姓。

姚 yáo 【源出】①虞舜生于姚墟（故城在今河南濮阳南），故因生以为姓。后世亦有以为氏者。②春秋时姚国，子姓，其后以国为氏。【分布】皖、粤、苏、浙、豫、川六省多此姓。【人物】姚鼐（清）

姚金 yáo jīn 源出不详。【分布】浙江湖州有此姓。

姚荣 （姚榮）yáo róng 源出不详。【分布】浙江湖州有此姓。

陶 yáo 【源出】系出偃姓。皋陶（亦作皐繇），为舜太士，明五刑之功，赐姓陶。陶、繇二氏同源，以名为氏。【分布】内蒙古乌海有此姓。

　　另见 táo

淫 yáo 【源出】源自偃姓。一说，即繇氏。【分布】山西绛县、浙江兰溪等地有。

窑 （窯）yáo 源出不详。【分布】天津宝坻、河北定州、山西长子等地

313

有。

谣（謠）yáo 【源出】皋陶王于曲阜，是为偃姓。六、蓼皆偃姓之国，其后有谣氏。见《潜夫论》。【分布】武汉、沈阳、湖南益阳等地有。

摇 yáo 【源出】①越王勾践裔孙东越王摇之后，以王父名为氏。②《山海经》载，叔歜生摇民，摇民居越，是为摇氏。【分布】上海、浙江萧山、江苏金湖等地有。【人物】摇毋余（汉）

遥 yáo 源出不详。【分布】北京、无锡、山西黎城等地有。

滛 yáo 源出不详。见《山西人口姓氏大全》。【分布】山西绛县、浙江兰溪、湖南桂阳等地有。

媱 yáo 源出不详。【分布】大同、河南济源等地有。

瑶 yáo 源出不详。见《姓谱》。【分布】北京、上海、成都、汨罗、酒泉等地有。

榚 yáo 源出不详。见《台湾区姓氏堂号考》。【分布】台北有此姓。

繇 yáo 【源出】咎繇，即皋陶（东夷首领），其后有繇氏，见《风俗通》。【分布】湖南有此姓。【人物】繇廉（明）

乐（樂）yào 【源出】当为药姓所改，见《酒泉市姓氏》。【分布】西北地区有此姓。

另见 lào、lè、yuè

荮 yào 【源出】系药之俗写，今为独立姓。【分布】辽宁朝阳有此姓。

药（藥）yào 【源出】①炎帝之裔，姜姓之后有药氏。②巴夷人姓，賨人姓。③突厥人姓。【分布】晋、陕二省多此姓。【人物】药崧（汉）

另见 yuè

钥（鑰）yào 源出不详。见《姓苑》。【分布】河北定兴有此姓。

鹞（鷂）yào 源出不详。见《中华古今姓氏大辞典》。【分布】贵州惠水有此姓。

曜 yào 源出不详。见《古今图书集成·氏族典》。【分布】成都有此姓。

耀 yào 源出不详。见《中华姓氏大辞典》。【分布】天津武清、上海、成都、大同等地有。

YE

耶 yē 【源出】①源出不详。见《姓苑》。②西夏党项人姓。【分布】北京、成都、太原、西安等地有。

耶律 yē lǜ 【源出】出自契丹，阿保机，用其妻述律之策，袭杀诸部大人，遂雄北边，僭称皇帝，自号天皇王（即辽国）。以其所居横帐地名为姓，曰世里。世里，译为耶律，遂有耶律氏。【分布】辽宁阜新有此姓。

【人物】耶律楚材（契丹）

耶松 yē sōng 【源出】佤族姓。出自家族名。【分布】云南西盟有此姓。

椰 yē 源出不详。见《新编千家姓》。【分布】湖南祁东有此姓。

爷（爺）yé 源出不详。见《萍乡市姓氏》（江西）。【分布】中山、江西萍乡、河南偃师等地有。

茶 yé 【源出】湖南茶陵为东汉时置，西汉时成荼陵，以地名氏。分布不详。

另见 shū、tú

也 yě 【源出】①出自蒙古人姓。②土族姓。元朝官员薛都尔丁归降明朝，其子也里只斤之后以其首译音也、冶为汉姓。【分布】北京、天津、成都、武汉、成都等地有。【人物】也伯先（明）

月 yě 【源出】也写作叶，傣族姓。原为傣族女子之名，今随汉俗，为姓。【分布】云南嵩明、潞西等地有。

另见 yuè

叶 yě 【源出】傣族姓。叶为傣族女子名的组成部分，表示长女之意。今随汉俗，成为傣族人之姓。【分布】云南孟连有此姓。

另见 yè

冶 yě 【源出】①周时官名有冶氏，掌制兵器，以其世官为氏。②春秋

时吴王之后有冶氏。③铸匠曰冶。或以职为氏。【分布】豫、甘、宁三省多此姓。【人物】冶大雄（清）

野 yě 【源出】伯禽为周武王之弟周公旦之裔，其少子名鱼，食采东野，因以为氏。东野氏之后有野氏。【分布】冀、吉二省多此姓。【人物】野庐（元）

业（業）yè 【源出】见《姓苑》。一说。宜为古掌巨业之官之后，以职为氏。【分布】皖、豫两省多此姓。【人物】业遵（宋）

叶（葉）yè 【源出】春秋时楚国沈诸梁食采于叶（故城在今河南叶县），因以为氏。【分布】粤、浙、闽、赣、皖五省多此姓。【人物】叶雄（三国·吴）

另见 yě

叶刘（葉劉）yè liú 【源出】当系叶、刘二姓合成。【分布】台湾桃园有此姓。

芭 yè 源出不详。【分布】银川、陕西蒲城、山西汾阳等地有。

页（頁）yè 源出不详。见《新编千家姓》。【分布】太原、成都、台北等地有。

曳 yè 源出不详。见《奇姓通》。【分布】西安、无锡、山西洪洞等地有。

邺（鄴）yè 【源出】系自姬姓。古有邺国（故城在今河南安阳北），春秋时为齐邑，后因以为氏。【分布】上海宝山、成都、宜兴等地有。【人

315

物】郏凤（汉）

夜 yè 【源出】①《周礼》夏官有掌漏刻之官挈壶氏，其后有夜氏。②蜀松潘少数民族有夜氏。【分布】北京、西安、成都、太原、云南宜良等地有。【人物】夜景光（明）

宜 yè 【源出】即夜氏，但另为姓。见《新编千家姓》。分布不详。

晔（曄）yè 源出不详。【分布】广东中山有此姓。

烨（燁）yè 源出不详。【分布】浙江衢州有此姓。

掖 yè 【源出】①掖，为春秋时莱国地（故城在今山东莱州市），以地为氏。②宫殿中旁舍，为后妃宫嫔所居，称掖庭，负责掖庭之官为掖庭令。以官为氏。【分布】浙江上虞有此姓。

液 yè 【源出】①见《姓苑》。相传古有术士，善于炼化，能作汤液，后代因以为氏。②液，县名，故城在今山东莱州市。以邑为氏。【分布】湖南、江苏金湖等省市有。【人物】液容调（汉）

谒（謁）yè 【源出】古有谒者，以官为姓。谒，始置于春秋时之官，专为国君掌管传递之事。见《风俗通》。【分布】南昌、河北晋州、台湾花莲等地有。【人物】谒涣（汉）

腋 yè 源出不详。【分布】湖南有此姓。

YI

一 yī 【源出】①魏晋时鲜卑族一那娄氏之后。②由乙姓衍化而来。见《姓解》。【分布】上海、西安、无锡、淮南等地有。【人物】一洪（明）

弌 yī 【源出】即壹姓，但已为另姓。【分布】江苏泗洪有此姓。

伊 yī 【源出】①帝尧伊祁氏之后有伊氏。古伊国，炎帝裔尧之母家，侯国，自伊徙耆，又为伊耆氏，见《路史》。②汉时匈奴人姓。【分布】晋、冀、鲁、豫、闽、黑、浙、辽、皖九省多此姓。【人物】伊籍（三国·蜀）

伊祁 yī qí 【源出】相传帝尧生于伊祁山（今河北顺平县西，祁水发源于此，亦称尧山），故以为姓，见《帝王世纪》。【分布】江苏兴化有此姓。

伊西 yī xī 源出不详。【分布】台北有此姓。

衣 yī 【源出】春秋时齐人方言中，"殷"音如"衣"，衣姓或为殷姓之后，见《中庸注》。

依 yī 【源出】①黄帝二十五子，得姓者十四人，其一为依姓。②依，商周子姓古国，春秋初灭于郑，成为郑邑。郑大夫食采于依，因氏。【分布】辽、吉二省多此姓。

依伙 yī huǒ 【源出】彝族姓。阿黎、拉马等家支均有依伙姓。【分布】云南宁蒗有此姓。

依纽 (依紐) yī niǔ 【源出】彝族姓。属乌玛阿黎家支。【分布】四川布拖等地有此姓。

壹 yī 【源出】唐时渤海国人姓。见《万姓统谱》。【分布】台北、河北平泉、湖南辰溪等地有。【人物】壹震昌（明）

医 (醫) yī 【源出】春秋鲁、晋、楚、卫均有医官，掌医之政令，聚毒药以供医事。以官名为氏。【分布】北京、成都、湖南炎陵等地有。

揖 yī 源出不详。【分布】北京、成都、湖南等地有。

仪 (儀) yí 【源出】①系自妫姓。舜后有仪氏。故禹臣有仪狄。②周官司仪之后，以世官为氏。【分布】晋、鲁二省多此姓。【人物】仪锐（明）

台 yí 【源出】①源出墨台氏，因避事去墨为台氏。②为骀氏所改。【分布】内蒙古赤峰有此姓。【人物】台宽（北魏）

夸 yí 【源出】同夷，系夷姓分支。

夷 yí 【源出】①相传黄帝之臣夷牟作矢，为夷姓之始。②相传后羿姓夷，故自虞夏时已有夷姓。【分布】上海金山、无锡、台湾彰化、四川大邑

等地有。【人物】夷福（明）

臣 yí 源出不详。【分布】湖南有此姓。

沂 yí 【源出】沂，水名。源于山东蒙阴北，居其旁者以水名为氏。【分布】北京、天津、上海、淮南、湘潭等地有。【人物】沂川（元）

饴 (飴) yí 源出不详。【分布】湖南有此姓。

怡 yí 【源出】系自姜姓。炎帝神农氏之裔有州、甫、甘、许、戏、露、齐、纪、怡、向、申、吕等国，见《史记》。当以国为氏。【分布】上海、成都、武汉、西安、大同等地有。【人物】怡心海（清）

宜 yí 【源出】①系自子姓。春秋时宋大夫宜僚（为宋司马华费遂侍人）之后。②宜，春秋时楚大夫食邑，即今湖北宜城，以邑为氏。【分布】内蒙古、陕、豫三省区多此姓。【人物】宜缯（汉）

姨 yí 源出不详。【分布】湖南桂东、贵州剑河等地有。

宧 yí 源出不详。见《清稗类钞·姓名类》。【分布】江苏、台湾台东等省市有。

移 yí 【源出】系自姜姓。春秋时齐公子雍，食采于移，其后以邑为氏，见《风俗通》。【分布】天津武清、上海嘉定、信阳、无锡等地有。【人

317

^{物]}移良（东汉）

遗（遺）yí 【源出】①《周礼》地官有遗人，掌施惠、恤养、赈济之事，后以官为氏。②春秋时鲁季氏家臣南遗之后。【分布】山西侯马有此姓。

颐（頤）yí 【源出】汉时苦县有颐乡（故城在今河南鹿邑南），以地为氏，见《史记·灌婴传注》。【分布】北京顺义、兰州、太原、大同等地有。【人物】颐炅（隋）

颐合（頤合）yí hé 【源出】彝族姓。【分布】四川峨边有此姓。

颐史（頤史）yí shǐ 【源出】彝族姓。【分布】四川峨边有此姓。

嶷 yí 源出不详。【分布】湖南有此姓。

彝 yí 源出不详。见《通志·氏族略》《新编千家姓》。分布不详。

乙 yǐ 【源出】①源自子姓。殷汤字天乙，其支孙以王父字为氏。②姬姓鲁公族有乙氏。【分布】北京、上海、台北、天津武清、周口等地有。【人物】乙世（汉）

已 yǐ 源出不详。见《清稗类钞·姓名类》。【分布】天津武清、太原、大同、周口等地有。

以 yǐ 源出不详。见《姓苑》。【分布】北京、天津、台北、太原等地有。【人物】以慈（宋）

苡 yǐ 【源出】同姒氏。相传夏禹之母吞薏苡（俗名草珠子）而生禹，故以为氏。【分布】湖南有此姓。

蚁（蟻）yǐ 【源出】即蛾(yǐ，蚁之古字)氏。见《万姓统谱》。【分布】北京、上海、汕头、海南琼海等地有。【人物】蚁逢（汉）

宸 yǐ 源出不详。见《姓苑》。【分布】太原、成都、大同、呼和浩特市等地有。【人物】宸昭（明）

椅 yǐ 【源出】见《姓谱》。或以器具为氏，如桌氏之类。【分布】武汉、茂名、浙江上虞等地有。

锜（錡）yǐ 【源出】周公（姬旦）分与卫康叔殷人七族，其一为錡氏。【分布】泉州、台北、基隆等地有。

螘 yǐ 【源出】即蚁氏。见《姓觽》。【分布】上海、台北、合肥等地有。

义 yì 源出不详。【分布】四川大邑、都江堰等地有。

弋 yì 【源出】夏后禹之后封于弋（在今河南潢川西），因以为氏。【分布】晋、冀、豫三省多此姓。【人物】弋子元(宋)

亿（億）yì 源出不详。见《姓苑》。【分布】苏、鄂、川、豫等省多此姓。

义（義）yì 【源出】①源于商朝。《商书》有谊柏、仲伯作典宝。《汉书·古今人表》作义伯。义姓当始此。

②义渠（春秋时西戎之一）之后有义姓。【分布】湘、晋二省多此姓。【人物】义受（明）

艺（藝）yì 【源出】系自姬姓，周武王（姬发）之弟周公次子仲桓之后。【分布】北京、天津、上海、成都、无锡、茂名等地有。【人物】艺元（元）

庐 yì 源出不详。【分布】甘肃永登有此姓。

忆（憶）yì 源出不详。【分布】淮南，山西长治、汾阳等地有。

失 yì 【源出】即佚姓。见《姓考》。
另见 shī

议（議）yì 源出不详。汉、傈僳族均有此姓。【分布】扬州、山东嘉祥等地有。

屹 yì 源出不详。见《新编千家姓》。分布不详。

亦 yì 【源出】①见《姓苑》。或为奕姓所改。②或元时御史大夫、江西行省左丞相亦怜真班之后，以亦为姓。【分布】北京、上海、绍兴、大同、曲阜等地有。【人物】亦尚节（宋）

异 yì 源出不详。见《姓苑》。【分布】陕西蒲城、浙江上虞等地有。

妌 yì 【源出】《卜辞》中氏族名，系西周古姓。凡女姓之字，金文皆从女作，而先秦以后所写经传，往往省去女旁，妌姓之弋是也。分布不详。

抑 yì 源出不详。【分布】郑州、太原、淮南等地有。

邑 yì 【源出】①黄帝臣邑夷之后。②明洪武年间，山西郇邑人移居安徽利辛，以邑名为姓。见《利辛县姓氏》（安徽）。【分布】安徽利辛、河北定州、云南宜良等地有。

佚 yì 【源出】①佚为商时侯国，周武王俘佚侯、艾侯小臣四百人，其后以国为氏。②周时史佚之后，以名为氏。【分布】山西临汾、浙江余姚等地有。

役 yì 源出不详。【分布】湖南城步、怀化等地有。

译（譯）yì 源出不详。见《新编千家姓》。【分布】北京、上海、台北、太原、周口等地有。

易 yì 【源出】①甲骨文已有易氏族，活跃于今河北易水河一带（即华北地区一支强部落），后裔以易为氏。②古有易州（故治在今河北易县），以地为氏。【分布】湘、鄂、川、赣四省多此姓。【人物】易雄（晋）

洃 yì 源出不详。【分布】湖南有此姓。

诣（詣）yì 源出不详。见《新编千家姓》。分布不详。

绎（繹）yì 【源出】①系自曹姓，邾

319

文公迁于绎（故城在今山东邹县境），因以为氏。②系自芈姓。楚公族之后有绎氏。【分布】浙江、江苏金湖等省市有。

驿（驛）yì 【源出】驿，古代接待处地官吏或公差的暂住地，谓之驿站。以驿站为姓。【分布】湖南有此姓。

轶（轶）yì 源出不详。见《新编千家姓》。【分布】内蒙古、湖南等二省区有。

弈 yì 源出不详。见《贵姓何来·古今姓氏表》。【分布】湖南有此姓。

奕 yì 【源出】①商时有奕车之觚，见《宣和博古图》。此为奕氏之始。②周伯卤之曾孙仲奕，武王封之于阎，晋灭之，其后有奕氏。【分布】陕、浙、皖、豫、苏五省多此姓。

羿 yì 【源出】有穷氏后羿篡夏后相之位。羿本国在澶州卫故鉏城（故城在今河南滑县东），后迁穷石（今河南孟州市西）。其后以名为氏。【分布】湘、鄂、辽、陕四省多此姓。【人物】羿忠（明）

益 yì 【源出】①系自嬴姓。伯益之后。②其先为益州牧，因以州名为氏。益州故治在今四川成都。【分布】沪、冀、甘、鄂四省市多此姓。【人物】益强（汉）

益西 yì xī 源出不详。【分布】台湾桃园有此姓。

異 yì 【源出】①唐时凤迦异之子异牟寻归唐，封南诏王，见《唐书》。其后有以父名为氏者。②系高车姓异奇斤氏所改。【分布】北京、河南郏县、湖北公安等地有。【人物】異牟寻（唐）

谊（誼）yì 源出不详。见《山西人口姓氏大全》。【分布】山西洪洞、浙江平湖等地有。

逸 yì 【源出】东夷牟奴国之帅姓逸。牟奴国即牟子国，为祝融之后，在今山东蓬莱东南。见《晋书》。【分布】北京、沈阳、浙江镇海等地有。【人物】逸芝惟离（晋）

翌 yì 源出不详。【分布】山西平陆、广东吴川等地有。

溢 yì 源出不详。见《山西人口姓氏大全》。【分布】山西古交有此姓。

嗌 yì 源出不详。【分布】湖南有此姓。

猗 yì 源出不详。【分布】浙江嵊州有此姓。

裔 yì 【源出】春秋时齐大夫裔款之后，见《姓考》《姓苑》。【分布】上海金山、南京、台北、西安、扬州等地有。【人物】裔璜（明）

意 yì 【源出】春秋鲁季孙意如之后，见《姓苑》。【分布】台北、广东顺德、河北怀安等地有。【人物】意秀（明）

溢 yì 源出不详。见《中华姓府》。【分布】江苏武进、河北邱县有此姓。

蜴 yì 源出不详。【分布】湖南有此姓。

廙 yì 源出不详。见《姓苑》。【分布】甘肃永登有此姓。

毅 yì 源出不详。见《姓苑》。【分布】北京、上海、太原、无锡等地有、

歖 yì 同懿，见《直韵》。【分布】成都有此姓。

翼 yì 【源出】①系出姬姓。春秋时晋翼侯都翼（故城在今山西翼城东南），后迁于随，因氏。②系自曹姓。翼，春秋时邾地，邾子之后有翼氏。【分布】北京、太原、玉门、高雄等地有。【人物】翼奉（汉）

懿 yì 【源出】①懿，古国名，在今河南濮阳西北，其后有懿氏。②春秋时，陈、卫、齐、鲁均有懿。【分布】江西萍乡有此姓。

YIN

因 yīn 【源出】①因，商时侯国，以国名为氏，见《姓考》。②系出妫姓，周时遂国（在今山东宁阳），春秋灭于齐，遂人有因氏。【分布】北京、武汉、台北、太原等地有。【人物】因纲（明）

阴（陰）yīn 【源出】①古帝阴康氏之后，见《风俗通》。②虞夏时有阴国（在今山西霍州东南），以国为氏。【分布】晋、冀、陕、赣、黑五省多此姓。【人物】阴寿（隋）

茵 yīn 源出不详。见《姓苑》。【分布】北京、上海、台湾、台中、周口等地有。

荫（蔭）yīn 源出不详。【分布】北京、成都、西安、太原、大同等地有。

垔 yīn 源出不详。见《新编千家姓》。分布不详。

音 yīn 【源出】①见《姓苑》。当系古太史掌五音者之后。②韩不信，字伯音，或其子孙以其字为氏。【分布】上海、太原、大同、淮南等地有。

姻 yīn 源出不详。见《山西人口姓氏大全》。【分布】山西原平、广东四会等地有。

殷 yīn 【源出】①周武王灭纣，封纣王庶兄微子启于宋，以奉汤祀，子孙不得封者，以殷为氏。②居河南殷水者，以水名为氏。【分布】苏、皖、滇三省多此姓。【人物】殷通（秦）

堙 yīn 源出不详。见《新编千家姓》。也作垔氏。【分布】湖南、陕西韩城等省市有。

殷 yīn 【源出】即殷氏，见《甘肃省革命烈士英名录》，已另成一姓。【分布】酒泉有此姓。【人物】殷化行（清）

毅 yīn 源出不详。【分布】江苏高邮、台湾彰化等地有。

露 yīn 【源出】阴康氏之后有阴氏、露氏。见《元和姓纂》。

吟 yín 源出不详。见《姓苑》。【分布】武汉、成都、茂名、河北黄骅等地有。【人物】吟约（唐）

狋 yín 源出不详。【分布】河北故城有此姓。

垠 yín 源出不详。见《无锡县姓氏》（江苏）。【分布】无锡、湖南津市等地有。

阖（闉）yín 【源出】见《姓苑》。即圁姓。【分布】上海、四川安县、河北任县等地有。【人物】阖敬（明）

崟 yín 源出不详。见《新编千家姓》。【分布】山西大同、宁武等地有。

银（銀）yín 【源出】广西银姓，出自金时大名路总管完颜银术可（也作金银术可）之后。【分布】四川省多此姓。【人物】银文昭（清）

寅 yín 源出不详。【分布】北京、上海、天津武清、大同等地有。【人物】寅午辰（元）

鄞 yín 【源出】鄞，地名，在今浙江宁波市鄞州区，以地名为氏。【分布】上海金山、汕头、台北、中山等地有。

尹 yǐn 【源出】相传少昊之子殷，为

工正（官名，司百工之事），封于尹城，其后因以为氏。【分布】冀、鲁、川、湘、鄂、辽六省多此姓。【人物】尹会一（清）

引 yǐn 【源出】①引，国名，夏时侯国，子孙以国名氏。②春秋鲁公族有引氏。【分布】北京、上海川沙、武汉、西安、太原等地有。【人物】引住（元）

饮（飲）yǐn 【源出】古姓，即酓氏。为楚人氏。男氏饮，女氏妷。【分布】太原、陕西紫阳、四川仪陇等地有。

隐（隱）yǐn 【源出】春秋姬姓鲁隐公之后，以谥为氏。【分布】北京、上海、成都、信阳、洪洞等地有。【人物】隐蕃（三国·吴）

印 yìn 【源出】春秋时郑穆公之子公子印，其孙印段以祖父字为氏。【分布】江苏、湖南、湖北、上海、河南五省多此姓。

茚 yìn 源出不详。【分布】山西运城、四川合江等地有。

胤 yìn 【源出】胤，夏时诸侯国，夏王仲康命胤侯掌六师。子孙以国为氏。【分布】武汉有此姓。

YING

应（應）yīng 【源出】系自姬姓。周武王第四子封于应，为侯国，故城在今河南平顶山境，先属周，后附

秦，春秋时灭于楚，子孙以国为氏。【分布】浙、赣、皖等地多此姓。【人物】应劭（东汉）

英 yīng 【源出】系自偃姓。皋陶之裔仲甄封于英（故城在今安徽英山东北），春秋时灭于楚，子孙以国为氏。【分布】冀、鲁、琼、粤、川、苏、滇七省多此姓。【人物】英秉臣（宋）

英龙（英龍）yīng lóng 【源出】佤族姓。【分布】云南沧源有此姓。

莺（鶯）yīng 源出不详。【分布】太原、河北东光等地有。

婴（嬰）yīng 【源出】①系自嬴姓。商王太戊之臣仲衍之后。②系自姜姓。齐大夫晏婴之后。【分布】无锡、江西丰城、台湾台中等地有。

瑛 yīng 源出不详。见《姓谱》。【分布】山西阳泉有此姓。

瑛黄 yīng huáng 源出不详。见《临夏市姓氏》（甘肃）。【分布】甘肃临夏有此姓。

樱（櫻）yīng 源出不详。见《新编千家姓》。【分布】甘肃景泰、江苏滨海等地有。

鹰（鷹）yīng 【源出】源自远古原始氏族图腾崇拜，见《简明中国通史》。【分布】山西方山、榆次，云南怒江州、邱北等地有。

罂 yīng 源出不详。见《台湾区姓氏堂号考》。【分布】台湾彰化有此姓。

迎 yíng 源出不详。见《姓谱》。【分布】大同、河南潢川、陕西蒲城等地有。

莹（塋）yíng 源出不详。见《姓苑》。【分布】山西汾阳、河北围场等地有。

荧（熒）yíng 源出不详。【分布】湖南有此姓。

盈 yíng 【源出】①古盈国，嬴姓，为熊盈所居，后为周公所灭，子孙以国为氏。②系自姬姓。春秋时晋栾盈之后。【分布】上海、曲阜、台北、周口等地有。

莹（瑩）yíng 源出不详。见《新编千家姓》。【分布】天津静海、汨罗、河北大城等地有。

萤（螢）yíng 源出不详。见《姓谱》。【分布】太原有此姓。

营（營）yíng 【源出】①周成王卿士营伯之后。②齐大夫食采于营丘（今山东昌乐境）。因以为氏。【分布】苏、陕、川、吉四省多此姓。【人物】营郃（汉）

萦（縈）yíng 源出不详。【分布】大同、辽宁朝阳等地有。

蝇（蠅）yíng 源出不详。【分布】湖南有此姓。

嬴 yíng 【源出】①黄帝之子少昊氏嬴

323

姓，见《古考史》。②河间有嬴水，故为瀛州（故治在今河北河间），嬴姓所居之地。【分布】北京、上海、周口、茂名等地有。【人物】嬴公（汉）

瀛 yíng 【源出】①见《姓苑》。晋末已有此姓。②唐时改河间郡为瀛州，即郑州，故治在今河北河间，或以地为氏。【分布】北京、武汉等地有。

嬴（瀛）yíng 源出不详。【分布】太原、四川长寿、江苏滨海等地有。

郢 yǐng 【源出】春秋时楚武王建都于郢（故城在今湖北江陵北），后因氏。【分布】北京、四川、内蒙古东胜省市有。【人物】郢人（汉）

颍（潁）yǐng 【源出】颍，春秋时郑地（故城在今河南登封西南），颍水所出，郑大夫考叔为颍谷封人，因氏。【分布】浙江义乌有此姓。【人物】颍容（东汉）

颖（穎）yǐng 【源出】与颍氏同源，别为一姓。【分布】北京、淮南、曲阜、绍兴等地有。

影 yǐng 源出不详。见《姓谱》。【分布】太原、汕头、茂名等地有。

映 yìng 【源出】西夏党项人姓。映吴，西夏国官名，或以官名为氏。【分布】北京、成都、彰化、高雄等地有。

硬 yìng 源出不详。【分布】太原、呼

和浩特市、酒泉等地有。

YONG

佣（傭）yōng 源出不详。【分布】贵州盘州市有此姓。

拥（擁）yōng 源出不详。见《中国姓氏集》。【分布】上海嘉定、郑州、玉门、酒泉等地有。

庸 yōng 【源出】庸，商时诸侯国（故城在今湖北竹山境），春秋时灭于楚，子孙以国为氏。【分布】信阳、山东新泰、广东吴川等地有。【人物】庸以弘（明）

雍 yōng 【源出】黄帝之裔，姞姓之后，商、周时食采于雍（故城在今陕西凤翔南），因氏。【分布】陕、宁、川、苏、皖五省多此姓。【人物】雍齿（汉）
　另见 yòng

壅 yōng 源出不详。【分布】湖南、重庆城口等省市有。

廱 yōng 源出不详。见《姓氏典故》。【分布】内蒙古有此姓。

永 yǒng 【源出】①系自子姓，《卜辞》中氏族名。②永，春秋时楚大夫采邑（即永州，故城在今湖南零陵），因氏。【分布】湘、台、黔三省多此姓。【人物】永铭（明）

永埃 yǒng āi 【源出】佤族姓。【分布】云南西盟有此姓。

永老 yǒng lǎo 【源出】佤族姓。汉姓为杨。【分布】云南沧源、耿马、双江、孟连等地有。

永欧（永歐）yǒng ōu 【源出】佤族姓。以祖名为姓。【分布】云南西盟有此姓。

甬 yǒng 【源出】见《姓苑》。甬东，越地名，在今浙江宁海，当以地名为氏。【分布】天津东丽、山西洪洞、浙江上虞等地有。

咏 yǒng 源出不详。见《姓谱》。【分布】酒泉、株洲、山东肥城等地有。

泳 yǒng 源出不详。见《新编千家姓》。【分布】武昌、湖南益阳等地有。

楑 yǒng 源出不详。见《鄂伦春族研究》（内蒙古）、《信阳市姓氏》（河南）。【分布】河南信阳有此姓。

勇 yǒng 【源出】春秋楚子熊勇（芈姓）之后。【分布】苏、鄂、鲁三省多此姓。

涌 yǒng 源出不详。【分布】北京、河北曲阳等地有。

湧 yǒng 见《汉语大字典》。【分布】北京有此姓。

蛹 yǒng 源出不详。【分布】江苏洪泽有此姓。

用 yòng 【源出】《诗经·鄘风·桑中》有"美孟庸矣"句。庸为朝歌以南贵族姓。盖用与庸通，古有用姓。【分布】上海、台北、太原、大同等地有。

【人物】用虬（汉）

雍 yòng 【源出】①出于姬姓。周文王第十三子雍伯受封于雍（今河南沁阳境），春秋灭于晋，其后以国名氏。②齐桓公之子雍，其后或为雍氏。分布不详。【人物】雍无逸（唐）
另见 yōng

YOU

优（優）yōu 【源出】①优，古曼姓子爵国，即鄾。在今湖北襄阳北，以国名为氏。②舜帝之臣晏龙之后。【分布】鲁、陕、台三省有此姓。

攸 yōu 【源出】①姬姓燕国始君召（shào）公之后。②攸，古地名（在今湖南攸县），春秋楚大夫采邑，后因氏。【分布】北京、淮南、台北、太原等地有。【人物】攸迈（北燕）

忧（憂）yōu 【源出】鄾国（系自曼姓，故城在今湖北襄阳北）后有鄾氏、优氏、忧氏。【分布】武汉、沈阳、基隆等地有。

幽 yōu 【源出】①幽，谥号用字，为恶谥，壅遏不通曰幽。以谥为氏。②古有幽州，居者以地名为氏。【分布】武汉、陕西勉县等地有。【人物】幽静（明）

悠 yōu 源出不详。【分布】太原、河北南宫、江苏滨海等地有。

尢 yóu 【源出】尢为尤的古体字，或系尤氏所改。【分布】上海、太原、广东惠阳等地有。【人物】尢袤（宋）

尤 yóu 【源出】尤，水名，即齐之小姑和（在今山东莱州境），应以水名为氏。【分布】京、豫、苏、闽四省市多此姓。【人物】尤利多（汉）

尤其 yóu qí 【源出】彝族姓。【分布】四川峨边有此姓。

尤斯 yóu sī 源出不详。见《顺德县姓氏》（广东）。【分布】广东顺德有此姓。

尢 yóu 【源出】①姑、尢二水在山东即墨，当以水为氏。②五代闽人沈姓避王审知讳，改为尢氏。【分布】江西新干有此姓。

由 yóu 【源出】①春秋时西戎人由余，其先晋人，为秦国之相，其后以名为氏。②春秋时楚大夫王孙由于，有忠勇之节，楚人亦谓其族为由氏。【分布】鲁、辽、黑三省多此姓。【人物】由礼门（明）

邮（郵）yóu 【源出】春秋时晋人王良为赵简子御，食采于邮（故城或在今山西境内），号邮良，亦称邮无恤，子孙以邑为氏。【分布】周口、福建福鼎、云南邱北等地有。

犹（猶）yóu 【源出】汉时先零（西汉西羌一支）大豪有犹氏。【分布】渝、黔等省市多此姓。【人物】犹道明（宋）

沋 yóu 【源出】沋，水名，在今山东高密境，居此水旁者以为氏。【分布】北京、太原、宜兴、高雄等地有。

油 yóu 源出不详。见《万姓统谱》。【分布】山东多此姓。【人物】油凤（明）

柚 yóu 源出不详。见《周口姓氏考》（河南）。【分布】周口、安徽怀宁等地有。

斿 yóu 【源出】当系游姓所改。【分布】广东清远有此姓。

烱 yóu 源出不详。见《台湾区姓氏堂号考》。【分布】台北有此姓。

耼 yóu 源出不详。【分布】台湾屏东有此姓。

莜 yóu 源出不详。【分布】太原、大同、四川康定、贵州赤水等地有。

鈾（铀）yóu 源出不详。见《湖南家谱解读》。【分布】湖南有此姓。

舀 yóu 【源出】系自妫姓，舜帝之后有舀氏。【分布】江苏滨海有此姓。

遊 yóu 【源出】春秋时郑穆公之裔，公子子游之后，去水从辵为遊氏。故遊氏分自游氏。【分布】奉化、高雄、台南等地有。【人物】遊述（北魏）

游 yóu 【源出】①春秋时郑穆公之子公子偃，字子游，其后以王父字为氏。②南唐灭闽，王审知后代改姓

游、沈、叶三氏居多。【分布】闽、台、湘、鄂、川、黔、赣、粤、渝九省市多此姓。【人物】游士凤（清）

游子 yóu zǐ 源出不详。【分布】河南周口有此姓。

游走 yóu zǒu 源出不详。【分布】台湾花莲有此姓。

猷 yóu 【源出】见《风俗通》。一说，即犹氏，出自汉时先零大豪犹非。【分布】北京、湖南等省市有。【人物】猷康（汉）

友 yǒu 【源出】春秋时鲁庄公之弟，公子季友之后，以王父名为氏。【分布】福建省多此姓。【人物】友道（汉）

有 yǒu 【源出】①相传古帝有巢氏之后。②有，归姓商时古国（在今河南扶沟境），后因氏。【分布】上海嘉定、北京、太原、大同等地有。【人物】有日兴（明）

酉 yǒu 【源出】①伏羲之裔分王黔中酉阳（故城在今四川酉阳北），后因氏。②相传黄帝二十五子，得姓者十四人，其中有酉姓。【分布】天津、上海、台北、大同等地有。【人物】酉仁（明）

莠 yǒu 【源出】莠，草名。春秋时楚国人多以草名为氏，如芈氏、莠氏、蔿氏、蓝氏之类。【分布】湖南有此姓。

又 yòu 【源出】《卜辞》中有此氏族，以氏族名为氏。见《姓苑》。【分布】北京、云南昌宁、湖南新化等地有。【人物】又尚珍（明）

右 yòu 【源出】①春秋时晋屠击统率右行之将，因氏。②春秋时齐国公族有右氏。③右行、右师、右宰等复姓之后，均改为右氏。【分布】湘、渝等省市多此姓。【人物】右岩（明）

幼 yòu 源出不详。见《万姓统谱》。【分布】四川武胜、江苏滨海等地有。【人物】幼溪女（明）

佑 yòu 源出不详。见《古今图书集成·氏族典》。【分布】黔、琼二省多此姓。【人物】佑忠（明）

祐 yòu 源出不详。见《姓苑》。【分布】上海，河南义马、宝丰、西平等地有。【人物】祐增（明）

诱（诱）yòu 源出不详。【分布】湖南、江苏泰兴等省市有。

釉 yòu 源出不详。【分布】湖南、江苏滨海、浙江青田等省市有。

YU

迂 yū 源出不详。见《姓苑》。【分布】无锡、吉林柳河、辽宁盖州市等地有。

菸 yū 源出不详。【分布】上海有此姓。

盂 yū 源出不详。【分布】河北定州有此姓。

淤 yū 源出不详。【分布】湖北公安、浙江龙泉、江苏滨海等地有。

于 yú 【源出】①姬姓周武王（名发）第二子封于邘（在今河南沁阳境），号邘叔。子孙以国名为氏，后有改邘为于者。②匈奴有于氏。【分布】冀、鲁、豫、黑、辽、吉、内蒙古七省区多此姓。【人物】于军（汉）

于陵 （於陵）yú líng 【源出】系自姜姓。战国时陈仲子（亦称於陵仲子），齐之世家，辞爵灌园于於陵（故城在今山东邹平），子孙因以为氏，见《风俗通》。【分布】武昌、太原、四川合江等地有。【人物】于陵钦（东汉）

于文 yú wén 源出不详。见《中华古今姓氏大辞典》。【分布】辽宁昌图有此姓。

予 yú 【源出】《墨子》：桀染予辛，纣染崇侯也。予辛，似为予姓之始。【分布】北京、上海、西安、成都、扬州等地有。

邘 yú 【源出】①邘，商时古国，即《卜辞》中的盂，也作于，商末灭于周，以国名氏。②见于姓邘叔解。分布不详。【人物】邘侯（汉）

仵 yú 源出不详。见《中华古今姓氏大辞典》。【分布】广西灌阳有此姓。

汙 yú 源出不详。见《宜章县姓氏》（湖南）。【分布】湖南宜章有此姓。

余 yú 【源出】①姒姓夏禹之后有余氏。②春秋时秦相由余之后。③春秋时逸姓余国之后，以国名氏。【分布】豫、赣、鄂、川、粤、皖、浙、渝等地多此姓。【人物】余靖（宋）

盂 yú 【源出】①春秋时晋侯之裔食采于盂（故城在今山西阳曲境），其后因以为氏。②春秋时宋公（即宋微子）为右盂（田猎），食采于盂（故城在今河南睢县境），其后因以为氏。【分布】上海、成都、太原、无锡等地有。

臾 yú 【源出】系自风姓。伏羲之裔封于颛臾（故城在今山东费县），春秋时为鲁国附庸国，后灭于鲁，其后有臾氏。分布不详。【人物】臾信（明）

鱼 （魚）yú 【源出】①系自子姓。春秋时宋桓公子目夷，字子鱼，其后以王父字为氏。②晋时氐族有鱼氏。【分布】陕西省多此姓。【人物】鱼翁叔（汉）

於 yú 【源出】①相传黄帝之臣於则始作履，封于於（故城在今河南浙川境），其后以地为氏。②春秋鲁公族有於姓。【分布】苏、浙、皖三省多此姓。【人物】於授（三国）

禺 yú 【源出】①相传为黄帝玄孙禺疆之后，见《姓苑》。一说，系黄帝之庶子禺阳之后，见《路史》。②春秋时鲁昭公之子公叔禺人之后。【分布】武汉、成都、湖南汉寿等地有。

竽 yú 源出不详。【分布】山西大同、绛县等地有。

俞 yú 【源出】①相传为黄帝太古医俞跗之后。②春秋时郑国公族有此姓。③春秋时楚国公族有此姓。【分布】浙、皖、赣、苏、沪五省市多此姓。【人物】俞连（汉）

另见 chǒu、yù

馀（餘）yú 【源出】①春秋时吴公子夫概奔楚，其子在国，以夫馀为氏，之后有馀氏。②春秋越王无疆之次子蹄，守欧馀山之阳，后有馀氏。【分布】浙江江山、衢州等地有。【人物】馀蔚（后燕）

萸 yú 源出不详。【分布】周口、湖南等省市有。

偸 yú 【源出】源出俞氏。【分布】北京、大同、基隆等地有。

渝 yú 【源出】今台湾地区与渝分为二姓。应系渝姓减笔或俞姓添笔，缘由不详。【分布】台湾高雄有此姓。

渔（漁）yú 【源出】①《卜辞》中有渔氏族，系自子姓。子渔氏之后。②周朝燕大夫受封渔洋，以地名为氏，后有渔氏。【分布】上海、成都、无锡、吉林扶余等地有。【人物】渔仲修（宋）

畬 yú 同畭，为畬之古字。见《直音》。

另见 shē

渝 yú 【源出】春秋姬姓郑公族有此姓。见《路史》。【分布】北京、武汉、成都、重庆綦江等地有。

媀 yú 源出不详。【分布】武汉有此姓。

瑜 yú 源出不详。【分布】台北、无锡、信阳、云南江川等地有。

榆 yú 【源出】①系自姜姓。炎帝榆罔之后。见《路史》。②西域疏勒有榆氏，见《汉书》。疏勒，汉时国名，唐时称佉沙国，故治在今新疆喀什。③西羌人姓，见《汉书》。【分布】北京、天津武清、沈阳、山西榆次等地有。【人物】榆鬼（汉）

虞 yú 【源出】①虞，远古部落名，舜为其酋长，居于蒲阪（故城在今山西永济境），号虞，以号为氏。②改姓。隋朝大将军虞庆则，原姓鱼。【分布】苏、浙、皖、赣、沪五省市多此姓。【人物】虞世南（唐）

愚 yú 【源出】古时愚公之后，见《姓苑》。【分布】四川渡口、广东顺德、江苏兴化等地有。

鄃 yú 源出不详。见《镇安县志》(陕西省)。【分布】陕西镇安有此姓。

舆 (輿) yú 【源出】①系自姬姓。周大夫伯舆之后以王父字为氏。②源出鲜卑。初慕容部破后,种族仍繁,北魏天赐末年,颇忌而诛之,时有遣免不敢姓慕容,皆以舆为姓,见《魏书·慕容白曜传》。【分布】宁夏平罗有此姓。【人物】舆珍(汉)

歟 yú 源出不详。【分布】江苏滨海有此姓。

与 (與) yǔ 【源出】系自妫姓。春秋时陈敬仲之后有与氏,见《潜夫论》。【分布】西安、太原、湖南怀化等地有。

屿 (嶼) yǔ 源出不详。【分布】湖南、江苏滨海等省市有。

庤 yǔ 源出不详。见《山西省革命烈士英名录》。分布不详。

宇 yǔ 【源出】①周时姜姓申国,故城在今河南南阳境。申伯为周宣王母舅,申国之伯,周卿士,其后有宇氏。②西夏党项人姓。【分布】河北省多此姓。【人物】宇德贤(宋)

宇托 yǔ tuō 源出不详。【分布】台北有此姓。

宇文 yǔ wén 【源出】原系匈奴人姓。游牧民族中有以草(俟汾)为姓者,后汉译为宇文,且宇文氏原为匈奴人,而所统治者为鲜卑族。【分布】晋、陕两省多此姓。【人物】宇文福(北魏)

羽 yǔ 【源出】①系自姬姓。春秋时郑穆公之子挥,字子羽,其孙颉,奔晋为士大夫,后以王父字为氏。②北魏时改代北羽弗氏为羽氏。【分布】上海、台北、西安、井冈山等地有。【人物】羽仪(宋)

羽中 yǔ zhōng 源出不详。【分布】大同有此姓。

雨 yǔ 源出不详。见《新编千家姓》。【分布】北京、上海、成都、太原、酒泉等地有。

翊 yǔ 源出不详。【分布】天津武清有此姓。

禹 yǔ 【源出】①系出姒姓,夏禹支庶之后。②周时鄅国,春秋时灭于鲁,其后以国名氏,后又去邑为禹氏。【分布】鲁、豫、宁、湘四省区多此姓。【人物】禹万诚(宋)

语 (語) yǔ 【源出】春秋郑厉公之弟语,字子人,其后有语氏。【分布】北京、湖南娄底等地有。

偊 yǔ 【源出】系自妘姓,即鄅姓。见《新编千家姓》。分布不详。

庚 yǔ 【源出】①尧帝时有庚国,庚侯子孙以国为氏。②帝尧时掌庚大夫(主管斗量粟米之事),其后以官命氏。③春秋时有庚子国,其后

有庾氏。【分布】晋、陕、粤等地多此姓。【人物】庾及（北魏）

萬 yǔ 【源出】①夏禹之后至汉时，有从草为禹为萬氏者。②萬，亦作檽，木名。因树以得姓。【分布】台北、河北围场等地有。【人物】萬章（汉）

另见 jǔ

瑀 yǔ 源出不详。见《新编千家姓》。分布不详。

瘐 yǔ 源出不详。【分布】甘肃、山西忻州等省市有。

玉 yù 【源出】①传为高阳氏颛顼之后。②春秋楚有玉尹之官（掌相玉玺），或以为氏。【分布】桂、粤、黔三省区多此姓。【人物】玉哇失（元）

另见 sù

玉仓（玉倉）yù cāng 【源出】蒙古族姓，即兀亦桑氏。【分布】内蒙古阿鲁科尔沁旗有此姓。

芌 yù 【源出】春秋楚大夫芌（地名，楚地）尹之后有芌氏。【分布】北京、上海、台北、太原、大同、周口等地有。

聿 yù 【源出】①《钟鼎款识》载，聿速，商时人，当为聿氏之始。②西夏党项人姓。【分布】淄博、河北宁晋等地有。【人物】聿思敬（元）

谷 yù 【源出】北魏孝文帝元宏时改鲜卑族姓谷会氏为谷，见《魏书·官氏志》。【分布】四川南江有此姓。

另见 gǔ

饫（飫）yù 源出不详。【分布】湖南有此姓。

姁（嫗）yù 源出不详。见《姓氏典故》。【分布】武汉、江苏滨海有此姓。

郁（鬱）yù 【源出】①古有郁国（在今山东鱼台），后为吴大夫采邑，因氏。②匈奴人屠各族有郁氏。③夏禹之师有郁华，为郁姓之始。④鲜卑人姓。⑤唐时契丹人姓。【分布】冀、豫、苏、沪四省市多此姓。【人物】郁鞠（后赵）、郁让（明）

育 yù 【源出】①帝尧时有育唐，育姓出此。②古有淯国，即淯阳（故城在今河南南阳境），后有育氏。【分布】北京、天津武清、大同、淄博等地有。

昱 yù 源出不详。【分布】山西介休、江苏高淳等地有。

俞 yù 【源出】宋时抚州临川（今江西临川），姓俞者读 yù。喻姓，旧音 shù，因犯宋英宗（赵曙）圣讳，去口为俞（yù）。分布不详。

另见 chǒu、yú

狱（獄）yù 源出不详。【分布】河北鹿泉、吉林扶余、甘肃古浪等地有。

峪 yù 源出不详。【分布】江苏滨海有此姓。

钰（鈺）yù 源出不详。见《新编千家姓》。【分布】昆明、山西临猗等地有。

浴 yù 【源出】或因界域之事以为姓。【分布】太原、台湾等地有。

预（預）yù 【源出】出自喻氏，见《新编千家姓》。俞、喻、预相通。【分布】石家庄、四川武胜、浙江象山等地有。【人物】预皓（宋）

淯 yù 【源出】淯水源出河南嵩县，至湖北襄阳入汉水，或以水名为氏。见《新编千家姓》。分布不详。

谕（諭）yù 【源出】系出姬姓，郑公族之后有谕氏。见《路史》。【分布】信阳、湖南、浙江新昌等地有。【人物】谕归（晋）

尉 yù 【源出】①春秋时郑大夫尉止之后。②云中尉氏，出自西域于阗。其先为尉迟氏，至北魏时改为尉氏。分布不详。【人物】尉古真（北魏）

另见 wèi

尉迟（尉遲）yù chí 【源出】尉迟，鲜卑族部名，以部为氏。见《魏氏补正》。【分布】北京、天津东丽、上海嘉定、台北、太原等地有。【人物】尉迟德诚（元）

遇 yù 【源出】①黄帝之子任姓之裔封于遇（故城在今山东西部），当以国为氏。②西夏党项人姓。【分布】北京、天津、上海、太原、曲阜、淮南等地有。【人物】遇冲（汉）

喻 yù 【源出】春秋时郑公子渝弥，周桓王时为郑司徒，后立别族为渝氏，历秦、汉，至汉景帝时为避皇后阿渝之字讳，改为喻。【分布】湘、鄂二省多此姓。【人物】喻猛（东汉）

御 yù 【源出】①古御龙之后有御氏。②商汤之后有御氏。③《周礼》有御人（官名），其后以官为氏。【分布】汕头、河南宁陵、湖北老河口等地有。【人物】御长青（汉）

鹆（鵒）yù 源出不详。见《姓氏典故》。【分布】广东有此姓。

寓 yù 源出不详。【分布】武汉、山西新绛、湖南等省市有。

裕 yù 【源出】见《姓苑》。鲜卑乞伏部人姓。见《西秦录》。【分布】上海金山、玉门、绍兴、茂名等地有。【人物】裕苟（西秦）

粥 yù 【源出】周文王（姬昌）时，有芈姓鬻熊，也作粥熊。见《康熙字典》。【分布】湖南有此姓。

愈 yù 【源出】愈豆氏（颛顼帝之后）所改。【分布】北京、天津、上海、西安、太原、高雄等地有。【人物】愈植（宋）

煜 yù 源出不详。见《新编千家姓》。【分布】淄博有此姓。

誉（譽）yù 源出不详。见《万姓统谱》。【分布】北京、上海、成都、太原、大同等地有。【人物】誉粹（晋）

蔚 yù 【源出】蔚，州名，北魏置蔚州，故城在今山西平遥。北周置蔚州之故城在今山西灵丘。以邑为氏。【分布】晋、鄂、陕、渝四省市多此姓。【人物】蔚兴（宋）

毓 yù 【源出】①《卜辞》中氏族名。②古育、毓相通。【分布】北京、太原、台北、广西大新等地有。

尉迟（尉遲）yù chí 【源出】尉迟氏亦作慰迟氏，北周同琦造象记有邑子慰迟神祭，是尉亦可作慰。【分布】山西榆次、台湾高雄等地有此姓。

豫 yù 【源出】毕阳，周文王第十五子毕公高之后，豫氏当为毕氏之分族。

鹬（鷸）yù 源出不详。【分布】广东三水有此姓。

霱 yù 源出不详。见《新编千家姓》。分布不详。

YUAN

眢 yuān 源出不详。见《宽甸县志》（辽宁）。【分布】浙江象山有此姓。

苑 yuān 【源出】①殷武丁之子文（一作支）封苑侯，其后以爵为氏。②春秋时齐大夫苑何忌之后。或音yuǎn、yuàn。【分布】冀、鲁、豫、吉、辽、京、新七省区市多此姓。【人物】苑藩（明）

宛 yuān 【源出】宛，古国名，与苑同，当以国为氏。分布不详。
另见 wǎn

渊（淵）yuān 【源出】①高阳氏时有八才子，其一曰苍舒，谥渊，后以谥为氏。②系自姜姓。春秋时齐顷公孙子渊捷之后，以字为氏。【分布】西安、武汉、沈阳等地有。【人物】渊澄（明）

元 yuán 【源出】①商时帝乙废弃，立辛（即纣王），太史元铣据法力争，此为元氏之始。②元都，古诸侯国，子孙以国名为氏。【分布】晋、冀、豫三省多此姓。【人物】元好问（金）

元卖（元賣）yuán mài 源出不详。见《山西人口姓氏大全》。【分布】山西榆次有此姓。

阮 yuán 【源出】五阮关，汉置古关名，其地在今河北之宣化西南。疑居此者或以地为氏。【分布】武汉、山东平度、黑龙江嫩江等地有。
另见 ruǎn

负（負）yuán 【源出】同员姓，后世分为二姓。出自《姓苑》。分布不详。
另见 yùn

芫 yuán 源出不详。见《淮南市姓

333

氏》（安徽省）。【分布】安徽淮南有此姓。

园（圈）yuán 【源出】①以所居为氏。城、郭、园、池是也。②姬姓郑穆公之子圈之后亦为圈氏。圈姓之后因避难改为园氏。③园，春秋时楚大夫食邑，因氏。【分布】天津静海、武汉、成都、太原、大同等地有。

员（員）yuán 源出不详。见《姓苑》。分布不详。【人物】员安于（宋）

另见 yùn

沅 yuán 【源出】①古有沅国（故城在今湖南西沅江地区），为伏羲之后。②巴子分王黔中（故城在今湖南沅陵西）者，即楚之沅州，因以为氏。【分布】上海、台北、周口、淮南、汨罗等地有。

杬 yuán 【源出】杬，木名，以树木为氏。见《姓考》。【分布】台湾台中有此姓。

垣 yuán 【源出】①战国时魏侯支庶新垣氏之后。②垣，秦邑，在今甘肃陇西境，以邑为氏。【分布】北京、江苏洪泽等地有。【人物】垣齮（秦）

爰 yuán 【源出】周时陈国始君胡公满之九代孙伯爰诸之后，以字为氏。【分布】武汉、昆山、山西偏关、四川渠县等地有。【人物】爰类（汉）

袁 yuán 【源出】①系自妫姓。帝舜之裔。周时陈国始君胡公满之后有袁氏。古爰、袁、辕相通。②汉时巴族有袁氏。【分布】川、豫、湘、鄂、苏、皖、赣、黔、粤等地多此姓。【人物】袁崇焕（明）

袁美 yuán měi 源出不详。【分布】江苏无锡有此姓。

袁州 yuán zhōu 源出不详。【分布】南昌有此姓。

原 yuán 【源出】①周文王第十六子封于原（故城在今河南济源西北），号原伯，春秋时灭于晋，子孙以国为氏。②春秋时晋灭原，以封先轸，因号原轸，其后以邑为氏。【分布】晋、鲁、豫等地多此姓。【人物】原济（清）

圆（圓）yuán 【源出】见《姓苑》。或系圈氏所改，见《姓氏考略》。【分布】北京、周口、河北安国等地有。

凉 yuán 源出不详。见《元和姓纂》。【分布】天津武清有此姓。

援 yuán 【源出】见《姓苑》。《袁枢年谱》认为袁通爰、辕、榱、溒、援，一姓有六字五族之异。【分布】北京、湖南等省市有。

媛 yuán 源出不详。【分布】武汉、威海、湖南等省市有。

猿 yuán 源出不详。见《姓苑》。【分布】河北黄骅、山西临汾、台湾南投等地有。

洈 yuán 【源出】系自袁姓。见《元和姓纂》。【分布】天津武清有此姓。

源 yuán 【源出】鲜卑人姓。系自拓跋氏，秃发傉檀之后。秃发傉檀系北魏圣武帝拓跋诘汾长子疋孤九世孙。【分布】上海、香港、澳门、大同、中山、茂名、扬州等地有。【人物】源政（明）

缘（緣）yuán 源出不详。见《玺印姓氏徵》。【分布】兰州、太原、玉门等地有。

辕（轅）yuán 【源出】系自妫姓。舜后陈胡公满之裔，申公生靖伯。十八世孙庄伯生诸，字伯爰，伯爰之孙涛涂，以王父字为氏，有辕氏。古时袁、辕、爰、榱均通。【分布】上海金山、沈阳、河南博爱等地有。【人物】辕朴（明）

远（遠）yuǎn 源出不详。见《万姓统谱》。【分布】冀、豫二省多此姓。【人物】远建丰（五代·后周）

眲 yuàn 源出不详。见《古今图书集成·氏族典》。【分布】山西忻州、湖南绥宁等地有。

怨 yuàn 源出不详。见《姓苑》。【分布】大同、淄博、贵州凤冈等地有。

院 yuàn 【源出】见《姓苑》。有说系完姓所改。【分布】湘、鲁、内蒙古三省区多此姓。【人物】院亨谦（宋）

瑷 yuàn 源出不详。【分布】河南信阳有此姓。

愿（願）yuàn 源出不详。【分布】河北馆陶、山西临汾、河南偃师等地有。

YUE

曰 yuē 源出不详。【分布】上海、高雄、山西文水等地有。

约（約）yuē 【源出】①古贤者约续之后，见《韩非子》《姓苑》。②为避宋高宗（赵构）名讳，勾姓有改为约姓者。

月 yuè 【源出】①古时有夕月之官（古时王者祭月谓之夕月），其后以为氏。②汉武帝时匈奴姓。【分布】鲁、豫、琼、滇、台五省多此姓。【人物】月文宪（明）
另见 yě

乐（樂）yuè 【源出】①系自子姓。宋戴公之子衎，字乐父，子孙以王父字氏。一说，宋戴公四世孙乐莒，为大司寇，子孙以为氏。②乐正氏有改为乐氏者。【分布】沪、渝、粤、鄂、浙、赣六省市多此姓。【人物】乐和（宋）
另见 lào、lè、yào

乐正（樂正）yuè zhèng 【源出】①周官有乐正，为乐官之长，其后以官为氏。②系自子姓。宋公族之后。【分布】北京、沈阳等地有此姓。【人物】

乐正子长（宋）

玥 yuè 源出不详。见《山西人口姓氏大全》。【分布】太原有此姓。

岳 yuè 【源出】相传帝尧之臣羲和，掌天地四时之官，其四子掌四方诸侯，称四岳。四岳之后有岳氏。【分布】晋、冀、鲁、豫、川五省多此姓。【人物】岳飞（宋）

岳小 yuè xiǎo 源出不详。【分布】江苏无锡有此姓。

药（藥）yuè 【源出】传为岳飞之族避难有改药姓者。分布不详。

栎（櫟）yuè 源出不详。分布不详。
　　另见 lì

说（說）yuè 【源出】商王武丁之相傅说之后，以名为氏。分布不详。
　　另见 shuō

钺（鉞）yuè 源出不详。【分布】湖南有此姓。

邥 yuè 源出不详。见《丰宁满族自治县志》（河北）。【分布】山西长治、河北丰宁等地有。

阅（閱）yuè 源出不详。见《新编千家姓》。【分布】北京、淮南、海南白沙等地有。

悦 yuè 【源出】①也作"说"，商王武丁之相傅说之后，以名为氏。见《通志·氏族略》。②鲜卑族姓。【分布】北京、太原、大同、台东等地有。【人物】悦绾（五代·后燕）

跃（躍）yuè 源出不详。见《姓谱》。【分布】北京、南京、大同、酒泉等地有。

越 yuè 【源出】①系自姒姓。战国时越王无疆为楚所灭，子孙以国为氏。②芈姓之后有越氏。③秦汉时南越国有越氏。【分布】内蒙古、江苏二省区多此姓。【人物】越其杰（明）

粤 yuè 【源出】古粤地，在今广西宜山，以地名为氏。见《姓谱》。【分布】湖南茶陵、山西宁武等地有。

鄅 yuè 源出不详。见《武进县姓氏》（江苏）。【分布】江苏武进有此姓。

樾 yuè 源出不详。见《新编千家姓》。分布不详。

YUN

赟（贇）yūn 源出不详。【分布】周口、高雄、浙江镇海等地有。

云（雲）yún 【源出】①系自嬴姓。祝融氏之后有郧国（故域在今湖北安陆），春秋时灭于楚，其后以国为氏，后去邑为云氏。②妘姓去女为云氏。③缙云氏之后也。黄帝时官名，以官为氏。缙云氏后改为雲氏，后为云氏。【分布】内蒙古土默特、海南文昌、河北、山东、湖南、湖北、四川、广东、江苏、吉林十

省市多此姓。【人物】云复诚（明）、云定兴（隋）

匀 yún 源出不详。见《姓苑》。【分布】信阳、河北涉县等地有。

芸 yún 【源出】春秋时郧国（即鄖国，故城在今湖北安陆）为楚所灭，其后有云氏、员氏、云氏、芸氏，见《路史》。【分布】天津武清、台北、淮南、周口等地有。

沄 yún 源出不详。【分布】江西有此姓。

昀 yún 源出不详。【分布】湖南有此姓。

郧 （鄖） yún 【源出】①系自嬴姓，祝融之后。②系自妘姓。郧，春秋时小国（故城在今湖北安陆），后灭于楚，子孙以国为氏。③系出芈姓，楚郧邑（即古鄖国）大夫之后。【分布】西安、武昌、石家庄、太原等地有。

耘 yún 源出不详。见《新编千家姓》。【分布】太原、河南偃师、河北正定等地有。

纭 （紜） yún 源出不详。【分布】湖南有此姓。

涢 （溳） yún 【源出】涢，水名，在今湖北，居者以水名为氏。分布较广。

鋆 yún 源出不详。见《山西人口姓氏大全》。【分布】大同有此姓。

允 yǔn 【源出】①古帝少昊之孙允格，其后以名为氏。②允，夏时侯国名，子孙以国名为氏。【分布】滇、桂、豫三省区多此姓。

狁 yǔn 源出不详。见《酒泉市姓氏》（甘肃）。【分布】酒泉有此姓。

陨 （隕） yǔn 【源出】①古帝燧人氏四佐之一为陨蕴，陨姓当出此。②陨氏即鄖氏，系自妘姓。【分布】北京、湖南宁乡、河北定州等地有。

磒 yǔn 源出不详。【分布】山西临汾有此姓。

孕 yùn 源出不详。见《万姓统谱》。【分布】上海宝山有此姓。【人物】孕澍（宋）

贠 （貟） yùn 【源出】贠为员之俗写，源同，但已分为不同姓。【分布】晋、豫、陕、甘、新五省区多此姓。【人物】贠敞（十六国·前凉）
　　另见 yuán

运 （運） yùn 【源出】①古运国，嬴姓，廪丘东运城是其地（故城在今山东郓城东），当以国为氏。②春秋时鲁大夫食邑于运（故城在今山东郓城东），后因氏。【分布】鲁、新、甘三省区多此姓。【人物】运万良（清）

均 yùn 【源出】均，韵之古字。古掌王音之官称均（韵），以官名为氏。
　　另见 jūn

员 （員） yùn 【源出】①系自芈姓。

337

颛顼之后，见《姓苑》。郧国（䢵、员，古通用），楚灭之，置县，以地名为氏。②春秋时楚伍员（即伍子胥）之后，以名为氏。【分布】晋、冀、豫、湘、陕、赣六省多此姓。【人物】员半千（唐）

另见 yuán

枟 yùn 见《山西省革命烈士英名录》。【分布】山西、广西钦州、河北昌黎等省市有。

郓（鄆）yùn 【源出】①系自风姓。太昊之裔封于郓（故城在今山东郓城东），春秋时为鲁国附庸，其后子孙以国为氏。②系自姬姓。春秋时鲁大夫食采于郓（今山东沂水东北），后以为氏。【分布】北京、天津津南、成都等地有。

恽（惲）yùn 【源出】①系自熊姓。春秋时楚成王，名熊恽，子孙以王父名为氏。②汉时平通侯杨恽，因好发人阴伏，由是多怨，后为汉宣帝所斩。其子孙避仇家，以父名为氏。【分布】江苏省多此姓。【人物】恽文（宋）

晕（暈）yùn 源出不详。见《新编千家姓》。分布不详。

辒（輼）yùn 源出不详。【分布】河南内乡有此姓。

韵（韻）yùn 【源出】①系自芈姓。

楚公族有韵氏。②均，古韵字，古掌五音官之后以均为氏，后转为韵氏。【分布】北京、西宁、太原、大同等地有。【人物】韵鳌（明）

蕰 yùn 源出不详。见《山西省革命烈士英名录》。【分布】山西昔阳有此姓。

蕴（蘊）yùn 源出不详。见《中华姓府》《新编千家姓》。【分布】北京、大同、周口、昆山等地有。

Z

ZA

杂（雜）zá 源出不详。【分布】酒泉、浙江奉化、湖北英山等地有。

杂法（雜法）zá fǎ 源出不详。【分布】河南武陟有此姓。

𪎌 zá 见《何承天纂文要》，同"𪎮"。分布不详。

ZAI

灾（災）zāi 源出不详。见《山西人口姓氏大全》。【分布】太原、江苏洪泽等地有。

哉 zāi 源出不详。见《姓苑》。【分布】绍兴、淮南、昆山、茂名等地有。

栽 zāi 源出不详。见《姓苑》。【分布】

山西灵石、广东三水、浙江新昌等
地有。

宰 zǎi 【源出】系自姬姓。周公旦之
裔周公孔为周太宰，又称宰孔或宰
周公，其后以官名为氏。【分布】河南、
江苏两省多此姓。【人物】宰英文（明）

宰父 zǎi fǔ 【源出】春秋时孔子弟子
宰父黑，复姓宰父。【分布】山西长治、
临汾等地有此姓。

宰桑 zǎi sāng 【源出】蒙古族姓。
宰桑为明时蒙古贵族首领习用的一
种称号。汉姓为翟。【分布】内蒙古
巴林右旗有此姓。

宰文 zǎi wén 源出不详。见《山
西人口姓氏大全》。【分布】山西有
此姓。

再 zài 源出不详。见《新编千家姓》。
【分布】北京怀柔、成都、辽宁辽中
等地有。

扗 zài 源出不详。见《中华古今姓
氏大辞典》。【分布】广西灌阳有此姓。

在 zài 源出不详。见《奇姓通》。【分
布】北京、台北、淮南、成都等地有。
【人物】在育（晋）

载（載）zài 【源出】①系自姬姓。周
文王第十七子聃季载之后。②疑戴
姓之讹。【分布】浙江、山东、广西、
台湾、内蒙古等省区多此姓。【人物】
载亨（明）

咱 zán 源出不详。见《新编千家
姓》。分布不详。

昝 zǎn 【源出】汉时巴蜀賨人七姓之
一有昝氏。疑昝氏之讹。分布不详。
【人物】昝龙超（北魏）
　　另见 tà

昝 zǎn 【源出】①昝氏为蜀地姓氏，
见《姓苑》。②北魏时改叱卢氏为
昝氏，见《魏书·官氏志》。【分布】
晋、冀、豫、滇、辽、陕六省多此
姓。【人物】昝坚（晋）

攒（攢）zǎn 【源出】攒城，即攒茅，
周邑（故城在今河南修武西北），
当以地为氏。【分布】湖南有此姓。

暂（暫）zàn 源出不详。见《新编
千家姓》。【分布】大同、陕西蒲城、
江苏泗洪等地有。

赞（贊）zàn 【源出】①赞君，古之
善相马者，其后有赞氏。②百济有
赞氏，见《南齐书》。③唐时南诏
国人姓。【分布】大同、茂名、河北
定兴等地有。【人物】赞卫（唐）

瓒（瓚）zàn 【源出】原姓赞，因事
加王为瓒，清时河北正定有瓒姓，
见《陇蜀馀闻》。分布不详。

赃（贓）zāng 源出不详。见《新

339

编千家姓》。【分布】北京、福建武夷山等地有。

脏（髒）zāng 源出不详。见《中华古今姓氏大辞典》。【分布】周口、山西运城、吉林扶余、山东新泰等地有。

另见 zàng

臧 zāng 【源出】①春秋时鲁孝公之子彄，食采于臧（故城在今山东栖霞东北），是为臧僖伯，其后因氏。②系出子姓之臧士平，春秋时宋国华氏之党，其后有臧氏。【分布】冀、鲁、苏、黑四省多此姓。【人物】臧旻（东汉）

璥 zāng 【源出】疑为臧氏所改。【分布】台湾南投有此姓。

脏（臟）zàng 源出不详。见《新编千家姓》。【分布】北京、周口、山西运城等地有。

另见 zāng

奘 zàng 源出不详。见《武进县姓氏》（江苏）。【分布】江苏武进有此姓。

葬 zàng 源出不详。【分布】山东新泰、山西平陆、浙江余姚等地有。

藏 zàng 源出不详。满、壮等民族均有。

另见 cáng

ZAO

遭 zāo 源出不详。见《中华姓府》。

糟 zāo 源出不详。见《万姓统谱》。【分布】甘肃、宁夏、北京、呼和浩特市四省区市多此姓。【人物】糟士奇（明）

早 zǎo 【源出】①明时云南永昌府瓦甸（今腾冲市北）安抚司安抚使早贵，为景颇族姓。②云南阿昌族、白族有此姓。【分布】云南保山、江西贵溪、河北等省市有。【人物】早礼（明）

枣（棗）zǎo 【源出】系自棘姓。春秋时卫大夫棘子成之后，避难改为枣氏。见《元和姓纂》。【分布】上海、周口、台湾南投等地有。【人物】枣祗（三国·魏）

澡 zǎo 源出不详。【分布】天津津南有此姓。

藻 zǎo 源出不详。见《姓苑》。【分布】北京、武汉等地有此姓。【人物】藻重（南朝·宋）

皂 zào 源出不详。见《新编千家姓》。【分布】周口、山西长治、浙江余姚等地有。

灶（竈）zào 源出不详。见《新编千家姓》。【分布】长沙有此姓。

造 zào 【源出】①周穆王（姬满）之臣造父为善御者，其后有造氏。②西羌人姓。【分布】北京、重庆、

成都等地有。【人物】造敏（元）

ZE

则（則）zé 【源出】前秦至隋初的关中部族姓，关中碑文载渭河以北有则姓。【分布】太原、安徽望江、辽宁清原等地有。【人物】则长（汉）

责（責）zé 源出不详。见《姓苑》。【分布】淮南、河北定州、浙江岱山等地有。

另见 zuò

责别（責別）zé bié 【源出】哈尼族姓。汉姓为普。【分布】云南金平有此姓。

择（擇）zé 源出不详。见《新编千家姓》。【分布】北京、成都、武汉等地有。

迮 zé 【源出】见《氏族博考》。与窄通，亦即笮。【分布】北京、上海、淮南、太原、沈阳等地有。【人物】迮春（明）

泽（澤）zé 【源出】或居于泽者，以所居为氏；或居泽州（在今山西晋城东北），以邑名为氏。【分布】甘、皖、闽三省有此姓。【人物】泽义（明）

泽久（澤久）zé jiǔ 源出不详。【分布】山西河曲有此姓。

泽郎（澤郎）zé láng 源出不详。【分布】四川武胜有此姓。

泽仁（澤仁）zé rén 【源出】藏族姓。依汉族姓名构造习俗取藏名为姓。

【分布】山西太原、四川理塘等地有此姓。

泽桑（澤桑）zé sāng 【源出】藏族姓。依汉族姓名构造习俗取藏名为姓。【分布】四川理塘有此姓。

笮 zé 【源出】江苏太湖西南有笮岭山，居其侧者以为氏。见《姓苑》。【分布】太原、山东青州等地有。【人物】笮伦（汉）

仄 zè 源出不详。见《蒲城县姓氏》（陕西）。【分布】陕西蒲城有此姓。

昃 zè 【源出】明末清兵入关，青州府衡王（系明宪宗庶子朱祐楎所封，故城在今山东益都南）子孙逃难至莱芜市境，改朱为昃氏以避祸。【分布】山东淄博、新泰、陕西勉县等地有。

ZEI

贼（賊）zéi 【源出】吴使贼利（刺客）杀蔡昭侯，而诛利以解过。其后有贼氏，见《万姓统谱》。【分布】湖南、山西运城等省市有。

ZENG

曾 zēng 【源出】①夏少康封其少子曲烈于鄫。周襄王六年，莒灭鄫，鄫太子巫仕鲁，遂去邑为曾氏。②西周曾国（在今河南南阳地区），春秋灭于楚文王，子孙以国名为氏。【分布】湘、鄂、粤、赣、川、闽六

省多此姓。【人物】曾国藩（清）

曾查 zēng chá　源出不详。【分布】江苏宜兴有此姓。

曾大 zēng dà　源出不详。【分布】江苏宜兴有此姓。

曾通 zēng tōng　【源出】景颇族姓，属载佤支系。汉姓为董。【分布】云南陇川有此姓。

鄫 zēng　【源出】鄫（故城在今河南柘城北），春秋时郑邑，食此邑者以为氏。分布不详。

增 zēng　源出不详。【分布】上海、天津静海、太原、大同、无锡、中山等地有。【人物】增韫（清）

增通 zēng tōng　【源出】景颇族姓，即曾通氏。【分布】云南陇川有此姓。

憎 zēng　源出不详。【分布】宜兴、河南宝丰、福建上杭等地有。

缯（繒）zēng　【源出】系自姒姓。夏少康之子曲烈封于鄫，一作缯（故城在今山东苍山西北），子爵，以国为氏，后有缯氏、鄫氏、曾氏。【分布】湖南有此姓。【人物】缯贺（汉）

譜 zēng　源出不详。【分布】天津武清有此姓。

赠（贈）zèng　源出不详。【分布】江苏金湖、浙江萧山、河南宝丰等地有。

甑 zèng　源出不详。见《新编千家姓》。【分布】上海、周口、广东从化等地有。

ZHA

扎 zhā　【源出】历史上少数民族的汉化姓，如锡伯、蒙古、拉祜等族。【分布】北京、天津、上海、太原、周口、淮南等地有。

扎里 zhā lǐ　【源出】藏族姓。四川马尔康藏族房名，源自吐蕃扎姓。【分布】四川马尔康有此姓。

扎瑞 zhā ruì　源出不详。【分布】河北大厂有此姓。

扎少 zhā shǎo　【源出】布朗族姓。扎少，布朗族氏族名，因以为姓。【分布】云南勐海有此姓。

扎西 zhā xī　【源出】藏族姓。汉意为吉祥。依汉族姓名构造习俗取藏名为姓。【分布】湖南新晃、四川理塘等地有此姓。

吒 zhā　源出不详。见《蒲城县姓氏》（陕西）。【分布】陕西蒲城有此姓。

咋 zhā　源出不详。【分布】湖南有此姓。

查 zhā　【源出】楂之分族。齐顷公之子食邑於楂，其后以邑为氏，遂有楂氏。楂，楂、查之古字。【分布】苏、皖两省多此姓。【人物】查文徽（后周）

唽 zhā 源出不详。【分布】江苏滨海有此姓。

渣 zhā 源出不详。见《新编千家姓》。【分布】上海嘉定、成都、无锡、淮南等地有。

札 zhá 【源出】出自我国北部民族。见《中国姓氏集》。【分布】新疆布尔津、甘肃岷县、福建罗源等地有。

闸（閘）zhá 源出不详。见《新编千家姓》。【分布】天津、武汉、台北、无锡等地有。

砟 zhǎ 源出不详。【分布】江苏滨海有此姓。

乍 zhà 源出不详。见《姓苑》。【分布】北京、武汉、大同、周口等地有此姓。

诈（詐）zhà 源出不详。【分布】北京、山西临猗等地有。

栅 zhà 源出不详。见《新编千家姓》。【分布】江苏姜堰、河北望都、山西灵石等地有。

榨 zhà 源出不详。见《姓氏典故》。【分布】武汉有此姓。

ZHAI

斋（齋）zhāi 源出不详。见《新编千家姓》。【分布】北京、天津武清、大同、河北等省市有此姓。

摘 zhāi 源出不详。【分布】湖南省有此姓。

宅 zhái 源出不详。见《姓苑》。【分布】山西离石、河北安国、河南周口等地有。

陀 zhái 源出不详。见《合山市姓氏》（广西）。【分布】广西合山有此姓。

翟 zhái 【源出】出汝南。见贾逵《国语注》。【分布】晋、冀、鲁、豫、苏、陕六省多此姓。【人物】翟璋（唐）

　　另见 dí

窄 zhǎi 源出不详。见《姓苑》。【分布】北京、沈阳、南昌等地有。

债（債）zhài 源出不详。【分布】沈阳、淮南等地有。

砦 zhài 源出不详。有说同寨氏。【分布】周口、屯留、泽州等地有。

祭 zhài 【源出】①祭，商周子姓国，即商时祭方（在今郑州）。周灭商也灭祭，成王封周公庶子于此为祭伯，后有祭氏。②春秋郑大夫祭仲食邑（在今河南中牟），因此祭亭而氏。【分布】天津、上海嘉定、大同、淮南、曲阜等地有此姓。【人物】祭遵（东汉）

寨 zhài 源出不详。见《新编千家姓》。【分布】天津、河南兰考、广东遂溪等地有。

ZHAN

占 zhān 【源出】①系自妫姓。春秋时陈国公子完之裔孙书，字子占，其后以字为氏。②清满洲人姓。③詹姓今人也俗写为占。【分布】湘、鄂、浙、豫、皖、闽、桂、粤八省区多此姓。【人物】占统（宋）

沾 zhān 源出不详。见《新编千家姓》。【分布】天津武清、周口、山西晋城等地有。

毡（氈）zhān 源出不详。见《万姓统谱》。【分布】沈阳、周口、淮南、宁夏同心等地有。【人物】毡求（明）

斿 zhān 【源出】见《姓苑》。高车族乙斿氏后改为斿氏。【分布】北京、沈阳、云南江川、通海等地有。【人物】斿英（明）

詹 zhān 【源出】①虞舜封黄帝之裔于詹（今河南武陟东南），因以为氏。②周宣王支子赐姓詹，封詹侯，因以为氏。【分布】粤、台、闽、浙、川、皖、赣、鄂八省多此姓。【人物】詹必胜（唐）

谵（譫）zhān 源出不详。见《淮南市姓氏》（安徽）。【分布】安徽淮南有此姓。

瞻 zhān 【源出】①传为黄帝有熊氏之后。《庄子》记载有瞻子。②元时大食（即阿拉伯帝国）人，西台御史瞻思之后。【分布】河南周口、宝丰，云南施甸等地有。【人物】瞻鲁坤（元）

斩（斬）zhǎn 【源出】崇效寺碑阴有斩氏，见《陇蜀余闻》。或系渐姓所改。【分布】天津武清、上海、太原、大同、台北等地有。

盏（盞）zhǎn 源出不详。【分布】北京怀柔、河北平泉、湖南辰溪等地有。

展 zhǎn 【源出】①古有展国（故城在今河南许昌北）。帝喾之师展上公为展姓之始。②北魏孝文帝时改代北辗迟氏为展氏。【分布】滇、鲁、黑三省多此姓。

崭（嶄）zhǎn 源出不详。见《新编千家姓》。【分布】大同、天津东丽、周口、山东昌乐等地有。

佔 zhàn 源出不详。见《新编千家姓》。【分布】江西安福有此姓。

栈（棧）zhàn 源出不详。见《姓苑》。【分布】江苏滨海有此姓。【人物】栈潜（三国·魏）

战（戰）zhàn 【源出】①战国时滕文公闻孟子言古井之法，使战（即毕战）主其事。毕战之后有战氏。②主战阵之官者，以官为氏。【分布】鲁、辽、新三省区多此姓。【人物】战兢（东汉）

站 zhàn 源出不详。见《中华古今姓氏大辞典》。【分布】云南泸水、山东东平、福建邵武等地有。

绽（綻）zhàn 源出不详。见《上海市革命烈士英名录》。【分布】上海、甘肃积石山、青海循化等地有。

湛 zhàn 【源出】①古有湛国，故城在今河南济源西南，以国名为氏。见《郡国志》。②姒姓夏代斟灌氏，失国后，子孙居湛水，改湛氏。【分布】粤、湘、滇、苏、渝等省市多此姓。【人物】湛重（汉）

蘸 zhàn 源出不详。见《山西人口姓氏大全》。【分布】山西平定、江苏洪泽等地有。

ZHANG

张（張）zhāng 【源出】①张、王、李、赵，黄帝赐姓。见《风俗通》。②秦末韩国姬良，因谋刺秦始皇未遂，避难改姓张，即汉留侯张良。【分布】冀、鲁、豫、川、苏、皖、辽、鄂、黑九省多此姓。【人物】张良（汉）

张包（張包）zhāng bāo 【源出】系由张、包两单姓所合成。【分布】江苏无锡有此姓。

张范（張範）zhāng fàn 【源出】系由张、范两单姓所合成。【分布】台湾彰化有此姓。

张官（張官）zhāng guān 源出不详。【分布】山西太原有此姓。

张简（張簡）zhāng jiǎn 【源出】由张、简两单姓所合成，原籍福建南靖、江西清江、台湾高雄等地。【分布】台湾高雄、屏东多此姓。

张李（張李）zhāng lǐ 【源出】系由张、李两单姓所合成。【分布】台湾嘉义有此姓。

张廖（張廖）zhāng liào 【源出】系由张、廖两单姓所合成。原籍福建诏安、漳州及河南祥符。【分布】台湾台中、福建诏安、香港等地有此姓。

张许（張許）zhāng xǔ 【源出】系由张、许两单姓所合成。【分布】台湾屏东有此姓。

张杨（張楊）zhāng yáng 【源出】系由张、杨两单姓所合成。见《姓氏词典》。

章 zhāng 【源出】①系自任姓。古章国（故城在今山东东平东境）之后。②系自姜姓。春秋时齐太公支庶封国于鄣（在古章国之地），为纪国附庸，后为齐所灭，子孙去邑为章氏。【分布】苏、皖、浙、陕、鄂、赣六省多此姓。【人物】章邯（秦）

章佳 zhāng jiā 【源出】清满洲八旗、

蒙古八旗、锡伯族姓。后有改为章、车、张、尹姓。【分布】福建厦门有此姓。【人物】章佳那彦成（清）

鄣 zhāng 【源出】鄣，春秋时小国，故城在今山东东平境，后灭于齐。或其后以国为氏。【分布】浙江上虞有此姓。

彰 zhāng 源出不详。见《姓苑》。【分布】北京、湘潭、江西弋阳、广东德庆等地有。【人物】彰章（汉）

漳 zhāng 【源出】或系以水名为氏，冀豫边境有清漳河、浊漳河两源，均出山西东南部。【分布】天津、武汉、台北、大同等地有。

璋 zhāng 源出不详。【分布】河南宝丰、浙江衢州、台湾苗粟等地有。

樟 zhāng 【源出】①台湾土著人改汉姓为樟。②大陆樟姓，源出不详。【分布】周口、台北、浙江、广东、江苏、福建等省市有。

长（長）zhǎng 【源出】①以长幼之次为氏。②长孙氏、长儿氏，其后或有单姓长者。【分布】河南灵宝有此姓。

长儿（長兒）zhǎng ér 【源出】长儿者，生而巨壮，震而矜之，故以为氏。见《姓苑》。【分布】江苏无锡有此姓。

长孙（長孫）zhǎng sūn 【源出】①春秋时齐公族有长孙氏，见《路史》。②北魏时鲜卑人姓。其先与魏主拓跋氏同源。北魏献帝以次兄为拓跋氏，后改为长孙氏。【分布】上海、沈阳、安徽灵璧等地有此姓。【人物】长孙无忌（唐）

仉 zhǎng 【源出】①系自任姓。春秋时鲁国党氏之族有仉氏，党古音为掌。②梁四公子仉肸之后，见《姓考》。【分布】京、鲁、滇、黑等地多此姓。【人物】仉经（明）

掌 zhǎng 【源出】①春秋鲁大夫党氏之后。②齐公族有掌氏。【分布】北京、上海、无锡、淄博等地有。【人物】掌禹锡（宋）

丈 zhàng 源出不详。见《姓苑》。【分布】上海宝山、昆山、钦州、大同等地有。

仗 zhàng 源出不详。见《勉县志》（陕西）。【分布】陕西勉县有此姓。

涨（漲）zhàng 源出不详。【分布】中山、湖南津市、山西离石等地有。

障 zhàng 源出不详。【分布】浙江上虞、象山等地有。

嶂 zhàng 源出不详。【分布】湖南有此姓。

ZHAO

钊（釗）zhāo 【源出】周康王名钊，或其子孙以名为氏。【分布】太原、

无锡、周口等地有。【人物】钊朝佩(明)

招 zhāo 【源出】①春秋时陈侯之弟招，杀陈世子偃师，楚人讨而执之，放之于越，其后以王父字为氏。②春秋时晋大夫步招之后，以名为氏。【分布】粤、皖两省多此姓。【人物】招猛(汉)

昭 zhāo 【源出】①夏禹之臣昭明作衍历。此乃昭姓之始。②系自芈姓。春秋时楚昭王熊轸有复楚之大功，子孙遂以谥为氏。与旧族屈、景皆为楚大族，称之三闾。【分布】北京、上海嘉定、成都等地有。【人物】昭迥(宋)

朝 zhāo 【源出】商时纣臣朝涉之后，见《姓解》。【分布】太原、广东吴川、云南景谷等地有。

爪 zhǎo 【源出】前秦至隋初关中地区有爪姓，为少数民族姓。【分布】武汉、周口、山西垣曲等地有。

找 zhǎo 源出不详。见《新编千家姓》。【分布】上海、江苏新沂等地有。

沼 zhǎo 源出不详。【分布】西安、台北、无锡等地有。

召 zhào 【源出】云南傣族姓，见《傣族史》。召为尊称，借以为姓。【分布】云南景谷有此姓。【人物】召平(汉)

召卷 zhào juàn 【源出】布朗族姓。【分布】云南勐海有此姓。

召曼 zhào màn 【源出】布朗族姓。【分布】云南勐海有此姓。

兆 zhào 源出不详。见《姓苑》。【分布】辽、豫两省多此姓。【人物】兆元亨(明)

诏（詔）zhào 源出不详。【分布】大同、中山、江苏滨海等地有。

赵（趙）zhào 【源出】①夏桀臣有赵梁，则造父之前已有赵氏。②系自嬴姓，帝颛顼之裔伯益之后。伯益十三代孙造父善御，事周穆王，受封赵城（故城在今山西赵城西南），因氏。【分布】晋、冀、鲁、豫、黑、苏、滇、川、辽、陕、皖十一省多此姓。【人物】赵匡胤(宋)

照 zhào 【源出】传为古人后照之后。【分布】北京、上海、太原、湘潭等地有。

罩 zhào 源出不详。【分布】昆山、玉门、无锡、淮南等地有。

肇 zhào 【源出】①本作肁，户之始也，当以户为氏。②战国时赵大夫肇贾之后。【分布】北京、天津、上海松江、太原等地有。

ZHE

诸（諸）zhē 源出不详。见《氏族博考》《姓觿》。分布不详。【人物】诸燮(明)
　　另见 zhū

遮 zhē 【源出】①明洪武间云南临良

347

府哈尼族思陀司土司遮比，世代以遮为姓，至清顺治中改姓为李，或有不改者。②汉族也有遮姓。【分布】山西曲沃有此姓。

折 zhé 【源出】①匈奴折兰王之后，支孙中有折、兰等氏。②羌族有折氏，世家云中，为北蕃大族，自唐以来，世为麟、府节度使。【分布】晋、陕、内蒙古等地多此姓。【人物】折从阮（唐）

砓 zhé 源出不详。【分布】贵州福泉有此姓。

哲 zhé 源出不详。见《姓苑》。【分布】北京、西安、甘肃景泰等地有。

喆 zhé 源出不详。【分布】宁夏同心有此姓。

者 zhě 【源出】①今彝、苗族均有此姓。②系堵氏因事去土改为者氏。【分布】北京、西安、成都、台北、大同等地有。【人物】者苏（元）

堵 zhě 【源出】堵河，汉江支流，在湖北北部，当以居此水旁者以河名为氏。见《通志·氏族略》《姓解》。
　　另见 dǔ

赭 zhě 【源出】或者氏因事而改。【分布】上海嘉定有此姓。

褶 zhě 源出不详。【分布】北京、茂名、湘潭、山西侯马等地有。

乇 zhè 源出不详。见《新编千家姓》。分布不详。

斥 zhè 【源出】斥章，汉置县，故城在今河北曲周东南，以地为氏。【分布】信阳、陕西子长、江苏滨海等地有。
　　另见 chì

这（這）zhè 源出不详。见《新编千家姓》。【分布】山西朔州有此姓。

柘 zhè 【源出】春秋时楚大夫食采于柘（故城在今河南柘城北），其后以邑为氏。【分布】北京、西安、成都、无锡、周口等地有。【人物】柘温舒（汉）

浙 zhè 源出不详。【分布】武汉、四川达州、山西长治等地有。

谪（讁）zhè 源出不详。分布不详。

ZHEN

贞（貞）zhēn 【源出】①贞，即郎，邑名，以邑名为氏。见《路史》。②春秋时楚国公子贞（字子囊、楚令尹）之后。【分布】太原、大同、无锡、绍兴等地有。【人物】贞德林（宋）

针（針）zhēn 【源出】即鍼姓，后人改为针。【分布】北京、上海、太原、湘潭、茂名等地有。【人物】针惠（明）

侦（偵）zhēn 源出不详。【分布】周口、湖南、广东新会等省市有。

珍 zhēn 【源出】见《姓苑》。珍为州名（唐置，故城在今贵州正安），当以州名为姓。【分布】北京、成都、汉口、酒泉等地有。

真 zhēn 【源出】①夏禹之臣有真窥，当系真氏之始。见《吕氏春秋》。②古郮国之后，去邑为真氏。见《姓考》。【分布】福建多此姓。【人物】真德秀（宋）

桢（楨）zhēn 源出不详。【分布】成都有此姓。

祯（禎）zhēn 源出不详。见《姓苑》。【分布】江西永修、湖南怀化等地有。

蒖 zhēn 【源出】黄帝二十五子，得姓者十四人，其一为蒖姓。【分布】浙江永嘉有此姓。

傎 zhēn 源出不详。【分布】广东澄海有此姓。

椹 zhēn 源出不详。见《姓解》。【分布】广东茂名有此姓。

甄 zhēn 【源出】①系自偃姓。皋陶（亦名咎繇，虞舜时造律大臣）次子仲甄之后，以字为氏。②以技为氏。舜陶甄河滨，其后为氏。其先为虞舜作瓦之陶人，甄的本义为古代作瓦器之人。【分布】冀、豫、黑三省多此姓。【人物】甄丰（汉）

鉁 zhēn 源出不详。【分布】河北辛集、山西临汾、台湾等省市有。

溱 zhēn 【源出】①见《姓苑》。唐置州名（故治在今重庆綦江南），因氏。②溱水，源出河南密县，或以水名为氏。【分布】湖南怀化有此姓。

榛 zhēn 源出不详。见《新编千家姓》。分布不详。

箴 zhēn 【源出】①黄帝二十五子，得姓者十四人，其一为箴氏。②系出芈姓，楚大夫箴尹克黄之后，子孙以官名氏。【分布】河南周口有此姓。

鍼 zhēn 【源出】黄帝之后有箴姓之国，见《国名记》。箴、鍼古时二音通读，其音亦通用。分布不详。【人物】鍼惠（明）

　　另见 qián

诊（診）zhěn 源出不详。见《顺德县姓氏》（广东）。【分布】广东顺德有此姓。

枕 zhěn 【源出】或指枕为姓，如被氏、绣氏。见《姓苑》。【分布】武汉、酒泉、广西巴马等地有。

轸（軫）zhěn 【源出】①相传轩辕氏（即黄帝）造车。车后横木为轸，因赐姓轸氏，见《姓苑》。②春秋时皋陶之裔封于轸（故城在今湖北应城西），其后以国为氏。【分布】湖南有此姓。

疹 zhěn 源出不详。见《周口姓氏考》（河南）。【分布】河南周口有此姓。

缜（縝）zhěn 源出不详。见《中

349

华古今姓氏大辞典》。【分布】山东东平有此姓。

圳 zhèn 【源出】以居地名为姓，见《姓谱》。【分布】太原、广西博白等地有。

阵（陣）zhèn 【源出】或为陈姓分支。见《清朝通志·氏族略》。【分布】西安、太原、大同、河北临城等地有。【人物】阵大辇（清）

振 zhèn 源出不详。见《姓苑》。【分布】北京大兴、上海、台北、山西洪洞等地有。【人物】振纪（宋）

震 zhèn 【源出】震，八卦之一，以卦名为氏。见《姓谱》。【分布】武汉、成都、周口、山西长治等地有。

镇（鎮）zhèn 【源出】见《姓苑》。当出镇东、镇西、镇南、镇北将军之后。【分布】北京、上海、武昌、扬州、湘潭、无锡等地有。【人物】镇海（明）

ZHENG

正 zhēng 【源出】《汉书·郊祀志》有燕人正伯桥，秦始皇时为仙方。亦见《史记·封禅书》。唯此读平声。分布不详。

另见 zhèng

争 zhēng 【源出】即鄫，古国名，见《玉篇》，当以国名为氏。【分布】河北黄骅、山西屯留、云南泸水等地有。

征 zhēng 【源出】有说当为四征将军之后，以征伐为氏。见《姓氏考略》。【分布】北京、上海、昆山、无锡、太原等地有。【人物】征复（宋）

怔 zhēng 源出不详。【分布】广东中山有此姓。

紅 zhēng 源出不详。【分布】山西平定、云南宜良等地有。

挣 zhēng 源出不详。【分布】湖南有此姓。

峥 zhēng 源出不详。【分布】山西偏关、浙江永嘉等地有。

铮（錚）zhēng 源出不详。见《新编千家姓》。【分布】陕西高陵有此姓。

蒸 zhēng 源出不详。【分布】天津武清、大同、淮南等地有。

徵 zhēng 【源出】①商时有理徵，字德灵，因直谏纣而死，其后有徵氏。②王莽遣大司马严光、廉丹击匈奴，赐姓徵。【分布】北京、浙江海盐等地有。【人物】徵仲坚（元）

另见 zhǐ

整 zhěng 【源出】①系出子姓。殷王整甲之后。②系自嬴姓，嬴秦之后，见《元和姓纂》。【分布】天津津南、江西遂川等地有。

整婆 zhěng pó 【源出】景颇族姓。【分布】云南盈江有此姓。

整通 zhěng tōng 【源出】景颇族姓。
【分布】云南陇川有此姓。

正 zhèng 【源出】①《穆天子传》有正公郊父。郭注：正公，谓上三仙公，天子所取正者，正姓出此。②春秋时宋上卿正考父之后，以字为氏。
【分布】陕西省多此姓。【人物】正先（秦）
　　另见 zhēng

证（證）zhèng 源出不详。【分布】武汉、大同、高雄等地有。

郑（鄭）zhèng 【源出】源自子姓。出自商王武丁之子子奠之后，子奠也称奠侯，以主持祭奠用酒而得名，为商朝一方诸侯国。奠、鄭古为一字。周灭商，郑国亡，以国名为氏。
【分布】广东、浙江、福建、湖北、河南、四川六省多此姓。【人物】郑成功（明）

郑若（鄭若）zhèng ruò 源出不详。
【分布】浙江云和有此姓。

郑萧（鄭蕭）zhèng xiāo 【源出】应由郑、萧二姓合成。原籍福建晋江。
【分布】台湾有此姓。

政 zhèng 【源出】周时宋国始君微子启之后，见《路史》。【分布】北京、上海嘉定、太原、武昌、大同等地有。

症 zhèng 源出不详。【分布】湖南益阳有此姓。

ZHI

之 zhī 源出不详。见《姓苑》。【分布】北京、天津、沈阳、周口等地有。【人物】之辅（明）

支 zhī 【源出】①尧、舜时有支父，当系支姓之始。见《高士传》。②周王之裔有支氏，见《路史》。【分布】晋、冀、豫、苏、黔、赣、粤、浙八省多此姓。【人物】支叔才（唐）

支孔 zhī kǒng 【源出】景颇族姓。汉姓为孔。【分布】云南潞西有此姓。

氏 zhī 【源出】古西域月氏国，入华者有氏姓。分布不详。【人物】氏居方（宋）
　　另见 shì

卮 zhī 源出不详。【分布】浙江、辽宁黑山、江苏滨海等省市有。

汁 zhī 源出不详。【分布】信阳、湖南益阳、江苏武进等地有。

芝 zhī 【源出】源出匈奴，见《字汇》。【分布】太原、台北、玉门、湘潭等地有。

巵 zhī 源出不详。【分布】湖南攸县有此姓。

枝 zhī 【源出】①古枝国在楚（故城或在今湖北钟祥北），见《国名纪》。戎伐楚，侵訾枝是也，以地为氏，见《世本》。②春秋时楚公族有枝氏，见《路史》。【分布】北京、上海、武汉、成都等地有。【人物】枝宏（汉）

贝 zhī 源出不详。见《池北偶谈》。【分布】山东诸城、潍坊等地有。

织（織）zhī 源出不详。见庄鼎彝《两汉不列传人名韵编》。【分布】武汉、周口、台北等地有。

祗 zhī 源出不详。见《山西人口姓氏大全》。【分布】太原有此姓。

隻 zhī 源出不详。与只姓异。见《敦煌学译文集》。【分布】北京、河北青县等地有。

脂 zhī 源出不详。见《姓苑》。【分布】浙江桐乡有此姓。【人物】脂习（三国·魏）

执（執）zhí 【源出】①商时高宗贤臣祖已之七世孙成，迁于挚（故城在今河南汝南东南），后有挚氏、执氏。②突厥姓，执失氏之后。【分布】北京、大同、江苏高淳等地有。

直 zhí 【源出】①出自妫姓，舜帝之裔直伯之后。②出自姬姓。晋之先有直柄。为直氏之所出。【分布】北京、上海、武汉、太原等地有。【人物】直不疑（汉）

直估 zhí gū 【源出】景颇族姓。属茶山支系。汉姓为孔。【分布】云南盈江有此姓。

侄 zhí 源出不详。见《新编千家姓》。【分布】北京、台北、山东平邑等地有。

值 zhí 源出不详。【分布】湖南、江苏泰兴、滨海、广东三水等省市有。

职（職）zhí 【源出】《周礼》夏官之属有职方氏，掌天下之地图，主四方之职贡，其后因官为氏。见《风俗通》。【分布】河南省多此姓。【人物】职洪（汉）

植 zhí 【源出】①系自妫姓，越王之后有植氏，见《姓觿》。②天竺胡人姓。【分布】广东多此姓。【人物】植敏槐（清）

跖 zhí 源出不详。【分布】武汉有此姓。

止 zhǐ 【源出】①系自姜姓。太岳之后有止氏。②系自偃姓。高阳氏之裔，皋陶之后有止氏。③系自子姓。春秋时宋国始君微子启之后有止氏。④古有止国，在首阳（故地在今甘肃渭源县东北），当以国名为氏。【分布】北京、河北唐县等地有。

只 zhǐ 源出不详。见《姓苑》。【分布】北京、西安、承德、太原、大同等地有。【人物】只好仁（明）

旨 zhǐ 源出不详。【分布】河北阳原、山东沂水等地有。

址 zhǐ 源出不详。【分布】湖南有此姓。

芷 zhǐ 源出不详。见《新编千家姓》。【分布】甘肃省多此姓。

纸（紙）zhǐ 【源出】①禹后有纸氏，

见《万姓统谱》。②北魏代北渴侯氏改。【分布】西安、沈阳、太原等地有。

指 zhǐ 【源出】齐太公之后有指氏。【分布】湖南、陕西西安、山西运城等省市有。

枳 zhǐ 【源出】枳，古邑名，在今四川涪陵东北，为战国时楚地，以地名为氏。见《中国古今地名大辞典》。【分布】江苏洪泽有此姓。

轵（軹）zhǐ 【源出】轵，东周之国，在今河南济源境，其后以国名为氏。【分布】湖南有此姓。

祗 zhǐ 源出不详。见《山西人口姓氏大全》。【分布】太原有此姓。

徵 zhǐ 【源出】三国时吴国太子率更令徵崇，本姓李，遭乱更姓。分布不详。

另见 zhēng

至 zhì 源出不详。见《姓苑》。【分布】周口、河北围场、山东新泰等地有。

志 zhì 【源出】见《姓苑》。春秋晋赵鞅，改名为志父，其后或为志氏。【分布】北京、天津、上海、太原、西安、武昌等地有。【人物】志能（元）

郅 zhì 【源出】殷商时有郅侯国（今甘肃庆阳境内），因氏。【分布】冀、豫两省多此姓。【人物】郅都（汉）

另见 jí

帜（幟）zhì 源出不详。见《姓谱》。【分布】广东有此姓。

制 zhì 【源出】①制，春秋时虢之邑，后为郑邑，周文王弟虢叔之后有制氏，以地为氏。②春秋时郑大夫食采于制（故城在今河南荥阳境），因以为氏。【分布】北京、武汉、太原等地有。

知 zhì 【源出】春秋时晋荀林父之弟荀首，别食于知邑（在今山西虞乡西北），以邑为氏。【分布】北京、成都、太原、河北三河等地有。【人物】知侠（明）

质（質）zhì 【源出】①质氏出凤氏。凤沙，即帝魁所伐之质沙也。凤沙，一名质沙，为炎帝时小国，故城在今山东临海地区，人多以煮海水制盐为业。②质氏以洒削而鼎食，洒削盖理刀剑者，当以职为氏。【分布】北京、成都、陕西韩城等地有。

炙 zhì 源出不详。见《姓苑》。【分布】内蒙古有此姓。

治 zhì 【源出】①周后有治氏，见《路史》。②汉时匈奴人姓。【分布】北京、天津、太原、淮南、台北等地有。【人物】治国器（明）

峙 zhì 源出不详。见《中国古今姓氏大辞典》。【分布】山东平度、河南郏县等地有。

陟 zhì 源出不详。见《信阳市姓氏》（河南）。【分布】河南信阳有此姓。

挚（摯）zhì 【源出】①系自子姓。帝喾高辛氏之子挚之后。②系自任姓。夏商时侯国有挚畴，为商左相仲虺之后，其后有挚氏、挚畴氏、畴氏。【分布】山西阳泉有此姓。【人物】挚虞（西晋）

致 zhì 源出不详。见《中国古今姓氏大辞典》。【分布】北京、武汉、太原、大同等地有。

秩 zhì 【源出】汉时乡官有秩，协助县令治一乡之事，其后以官名为氏。【分布】河南卢氏、山东文登等地有。

掷（擲）zhì 源出不详。【分布】武汉、山西芮城、海南临高等地有。

窒 zhì 源出不详。【分布】江苏洪泽有此姓。

智 zhì 【源出】①春秋时晋大夫荀林父之弟荀首，食邑于知，为知庄子，知亦作智，因氏。②汉时西域国有智氏。【分布】晋、鲁、豫三省多此姓。【人物】智嗣（汉）

痣 zhì 源出不详。【分布】广东三水有此姓。

置 zhì 源出不详。见《山西人口姓氏大全》。【分布】河北晋州、山西长治等地有。

雉 zhì 【源出】①黄帝之子少昊（嫘祖所生）之裔封于雉（故城在今河南南召南），后以国为氏。②殷后有雉氏。【分布】太原、四川达州等地有。

稚 zhì 【源出】商汤之后分封有稚氏，以国名为氏。【分布】成都、山西高平等地有。

誌 zhì 源出不详。或即志姓。【分布】湖南新化等地有此姓。

銍 zhì 源出不详。【分布】上海有此姓。

ZHONG

中 zhōng 【源出】①《逸周书》中有中旄父，中姓当出此。②战国魏为侯取中山（今河北正定境），以邑与其子牟，子孙因氏。【分布】江西省多此姓。【人物】中京（汉）

中村 zhōng cūn 【源出】源出日本人姓，入籍中国者仍用原姓。【分布】河北昌黎有此姓。

中叔 zhōng shū 【源出】春秋时晋大夫中叔圉之后。【分布】北京有此姓。【人物】中叔僚（东汉）

忠 zhōng 【源出】①以谥为氏。②西夏党项人姓，见《宋史》。【分布】内蒙古多此姓。【人物】忠嶽（明）

终（終）zhōng 【源出】①黄帝庶子禺阳之裔封于终，因氏。②颛帝裔孙陆终，其后以王父字为氏。③夏王桀之臣太史令终古之后。【分布】北京、天津、太原、西安等地有。

【人物】终军（汉）

盅 zhōng 源出不详。【分布】广西容县有此姓。

钟¹（鍾）zhōng 【源出】春秋时宋桓公曾孙伯宗仕晋，生州犁，入楚，食采于钟离（故城在今安徽凤阳东北），因氏。【分布】粤、赣、川、桂、湘等省区多此姓。【人物】钟祖（汉）

钟离（鍾離）zhōng lí 【源出】①系自子姓。宋桓公曾孙伯宗仕晋，生州犁，州犁奔楚，食采钟离（故城在今安徽凤阳东北），因氏。②系自芈姓。钟离，楚邑，故城在今湖北汉川东，因氏。【分布】沈阳、太原等地有此姓。【人物】钟离景伯（宋）

钟林（鍾林）zhōng lín 【源出】由钟、林二姓合成。【分布】台湾有此姓。

钟²（鐘）zhōng 【源出】以器具名为姓。【分布】贵州沿河、浙江江山等地有。

衷 zhōng 【源出】①哀愉为汉哀帝之裔，仕南唐，以庆贺不便，赐改姓衷。②明涪州知州哀世用，南昌人，嘉靖乙酉中试，赐姓衷氏。【分布】北京昌平、太原、成都、台北等地有。【人物】衷愉（五代）

肿（腫）zhǒng 源出不详。【分布】河北定州、江苏滨海等地有。

种（種）zhǒng 【源出】①战国齐威王臣田种首之后。②后汉有种羌，其后当亦以为姓。见《急就篇》《姓苑》。【分布】甘肃永登、四川长寿、辽宁青原等地有。

冢 zhǒng 源出不详。【分布】湖南、吉林扶余等省市有。

踵 zhǒng 源出不详。见《淮南市姓氏》（安徽）。【分布】淮南有此姓。

仲 zhòng 【源出】①高辛氏才子仲熊、仲堪之后，以字为氏。②出自任姓。夏时车正（官名，车官之长）奚仲之后。【分布】苏、辽、鲁、沪、陕、黑六省市多此姓。

仲长（仲長）zhòng cháng 【源出】①春秋时齐公族之后有仲长氏，见《路史》。②以名为氏，见《纂要》。【分布】北京、上海、沈阳等地有。【人物】仲长统（东汉）

仲瑙 zhòng nǎo 【源出】佤族姓。汉姓为胡。【分布】云南沧源、耿马、孟连等地有此姓。

仲孙（仲孫）zhòng sūn 【源出】①春秋时鲁桓公次子庆父之后，庆父谥曰共仲，共孙孟献子蔑以仲孙为氏，与叔孙氏、季孙氏掌国政。②春秋时齐国有仲孙氏。【分布】山西祁县有此姓。

仲贤(仲賢)zhòng xián 源出不详。
【分布】江苏宜兴有此姓。

众（衆）zhòng 【源出】①春秋时鲁孝公之子益师，字众父，众父之子仲以王父字为氏。②鲁大夫食采于众邑（故城在今山东诸城西北），因氏。【分布】河北南皮有此姓。【人物】众心悦（明）

苩 zhòng 源出不详。【分布】上海有此姓。

緟 zhòng 源出不详。见《嘉定县志》（上海）。【分布】上海嘉定有此姓。

ZHOU

舟 zhōu 【源出】①炎帝之裔有舟国，因氏。②舟，夏商秃姓国为彭祖之裔，善制舟船，商末灭于周，以国名为氏。【分布】北京、武汉、中山、山西运城等地有。【人物】舟宗闵（宋）

州 zhōu 【源出】①州，周邑，故城在今河南沁阳东南，后属晋，食采于此邑者以邑为氏。②系自姜姓。周武王封淳于公，其国在州（故城在今山东安丘境），公爵小国，后灭于杞，子孙以国名氏。【分布】湖南、沈阳、成都等省市有。【人物】州泰（三国·魏）

周 zhōu 【源出】①黄帝之臣周昌，当为周氏之始。②黄帝苗裔后稷之后，殷时古公亶父自邠（故城在今陕西郴县）迁岐（故城在今陕西岐山北），始定国号为周，传至周武王，遂有天下，都镐（故城在今陕西省西安市长安区西北）。其后子孙以国为氏。【分布】湘、鄂、川、苏、豫、浙、黔七省多此姓。【人物】周仁（汉）

周黄 zhōu huáng 【源出】或系周、黄二姓合成。【分布】台湾高雄、屏东等地有此姓。

周王 zhōu wáng 源出不详。【分布】江苏无锡有此姓。

周小 zhōu xiǎo 源出不详。【分布】江苏无锡有此姓。

洲 zhōu 源出不详。见《新编千家姓》。【分布】武汉、无锡、浙江上虞等地有。

轴（軸）zhóu 源出不详。【分布】河南周口、信阳等地有。

肘 zhǒu 源出不详。见《湖南家谱解读》。【分布】湖南有此姓。

帚 zhǒu 源出不详。【分布】大同、湘潭、江苏洪泽等地有。

宙 zhòu 源出不详。见《新编千家姓》。【分布】北京、武汉、无锡、中山等地有。

昼（晝）zhòu 【源出】春秋姜姓齐大夫食采于昼（在今临淄西北），后以昼为氏。【分布】成都、武汉等地有。

皱（皺）zhòu 源出不详。【分布】河南武陟、陕西高陵、山西长治等地有。

詀 zhòu 源出不详。见《武清县志》（天津）。【分布】天津武清有此姓。

ZHU

朱 zhū 【源出】①伏羲命朱襄为飞龙佼，应为朱襄氏之后。②相传为帝尧（即陶唐氏）之子丹朱之后，以王父名为氏。【分布】鲁、豫、苏、皖、浙、粤、湘七省多此姓。【人物】朱买臣（汉）

朱陈（朱陳）zhū chén 【源出】应系朱、陈二姓合成。【分布】台湾桃园有此姓。

朱格 zhū gé 【源出】清靖州驻防满洲人姓，见《湖北通志》。【分布】上海嘉定有此姓。

朱金 zhū jīn 源出不详。【分布】浙江湖州有此姓。

朱天 zhū tiān 源出不详。【分布】浙江湖州有此姓。

朱小 zhū xiǎo 源出不详。【分布】江苏无锡有此姓。

朱佐 zhū zuǒ 源出不详。【分布】上海嘉定有此姓。

邾 zhū 【源出】颛顼帝玄孙陆终之第五子安，赐姓曹。周武王封安之裔曹挟为附庸，居于邾（故城在今山东邹县东南），后灭于楚，子孙遂以国为氏。【分布】北京、上海、台北、香港等地有。【人物】邾经（明）

侏 zhū 【源出】春秋时小邾子之后有侏氏，见《路史》。【分布】辽宁桓仁有此姓。【人物】侏侯（宋）

诛（誅）zhū 源出不详。见《湖南家谱解读》。【分布】湖南、浙江湖州、河北任县、江苏泰兴等省市有。

茱 zhū 源出不详。【分布】湖南汨罗有此姓。

咮 zhū 【源出】北魏时改渴烛浑（一作烛浑）氏为咮氏。见《魏书》。【分布】台湾高雄有此姓。

洙 zhū 【源出】洙水（在今曲阜西北），春秋鲁地，或以水名为氏。【分布】北京、山东沂南等地有。【人物】洙颜（宋）

珠 zhū 源出不详。见《玺印姓氏徵》《清稗类钞·姓名类》。【分布】上海、太原、无锡、绍兴等地有。【人物】珠贝智（南朝·梁）

珠格 zhū gé 【源出】①珠格，原为金时部落名，因氏。②清满洲八旗姓。【分布】辽宁本溪有此姓。

珠给（珠給）zhū jǐ 【源出】蒙古族姓。【分布】内蒙古阿鲁科尔沁旗有此姓。

株 zhū 源出不详。【分布】无锡、江西萍乡、浙江余姚等地有。

357

诸（諸）zhū 【源出】①彭祖之裔封于诸（故城在今山东诸城西南），因氏。②五代时后周诸葛十朋，当陈桥兵变后，易姓诸，隐于会稽山，今会稽诸姓出于此。【分布】沪、浙、粤、苏、赣五省市多此姓。

另见 zhē

诸葛（諸葛）zhū gě 【源出】①黄帝有熊氏之后有詹葛氏，齐人语讹诸葛，见《世本》。②夏商时诸侯葛伯之后。居诸县（故城在今山东诸城西南），谓之诸葛。因氏。【分布】浙、桂、津三省区市多此姓。【人物】诸葛亮（三国·蜀）

硃zhū 源出不详。【分布】安徽望江有此姓。

铢（銖）zhū 源出不详。见《万姓统谱》。分布不详。【人物】铢炫（明）

猪zhū 源出不详。【分布】绍兴、河北唐县、河南延津等地有。

蛛zhū 源出不详。【分布】湖南有此姓。

鶋zhū 源出不详。【分布】河南温县有此姓。

术zhú 【源出】①金丞相术虎高琪之后，术虎氏后改姓术。②今满族姓。【分布】北京、上海川沙、周口、河北清苑等地有。

另见 shù

竹zhú 【源出】①系自姜姓。孤竹君，殷汤时所封，汉时属辽西郡，故城在今河北卢龙南，孤竹君姓墨胎氏，有二子为伯夷和叔齐，有让国之贤，子孙以国为氏。②《卜辞》中有妇竹，为西周古姓。【分布】川、鄂两省多此姓。【人物】竹多同（汉）

竹尔（竹爾）zhú ěr 【源出】彝族姓。曲比、倮伍等家支均有竹尔姓。属曲比家支的亦称蒋诺金生。【分布】云南宁蒗、小相岭等地有此姓。

竺zhú 【源出】①相传为商季伯夷叔齐之后，乃于竹姓下加二字为竺氏。②山西侯马出土战国盟书上已有竺姓。【分布】浙江省多此姓。【人物】竺曾（东汉）

逐zhú 源出不详。见《姓氏典故》。【分布】武汉、扬州、河北涿鹿等地有。

烛（燭）zhú 【源出】春秋时郑大夫烛之武之后，以其居于烛地（在今河南新郑东北），因氏。【分布】山西大同等地多此姓。

主zhǔ 【源出】①古有主国，灭于楚，其地为楚大夫食邑，因氏。②宋初避太宗之讳，改匡姓为主氏。【分布】苏、冀、黔三省多此姓。【人物】主问礼（明）

主父zhǔ fǔ 【源出】系自嬴姓。战国时赵武灵王号主父，支孙因以为氏，见《姓苑》。【分布】北京、沈阳、

山东平邑等地有。【人物】主父喆（宋）

宁 zhǔ 【源出】《卜辞》中所见氏族名。分布不详。

渚 zhǔ 源出不详。【分布】上海宝山、台北、无锡等地有。

煮 zhǔ 源出不详。【分布】成都、云南宜良等地有。

褚 zhǔ 见《康熙字典·辨似》。分布不详。

另见 chǔ

瞩 （瞩）zhǔ 源出不详。见《中国姓氏汇编》。【分布】湖南益阳、江苏洪泽、浙江慈溪等地有。

伫 zhù 源出不详。【分布】北京、上海，浙江云和、嘉兴等地有。

寿 （壽）zhù 【源出】周武王（姬发）克商，封黄帝（一说尧）之后于祝，一作铸（在今山东肥城境），因氏。后代有省金为寿者，音铸。见《字汇》。分布不详。

另见 shòu

住 zhù 【源出】①见《姓苑》。由库住氏所改。②满族姓，见《隆化县姓氏》（河北）。

伫 zhù 源出不详。【分布】上海，浙江开化、象山，贵州福泉等地有。

苎 zhù 源出不详。【分布】吉林扶余有此姓。

杼 zhù 源出不详。见《中国姓氏集》。【分布】湖南汨罗有此姓。

注 zhù 源出不详。见《姓苑》。【分布】成都、绍兴、山西忻州等地有。【人物】注宽（明）

驻 （駐）zhù 【源出】回族姓，见《中共人名录》（台湾）。【分布】周口有此姓。

柱 zhù 【源出】①古烈山氏之子柱，为稷神，后世以名为氏。②周时老聃（即老子）为柱下史（侍于殿柱之下之官），其后以官为氏。【分布】北京、成都、杭州、台北等地有。

祝 zhù 【源出】①系自任姓。黄帝之后，春秋祝国（故城在今山东肥城东南），以国名为氏。见《世本》。②祝融（高辛氏之火正）之后有祝氏。③古有巫史祝祀之官，其子孙因以为氏。【分布】赣、皖、川、浙、黑、鲁六省多此姓。【人物】祝钦明（唐）

祝鲁 （祝魯）zhù lǔ 【源出】四川彝族黑彝家支。【分布】四川喜德有此姓。

逗 zhù 源出不详。见《姓苑》《纂文》。【分布】无锡、山西浮山、云南景谷等地有。

疰 zhù 源出不详。【分布】广东三水有此姓。

著 zhù 【源出】著，春秋时莒之别邑，

359

故址在今山东莒县境。子孙以邑为氏。

庶 zhù 【源出】《周礼》秋官之属有庶氏，为驱除毒蛊之官，久官者以官为氏。今不详。

另见 shù

铸（鑄）zhù 【源出】①铸国，尧帝之后。见《风俗通》。②系自祁姓，周武王封黄帝之后于铸，公爵，后降子爵，其后以国名氏。【分布】江苏泰兴、湖南双峰等地有。

筑（築）zhù 【源出】鲜卑郁筑鞬之后。见《三国志》。【分布】山西侯马、湖北钟祥、江西贵溪等地有。【人物】筑应祥（明）

箸 zhù 源出不详。【分布】湖南有此姓。

ZHUA

抓 zhuā 源出不详。见《湘潭市姓氏》（湖南）。【分布】湘潭有此姓。

挝（撾）zhuā 源出不详。【分布】湖南、浙江桐乡、陕西蒲城等省市有。

ZHUAN

专（專）zhuān 【源出】①春秋时鲁附庸国有鄟（故城在今山东郯城东北），灭于鲁，子孙以国为氏，去邑为专氏。②系自姬姓。春秋时卫公子鱄之后有专氏。【分布】台北、河北曲阳、贵州赫章等地有。

砖（磚）zhuān 【源出】宋国始君微子启之后。见《潜夫论》《希姓录》《清稗类钞·姓名类》。【分布】河北唐县、江西余干等地有。

耑 zhuān 源出不详。【分布】上海，河北望江、献县等地有。

颛（顓）zhuān 【源出】①颛顼帝子孙有颛氏。②颛臾（周异姓封国，风姓附庸，在今山东费县西北）国之后。【分布】成都、台北、太原、洛阳、淮南等地有。

颛孙（顓孫）zhuān sūn 【源出】系自妫姓。春秋时陈公子颛孙仕鲁，子孙氏焉，见《风俗通》。【分布】北京、上海、沈阳等地有此姓。

转（轉）zhuǎn 源出不详。见《姓苑》。【分布】西安、成都、太原、淮南、昆山等地有。

赚（賺）zhuàn 源出不详。【分布】江苏洪泽有此姓。

馔（饌）zhuàn 源出不详。见《中华古今姓氏大辞典》。【分布】湖北老河口有此姓。

ZHUANG

庄（莊）zhuāng 【源出】①系自芈姓。春秋时楚庄王之后，以谥为氏。②系自子姓。春秋时宋庄王之后，以谥为氏。③系自姬姓，春秋鲁庄

公之后，以谥为氏。【分布】广东、福建、台湾、江苏四省多此姓。【人物】庄廷鑨（清）

庄卢 （莊盧）zhuāng lú 【源出】应系庄、卢二姓合成。【分布】台湾有此姓。

庄余 （莊余）zhuāng yú 【源出】应系庄、余二姓合成。【分布】台湾彰化有此姓。

莊 zhuāng 【源出】见庄姓。【分布】贵州盘州市、河北平泉、广西巴马、河南等省市有。

茳 zhuāng 【源出】有说莊姓之讹。【分布】浙江衢州有此姓。

桩 （椿）zhuāng 源出不详。见《新编千家姓》。【分布】周口、辽宁盖州、山西左权等地有。

装 （裝）zhuāng 源出不详。见《新编千家姓》。【分布】北京、周口、淮南、彰化等地有。

壮 （壯）zhuàng 源出不详。见《字汇补》《国语》。【分布】苏、湘两省多此姓。

状 （狀）zhuàng 源出不详。【分布】大同、玉门、周口、江苏高淳等地有。

撞 zhuàng 源出不详。见《新编千家姓》。【分布】江苏滨海有此姓。

幢 zhuàng 源出不详。【分布】湖南、浙江衢州等省市有。

ZHUI

隹 zhuī 源出不详。见《姓谱》。【分布】太原有此姓。

追 zhuī 【源出】见《姓苑》。古有追国，以国名为氏，见《姓氏考略》。【分布】北京、上海、成都、台北等地有。

崔 zhuī 源出不详。见《胶州市姓氏》（山东）。【分布】山东胶州、河北承德、福建武夷山等地有。

骓 （騅）zhuī 【源出】殷武丁封季父于河北曼（故城在今河南邓县境），曰蔓侯，后灭于楚，其后有邓氏、登氏、邓侯氏、养氏、聃氏、骓氏。【分布】安徽灵璧有此姓。

锥 （錐）zhuī 源出不详。【分布】江苏滨海、内蒙古东胜等地有。

坠 （墜）zhuì 源出不详。见《中国姓氏集》。【分布】台北、河南义马等地有。

缀 （綴）zhuì 源出不详。见《山西人口姓氏大全》。【分布】山西太原、太谷、左云，吉林扶余等地有。

ZHUN

屯 zhūn 【源出】屯，以八卦名为姓。震下坎上。见《姓谱》。今不详。

另见 tún、dùn

肫 zhūn 源出不详。见《江陵县志》（湖北）。【分布】湖北江陵有此姓。

谆（諄）zhūn 【源出】谆芒将东之大壑，遇苑风于东海之滨，见《庄子》。
【分布】汨罗、山西朔州等地有。

准（準）zhǔn 【源出】古时准人之官（古代狱官，掌管司法刑狱），以职为氏。
【分布】北京延庆、太原、淮南等地有。

准章（準章）zhǔn zhāng 【源出】蒙古族姓，见《赤峰市志》。汉姓为章。【分布】内蒙古克什克腾旗有此姓。

ZHUO

拙 zhuō 源出不详。见《中华古今姓氏大辞典》。【分布】广西灌阳有此姓。

卓 zhuō 【源出】①战国时楚大夫卓滑之后，见《战国策》。②蜀郡卓氏，原本赵人，秦时迁入蜀之临邛，以铁冶至富。见《元和姓纂》。【分布】闽、粤、台、浙、湘、鄂、川七省多此姓。【人物】卓文君（汉）

捉 zhuō 源出不详。见《新编千家姓》。【分布】台湾高雄有此姓。

桌 zhuō 【源出】见《姓苑》。或有卓氏所改。【分布】天津、太原、周口、黑龙江嫩江等地有。

倬 zhuō 源出不详。见《新编千家姓》。【分布】无锡有此姓。

淖 zhuō 【源出】春秋时楚公族之后有淖氏。见《路史》。
另见 nào

穛 zhuō 源出不详。见《临淄区志》（山东）。【分布】淄博有此姓。

灼 zhuó 源出不详。【分布】湖南有此姓。

茁 zhuó 源出不详。见《姓苑》。【分布】天津北辰有此姓。

浊（濁）zhuó 【源出】①商时有浊侯国，子孙以国为氏。②浊水，源出齐郡厉巨山东北，入巨鹿，以水为氏。【分布】湖南有此姓。【人物】浊贤（汉）

涊 zhuó 【源出】据《楚辞》载，涊娶纯狐。涊，即羿相寒涊，其后因以为氏。【分布】湖南有此姓。

诼（諑）zhuó 源出不详。见《台湾人口姓氏分布》。【分布】台湾台中有此姓。

着 zhuó 【源出】白族姓。以虎为原始图腾的云南白族有以着为姓者。【分布】云南、湖南、江苏滨海等省市有。

琢 zhuó 源出不详。见《新编千家姓》。【分布】河南偃师、江苏滨海等地有。

偖 zhuó 源出不详。见《集韵》《玉

篇》。【分布】浙江象山有此姓。

㮦 zhuó　源出不详。【分布】台北、浙江松阳等地有。

濯 zhuó　【源出】①古贤人濯辑之后，见《风俗通》。②春秋时郑人子濯孺子之后。【分布】山西临汾、甘肃永昌等地有。

ZI

孜 zī　源出不详。【分布】北京、上海、湖南宁乡等地有。

咨 zī　源出不详。【分布】周口、山西灵石、河北望都等地有。

姿 zī　源出不详。见《山西省革命烈士英名录》。【分布】湖南、广西容县、山西朔州等省市有。

兹 zī　【源出】①周武王封少昊之子重之后兹舆期于莒（故城在今山东莒县），其后有兹氏。②系自姬姓。春秋时鲁桓公之孙公孙兹之裔，大夫兹毋还以王父名为氏。【分布】北京、天津武清、沈阳、酒泉等地有。

兹尼 zī ní　【源出】四川彝族黑彝家支。【分布】四川汉源有此姓。

资（資）zī　【源出】①黄帝之后食采于益州资中（故城在今四川资阳北），因以为氏。②西南夷白虎夷王资伟之后，见《繁长张禅等题名》。【分布】湖南、广西两省区多此姓。

【人物】资金（明）

挐 zī　源出不详。【分布】湖南有此姓。

滋 zī　源出不详。见《姓谱》。【分布】广东茂名、河北清苑、山东平邑等地有。

訾 zī　【源出】①訾（故城在今河南巩义市西南），楚大夫食邑，因氏。②訾城，春秋时齐大夫食邑，北海都昌县西訾城是也（故城在今山东昌邑西），因氏。③本姓祭氏，以姓不吉祥，改为訾氏。【分布】豫、皖两省多此姓。【人物】訾顺（西汉）

锱（錙）zī　【源出】系自姬姓。周公卿之后有锱氏。见《希姓录》《姓谱》。【分布】浙江奉化有此姓。

子 zǐ　【源出】①相传商始祖契，为舜之司徒，受封于商，赐姓子。②春秋时郑穆公之弟语，字子人，其孙之后有子人氏，子氏。【分布】广西、内蒙古两区多此姓。

仔 zǐ　源出不详。见《新编千家姓》。【分布】湖南有此姓。

姐 zǐ　【源出】①汉时西羌有姐姓，当系乡姐氏之后。②百济有姐氏，见《南齐书》。【分布】北京、成都、玉门、大同等地有。
另见 jiě

籽 zǐ　【源出】傈僳族姓。【分布】云南泸水有此姓。

梓 zǐ 【源出】①周时有梓人之官，后以官为氏。②春秋时郑大夫梓慎之后，以名为氏。【分布】成都、茂名、河南宜阳等地有。

梓旦 zǐ dàn 【源出】景颇族姓。属浪速支系。汉姓为石。【分布】云南梁河有此姓。

梓孔 zǐ kǒng 【源出】景颇族姓。属波罗支系。汉姓为孔。【分布】云南梁河有此姓。

紫 zǐ 【源出】①西羌人姓，即姕氏，见《汉书·冯奉世传》。②或指色为姓。如红氏、赤氏之类。【分布】云南省多此姓。【人物】紫景望（宋）

自 zì 【源出】系出子姓。见《世本》。【分布】辽、滇两省多此姓。【人物】自当（元）

字 zì 【源出】①天竺国有字氏。②彝族、藏族有字姓。【分布】上海嘉定、昆山、云南漾濞等地有。【人物】字长孺（汉）

ZONG

枞（樅）zōng 【源出】枞阳（故城在今安徽桐城东南），地名，其先以地为氏。

另见 cōng

宗 zōng 【源出】古帝重黎之后，即羲和之四子，分掌四岳之诸侯，称四岳。四岳之后有宗氏，见《汉宗俱碑》。【分布】冀、鲁、豫、皖、赣、苏、浙七省多此姓。【人物】宗泽（宋）

宗正 zōng zhèng 【源出】汉时楚元王之孙刘德为宗正（掌宗亲之嫡庶谱系事之官），支孙因以官为氏。分布不详。【人物】宗正辩（唐）

宗政 zōng zhèng 【源出】宗正氏之讹。见《新纂氏族笺释》。【分布】湖北石首、山西浑源等地有此姓。

综（綜）zōng 源出不详。见《新编千家姓》。【分布】北京、湘潭、台中等地有。

棕 zōng 源出不详。【分布】福建、贵州盘州市、河北获鹿等省市有。

踪（蹤）zōng 源出不详。见《古今姓氏书辩证》。【分布】淮南、甘肃永昌等地有。

总（總）zǒng 源出不详。见《姓苑》。【分布】台北、开封、青海天峻等地有。

纵（縱）zòng 【源出】周平王之子精，封于纵，后因以为氏。【分布】北京、台北、兰州、太原、西安、武昌等地有。【人物】纵文（明）

ZOU

邹（鄒）zōu 【源出】①系自姚姓。舜之后分封有邹国（故城在今山东邹平），子孙以国为氏。②系自曹姓。古帝颛顼之裔，春秋时邾子之支庶封于邹（故城在今山东邹平东南），后灭于楚，子孙以邑为氏。【分布】湘、鄂、川、粤、闽、赣、台七省多此姓。【人物】邹容（清）

取 zōu 【源出】取虑氏之后。见《姓氏考略》。

另见 qǔ

诹（諏）zōu 源出不详。见《姓苑》《姓谱》。【分布】湖南有此姓。

陬 zōu 【源出】古地名，春秋鲁邑（在今曲阜东南），以邑名为氏。也即郰。【分布】湖南有此姓。

聚 zōu 【源出】①周幽王时内史聚子之后。②郰氏之后去邑从木为聚氏，见《姓苑》。

趣 zōu 【源出】趣马（《周礼》夏官之属，即趣养马之官）氏之后，改为单姓。见《姓氏英贤传》。【分布】沈阳、中山、汕头等地有。

擎 zōu 【源出】或系鄹氏所改。【分布】台湾桃园有此姓。

走 zǒu 源出不详。见《姓谱》。【分布】中山、湖南、山东沂南等地有。

奏 zòu 源出不详。见《山西省革命烈士英名录》。【分布】云南、陕西两省多此姓。

揍 zòu 源出不详。【分布】湖南有此姓。

ZU

沮 zū 【源出】春秋时楚附叙之后有沮氏。【分布】浙江苍南有此姓。

另见 jū、jǔ

租 zū 源出不详。汉、回等民族均有此姓。【分布】北京、西安、曲阜、淮南等地有。

菹 zū 源出不详。见《山西人口姓氏大全》。【分布】山西运城有此姓。

足 zú 【源出】①春秋时郑祭足之后，见《姓考》。②见《姓苑》。或指足为氏，如手氏、首氏、腹氏之类。

卒 zú 【源出】殷商甲骨文中已有此氏族。【分布】太原、成都、天津、大同、扬州等地有。【人物】卒栖（唐）

族 zú 源出不详。见《姓苑》《新编千家姓》。【分布】湖南、山西洪洞、河南西平等省市有。

箤 zú 源出不详。【分布】河北定兴有此姓。

漦 zú 源出不详。【分布】武汉有此姓。

阻 zǔ 源出不详。【分布】湖北公安、河北怀安、河南郏县等地有。

组（組）zǔ 【源出】系自姬姓。成周支庶之后有组氏。【分布】北京、成都、山西芮城等地有。

俎 zǔ 【源出】①北魏时改代北鲍俎氏为俎氏。②传说宋岳飞的姑父祝

公为避岳飞之祸,命六子外逃隐姓,第四子改姓俎。【分布】晋、冀等地多此姓。【人物】俎有用(明)

祖 zǔ 【源出】①系自任姓,夏时车正之裔孙,商汤臣左相仲虺之裔祖己、祖尹之后。②商王祖乙、祖辛、祖丁,殷王祖庚、祖甲之支庶皆有以祖为氏者。【分布】冀、鲁、豫、苏四省多此姓。【人物】祖冲之(南齐)

ZUAN

钻(鑽)zuān 源出不详。见《万姓统谱》。【分布】台北、宜兴、山西山阴、安徽贵池等地有。

纂 zuǎn 【源出】史官纂述者之后,见《姓苑》。【分布】西安、太原、高雄等地有。【人物】纂严(汉)

ZUI

最 zuì 源出不详。见《姓苑》《前汉书·郊祀志》。【分布】河北临城、贵州盘州市、浙江余姚等地有。

醉 zuì 源出不详。见《新编千家姓》。分布不详。

ZUN

尊 zūn 【源出】古帝太昊时诸侯尊卢氏之后,见《风俗通》。【分布】北京、沈阳、无锡、周口等地有。【人物】尊德(明)

遵 zūn 源出不详。见《姓苑》。【分布】北京、武汉、太原等地有。

樽 zūn 【源出】尊卢氏之后有樽氏,与尊同源。见《路史》。【分布】江苏滨海有此姓。

ZUO

嘬 zuō 源出不详。【分布】湖南有此姓。

昨 zuó 【源出】春秋鲁大夫之后有昨氏,见《路史》。【分布】浙江兰溪、江苏滨海等地有。

筰 zuó 【源出】蜀有筰夷,或筰夷之后入中国者以部号为氏。今不详。
另见 zé

左 zuǒ 【源出】①古有左国,以国为氏。相传黄帝臣左彻为其后也。②周穆王时左史戎夫之后,当以官为氏。【分布】冀、鲁、豫、苏、湘、鄂、滇、渝八省市多此姓。【人物】左思(晋)

左科 zuǒ kē 【源出】佤族姓。汉姓为魏。【分布】云南西盟有此姓。

左丘 zuǒ qiū 【源出】春秋时鲁太史左丘明居左丘(故城在今山东临淄境),其后以居为氏,见《风俗通》。

左人 zuǒ rén 【源出】①黄帝之子夷彭之后有左人氏,见《路史》。②以官为姓,如封人、雍人之类。③以地名(故城在今河北唐县西北左人乡)为氏。【分布】北京有此姓。

佐 zuǒ 源出不详。见《万姓统谱》。【分布】黔、鄂二省多此姓。【人物】佐皓（明）

作 zuò 【源出】①周公之子胙侯（胙，故城在今河南延津北）之后，子孙避地改为作氏。②春秋时鲁大夫之后有作氏。【分布】北京、成都、武汉、曲阜等地有。【人物】作显（汉）

坐 zuò 源出不详。见《姓苑》。【分布】天津武清、成都、台北、山东沾化等地有。

柞 zuò 【源出】①相传帝喾之臣柞卜之后有柞氏。②柞，柞卜邑。春秋鲁地，因柞山而名（今莱芜境），是柞以邑为氏。【分布】上海宝山、沈阳、成都等地有。

胙 zuò 【源出】①周公之子，封于胙，是为胙伯。滑州胙城（故城在今河南延津北），是其国，后为南燕所并，子孙以国为氏。②《左传》载，太子祭于曲沃，归胙于公。掌祭祀者因以为氏。【分布】浙江永嘉有此姓。

祚 zuò 【源出】周公（姬旦）之后有祚氏，见《希姓录》。【分布】江苏滨海有此姓。

座 zuò 源出不详。【分布】宁夏中卫、山西忻州、海南白沙等地有。

做 zuò 源出不详。【分布】河北唐县有此姓。

参考文献

辞源（修订版），广东、广西、湖南、河南辞源修订组，商务印书馆编辑部编，商务印书馆 1988 年版

古今汉语字典，商务印书馆辞书研究中心编，商务印书馆 2007 年版

国语，陈桐生译注，中华书局 2014 年版

华夏姓名面面观，王泉根著，广西人民出版社 1988 年版

汉字简史，李梵著，中国友谊出版公司 2008 年版

简明国学常识辞典，章人英、夏乃儒主编，上海辞书出版社 2014 年版

康熙字典，中州古籍出版社 2006 年版

史记，[汉] 司马迁，中华书局 2006 年版

说文解字，[东汉] 许慎撰，思履主编，中国华侨出版社 2013 年版

中国帝王皇后亲王公主世系录，柏杨著，人民文学出版社 2011 年版

中国姓氏大辞典，袁义达、邱家儒编著，江西人民出版社 2010 年版

中国的百家姓，王大良主编，百花文艺出版社 2004 年版

中国姓氏大全，陈明远、汪宗虎编，北京出版社 1987 年版

中华字海，冷玉龙、韦一心等编，中华书局、中国友谊出版公司 1994 年版

左传，郭丹译，中华书局 2014 年版

中国五千年秘史大观，古越、周天鹏编，上海古史编辑局 1920 年版

跋

家父一生爱书，而且涉猎广泛，他曾指着满屋子的书对我们姐弟三人说，这是留给我们的最大财富，将来任由我们去分。在他看来，书籍在财富当中的排名是远高于房子车子票子的。

家父读书绝不是泛泛一阅，他真正是把读书当作了学习，不但潜下心来认真阅读，而且要从头到尾做满批注，有的是对难解字词的注释，有的是对内容或概念的疑问，然后查阅相关资料之后给出不同的答案。单是看这些含金量十足的批注，就可以想见其中所下的工夫，也说明家父对待学问的严谨态度和执着精神。

也正是因为这严谨的态度和这执着的精神，才成就了这本《中国现有姓氏速查手册》。著书的这十年，家父伏在卧室的床边，一动不动地"钉"在小马扎上，两边散摞着各种参考资料，他静静地查找，默默地书写，和屋外其他人热闹地聊天，和厨房里端出来的一样样菜肴都毫无关系。他沉浸在自己的世界中，那个世界也沉浸在他所创造的氛围中。

家父不擅用电脑打字，当我们把他手写的几百页、三十余万字的书稿交给出版社的编辑时，编辑也不由得赞之叹之，因为用手一掂，用眼一看就知道，这每一笔每一划每一字每一词之中，倾注了他多少心血啊！

虽然说开卷有益，但每本书都各自有它的养分价值和目标读者，我们不能要求一本书对所有人都有用，奢望所有人都喜欢，这本书自然也是如此。但家父严苛的自我要求、严谨的治学态度、孜孜以求的学习精神，是比这本书的内容更为宝贵的财富和更为难得的价值。事实上，我们中华文明历经几千年不衰，并且不断地完善和发展，靠的不正是一代又一代拥有这些精神的知识分子，在这片沃土中不断地耕耘，撒下精神的种子，结出民族的果实。

在本书的编辑过程中，家父因病住院治疗，身体大不如前，但他仍不顾休息，以八旬之体投入到繁重的校对工作中。然而自然规律不可抗拒，精气神毕竟有限，好在本书的责任编辑郑再帅老师极为负责而且能力超群，在他身上也能看到那股求实求真的精神，他对本书提出了很多十分宝贵的意见，对本书的顺利出版贡献良多。在此真诚感谢郑再帅老师，也一并感谢华艺出版社所有参与本书出版的老师们！

宋 燕

2021 年 4 月 13 日